权威·前沿·原创

皮书系列为
"十二五""十三五"国家重点图书出版规划项目

皮书系列

2018年

智库成果出版与传播平台

社会科学文献出版社
SOCIAL SCIENCES ACADEMIC PRESS (CHINA)

社长致辞

蓦然回首,皮书的专业化历程已经走过了二十年。20年来从一个出版社的学术产品名称到媒体热词再到智库成果研创及传播平台,皮书以专业化为主线,进行了系列化、市场化、品牌化、数字化、国际化、平台化的运作,实现了跨越式的发展。特别是在党的十八大以后,以习近平总书记为核心的党中央高度重视新型智库建设,皮书也迎来了长足的发展,总品种达到600余种,经过专业评审机制、淘汰机制遴选,目前,每年稳定出版近400个品种。"皮书"已经成为中国新型智库建设的抓手,成为国际国内社会各界快速、便捷地了解真实中国的最佳窗口。

20年孜孜以求,"皮书"始终将自己的研究视野与经济社会发展中的前沿热点问题紧密相连。600个研究领域,3万多位分布于800余个研究机构的专家学者参与了研创写作。皮书数据库中共收录了15万篇专业报告,50余万张数据图表,合计30亿字,每年报告下载量近80万次。皮书为中国学术与社会发展实践的结合提供了一个激荡智力、传播思想的入口,皮书作者们用学术的话语、客观翔实的数据谱写出了中国故事壮丽的篇章。

20年跬步千里,"皮书"始终将自己的发展与时代赋予的使命与责任紧紧相连。每年百余场新闻发布会,10万余人次中外媒体报道,中、英、俄、日、韩等12个语种共同出版。皮书所具有的凝聚力正在形成一种无形的力量,吸引着社会各界关注中国的发展,参与中国的发展,它是我们向世界传递中国声音、总结中国经验、争取中国国际话语权最主要的平台。

皮书这一系列成就的取得,得益于中国改革开放的伟大时代,离不开来自中国社会科学院、新闻出版广电总局、全国哲学社会科学规划办公室等主管部门的大力支持和帮助,也离不开皮书研创者和出版者的共同努力。他们与皮书的故事创造了皮书的历史,他们对皮书的拳拳之心将继续谱写皮书的未来!

现在,"皮书"品牌已经进入了快速成长的青壮年时期。全方位进行规范化管理,树立中国的学术出版标准;不断提升皮书的内容质量和影响力,搭建起中国智库产品和智库建设的交流服务平台和国际传播平台;发布各类皮书指数,并使之成为中国指数,让中国智库的声音响彻世界舞台,为人类的发展做出中国的贡献——这是皮书未来发展的图景。作为"皮书"这个概念的提出者,"皮书"从一般图书到系列图书和品牌图书,最终成为智库研究和社会科学应用对策研究的知识服务和成果推广平台这整个过程的操盘者,我相信,这也是每一位皮书人执着追求的目标。

"当代中国正经历着我国历史上最为广泛而深刻的社会变革,也正在进行着人类历史上最为宏大而独特的实践创新。这种前无古人的伟大实践,必将给理论创造、学术繁荣提供强大动力和广阔空间。"

在这个需要思想而且一定能够产生思想的时代,皮书的研创出版一定能创造出新的更大的辉煌!

社会科学文献出版社社长

中国社会学会秘书长

2017年11月

社会科学文献出版社简介

社会科学文献出版社（以下简称"社科文献出版社"）成立于1985年，是直属于中国社会科学院的人文社会科学学术出版机构。成立至今，社科文献出版社始终依托中国社会科学院和国内外人文社会科学界丰厚的学术出版和专家学者资源，坚持"创社科经典，出传世文献"的出版理念、"权威、前沿、原创"的产品定位以及学术成果和智库成果出版的专业化、数字化、国际化、市场化的经营道路。

社科文献出版社是中国新闻出版业转型与文化体制改革的先行者。积极探索文化体制改革的先进方向和现代企业经营决策机制，社科文献出版社先后荣获"全国文化体制改革工作先进单位"、中国出版政府奖·先进出版单位奖，中国社会科学院先进集体、全国科普工作先进集体等荣誉称号。多人次荣获"第十届韬奋出版奖""全国新闻出版行业领军人才""数字出版先进人物""北京市新闻出版广电行业领军人才"等称号。

社科文献出版社是中国人文社会科学学术出版的大社名社，也是以皮书为代表的智库成果出版的专业强社。年出版图书2000余种，其中皮书400余种，出版新书字数5.5亿字，承印与发行中国社科院院属期刊72种，先后创立了皮书系列、列国志、中国史话、社科文献学术译库、社科文献学术文库、甲骨文书系等一大批既有学术影响又有市场价值的品牌，确立了在社会学、近代史、苏东问题研究等专业学科及领域出版的领先地位。图书多次荣获中国出版政府奖、"三个一百"原创图书出版工程、"五个'一'工程奖"、"大众喜爱的50种图书"等奖项，在中央国家机关"强素质·做表率"读书活动中，入选图书品种数位居各大出版社之首。

社科文献出版社是中国学术出版规范与标准的倡议者与制定者，代表全国50多家出版社发起实施学术著作出版规范的倡议，承担学术著作规范国家标准的起草工作，率先编撰完成《皮书手册》对皮书品牌进行规范化管理，并在此基础上推出中国版芝加哥手册——《社科文献出版社学术出版手册》。

社科文献出版社是中国数字出版的引领者，拥有皮书数据库、列国志数据库、"一带一路"数据库、减贫数据库、集刊数据库等4大产品线11个数据库产品，机构用户达1300余家，海外用户百余家，荣获"数字出版转型示范单位""新闻出版标准化先进单位""专业数字内容资源知识服务模式试点企业标准化示范单位"等称号。

社科文献出版社是中国学术出版走出去的践行者。社科文献出版社海外图书出版与学术合作业务遍及全球40余个国家和地区，并于2016年成立俄罗斯分社，累计输出图书500余种，涉及近20个语种，累计获得国家社科基金中华学术外译项目资助76种、"丝路书香工程"项目资助60种、中国图书对外推广计划项目资助71种以及经典中国国际出版工程资助28种，被五部委联合认定为"2015-2016年度国家文化出口重点企业"。

如今，社科文献出版社完全靠自身积累拥有固定资产3.6亿元，年收入3亿元，设置了七大出版分社、六大专业部门，成立了皮书研究院和博士后科研工作站，培养了一支近400人的高素质与高效率的编辑、出版、营销和国际推广队伍，为未来成为学术出版的大社、名社、强社，成为文化体制改革与文化企业转型发展的排头兵奠定了坚实的基础。

 宏观经济类 | 皮书系列 重点推荐

宏观经济类

经济蓝皮书

2018年中国经济形势分析与预测

李平/主编　2017年12月出版　定价：89.00元

◆ 本书为总理基金项目，由著名经济学家李扬领衔，联合中国社会科学院等数十家科研机构、国家部委和高等院校的专家共同撰写，系统分析了2017年的中国经济形势并预测2018年中国经济运行情况。

城市蓝皮书

中国城市发展报告 No.11

潘家华　单菁菁/主编　2018年9月出版　估价：99.00元

◆ 本书是由中国社会科学院城市发展与环境研究中心编著的，多角度、全方位地立体展示了中国城市的发展状况，并对中国城市的未来发展提出了许多建议。该书有强烈的时代感，对中国城市发展实践有重要的参考价值。

人口与劳动绿皮书

中国人口与劳动问题报告 No.19

张车伟/主编　2018年10月出版　估价：99.00元

◆ 本书为中国社会科学院人口与劳动经济研究所主编的年度报告，对当前中国人口与劳动形势做了比较全面和系统的深入讨论，为研究中国人口与劳动问题提供了一个专业性的视角。

宏观经济类 · 区域经济类

中国省域竞争力蓝皮书
中国省域经济综合竞争力发展报告（2017～2018）

李建平　李闽榕　高燕京/主编　2018年5月出版　估价：198.00元

◆ 本书融多学科的理论为一体，深入追踪研究了省域经济发展与中国国家竞争力的内在关系，为提升中国省域经济综合竞争力提供有价值的决策依据。

金融蓝皮书
中国金融发展报告（2018）

王国刚/主编　2018年2月出版　估价：99.00元

◆ 本书由中国社会科学院金融研究所组织编写，概括和分析了2017年中国金融发展和运行中的各方面情况，研讨和评论了2017年发生的主要金融事件，有利于读者了解掌握2017年中国的金融状况，把握2018年中国金融的走势。

区域经济类

京津冀蓝皮书
京津冀发展报告（2018）

祝合良　叶堂林　张贵祥/等著　2018年6月出版　估价：99.00元

◆ 本书遵循问题导向与目标导向相结合、统计数据分析与大数据分析相结合、纵向分析和长期监测与结构分析和综合监测相结合等原则，对京津冀协同发展新形势与新进展进行测度与评价。

 社会政法类

社会政法类

社会蓝皮书
2018年中国社会形势分析与预测

李培林　陈光金　张翼/主编　2017年12月出版　定价：89.00元

◆ 本书由中国社会科学院社会学研究所组织研究机构专家、高校学者和政府研究人员撰写，聚焦当下社会热点，对2017年中国社会发展的各个方面内容进行了权威解读，同时对2018年社会形势发展趋势进行了预测。

法治蓝皮书
中国法治发展报告 No.16（2018）

李林　田禾/主编　2018年3月出版　估价：118.00元

◆ 本年度法治蓝皮书回顾总结了2017年度中国法治发展取得的成就和存在的不足，对中国政府、司法、检务透明度进行了跟踪调研，并对2018年中国法治发展形势进行了预测和展望。

教育蓝皮书
中国教育发展报告（2018）

杨东平/主编　2018年4月出版　估价：99.00元

◆ 本书重点关注了2017年教育领域的热点，资料翔实，分析有据，既有专题研究，又有实践案例，从多角度对2017年教育改革和实践进行了分析和研究。

皮书系列重点推荐 社会政法类

社会体制蓝皮书
中国社会体制改革报告 No.6（2018）

龚维斌／主编　2018年3月出版　估价：99.00元

◆ 本书由国家行政学院社会治理研究中心和北京师范大学中国社会管理研究院共同组织编写，主要对2017年社会体制改革情况进行回顾和总结，对2018年的改革走向进行分析，提出相关政策建议。

社会心态蓝皮书
中国社会心态研究报告（2018）

王俊秀　杨宜音／主编　2018年12月出版　估价：99.00元

◆ 本书是中国社会科学院社会学研究所社会心理研究中心"社会心态蓝皮书课题组"的年度研究成果，运用社会心理学、社会学、经济学、传播学等多种学科的方法进行了调查和研究，对于目前中国社会心态状况有较广泛和深入的揭示。

华侨华人蓝皮书
华侨华人研究报告（2018）

贾益民／主编　2018年1月出版　估价：139.00元

◆ 本书关注华侨华人生产与生活的方方面面。华侨华人是中国建设21世纪海上丝绸之路的重要中介者、推动者和参与者。本书旨在全面调研华侨华人，提供最新涉侨动态、理论研究成果和政策建议。

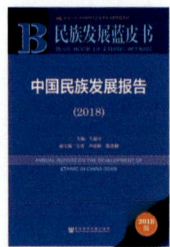

民族发展蓝皮书
中国民族发展报告（2018）

王延中／主编　2018年10月出版　估价：188.00元

◆ 本书从民族学人类学视角，研究近年来少数民族和民族地区的发展情况，展示民族地区经济、政治、文化、社会和生态文明"五位一体"建设取得的辉煌成就和面临的困难挑战，为深刻理解中央民族工作会议精神、加快民族地区全面建成小康社会进程提供了实证材料。

产业经济类

房地产蓝皮书
中国房地产发展报告 No.15（2018）

李春华　王业强 / 主编　2018年5月出版　估价：99.00元

◆ 2018年《房地产蓝皮书》持续追踪中国房地产市场最新动态，深度剖析市场热点，展望2018年发展趋势，积极谋划应对策略。对2017年房地产市场的发展态势进行全面、综合的分析。

新能源汽车蓝皮书
中国新能源汽车产业发展报告（2018）

中国汽车技术研究中心　日产（中国）投资有限公司
东风汽车有限公司 / 编著　2018年8月出版　估价：99.00元

◆ 本书对中国2017年新能源汽车产业发展进行了全面系统的分析，并介绍了国外的发展经验。有助于相关机构、行业和社会公众等了解中国新能源汽车产业发展的最新动态，为政府部门出台新能源汽车产业相关政策法规、企业制定相关战略规划，提供必要的借鉴和参考。

行业及其他类

旅游绿皮书
2017～2018年中国旅游发展分析与预测

中国社会科学院旅游研究中心 / 编　2018年2月出版　估价：99.00元

◆ 本书从政策、产业、市场、社会等多个角度勾画出2017年中国旅游发展全貌，剖析了其中的热点和核心问题，并就未来发展作出预测。

行业及其他类

民营医院蓝皮书
中国民营医院发展报告（2018）

薛晓林 / 主编　　2018年1月出版　　估价：99.00元

◆ 本书在梳理国家对社会办医的各种利好政策的前提下，对我国民营医疗发展现状、我国民营医院竞争力进行了分析，并结合我国医疗体制改革对民营医院的发展趋势、发展策略、战略规划等方面进行了预估。

会展蓝皮书
中外会展业动态评估研究报告（2018）

张敏 / 主编　　2018年12月出版　　估价：99.00元

◆ 本书回顾了2017年的会展业发展动态，结合"供给侧改革"、"互联网+"、"绿色经济"的新形势分析了我国展会的行业现状，并介绍了国外的发展经验，有助于行业和社会了解最新的展会业动态。

中国上市公司蓝皮书
中国上市公司发展报告（2018）

张平　王宏淼 / 主编　　2018年9月出版　　估价：99.00元

◆ 本书由中国社会科学院上市公司研究中心组织编写的，着力于全面、真实、客观反映当前中国上市公司财务状况和价值评估的综合性年度报告。本书详尽分析了2017年中国上市公司情况，特别是现实中暴露出的制度性、基础性问题，并对资本市场改革进行了探讨。

工业和信息化蓝皮书
人工智能发展报告（2017～2018）

尹丽波 / 主编　　2018年6月出版　　估价：99.00元

◆ 本书国家工业信息安全发展研究中心在对2017年全球人工智能技术和产业进行全面跟踪研究基础上形成的研究报告。该报告内容翔实、视角独特，具有较强的产业发展前瞻性和预测性，可为相关主管部门、行业协会、企业等全面了解人工智能发展形势以及进行科学决策提供参考。

 国际问题与全球治理类 　　皮书系列 重点推荐

国际问题与全球治理类

世界经济黄皮书
2018年世界经济形势分析与预测

张宇燕 / 主编　2018年1月出版　估价：99.00元

◆ 本书由中国社会科学院世界经济与政治研究所的研究团队撰写，分总论、国别与地区、专题、热点、世界经济统计与预测等五个部分，对2018年世界经济形势进行了分析。

国际城市蓝皮书
国际城市发展报告（2018）

屠启宇 / 主编　2018年2月出版　估价：99.00元

◆ 本书作者以上海社会科学院从事国际城市研究的学者团队为核心，汇集同济大学、华东师范大学、复旦大学、上海交通大学、南京大学、浙江大学相关城市研究专业学者。立足动态跟踪介绍国际城市发展时间中，最新出现的重大战略、重大理念、重大项目、重大报告和最佳案例。

非洲黄皮书
非洲发展报告 No.20（2017~2018）

张宏明 / 主编　2018年7月出版　估价：99.00元

◆ 本书是由中国社会科学院西亚非洲研究所组织编撰的非洲形势年度报告，比较全面、系统地分析了2017年非洲政治形势和热点问题，探讨了非洲经济形势和市场走向，剖析了大国对非洲关系的新动向；此外，还介绍了国内非洲研究的新成果。

国别类

美国蓝皮书
美国研究报告（2018）

郑秉文　黄平 / 主编　2018 年 5 月出版　估价：99.00 元

◆ 本书是由中国社会科学院美国研究所主持完成的研究成果，它回顾了美国 2017 年的经济、政治形势与外交战略，对美国内政外交发生的重大事件及重要政策进行了较为全面的回顾和梳理。

德国蓝皮书
德国发展报告（2018）

郑春荣 / 主编　2018 年 6 月出版　估价：99.00 元

◆ 本报告由同济大学德国研究所组织编撰，由该领域的专家学者对德国的政治、经济、社会文化、外交等方面的形势发展情况，进行全面的阐述与分析。

俄罗斯黄皮书
俄罗斯发展报告（2018）

李永全 / 编著　2018 年 6 月出版　估价：99.00 元

◆ 本书系统介绍了 2017 年俄罗斯经济政治情况，并对 2016 年该地区发生的焦点、热点问题进行了分析与回顾；在此基础上，对该地区 2018 年的发展前景进行了预测。

 文化传媒类

皮书系列
重点推荐

文化传媒类

新媒体蓝皮书
中国新媒体发展报告 No.9（2018）

唐绪军/主编　2018年6月出版　估价：99.00元

◆ 本书是由中国社会科学院新闻与传播研究所组织编写的关于新媒体发展的最新年度报告，旨在全面分析中国新媒体的发展现状，解读新媒体的发展趋势，探析新媒体的深刻影响。

移动互联网蓝皮书
中国移动互联网发展报告（2018）

余清楚/主编　2018年6月出版　估价：99.00元

◆ 本书着眼于对2017年度中国移动互联网的发展情况做深入解析，对未来发展趋势进行预测，力求从不同视角、不同层面全面剖析中国移动互联网发展的现状、年度突破及热点趋势等。

文化蓝皮书
中国文化消费需求景气评价报告（2018）

王亚南/主编　2018年2月出版　估价：99.00元

◆ 本书首创全国文化发展量化检测评价体系，也是至今全国唯一的文化民生量化检测评价体系，对于检验全国及各地"以人民为中心"的文化发展具有首创意义。

地方发展类

北京蓝皮书

北京经济发展报告（2017～2018）

杨松/主编　2018年6月出版　估价：99.00元

◆ 本书对2017年北京市经济发展的整体形势进行了系统性的分析与回顾，并对2018年经济形势走势进行了预测与研判，聚焦北京市经济社会发展中的全局性、战略性和关键领域的重点问题，运用定量和定性分析相结合的方法，对北京市经济社会发展的现状、问题、成因进行了深入分析，提出了可操作性的对策建议。

温州蓝皮书

2018年温州经济社会形势分析与预测

蒋儒标　王春光　金浩/主编　2018年4月出版　估价：99.00元

◆ 本书是中共温州市委党校和中国社会科学院社会学研究所合作推出的第十一本温州蓝皮书，由来自党校、政府部门、科研机构、高校的专家、学者共同撰写的2017年温州区域发展形势的最新研究成果。

黑龙江蓝皮书

黑龙江社会发展报告（2018）

王爱丽/主编　2018年6月出版　估价：99.00元

◆ 本书以千份随机抽样问卷调查和专题研究为依据，运用社会学理论框架和分析方法，从专家和学者的独特视角，对2017年黑龙江省关系民生的问题进行广泛的调研与分析，并对2017年黑龙江省诸多社会热点和焦点问题进行了有益的探索。这些研究不仅可以为政府部门更加全面深入了解省情、科学制定决策提供智力支持，同时也可以为广大读者认识、了解、关注黑龙江社会发展提供理性思考。

宏观经济类

皮书系列 2018全品种

宏观经济类

城市蓝皮书
中国城市发展报告（No.11）
著(编)者：潘家华 单菁菁
2018年9月出版 / 估价：99.00元
PSN B-2007-091-1/1

城乡一体化蓝皮书
中国城乡一体化发展报告（2018）
著(编)者：付崇兰
2018年9月出版 / 估价：99.00元
PSN B-2011-226-1/2

城镇化蓝皮书
中国新型城镇化健康发展报告（2018）
著(编)者：张占斌
2018年8月出版 / 估价：99.00元
PSN B-2014-396-1/1

创新蓝皮书
创新型国家建设报告（2018~2019）
著(编)者：詹正茂
2018年12月出版 / 估价：99.00元
PSN B-2009-140-1/1

低碳发展蓝皮书
中国低碳发展报告（2018）
著(编)者：张希良 齐晔
2018年6月出版 / 估价：99.00元
PSN B-2011-223-1/1

低碳经济蓝皮书
中国低碳经济发展报告（2018）
著(编)者：薛进军 赵忠秀
2018年11月出版 / 估价：99.00元
PSN B-2011-194-1/1

发展和改革蓝皮书
中国经济发展和体制改革报告No.9
著(编)者：邹东涛 王再文
2018年1月出版 / 估价：99.00元
PSN B-2008-122-1/1

国家创新蓝皮书
中国创新发展报告（2017）
著(编)者：陈劲 2018年3月出版 / 估价：99.00元
PSN B-2014-370-1/1

金融蓝皮书
中国金融发展报告（2018）
著(编)者：王国刚
2018年2月出版 / 估价：99.00元
PSN B-2004-031-1/7

经济蓝皮书
2018年中国经济形势分析与预测
著(编)者：李平 2017年12月出版 / 定价：89.00元
PSN B-1996-001-1/1

经济蓝皮书春季号
2018年中国经济前景分析
著(编)者：李扬 2018年5月出版 / 估价：99.00元
PSN B-1999-008-1/1

经济蓝皮书夏季号
中国经济增长报告（2017~2018）
著(编)者：李扬 2018年9月出版 / 估价：99.00元
PSN B-2010-176-1/1

经济信息绿皮书
中国与世界经济发展报告（2018）
著(编)者：杜平
2017年12月出版 / 估价：99.00元
PSN B-2003-023-1/1

农村绿皮书
中国农村经济形势分析与预测（2017~2018）
著(编)者：魏后凯 黄秉信
2018年4月出版 / 估价：99.00元
PSN G-1998-003-1/1

人口与劳动绿皮书
中国人口与劳动问题报告No.19
著(编)者：张车伟 2018年11月出版 / 估价：99.00元
PSN G-2000-012-1/1

新型城镇化蓝皮书
新型城镇化发展报告（2017）
著(编)者：李伟 宋敏 沈体雁
2018年3月出版 / 估价：99.00元
PSN B-2005-038-1/1

中国省域竞争力蓝皮书
中国省域经济综合竞争力发展报告（2016~2017）
著(编)者：李建平 李闽榕 高燕京
2018年2月出版 / 估价：198.00元
PSN B-2007-088-1/1

中小城市绿皮书
中国中小城市发展报告（2018）
著(编)者：中国城市经济学会中小城市经济发展委员会
中国城镇化促进会中小城市发展委员会
《中国中小城市发展报告》编纂委员会
中小城市发展战略研究院
2018年11月出版 / 估价：128.00元
PSN G-2010-161-1/1

13

皮书系列 2018全品种 区域经济类·社会政法类

区域经济类

东北蓝皮书
中国东北地区发展报告（2018）
著(编)者：姜晓秋　2018年11月出版／估价：99.00元
PSN B-2006-067-1/1

金融蓝皮书
中国金融中心发展报告（2017～2018）
著(编)者：王力　黄育华　2018年11月出版／估价：99.00元
PSN B-2011-186-6/7

京津冀蓝皮书
京津冀发展报告（2018）
著(编)者：祝合良　叶堂林　张贵祥
2018年6月出版／估价：99.00元
PSN B-2012-262-1/1

西北蓝皮书
中国西北发展报告（2018）
著(编)者：任宗哲　白宽犁　王建康
2018年4月出版／估价：99.00元
PSN B-2012-261-1/1

西部蓝皮书
中国西部发展报告（2018）
著(编)者：璋勇　任保平　2018年8月出版／估价：99.00元
PSN B-2005-039-1/1

长江经济带产业蓝皮书
长江经济带产业发展报告（2018）
著(编)者：吴传清　2018年11月出版／估价：128.00元
PSN B-2017-666-1/1

长江经济带蓝皮书
长江经济带发展报告（2017～2018）
著(编)者：王振　2018年11月出版／估价：99.00元
PSN B-2016-575-1/1

长江中游城市群蓝皮书
长江中游城市群新型城镇化与产业协同发展报告（2018）
著(编)者：杨刚强　2018年11月出版／估价：99.00元
PSN B-2016-578-1/1

长三角蓝皮书
2017年创新融合发展的长三角
著(编)者：刘飞跃　2018年3月出版／估价：99.00元
PSN B-2005-038-1/1

长株潭城市群蓝皮书
长株潭城市群发展报告（2017）
著(编)者：张萍　朱有志　2018年1月出版／估价：99.00元
PSN B-2008-109-1/1

中部竞争力蓝皮书
中国中部经济社会竞争力报告（2018）
著(编)者：教育部人文社会科学重点研究基地南昌大学中国中部经济社会发展研究中心
2018年12月出版／估价：99.00元
PSN B-2012-276-1/1

中部蓝皮书
中国中部地区发展报告（2018）
著(编)者：宋亚平　2018年12月出版／估价：99.00元
PSN B-2007-089-1/1

区域蓝皮书
中国区域经济发展报告（2017～2018）
著(编)者：赵弘　2018年5月出版／估价：99.00元
PSN B-2004-034-1/1

中三角蓝皮书
长江中游城市群发展报告（2018）
著(编)者：秦尊文　2018年9月出版／估价：99.00元
PSN B-2014-417-1/1

中原蓝皮书
中原经济区发展报告（2018）
著(编)者：李英杰　2018年6月出版／估价：99.00元
PSN B-2011-192-1/1

珠三角流通蓝皮书
珠三角商圈发展研究报告（2018）
著(编)者：王先庆　林至颖　2018年7月出版／估价：99.00元
PSN B-2012-292-1/1

社会政法类

北京蓝皮书
中国社区发展报告（2017～2018）
著(编)者：于燕燕　2018年9月出版／估价：99.00元
PSN B-2007-083-5/8

殡葬绿皮书
中国殡葬事业发展报告（2017～2018）
著(编)者：李伯森　2018年4月出版／估价：158.00元
PSN G-2010-180-1/1

城市管理蓝皮书
中国城市管理报告（2017-2018）
著(编)者：刘林　刘承水　2018年5月出版／估价：158.00元
PSN B-2013-336-1/1

城市生活质量蓝皮书
中国城市生活质量报告（2017）
著(编)者：张连城　张平　杨春学　郎丽华
2018年2月出版／估价：99.00元
PSN B-2013-326-1/1

社会政法类

皮书系列 2018全品种

城市政府能力蓝皮书
中国城市政府公共服务能力评估报告（2018）
著（编）者：何艳玲　2018年4月出版 / 估价：99.00元
PSN B-2013-338-1/1

创业蓝皮书
中国创业发展研究报告（2017~2018）
著（编）者：黄群慧　赵卫星　钟宏武
2018年11月出版 / 估价：99.00元
PSN B-2016-577-1/1

慈善蓝皮书
中国慈善发展报告（2018）
著（编）者：杨团　2018年6月出版 / 估价：99.00元
PSN B-2009-142-1/1

党建蓝皮书
党的建设研究报告No.2（2018）
著（编）者：崔建民　陈东平　2018年1月出版 / 估价：99.00元
PSN B-2016-523-1/1

地方法治蓝皮书
中国地方法治发展报告No.3（2018）
著（编）者：李林　田禾　2018年3月出版 / 估价：118.00元
PSN B-2015-442-1/1

电子政务蓝皮书
中国电子政务发展报告（2018）
著（编）者：李季　2018年8月出版 / 估价：99.00元
PSN B-2003-022-1/1

法治蓝皮书
中国法治发展报告No.16（2018）
著（编）者：吕艳滨　2018年3月出版 / 估价：118.00元
PSN B-2004-027-1/3

法治蓝皮书
中国法院信息化发展报告No.2（2018）
著（编）者：李林　田禾　2018年2月出版 / 估价：108.00元
PSN B-2017-604-3/3

法治政府蓝皮书
中国法治政府发展报告（2018）
著（编）者：中国政法大学法治政府研究院
2018年4月出版 / 估价：99.00元
PSN B-2015-502-1/2

法治政府蓝皮书
中国法治政府评估报告（2018）
著（编）者：中国政法大学法治政府研究院
2018年9月出版 / 估价：168.00元
PSN B-2016-576-2/2

反腐倡廉蓝皮书
中国反腐倡廉建设报告No.8
著（编）者：张英伟　2018年12月出版 / 估价：99.00元
PSN B-2012-259-1/1

扶贫蓝皮书
中国扶贫开发报告（2018）
著（编）者：李培林　魏后凯　2018年12月出版 / 估价：128.00元
PSN B-2016-599-1/1

妇女发展蓝皮书
中国妇女发展报告No.6
著（编）者：王金玲　2018年9月出版 / 估价：158.00元
PSN B-2006-069-1/1

妇女教育蓝皮书
中国妇女教育发展报告No.3
著（编）者：张李玺　2018年10月出版 / 估价：99.00元
PSN B-2008-121-1/1

妇女绿皮书
2018年：中国性别平等与妇女发展报告
著（编）者：谭琳　2018年12月出版 / 估价：99.00元
PSN G-2006-073-1/1

公共安全蓝皮书
中国城市公共安全发展报告（2017~2018）
著（编）者：黄育华　杨文明　赵建辉
2018年6月出版 / 估价：99.00元
PSN B-2017-628-1/1

公共服务蓝皮书
中国城市基本公共服务力评价（2018）
著（编）者：钟君　志志昌　吴正杲
2018年12月出版 / 估价：99.00元
PSN B-2011-214-1/1

公民科学素质蓝皮书
中国公民科学素质报告（2017~2018）
著（编）者：李群　陈雄　马宗文
2018年1月出版 / 估价：99.00元
PSN B-2014-379-1/1

公益蓝皮书
中国公益慈善发展报告（2016）
著（编）者：朱健刚　胡小军　2018年2月出版 / 估价：99.00元
PSN B-2012-283-1/1

国际人才蓝皮书
中国国际移民报告（2018）
著（编）者：王辉耀　2018年2月出版 / 估价：99.00元
PSN B-2012-304-3/4

国际人才蓝皮书
中国留学发展报告（2018）No.7
著（编）者：王辉耀　苗绿　2018年12月出版 / 估价：99.00元
PSN B-2012-244-2/4

海洋社会蓝皮书
中国海洋社会发展报告（2017）
著（编）者：崔凤　宋宁而　2018年3月出版 / 估价：99.00元
PSN B-2015-478-1/1

行政改革蓝皮书
中国行政体制改革报告No.7（2018）
著（编）者：魏礼群　2018年6月出版 / 估价：99.00元
PSN B-2011-231-1/1

华侨华人蓝皮书
华侨华人研究报告（2017）
著（编）者：贾益民　2018年1月出版 / 估价：139.00元
PSN B-2011-204-1/1

皮书系列 2018全品种 — 社会政法类

环境竞争力绿皮书
中国省域环境竞争力发展报告（2018）
著（编）者：李建平 李闽榕 王金南
2018年11月出版 / 估价：198.00元
PSN G-2010-165-1/1

环境绿皮书
中国环境发展报告（2017~2018）
著（编）者：李波　　2018年4月出版 / 估价：99.00元
PSN G-2006-048-1/1

家庭蓝皮书
中国"创建幸福家庭活动"评估报告（2018）
著（编）者：国务院发展研究中心"创建幸福家庭活动评估"课题组
2018年12月出版 / 估价：99.00元
PSN B-2015-508-1/1

健康城市蓝皮书
中国健康城市建设研究报告（2018）
著（编）者：王鸿春 盛继洪　　2018年12月出版 / 估价：99.00元
PSN B-2016-564-2/2

健康中国蓝皮书
社区首诊与健康中国分析报告（2018）
著（编）者：高和荣 杨叔禹 姜杰
2018年4月出版 / 估价：99.00元
PSN B-2017-611-1/1

教师蓝皮书
中国中小学教师发展报告（2017）
著（编）者：曾晓东 鱼霞　　2018年6月出版 / 估价：99.00元
PSN B-2012-289-1/1

教育扶贫蓝皮书
中国教育扶贫报告（2018）
著（编）者：司树杰 王文静 李兴洲
2018年12月出版 / 估价：99.00元
PSN B-2016-590-1/1

教育蓝皮书
中国教育发展报告（2018）
著（编）者：杨东平　　2018年4月出版 / 估价：99.00元
PSN B-2006-047-1/1

金融法治建设蓝皮书
中国金融法治建设年度报告（2015~2016）
著（编）者：朱小黄　　2018年6月出版 / 估价：99.00元
PSN B-2017-633-1/1

京津冀教育蓝皮书
京津冀教育发展研究报告（2017~2018）
著（编）者：方中雄　　2018年4月出版 / 估价：99.00元
PSN B-2017-608-1/1

就业蓝皮书
2018年中国本科生就业报告
著（编）者：麦可思研究院　　2018年6月出版 / 估价：99.00元
PSN B-2009-146-1/2

就业蓝皮书
2018年中国高职高专生就业报告
著（编）者：麦可思研究院　　2018年6月出版 / 估价：99.00元
PSN B-2015-472-2/2

科学教育蓝皮书
中国科学教育发展报告（2018）
著（编）者：王康友　　2018年10月出版 / 估价：99.00元
PSN B-2015-487-1/1

劳动保障蓝皮书
中国劳动保障发展报告（2018）
著（编）者：刘燕斌　　2018年9月出版 / 估价：158.00元
PSN B-2014-415-1/1

老龄蓝皮书
中国老年宜居环境发展报告（2017）
著（编）者：党俊武 周燕珉　　2018年1月出版 / 估价：99.00元
PSN B-2013-320-1/1

连片特困区蓝皮书
中国连片特困区发展报告（2017~2018）
著（编）者：游俊 冷志明 丁建军
2018年4月出版 / 估价：99.00元
PSN B-2013-321-1/1

流动儿童蓝皮书
中国流动儿童教育发展报告（2017）
著（编）者：杨东平　　2018年1月出版 / 估价：99.00元
PSN B-2017-600-1/1

民调蓝皮书
中国民生调查报告（2018）
著（编）者：谢耘耕　　2018年12月出版 / 估价：99.00元
PSN B-2014-398-1/1

民族发展蓝皮书
中国民族发展报告（2018）
著（编）者：王延中　　2018年10月出版 / 估价：188.00元
PSN B-2006-070-1/1

女性生活蓝皮书
中国女性生活状况报告No.12（2018）
著（编）者：韩湘景　　2018年7月出版 / 估价：99.00元
PSN B-2006-071-1/1

汽车社会蓝皮书
中国汽车社会发展报告（2017~2018）
著（编）者：王俊秀　　2018年1月出版 / 估价：99.00元
PSN B-2011-224-1/1

青年蓝皮书
中国青年发展报告（2018）No.3
著（编）者：廉思　　2018年4月出版 / 估价：99.00元
PSN B-2013-333-1/1

青少年蓝皮书
中国未成年人互联网运用报告（2017~2018）
著（编）者：季为民 李文革 沈杰
2018年11月出版 / 估价：99.00元
PSN B-2010-156-1/1

社会政法类 — 皮书系列 2018全品种

人权蓝皮书
中国人权事业发展报告No.8（2018）
著(编)者：李君如　2018年9月出版／估价：99.00元
PSN B-2011-215-1/1

社会保障绿皮书
中国社会保障发展报告No.9（2018）
著(编)者：王延中　2018年1月出版／估价：99.00元
PSN G-2001-014-1/1

社会风险评估蓝皮书
风险评估与危机预警报告（2017~2018）
著(编)者：唐钧　2018年8月出版／估价：99.00元
PSN B-2012-293-1/1

社会工作蓝皮书
中国社会工作发展报告（2016~2017）
著(编)者：民政部社会工作研究中心
2018年8月出版／估价：99.00元
PSN B-2009-141-1/1

社会管理蓝皮书
中国社会管理创新报告No.6
著(编)者：连玉明　2018年11月出版／估价：99.00元
PSN B-2012-300-1/1

社会蓝皮书
2018年中国社会形势分析与预测
著(编)者：李培林　陈光金　张翼
2017年12月出版／定价：89.00元
PSN B-1998-002-1/1

社会体制蓝皮书
中国社会体制改革报告No.6（2018）
著(编)者：龚维斌　2018年3月出版／估价：99.00元
PSN B-2013-330-1/1

社会心态蓝皮书
中国社会心态研究报告（2018）
著(编)者：王俊秀　2018年12月出版／估价：99.00元
PSN B-2011-199-1/1

社会组织蓝皮书
中国社会组织报告（2017-2018）
著(编)者：黄晓勇　2018年1月出版／估价：99.00元
PSN B-2008-118-1/2

社会组织蓝皮书
中国社会组织评估发展报告（2018）
著(编)者：徐家良　2018年12月出版／估价：99.00元
PSN B-2013-366-2/2

生态城市绿皮书
中国生态城市建设发展报告（2018）
著(编)者：刘举科　孙伟平　胡文臻
2018年9月出版／估价：158.00元
PSN G-2012-269-1/1

生态文明绿皮书
中国省域生态文明建设评价报告（ECI 2018）
著(编)者：严耕　2018年12月出版／估价：99.00元
PSN G-2010-170-1/1

退休生活蓝皮书
中国城市居民退休生活质量指数报告（2017）
著(编)者：杨一帆　2018年5月出版／估价：99.00元
PSN B-2017-618-1/1

危机管理蓝皮书
中国危机管理报告（2018）
著(编)者：文学国　范正青
2018年8月出版／估价：99.00元
PSN B-2010-171-1/1

学会蓝皮书
2018年中国学会发展报告
著(编)者：麦可思研究院
2018年12月出版／估价：99.00元
PSN B-2016-597-1/1

医改蓝皮书
中国医药卫生体制改革报告（2017~2018）
著(编)者：文学国　房志武
2018年11月出版／估价：99.00元
PSN B-2014-432-1/1

应急管理蓝皮书
中国应急管理报告（2018）
著(编)者：宋英华　2018年9月出版／估价：99.00元
PSN B-2016-562-1/1

政府绩效评估蓝皮书
中国地方政府绩效评估报告No.2
著(编)者：贠杰　2018年12月出版／估价：99.00元
PSN B-2017-672-1/1

政治参与蓝皮书
中国政治参与报告（2018）
著(编)者：房宁　2018年8月出版／估价：128.00元
PSN B-2011-200-1/1

政治文化蓝皮书
中国政治文化报告（2018）
著(编)者：邢忠敏　魏大鹏　龚克
2018年8月出版／估价：128.00元
PSN B-2017-615-1/1

中国传统村落蓝皮书
中国传统村落保护现状报告（2018）
著(编)者：胡彬彬　李向军　王晓波
2018年12月出版／估价：99.00元
PSN B-2017-663-1/1

中国农村妇女发展蓝皮书
农村流动女性城市生活发展报告（2018）
著(编)者：谢丽华　2018年12月出版／估价：99.00元
PSN B-2014-434-1/1

宗教蓝皮书
中国宗教报告（2017）
著(编)者：邱永辉　2018年8月出版／估价：99.00元
PSN B-2008-117-1/1

产业经济类

保健蓝皮书
中国保健服务产业发展报告 No.2
著(编)者：中国保健协会　中共中央党校
2018年7月出版 / 估价：198.00元
PSN B-2012-272-3/3

保健蓝皮书
中国保健食品产业发展报告 No.2
著(编)者：中国保健协会
　　　　中国社会科学院食品药品产业发展与监管研究中心
2018年8月出版 / 估价：198.00元
PSN B-2012-271-2/3

保健蓝皮书
中国保健用品产业发展报告 No.2
著(编)者：中国保健协会
　　　　国务院国有资产监督管理委员会研究中心
2018年3月出版 / 估价：198.00元
PSN B-2012-270-1/3

保险蓝皮书
中国保险业竞争力报告（2018）
著(编)者：保监会　2018年12月出版 / 估价：99.00元
PSN B-2013-311-1/1

冰雪蓝皮书
中国冰上运动产业发展报告（2018）
著(编)者：孙承华　杨占武　刘戈　张鸿俊
2018年9月出版 / 估价：99.00元
PSN B-2017-648-3/3

冰雪蓝皮书
中国滑雪产业发展报告（2018）
著(编)者：孙承华　伍斌　魏庆华　张鸿俊
2018年9月出版 / 估价：99.00元
PSN B-2016-559-1/3

餐饮产业蓝皮书
中国餐饮产业发展报告（2018）
著(编)者：邢颖
2018年6月出版 / 估价：99.00元
PSN B-2009-151-1/1

茶业蓝皮书
中国茶产业发展报告（2018）
著(编)者：杨江帆　李闽榕
2018年10月出版 / 估价：99.00元
PSN B-2010-164-1/1

产业安全蓝皮书
中国文化产业安全报告（2018）
著(编)者：北京印刷学院文化产业安全研究院
2018年12月出版 / 估价：99.00元
PSN B-2014-378-12/14

产业安全蓝皮书
中国新媒体产业安全报告（2016~2017）
著(编)者：肖丽　2018年6月出版 / 估价：99.00元
PSN B-2015-500-14/14

产业安全蓝皮书
中国出版传媒产业安全报告（2017~2018）
著(编)者：北京印刷学院文化产业安全研究院
2018年3月出版 / 估价：99.00元
PSN B-2014-384-13/14

产业蓝皮书
中国产业竞争力报告（2018）No.8
著(编)者：张其仔　2018年12月出版 / 估价：168.00元
PSN B-2010-175-1/1

动力电池蓝皮书
中国新能源汽车动力电池产业发展报告（2018）
著(编)者：中国汽车技术研究中心
2018年8月出版 / 估价：99.00元
PSN B-2017-639-1/1

杜仲产业绿皮书
中国杜仲橡胶资源与产业发展报告（2017~2018）
著(编)者：杜红岩　胡文臻　俞锐
2018年1月出版 / 估价：99.00元
PSN G-2013-350-1/1

房地产蓝皮书
中国房地产发展报告No.15（2018）
著(编)者：李春华　王业强
2018年5月出版 / 估价：99.00元
PSN B-2004-028-1/1

服务外包蓝皮书
中国服务外包产业发展报告（2017~2018）
著(编)者：王晓红　刘德军
2018年6月出版 / 估价：99.00元
PSN B-2013-331-2/2

服务外包蓝皮书
中国服务外包竞争力报告（2017~2018）
著(编)者：刘春生　王力　黄育华
2018年12月出版 / 估价：99.00元
PSN B-2011-216-1/2

工业和信息化蓝皮书
世界信息技术产业发展报告（2017~2018）
著(编)者：尹丽波　2018年6月出版 / 估价：99.00元
PSN B-2015-449-2/6

工业和信息化蓝皮书
战略性新兴产业发展报告（2017~2018）
著(编)者：尹丽波　2018年6月出版 / 估价：99.00元
PSN B-2015-450-3/6

产业经济类 — 皮书系列 2018全品种

客车蓝皮书
中国客车产业发展报告（2017~2018）
著（编）者：姚蔚　2018年10月出版 / 估价：99.00元
PSN B-2013-361-1/1

流通蓝皮书
中国商业发展报告（2018~2019）
著（编）者：王雪峰　林诗慧
2018年7月出版 / 估价：99.00元
PSN B-2009-152-1/2

能源蓝皮书
中国能源发展报告（2018）
著（编）者：崔民选　王军生　陈义和
2018年12月出版 / 估价：99.00元
PSN B-2006-049-1/1

农产品流通蓝皮书
中国农产品流通产业发展报告（2017）
著（编）者：贾敬敦　张东科　张玉玺　张鹏毅　周伟
2018年1月出版 / 估价：99.00元
PSN B-2012-288-1/1

汽车工业蓝皮书
中国汽车工业发展年度报告（2018）
著（编）者：中国汽车工业协会
　　　　　中国汽车技术研究中心
　　　　　丰田汽车公司
2018年5月出版 / 估价：168.00元
PSN B-2015-463-1/2

汽车工业蓝皮书
中国汽车零部件产业发展报告（2017~2018）
著（编）者：中国汽车工业协会
　　　　　中国汽车工程研究院深圳市沃特玛电池有限公司
2018年9月出版 / 估价：99.00元
PSN B-2016-515-2/2

汽车蓝皮书
中国汽车产业发展报告（2018）
著（编）者：中国汽车工程学会
　　　　　大众汽车集团（中国）
2018年11月出版 / 估价：99.00元
PSN B-2008-124-1/1

世界茶业蓝皮书
世界茶业发展报告（2018）
著（编）者：李闽榕　冯廷佺
2018年5月出版 / 估价：168.00元
PSN B-2017-619-1/1

世界能源蓝皮书
世界能源发展报告（2018）
著（编）者：黄晓勇　2018年6月出版 / 估价：168.00元
PSN B-2013-349-1/1

体育蓝皮书
国家体育产业基地发展报告（2016~2017）
著（编）者：李颖川　2018年4月出版 / 估价：168.00元
PSN B-2017-609-5/5

体育蓝皮书
中国体育产业发展报告（2018）
著（编）者：阮伟　钟秉枢
2018年12月出版 / 估价：99.00元
PSN B-2010-179-1/5

文化金融蓝皮书
中国文化金融发展报告（2018）
著（编）者：杨涛　金巍
2018年5月出版 / 估价：99.00元
PSN B-2017-610-1/1

新能源汽车蓝皮书
中国新能源汽车产业发展报告（2018）
著（编）者：中国汽车技术研究中心
　　　　　日产（中国）投资有限公司
　　　　　东风汽车有限公司
2018年8月出版 / 估价：99.00元
PSN B-2013-347-1/1

薏仁米产业蓝皮书
中国薏仁米产业发展报告No.2（2018）
著（编）者：李发耀　石明　秦礼康
2018年8月出版 / 估价：99.00元
PSN B-2017-645-1/1

邮轮绿皮书
中国邮轮产业发展报告（2018）
著（编）者：汪泓　2018年10月出版 / 估价：99.00元
PSN G-2014-419-1/1

智能养老蓝皮书
中国智能养老产业发展报告（2018）
著（编）者：朱勇　2018年10月出版 / 估价：99.00元
PSN B-2015-488-1/1

中国节能汽车蓝皮书
中国节能汽车发展报告（2017~2018）
著（编）者：中国汽车工程研究院股份有限公司
2018年9月出版 / 估价：99.00元
PSN B-2016-565-1/1

中国陶瓷产业蓝皮书
中国陶瓷产业发展报告（2018）
著（编）者：左和平　黄速建
2018年10月出版 / 估价：99.00元
PSN B-2016-573-1/1

装备制造业蓝皮书
中国装备制造业发展报告（2018）
著（编）者：徐东华　2018年12月出版 / 估价：118.00元
PSN B-2015-505-1/1

行业及其他类

"三农"互联网金融蓝皮书
中国"三农"互联网金融发展报告（2018）
著(编)者：李勇坚 王弢
2018年8月出版 / 估价：99.00元
PSN B-2016-560-1/1

SUV蓝皮书
中国SUV市场发展报告（2017~2018）
著(编)者：靳军　2018年9月出版 / 估价：99.00元
PSN B-2016-571-1/1

冰雪蓝皮书
中国冬季奥运会发展报告（2018）
著(编)者：孙承华 伍斌 魏庆华 张鸿俊
2018年9月出版 / 估价：99.00元
PSN B-2017-647-2/3

彩票蓝皮书
中国彩票发展报告（2018）
著(编)者：益彩基金　2018年4月出版 / 估价：99.00元
PSN B-2015-462-1/1

测绘地理信息蓝皮书
测绘地理信息供给侧结构性改革研究报告（2018）
著(编)者：库热西·买合苏提
2018年12月出版 / 估价：168.00元
PSN B-2009-145-1/1

产权市场蓝皮书
中国产权市场发展报告（2017）
著(编)者：曹和平　2018年5月出版 / 估价：99.00元
PSN B-2009-147-1/1

城投蓝皮书
中国城投行业发展报告（2018）
著(编)者：华景斌
2018年11月出版 / 估价：300.00元
PSN B-2016-514-1/1

大数据蓝皮书
中国大数据发展报告（No.2）
著(编)者：连玉明　2018年5月出版 / 估价：99.00元
PSN B-2017-620-1/1

大数据应用蓝皮书
中国大数据应用发展报告No.2（2018）
著(编)者：陈军君　2018年8月出版 / 估价：99.00元
PSN B-2017-644-1/1

对外投资与风险蓝皮书
中国对外直接投资与国家风险报告（2018）
著(编)者：中债资信评估有限责任公司
　　　　　中国社会科学院世界经济与政治研究所
2018年4月出版 / 估价：189.00元
PSN B-2017-606-1/1

工业和信息化蓝皮书
人工智能发展报告（2017~2018）
著(编)者：尹丽波　2018年6月出版 / 估价：99.00元
PSN B-2015-448-1/6

工业和信息化蓝皮书
世界智慧城市发展报告（2017~2018）
著(编)者：尹丽波　2018年6月出版 / 估价：99.00元
PSN B-2017-624-6/6

工业和信息化蓝皮书
世界网络安全发展报告（2017~2018）
著(编)者：尹丽波　2018年6月出版 / 估价：99.00元
PSN B-2015-452-5/6

工业和信息化蓝皮书
世界信息化发展报告（2017~2018）
著(编)者：尹丽波　2018年6月出版 / 估价：99.00元
PSN B-2015-451-4/6

工业设计蓝皮书
中国工业设计发展报告（2018）
著(编)者：王晓红 于炜 张立群　2018年9月出版 / 估价：168.00元
PSN B-2014-420-1/1

公共关系蓝皮书
中国公共关系发展报告（2018）
著(编)者：柳斌杰　2018年11月出版 / 估价：99.00元
PSN B-2016-579-1/1

管理蓝皮书
中国管理发展报告（2018）
著(编)者：张晓东　2018年10月出版 / 估价：99.00元
PSN B-2014-416-1/1

海关发展蓝皮书
中国海关发展前沿报告（2018）
著(编)者：干春晖　2018年6月出版 / 估价：99.00元
PSN B-2017-616-1/1

互联网医疗蓝皮书
中国互联网健康医疗发展报告（2018）
著(编)者：芮晓武　2018年6月出版 / 估价：99.00元
PSN B-2016-567-1/1

黄金市场蓝皮书
中国商业银行黄金业务发展报告（2017~2018）
著(编)者：平安银行　2018年3月出版 / 估价：99.00元
PSN B-2016-524-1/1

会展蓝皮书
中外会展业动态评估研究报告（2018）
著(编)者：张敏 任中峰 聂鑫焱 牛盼强
2018年12月出版 / 估价：99.00元
PSN B-2013-327-1/1

基金会蓝皮书
中国基金会发展报告（2017~2018）
著(编)者：中国基金会发展报告课题组
2018年4月出版 / 估价：99.00元
PSN B-2013-368-1/1

基金会绿皮书
中国基金会发展独立研究报告（2018）
著(编)者：基金会中心网　中央民族大学基金会研究中心
2018年6月出版 / 估价：99.00元
PSN G-2011-213-1/1

行业及其他类 | 皮书系列 2018全品种

基金会透明度蓝皮书
中国基金会透明度发展研究报告（2018）
著（编）者：基金会中心网
　　　　　清华大学廉政与治理研究中心
2018年9月出版／估价：99.00元
PSN B-2013-339-1/1

建筑装饰蓝皮书
中国建筑装饰行业发展报告（2018）
著（编）者：葛道顺 刘晓一
2018年10月出版／估价：198.00元
PSN B-2016-553-1/1

金融监管蓝皮书
中国金融监管报告（2018）
著（编）者：胡滨　2018年5月出版／估价：99.00元
PSN B-2012-281-1/1

金融蓝皮书
中国互联网金融行业分析与评估（2018~2019）
著（编）者：黄国平 伍旭川　2018年12月出版／估价：99.00元
PSN B-2016-585-7/7

金融科技蓝皮书
中国金融科技发展报告（2018）
著（编）者：李扬 孙国峰　2018年10月出版／估价：99.00元
PSN B-2014-374-1/1

金融信息服务蓝皮书
中国金融信息服务发展报告（2018）
著（编）者：李平　2018年5月出版／估价：99.00元
PSN B-2017-621-1/1

京津冀金融蓝皮书
京津冀金融发展报告（2018）
著（编）者：王爱俭 王璟怡　2018年10月出版／估价：99.00元
PSN B-2016-527-1/1

科普蓝皮书
国家科普能力发展报告（2018）
著（编）者：王康友　2018年5月出版／估价：138.00元
PSN B-2017-632-4/4

科普蓝皮书
中国基层科普发展报告（2017~2018）
著（编）者：赵立新 陈玲　2018年9月出版／估价：99.00元
PSN B-2016-568-3/4

科普蓝皮书
中国科普基础设施发展报告（2017~2018）
著（编）者：任福君　2018年6月出版／估价：99.00元
PSN B-2010-174-1/3

科普蓝皮书
中国科普人才发展报告（2017~2018）
著（编）者：郑念 任嵘嵘　2018年7月出版／估价：99.00元
PSN B-2016-512-2/4

科普能力蓝皮书
中国科普能力评价报告（2018~2019）
著（编）者：李富强 李群　2018年8月出版／估价：99.00元
PSN B-2016-555-1/1

临空经济蓝皮书
中国临空经济发展报告（2018）
著（编）者：连玉明　2018年9月出版／估价：99.00元
PSN B-2014-421-1/1

旅游安全蓝皮书
中国旅游安全报告（2018）
著（编）者：郑向敏 谢朝武　2018年5月出版／估价：158.00元
PSN B-2012-280-1/1

旅游绿皮书
2017~2018年中国旅游发展分析与预测
著（编）者：宋瑞　2018年2月出版／估价：99.00元
PSN G-2002-018-1/1

煤炭蓝皮书
中国煤炭工业发展报告（2018）
著（编）者：岳福斌　2018年12月出版／估价：99.00元
PSN B-2008-123-1/1

民营企业社会责任蓝皮书
中国民营企业社会责任报告（2018）
著（编）者：中华全国工商业联合会
2018年12月出版／估价：99.00元
PSN B-2015-510-1/1

民营医院蓝皮书
中国民营医院发展报告（2017）
著（编）者：薛晓林　2018年1月出版／估价：99.00元
PSN B-2012-299-1/1

闽商蓝皮书
闽商发展报告（2018）
著（编）者：李闽榕 王日根 林琛
2018年12月出版／估价：99.00元
PSN B-2012-298-1/1

农业应对气候变化蓝皮书
中国农业气象灾害及其灾损评估报告（No.3）
著（编）者：矫梅燕　2018年1月出版／估价：118.00元
PSN B-2014-413-1/1

品牌蓝皮书
中国品牌战略发展报告（2018）
著（编）者：汪同三　2018年10月出版／估价：99.00元
PSN B-2016-580-1/1

企业扶贫蓝皮书
中国企业扶贫研究报告（2018）
著（编）者：钟宏武　2018年12月出版／估价：99.00元
PSN B-2016-593-1/1

企业公益蓝皮书
中国企业公益研究报告（2018）
著（编）者：钟宏武 汪杰 黄晓娟
2018年12月出版／估价：99.00元
PSN B-2015-501-1/1

企业国际化蓝皮书
中国企业全球化报告（2018）
著（编）者：王辉耀 苗绿　2018年11月出版／估价：99.00元
PSN B-2014-427-1/1

皮书系列 2018全品种 行业及其他类

企业蓝皮书
中国企业绿色发展报告No.2（2018）
著（编）者：李红玉 朱光辉
2018年8月出版 / 估价：99.00元
PSN B-2015-481-2/2

企业社会责任蓝皮书
中资企业海外社会责任研究报告（2017~2018）
著（编）者：钟宏武 叶柳红 张蒽
2018年1月出版 / 估价：99.00元
PSN B-2017-603-2/2

企业社会责任蓝皮书
中国企业社会责任研究报告（2018）
著（编）者：黄群慧 钟宏武 张蒽 汪杰
2018年11月出版 / 估价：99.00元
PSN B-2009-149-1/2

汽车安全蓝皮书
中国汽车安全发展报告（2018）
著（编）者：中国汽车技术研究中心
2018年8月出版 / 估价：99.00元
PSN B-2014-385-1/1

汽车电子商务蓝皮书
中国汽车电子商务发展报告（2018）
著（编）者：中华全国工商业联合会汽车经销商商会
北方工业大学
北京易观智库网络科技有限公司
2018年10月出版 / 估价：158.00元
PSN B-2015-485-1/1

汽车知识产权蓝皮书
中国汽车产业知识产权发展报告（2018）
著（编）者：中国汽车工程研究院股份有限公司
中国汽车工程学会
重庆长安汽车股份有限公司
2018年12月出版 / 估价：99.00元
PSN B-2016-594-1/1

青少年体育蓝皮书
中国青少年体育发展报告（2017）
著（编）者：刘扶民 杨桦 2018年1月出版 / 估价：99.00元
PSN B-2015-482-1/1

区块链蓝皮书
中国区块链发展报告（2018）
著（编）者：李伟 2018年9月出版 / 估价：99.00元
PSN B-2017-649-1/1

群众体育蓝皮书
中国群众体育发展报告（2017）
著（编）者：刘国永 戴健 2018年5月出版 / 估价：99.00元
PSN B-2014-411-1/3

群众体育蓝皮书
中国社会体育指导员发展报告（2018）
著（编）者：刘国永 王欢 2018年4月出版 / 估价：99.00元
PSN B-2016-520-3/3

人力资源蓝皮书
中国人力资源发展报告（2018）
著（编）者：余兴安 2018年11月出版 / 估价：99.00元
PSN B-2012-287-1/1

融资租赁蓝皮书
中国融资租赁业发展报告（2017~2018）
著（编）者：李光荣 王力 2018年8月出版 / 估价：99.00元
PSN B-2015-443-1/1

商会蓝皮书
中国商会发展报告No.5（2017）
著（编）者：王钦敏 2018年7月出版 / 估价：99.00元
PSN B-2008-125-1/1

商务中心区蓝皮书
中国商务中心区发展报告No.4（2017~2018）
著（编）者：李国红 单菁菁 2018年9月出版 / 估价：99.00元
PSN B-2015-444-1/1

设计产业蓝皮书
中国创新设计发展报告（2018）
著（编）者：王晓红 张立群 于炜
2018年11月出版 / 估价：99.00元
PSN B-2016-581-2/2

社会责任管理蓝皮书
中国上市公司社会责任能力成熟度报告No.4（2018）
著（编）者：肖红军 王晓光 李伟阳
2018年12月出版 / 估价：99.00元
PSN B-2015-507-2/2

社会责任管理蓝皮书
中国企业公众透明度报告No.4（2017~2018）
著（编）者：黄速建 熊梦 王晓光 肖红军
2018年4月出版 / 估价：99.00元
PSN B-2015-440-1/2

食品药品蓝皮书
食品药品安全与监管政策研究报告（2016~2017）
著（编）者：唐民皓 2018年6月出版 / 估价：99.00元
PSN B-2009-129-1/1

输血服务蓝皮书
中国输血行业发展报告（2018）
著（编）者：孙俊 2018年12月出版 / 估价：99.00元
PSN B-2016-582-1/1

水利风景区蓝皮书
中国水利风景区发展报告（2018）
著（编）者：董建文 兰思仁
2018年10月出版 / 估价：99.00元
PSN B-2015-480-1/1

私募市场蓝皮书
中国私募股权市场发展报告（2017~2018）
著（编）者：曹和平 2018年12月出版 / 估价：99.00元
PSN B-2010-162-1/1

碳排放权交易蓝皮书
中国碳排放权交易报告（2018）
著（编）者：孙永平 2018年11月出版 / 估价：99.00元
PSN B-2017-652-1/1

碳市场蓝皮书
中国碳市场报告（2018）
著（编）者：定金彪 2018年11月出版 / 估价：99.00元
PSN B-2014-430-1/1

行业及其他类

皮书系列 2018全品种

体育蓝皮书
中国公共体育服务发展报告（2018）
著(编)者：戴健　2018年12月出版 / 估价：99.00元
PSN B-2013-367-2/5

土地市场蓝皮书
中国农村土地市场发展报告（2017～2018）
著(编)者：李光荣　2018年3月出版 / 估价：99.00元
PSN B-2016-526-1/1

土地整治蓝皮书
中国土地整治发展研究报告（No.5）
著(编)者：国土资源部土地整治中心
2018年7月出版 / 估价：99.00元
PSN B-2014-401-1/1

土地政策蓝皮书
中国土地政策研究报告（2018）
著(编)者：高延利　李宪文　2017年12月出版 / 估价：99.00元
PSN B-2015-506-1/1

网络空间安全蓝皮书
中国网络空间安全发展报告（2018）
著(编)者：惠志斌　覃庆玲
2018年11月出版 / 估价：99.00元
PSN B-2015-466-1/1

文化志愿服务蓝皮书
中国文化志愿服务发展报告（2018）
著(编)者：张永新　良警宇　2018年11月出版 / 估价：128.00元
PSN B-2016-596-1/1

西部金融蓝皮书
中国西部金融发展报告（2017～2018）
著(编)者：李忠民　2018年8月出版 / 估价：99.00元
PSN B-2010-160-1/1

协会商会蓝皮书
中国行业协会商会发展报告（2017）
著(编)者：景朝阳　李勇　2018年4月出版 / 估价：99.00元
PSN B-2015-461-1/1

新三板蓝皮书
中国新三板市场发展报告（2018）
著(编)者：王力　2018年8月出版 / 估价：99.00元
PSN B-2016-533-1/1

信托市场蓝皮书
中国信托业市场报告（2017～2018）
著(编)者：用益金融信托研究院
2018年1月出版 / 估价：198.00元
PSN B-2014-371-1/1

信息化蓝皮书
中国信息化形势分析与预测（2017～2018）
著(编)者：周宏仁　2018年8月出版 / 估价：99.00元
PSN B-2010-168-1/1

信用蓝皮书
中国信用发展报告（2017～2018）
著(编)者：章政　田侃　2018年4月出版 / 估价：99.00元
PSN B-2013-328-1/1

休闲绿皮书
2017～2018年中国休闲发展报告
著(编)者：宋瑞　2018年7月出版 / 估价：99.00元
PSN G-2010-158-1/1

休闲体育蓝皮书
中国休闲体育发展报告（2017～2018）
著(编)者：李相如　钟秉枢
2018年10月出版 / 估价：99.00元
PSN B-2016-516-1/1

养老金融蓝皮书
中国养老金融发展报告（2018）
著(编)者：董克用　姚余栋
2018年9月出版 / 估价：99.00元
PSN B-2016-583-1/1

遥感监测绿皮书
中国可持续发展遥感监测报告（2017）
著(编)者：顾行发　汪克强　潘教峰　李闽榕　徐东华　王琦安
2018年6月出版 / 估价：298.00元
PSN B-2017-629-1/1

药品流通蓝皮书
中国药品流通行业发展报告（2018）
著(编)者：佘鲁林　温再兴
2018年7月出版 / 估价：198.00元
PSN B-2014-429-1/1

医疗器械蓝皮书
中国医疗器械行业发展报告（2018）
著(编)者：王宝亭　耿鸿武
2018年10月出版 / 估价：99.00元
PSN B-2017-661-1/1

医院蓝皮书
中国医院竞争力报告（2018）
著(编)者：庄一强　曾益新　2018年3月出版 / 估价：118.00元
PSN B-2016-528-1/1

瑜伽蓝皮书
中国瑜伽业发展报告（2017~2018）
著(编)者：张永建　徐华锋　朱泰余
2018年6月出版 / 估价：198.00元
PSN B-2017-625-1/1

债券市场蓝皮书
中国债券市场发展报告（2017～2018）
著(编)者：杨农　2018年10月出版 / 估价：99.00元
PSN B-2016-572-1/1

志愿服务蓝皮书
中国志愿服务发展报告（2018）
著(编)者：中国志愿服务联合会
2018年11月出版 / 估价：99.00元
PSN B-2017-664-1/1

中国上市公司蓝皮书
中国上市公司发展报告（2018）
著(编)者：张鹏　张平　黄胤英
2018年9月出版 / 估价：99.00元
PSN B-2014-414-1/1

皮书系列 2018全品种
行业及其他类 · 国际问题与全球治理类

中国新三板蓝皮书
中国新三板创新与发展报告（2018）
著（编）者：刘平安 闻召林
2018年8月出版 / 估价：158.00元
PSN B-2017-638-1/1

中医文化蓝皮书
北京中医药文化传播发展报告（2018）
著（编）者：毛嘉陵 2018年5月出版 / 估价：99.00元
PSN B-2015-468-1/2

中医文化蓝皮书
中国中医药文化传播发展报告（2018）
著（编）者：毛嘉陵 2018年7月出版 / 估价：99.00元
PSN B-2016-584-2/2

中医药蓝皮书
北京中医药知识产权发展报告No.2
著（编）者：汪洪 屠志涛 2018年4月出版 / 估价：168.00元
PSN B-2017-602-1/1

资本市场蓝皮书
中国场外交易市场发展报告（2016~2017）
著（编）者：高峦 2018年3月出版 / 估价：99.00元
PSN B-2009-153-1/1

资产管理蓝皮书
中国资产管理行业发展报告（2018）
著（编）者：郑智 2018年7月出版 / 估价：99.00元
PSN B-2014-407-2/2

资产证券化蓝皮书
中国资产证券化发展报告（2018）
著（编）者：纪志宏 2018年11月出版 / 估价：99.00元
PSN B-2017-660-1/1

自贸区蓝皮书
中国自贸区发展报告（2018）
著（编）者：王力 黄育华 2018年6月出版 / 估价：99.00元
PSN B-2016-558-1/1

国际问题与全球治理类

"一带一路"跨境通道蓝皮书
"一带一路"跨境通道建设研究报告（2018）
著（编）者：郭业洲 2018年8月出版 / 估价：99.00元
PSN B-2016-557-1/1

"一带一路"蓝皮书
"一带一路"建设发展报告（2018）
著（编）者：王晓泉 2018年6月出版 / 估价：99.00元
PSN B-2016-552-1/1

"一带一路"投资安全蓝皮书
中国"一带一路"投资与安全研究报告（2017~2018）
著（编）者：邹统钎 梁昊光 2018年4月出版 / 估价：99.00元
PSN B-2017-612-1/1

"一带一路"文化交流蓝皮书
中阿文化交流发展报告（2017）
著（编）者：王辉 2018年9月出版 / 估价：99.00元
PSN B-2017-655-1/1

G20国家创新竞争力黄皮书
二十国集团（G20）国家创新竞争力发展报告（2017~2018）
著（编）者：李建平 李闽榕 赵新力 周天勇
2018年7月出版 / 估价：168.00元
PSN Y-2011-229-1/1

阿拉伯黄皮书
阿拉伯发展报告（2016~2017）
著（编）者：罗林 2018年3月出版 / 估价：99.00元
PSN Y-2014-381-1/1

北部湾蓝皮书
泛北部湾合作发展报告（2017~2018）
著（编）者：吕余生 2018年12月出版 / 估价：99.00元
PSN B-2008-114-1/1

北极蓝皮书
北极地区发展报告（2017）
著（编）者：刘惠荣 2018年7月出版 / 估价：99.00元
PSN B-2017-634-1/1

大洋洲蓝皮书
大洋洲发展报告（2017~2018）
著（编）者：喻常森 2018年10月出版 / 估价：99.00元
PSN B-2013-341-1/1

东北亚区域合作蓝皮书
2017年"一带一路"倡议与东北亚区域合作
著（编）者：刘亚政 金美花
2018年5月出版 / 估价：99.00元
PSN B-2017-631-1/1

东盟黄皮书
东盟发展报告（2017）
著（编）者：杨晓强 庄国土
2018年3月出版 / 估价：99.00元
PSN Y-2012-303-1/1

东南亚蓝皮书
东南亚地区发展报告（2017~2018）
著（编）者：王勤 2018年12月出版 / 估价：99.00元
PSN B-2012-240-1/1

非洲黄皮书
非洲发展报告No.20（2017~2018）
著（编）者：张宏明 2018年7月出版 / 估价：99.00元
PSN Y-2012-239-1/1

非传统安全蓝皮书
中国非传统安全研究报告（2017~2018）
著（编）者：潇枫 罗中枢 2018年8月出版 / 估价：99.00元
PSN B-2012-273-1/1

国际问题与全球治理类

国际安全蓝皮书
中国国际安全研究报告（2018）
著（编）者：刘慧　2018年7月出版／估价：99.00元
PSN B-2016-521-1/1

国际城市蓝皮书
国际城市发展报告（2018）
著（编）者：屠启宇　2018年2月出版／估价：99.00元
PSN B-2012-260-1/1

国际形势黄皮书
全球政治与安全报告（2018）
著（编）者：张宇燕　2018年1月出版／估价：99.00元
PSN Y-2001-016-1/1

公共外交蓝皮书
中国公共外交发展报告（2018）
著（编）者：赵启正　雷蔚真　2018年4月出版／估价：99.00元
PSN B-2015-457-1/1

金砖国家黄皮书
金砖国家综合创新竞争力发展报告（2018）
著（编）者：赵新力　李闽榕　黄茂兴
2018年8月出版／估价：128.00元
PSN B-2017-643-1/1

拉美黄皮书
拉丁美洲和加勒比发展报告（2017～2018）
著（编）者：袁东振　2018年6月出版／估价：99.00元
PSN Y-1999-007-1/1

澜湄合作蓝皮书
澜沧江-湄公河合作发展报告（2018）
著（编）者：刘稚　2018年9月出版／估价：99.00元
PSN B-2011-196-1/1

欧洲蓝皮书
欧洲发展报告（2017～2018）
著（编）者：黄平　周弘　程卫东
2018年6月出版／估价：99.00元
PSN B-1999-009-1/1

葡语国家蓝皮书
葡语国家发展报告（2016～2017）
著（编）者：王成安　张敏　刘金兰
2018年4月出版／估价：99.00元
PSN B-2015-503-1/2

葡语国家蓝皮书
中国与葡语国家关系发展报告·巴西（2016）
著（编）者：张曙光　2018年8月出版／估价：99.00元
PSN B-2016-563-2/2

气候变化绿皮书
应对气候变化报告（2018）
著（编）者：王伟光　郑国光　2018年11月出版／估价：99.00元
PSN G-2009-144-1/1

全球环境竞争力绿皮书
全球环境竞争力报告（2018）
著（编）者：李建平　李闽榕　王金南
2018年12月出版／估价：198.00元
PSN G-2013-363-1/1

全球信息社会蓝皮书
全球信息社会发展报告（2018）
著（编）者：丁波涛　唐涛　2018年10月出版／估价：99.00元
PSN B-2017-665-1/1

日本经济蓝皮书
日本经济与中日经贸关系研究报告（2018）
著（编）者：张季风　2018年6月出版／估价：99.00元
PSN B-2008-102-1/1

上海合作组织黄皮书
上海合作组织发展报告（2018）
著（编）者：李进峰　2018年6月出版／估价：99.00元
PSN Y-2009-130-1/1

世界创新竞争力黄皮书
世界创新竞争力发展报告（2017）
著（编）者：李建平　李闽榕　赵新力
2018年1月出版／估价：168.00元
PSN Y-2013-318-1/1

世界经济黄皮书
2018年世界经济形势分析与预测
著（编）者：张宇燕　2018年1月出版／估价：99.00元
PSN Y-1999-006-1/1

丝绸之路蓝皮书
丝绸之路经济带发展报告（2018）
著（编）者：任宗哲　白宽犁　谷孟宾
2018年1月出版／估价：99.00元
PSN B-2014-410-1/1

新兴经济体蓝皮书
金砖国家发展报告（2018）
著（编）者：林跃勤　周文　2018年8月出版／估价：99.00元
PSN B-2011-195-1/1

亚太蓝皮书
亚太地区发展报告（2018）
著（编）者：李向阳　2018年5月出版／估价：99.00元
PSN B-2001-015-1/1

印度洋地区蓝皮书
印度洋地区发展报告（2018）
著（编）者：汪戎　2018年6月出版／估价：99.00元
PSN B-2013-334-1/1

渝新欧蓝皮书
渝新欧沿线国家发展报告（2018）
著（编）者：杨柏　黄森　2018年6月出版／估价：99.00元
PSN B-2017-626-1/1

中阿蓝皮书
中国-阿拉伯国家经贸发展报告（2018）
著（编）者：张廉　段庆林　王林聪　杨巧红
2018年12月出版／估价：99.00元
PSN B-2016-598-1/1

中东黄皮书
中东发展报告No.20（2017～2018）
著（编）者：杨光　2018年10月出版／估价：99.00元
PSN Y-1998-004-1/1

中亚黄皮书
中亚国家发展报告（2018）
著（编）者：孙力　2018年6月出版／估价：99.00元
PSN Y-2012-238-1/1

国别类

澳大利亚蓝皮书
澳大利亚发展报告(2017-2018)
著(编)者:孙有中 韩锋　2018年12月出版 / 估价:99.00元
PSN B-2016-587-1/1

巴西黄皮书
巴西发展报告(2017)
著(编)者:刘国枝　2018年5月出版 / 估价:99.00元
PSN Y-2017-614-1/1

德国蓝皮书
德国发展报告(2018)
著(编)者:郑春荣　2018年6月出版 / 估价:99.00元
PSN B-2012-278-1/1

俄罗斯黄皮书
俄罗斯发展报告(2018)
著(编)者:李永全　2018年6月出版 / 估价:99.00元
PSN Y-2006-061-1/1

韩国蓝皮书
韩国发展报告(2017)
著(编)者:牛林杰 刘宝全　2018年5月出版 / 估价:99.00元
PSN B-2010-155-1/1

加拿大蓝皮书
加拿大发展报告(2018)
著(编)者:唐小松　2018年9月出版 / 估价:99.00元
PSN B-2014-389-1/1

美国蓝皮书
美国研究报告(2018)
著(编)者:郑秉文 黄平　2018年5月出版 / 估价:99.00元
PSN B-2011-210-1/1

缅甸蓝皮书
缅甸国情报告(2017)
著(编)者:孔鹏 杨祥章　2018年1月出版 / 估价:99.00元
PSN B-2013-343-1/1

日本蓝皮书
日本研究报告(2018)
著(编)者:杨伯江　2018年6月出版 / 估价:99.00元
PSN B-2002-020-1/1

土耳其蓝皮书
土耳其发展报告(2018)
著(编)者:郭长刚 刘义　2018年9月出版 / 估价:99.00元
PSN B-2014-412-1/1

伊朗蓝皮书
伊朗发展报告(2017~2018)
著(编)者:冀开运　2018年10月 / 估价:99.00元
PSN B-2016-574-1/1

以色列蓝皮书
以色列发展报告(2018)
著(编)者:张倩红　2018年8月出版 / 估价:99.00元
PSN B-2015-483-1/1

印度蓝皮书
印度国情报告(2017)
著(编)者:吕昭义　2018年4月出版 / 估价:99.00元
PSN B-2012-241-1/1

英国蓝皮书
英国发展报告(2017~2018)
著(编)者:王展鹏　2018年12月出版 / 估价:99.00元
PSN B-2015-486-1/1

越南蓝皮书
越南国情报告(2018)
著(编)者:谢林城　2018年1月出版 / 估价:99.00元
PSN B-2006-056-1/1

泰国蓝皮书
泰国研究报告(2018)
著(编)者:庄国土 张禹东 刘文正
2018年10月出版 / 估价:99.00元
PSN B-2016-556-1/1

文化传媒类

"三农"舆情蓝皮书
中国"三农"网络舆情报告(2017~2018)
著(编)者:农业部信息中心
2018年6月出版 / 估价:99.00元
PSN B-2017-640-1/1

传媒竞争力蓝皮书
中国传媒国际竞争力研究报告(2018)
著(编)者:李本乾 刘强 王大可
2018年8月出版 / 估价:99.00元
PSN B-2013-356-1/1

传媒蓝皮书
中国传媒产业发展报告(2018)
著(编)者:崔保国　2018年5月出版 / 估价:99.00元
PSN B-2005-035-1/1

传媒投资蓝皮书
中国传媒投资发展报告(2018)
著(编)者:张向东 谭云明
2018年6月出版 / 估价:148.00元
PSN B-2015-474-1/1

文化传媒类

皮书系列 2018全品种

非物质文化遗产蓝皮书
中国非物质文化遗产发展报告（2018）
著（编）者：陈平　2018年5月出版　估价：128.00元
PSN B-2015-469-1/2

非物质文化遗产蓝皮书
中国非物质文化遗产保护发展报告（2018）
著（编）者：宋俊华　2018年10月出版　估价：128.00元
PSN B-2016-586-2/2

广电蓝皮书
中国广播电影电视发展报告（2018）
著（编）者：国家新闻出版广电总局发展研究中心
2018年7月出版　估价：99.00元
PSN B-2006-072-1/1

广告主蓝皮书
中国广告主营销传播趋势报告No.9
著（编）者：黄升民　杜国清　邵华冬　等
2018年10月出版　估价：158.00元
PSN B-2005-041-1/1

国际传播蓝皮书
中国国际传播发展报告（2018）
著（编）者：胡正荣　李继东　姬德强
2018年12月出版　估价：99.00元
PSN B-2014-408-1/1

国家形象蓝皮书
中国国家形象传播报告（2017）
著（编）者：张昆　2018年3月出版　估价：128.00元
PSN B-2017-605-1/1

互联网治理蓝皮书
中国网络社会治理研究报告（2018）
著（编）者：罗昕　支庭荣
2018年9月出版　估价：118.00元
PSN B-2017-653-1/1

纪录片蓝皮书
中国纪录片发展报告（2018）
著（编）者：何苏六　2018年10月出版　估价：99.00元
PSN B-2011-222-1/1

科学传播蓝皮书
中国科学传播报告（2016~2017）
著（编）者：詹正茂　2018年6月出版　估价：99.00元
PSN B-2008-120-1/1

两岸创意经济蓝皮书
两岸创意经济研究报告（2018）
著（编）者：罗昌智　董泽平
2018年10月出版　估价：99.00元
PSN B-2014-437-1/1

媒介与女性蓝皮书
中国媒介与女性发展报告（2017~2018）
著（编）者：刘利群　2018年5月出版　估价：99.00元
PSN B-2013-345-1/1

媒体融合蓝皮书
中国媒体融合发展报告（2017）
著（编）者：梅宁华　支庭荣　2018年1月出版　估价：99.00元
PSN B-2015-479-1/1

全球传媒蓝皮书
全球传媒发展报告（2017~2018）
著（编）者：胡正荣　李继东　2018年6月出版　估价：99.00元
PSN B-2012-237-1/1

少数民族非遗蓝皮书
中国少数民族非物质文化遗产发展报告（2018）
著（编）者：肖远平（彝）　柴立（满）
2018年10月出版　估价：118.00元
PSN B-2015-467-1/1

视听新媒体蓝皮书
中国视听新媒体发展报告（2018）
著（编）者：国家新闻出版广电总局发展研究中心
2018年7月出版　估价：118.00元
PSN B-2011-184-1/1

数字娱乐产业蓝皮书
中国动画产业发展报告（2018）
著（编）者：孙立军　孙平　牛兴侦
2018年10月出版　估价：99.00元
PSN B-2011-198-1/2

数字娱乐产业蓝皮书
中国游戏产业发展报告（2018）
著（编）者：孙立军　刘跃军
2018年10月出版　估价：99.00元
PSN B-2017-662-2/2

文化创新蓝皮书
中国文化创新报告（2017·No.8）
著（编）者：傅才武　2018年4月出版　估价：99.00元
PSN B-2009-143-1/1

文化建设蓝皮书
中国文化发展报告（2018）
著（编）者：江畅　孙伟平　戴茂堂
2018年5月出版　估价：99.00元
PSN B-2014-392-1/1

文化科技蓝皮书
文化科技创新发展报告（2018）
著（编）者：于平　李凤亮　2018年10月出版　估价：99.00元
PSN B-2013-342-1/1

文化蓝皮书
中国公共文化服务发展报告（2017~2018）
著（编）者：刘新成　张永新　张旭
2018年12月出版　估价：99.00元
PSN B-2007-093-2/10

文化蓝皮书
中国少数民族文化发展报告（2017~2018）
著（编）者：武翠英　张晓明　任乌晶
2018年9月出版　估价：99.00元
PSN B-2013-369-9/10

文化蓝皮书
中国文化产业供需协调检测报告（2018）
著（编）者：王亚南　2018年2月出版　估价：99.00元
PSN B-2013-323-8/10

皮书系列 2018全品种 — 文化传媒类・地方发展类-经济

文化蓝皮书
中国文化消费需求景气评价报告（2018）
著(编)者：王亚南　2018年2月出版／估价：99.00元
PSN B-2011-236-4/10

文化蓝皮书
中国公共文化投入增长测评报告（2018）
著(编)者：王亚南　2018年2月出版／估价：99.00元
PSN B-2014-435-10/10

文化品牌蓝皮书
中国文化品牌发展报告（2018）
著(编)者：欧阳友权　2018年5月出版／估价：99.00元
PSN B-2012-277-1/1

文化遗产蓝皮书
中国文化遗产事业发展报告（2017~2018）
著(编)者：苏杨　张颖岚　卓杰　白海峰　陈晨　陈叙图
2018年8月出版／估价：99.00元
PSN B-2008-119-1/1

文学蓝皮书
中国文情报告（2017~2018）
著(编)者：白烨　2018年5月出版／估价：99.00元
PSN B-2011-221-1/1

新媒体蓝皮书
中国新媒体发展报告No.9（2018）
著(编)者：唐绪军　2018年7月出版／估价：99.00元
PSN B-2010-169-1/1

新媒体社会责任蓝皮书
中国新媒体社会责任研究报告（2018）
著(编)者：钟瑛　2018年12月出版／估价：99.00元
PSN B-2014-423-1/1

移动互联网蓝皮书
中国移动互联网发展报告（2018）
著(编)者：余清楚　2018年6月出版／估价：99.00元
PSN B-2012-282-1/1

影视蓝皮书
中国影视产业发展报告（2018）
著(编)者：司若　陈鹏　陈锐　2018年4月出版／估价：99.00元
PSN B-2016-529-1/1

舆情蓝皮书
中国社会舆情与危机管理报告（2018）
著(编)者：谢耘耕　2018年9月出版／估价：138.00元
PSN B-2011-235-1/1

地方发展类-经济

澳门蓝皮书
澳门经济社会发展报告（2017~2018）
著(编)者：吴志良　郝雨凡　2018年7月出版／估价：99.00元
PSN B-2009-138-1/1

澳门绿皮书
澳门旅游休闲发展报告（2017~2018）
著(编)者：郝雨凡　林广志　2018年5月出版／估价：99.00元
PSN G-2017-617-1/1

北京蓝皮书
北京经济发展报告（2017~2018）
著(编)者：杨松　2018年6月出版／估价：99.00元
PSN B-2006-054-2/8

北京旅游绿皮书
北京旅游发展报告（2018）
著(编)者：北京旅游学会
2018年7月出版／估价：99.00元
PSN G-2012-301-1/1

北京体育蓝皮书
北京体育产业发展报告（2017~2018）
著(编)者：钟秉枢　陈杰　杨铁黎
2018年9月出版／估价：99.00元
PSN B-2015-475-1/1

滨海金融蓝皮书
滨海新区金融发展报告（2017）
著(编)者：王爱俭　李向前　2018年4月出版／估价：99.00元
PSN B-2014-424-1/1

城乡一体化蓝皮书
北京城乡一体化发展报告（2017~2018）
著(编)者：吴宝新　张宝秀　黄序
2018年5月出版／估价：99.00元
PSN B-2012-258-2/2

非公有制企业社会责任蓝皮书
北京非公有制企业社会责任报告（2018）
著(编)者：宋贵伦　冯培　2018年6月出版／估价：99.00元
PSN B-2017-613-1/1

福建旅游蓝皮书
福建省旅游产业发展现状研究（2017~2018）
著(编)者：陈敏华　黄远水
2018年12月出版／估价：128.00元
PSN B-2016-591-1/1

福建自贸区蓝皮书
中国（福建）自由贸易试验区发展报告（2017~2018）
著(编)者：黄茂兴　2018年4月出版／估价：118.00元
PSN B-2016-531-1/1

甘肃蓝皮书
甘肃经济发展分析与预测（2018）
著(编)者：安文华　罗哲　2018年1月出版／估价：99.00元
PSN B-2013-312-1/6

甘肃蓝皮书
甘肃商贸流通发展报告（2018）
著(编)者：张应华　王福生　王晓芳
2018年1月出版／估价：99.00元
PSN B-2016-522-6/6

地方发展类-经济

甘肃蓝皮书
甘肃县域和农村发展报告（2018）
著(编)者：朱智文 包东红 王建兵
2018年1月出版 / 估价：99.00元
PSN B-2013-316-5/6

甘肃农业科技绿皮书
甘肃农业科技发展研究报告（2018）
著(编)者：魏胜文 乔德华 张东伟
2018年12月出版 / 估价：198.00元
PSN B-2016-592-1/1

巩义蓝皮书
巩义经济社会发展报告（2018）
著(编)者：丁同民 朱军 2018年4月出版 / 估价：99.00元
PSN B-2016-532-1/1

广东外经贸蓝皮书
广东对外经济贸易发展研究报告（2017~2018）
著(编)者：陈万灵 2018年6月出版 / 估价：99.00元
PSN B-2012-286-1/1

广西北部湾经济区蓝皮书
广西北部湾经济区开放开发报告（2017~2018）
著(编)者：广西壮族自治区北部湾经济区和东盟开放合作办公室
　　　　　广西社会科学院
　　　　　广西北部湾发展研究院
2018年2月出版 / 估价：99.00元
PSN B-2010-181-1/1

广州蓝皮书
广州城市国际化发展报告（2018）
著(编)者：张跃国 2018年8月出版 / 估价：99.00元
PSN B-2012-246-11/14

广州蓝皮书
中国广州城市建设与管理发展报告（2018）
著(编)者：张其学 陈小钢 王宏伟 2018年8月出版 / 估价：99.00元
PSN B-2007-087-4/14

广州蓝皮书
广州创新型城市发展报告（2018）
著(编)者：尹涛 2018年6月出版 / 估价：99.00元
PSN B-2012-247-12/14

广州蓝皮书
广州经济发展报告（2018）
著(编)者：张跃国 尹涛 2018年7月出版 / 估价：99.00元
PSN B-2005-040-1/14

广州蓝皮书
2018年中国广州经济形势分析与预测
著(编)者：魏明海 谢博能 李华
2018年6月出版 / 估价：99.00元
PSN B-2011-185-9/14

广州蓝皮书
中国广州科技创新发展报告（2018）
著(编)者：于欣伟 陈爽 邓佑满 2018年8月出版 / 估价：99.00元
PSN B-2006-065-2/14

广州蓝皮书
广州农村发展报告（2018）
著(编)者：朱名宏 2018年7月出版 / 估价：99.00元
PSN B-2010-167-8/14

广州蓝皮书
广州汽车产业发展报告（2018）
著(编)者：杨再高 冯兴亚 2018年7月出版 / 估价：99.00元
PSN B-2006-066-3/14

广州蓝皮书
广州商贸业发展报告（2018）
著(编)者：张跃国 陈杰 荀振英
2018年7月出版 / 估价：99.00元
PSN B-2012-245-10/14

贵阳蓝皮书
贵阳城市创新发展报告No.3（白云篇）
著(编)者：连玉明 2018年5月出版 / 估价：99.00元
PSN B-2015-491-3/10

贵阳蓝皮书
贵阳城市创新发展报告No.3（观山湖篇）
著(编)者：连玉明 2018年5月出版 / 估价：99.00元
PSN B-2015-497-9/10

贵阳蓝皮书
贵阳城市创新发展报告No.3（花溪篇）
著(编)者：连玉明 2018年5月出版 / 估价：99.00元
PSN B-2015-490-2/10

贵阳蓝皮书
贵阳城市创新发展报告No.3（开阳篇）
著(编)者：连玉明 2018年5月出版 / 估价：99.00元
PSN B-2015-492-4/10

贵阳蓝皮书
贵阳城市创新发展报告No.3（南明篇）
著(编)者：连玉明 2018年5月出版 / 估价：99.00元
PSN B-2015-496-8/10

贵阳蓝皮书
贵阳城市创新发展报告No.3（清镇篇）
著(编)者：连玉明 2018年5月出版 / 估价：99.00元
PSN B-2015-489-1/10

贵阳蓝皮书
贵阳城市创新发展报告No.3（乌当篇）
著(编)者：连玉明 2018年5月出版 / 估价：99.00元
PSN B-2015-495-7/10

贵阳蓝皮书
贵阳城市创新发展报告No.3（息烽篇）
著(编)者：连玉明 2018年5月出版 / 估价：99.00元
PSN B-2015-493-5/10

贵阳蓝皮书
贵阳城市创新发展报告No.3（修文篇）
著(编)者：连玉明 2018年5月出版 / 估价：99.00元
PSN B-2015-494-6/10

贵阳蓝皮书
贵阳城市创新发展报告No.3（云岩篇）
著(编)者：连玉明 2018年5月出版 / 估价：99.00元
PSN B-2015-498-10/10

贵州房地产蓝皮书
贵州房地产发展报告No.5（2018）
著(编)者：武廷方 2018年7月出版 / 估价：99.00元
PSN B-2014-426-1/1

皮书系列 2018全品种
地方发展类-经济

贵州蓝皮书
贵州册亨经济社会发展报告(2018)
著(编)者:黄德林　2018年3月出版 / 估价:99.00元
PSN B-2016-525-8/9

贵州蓝皮书
贵州地理标志产业发展报告(2018)
著(编)者:李发耀 黄其松　2018年8月出版 / 估价:99.00元
PSN B-2017-646-10/10

贵州蓝皮书
贵安新区发展报告(2017~2018)
著(编)者:马长青 吴大华　2018年6月出版 / 估价:99.00元
PSN B-2015-459-4/10

贵州蓝皮书
贵州国家级开放创新平台发展报告(2017~2018)
著(编)者:申晓庆 吴大华 季泓
2018年11月出版 / 估价:99.00元
PSN B-2016-518-7/10

贵州蓝皮书
贵州国有企业社会责任发展报告(2017~2018)
著(编)者:郭丽　2018年12月出版 / 估价:99.00元
PSN B-2015-511-6/10

贵州蓝皮书
贵州民航业发展报告(2017)
著(编)者:申振东 吴大华　2018年1月出版 / 估价:99.00元
PSN B-2015-471-5/10

贵州蓝皮书
贵州民营经济发展报告(2017)
著(编)者:杨静 吴大华　2018年3月出版 / 估价:99.00元
PSN B-2016-530-9/9

杭州都市圈蓝皮书
杭州都市圈发展报告(2018)
著(编)者:沈翔 戚建国　2018年5月出版 / 估价:128.00元
PSN B-2012-302-1/1

河北经济蓝皮书
河北省经济发展报告(2018)
著(编)者:马树强 金浩 张贵　2018年4月出版 / 估价:99.00元
PSN B-2014-380-1/1

河北蓝皮书
河北经济社会发展报告(2018)
著(编)者:庞振海　2018年1月出版 / 估价:99.00元
PSN B-2014-372-1/3

河北蓝皮书
京津冀协同发展报告(2018)
著(编)者:陈璐　2018年1月出版 / 估价:99.00元
PSN B-2017-601-2/3

河南经济蓝皮书
2018年河南经济形势分析与预测
著(编)者:王世炎　2018年3月出版 / 估价:99.00元
PSN B-2007-086-1/1

河南蓝皮书
河南城市发展报告(2018)
著(编)者:张占仓 王建国　2018年5月出版 / 估价:99.00元
PSN B-2009-131-3/9

河南蓝皮书
河南工业发展报告(2018)
著(编)者:张占仓　2018年5月出版 / 估价:99.00元
PSN B-2013-317-5/9

河南蓝皮书
河南金融发展报告(2018)
著(编)者:喻新安 谷建全
2018年6月出版 / 估价:99.00元
PSN B-2014-390-7/9

河南蓝皮书
河南经济发展报告(2018)
著(编)者:张占仓 完世伟
2018年4月出版 / 估价:99.00元
PSN B-2010-157-4/9

河南蓝皮书
河南能源发展报告(2018)
著(编)者:国网河南省电力公司经济技术研究院
　　　　　河南省社会科学院
2018年3月出版 / 估价:99.00元
PSN B-2017-607-9/9

河南商务蓝皮书
河南商务发展报告(2018)
著(编)者:焦锦淼 穆荣国　2018年5月出版 / 估价:99.00元
PSN B-2014-399-1/1

河南双创蓝皮书
河南创新创业发展报告(2018)
著(编)者:喻新安 杨雪梅　2018年8月出版 / 估价:99.00元
PSN B-2017-641-1/1

黑龙江蓝皮书
黑龙江经济发展报告(2018)
著(编)者:朱宇　2018年1月出版 / 估价:99.00元
PSN B-2011-190-2/2

湖南城市蓝皮书
区域城市群整合
著(编)者:童中贤 韩未名　2018年12月出版 / 估价:99.00元
PSN B-2006-064-1/1

湖南蓝皮书
湖南城乡一体化发展报告(2018)
著(编)者:陈文胜 王文强 陆福兴
2018年8月出版 / 估价:99.00元
PSN B-2015-477-8/8

湖南蓝皮书
2018年湖南电子政务发展报告
著(编)者:梁志峰　2018年5月出版 / 估价:128.00元
PSN B-2014-394-6/8

湖南蓝皮书
2018年湖南经济发展报告
著(编)者:卞鹰　2018年5月出版 / 估价:128.00元
PSN B-2011-207-2/8

湖南蓝皮书
2016年湖南经济展望
著(编)者:梁志峰　2018年5月出版 / 估价:128.00元
PSN B-2011-206-1/8

地方发展类-经济

湖南蓝皮书
2018年湖南县域经济社会发展报告
著(编)者：梁志峰　2018年5月出版 / 估价：128.00元
PSN B-2014-395-7/8

湖南县域绿皮书
湖南县域发展报告（No.5）
著(编)者：袁准　周小毛　黎仁寅
2018年3月出版 / 估价：99.00元
PSN G-2012-274-1/1

沪港蓝皮书
沪港发展报告（2018）
著(编)者：尤安山　2018年9月出版 / 估价：99.00元
PSN B-2013-362-1/1

吉林蓝皮书
2018年吉林经济社会形势分析与预测
著(编)者：邵汉明　2017年12月出版 / 估价：99.00元
PSN B-2013-319-1/1

吉林省城市竞争力蓝皮书
吉林省城市竞争力报告（2018~2019）
著(编)者：崔岳春　张磊　2018年12月出版 / 估价：99.00元
PSN B-2016-513-1/1

济源蓝皮书
济源经济社会发展报告（2018）
著(编)者：喻新安　2018年4月出版 / 估价：99.00元
PSN B-2014-387-1/1

江苏蓝皮书
2018年江苏经济发展分析与展望
著(编)者：王庆五　吴先满　2018年7月出版 / 估价：128.00元
PSN B-2017-635-1/3

江西蓝皮书
江西经济社会发展报告（2018）
著(编)者：陈石俊　龚建文　2018年10月出版 / 估价：128.00元
PSN B-2015-484-1/2

江西蓝皮书
江西设区市发展报告（2018）
著(编)者：姜玮　梁勇　2018年10月出版 / 估价：99.00元
PSN B-2016-517-2/2

经济特区蓝皮书
中国经济特区发展报告（2017）
著(编)者：陶一桃　2018年1月出版 / 估价：99.00元
PSN B-2009-139-1/1

辽宁蓝皮书
2018年辽宁经济社会形势分析与预测
著(编)者：梁启东　魏红江　2018年6月出版 / 估价：99.00元
PSN B-2006-053-1/1

民族经济蓝皮书
中国民族地区经济发展报告（2018）
著(编)者：李曦辉　2018年7月出版 / 估价：99.00元
PSN B-2017-630-1/1

南宁蓝皮书
南宁经济发展报告（2018）
著(编)者：胡建华　2018年9月出版 / 估价：99.00元
PSN B-2016-569-2/3

浦东新区蓝皮书
上海浦东经济发展报告（2018）
著(编)者：沈开艳　周奇　2018年2月出版 / 估价：99.00元
PSN B-2011-225-1/1

青海蓝皮书
2018年青海经济社会形势分析与预测
著(编)者：陈玮　2017年12月出版 / 估价：99.00元
PSN B-2012-275-1/2

山东蓝皮书
山东经济形势分析与预测（2018）
著(编)者：李广杰　2018年7月出版 / 估价：99.00元
PSN B-2014-404-1/5

山东蓝皮书
山东省普惠金融发展报告（2018）
著(编)者：齐鲁财富网
2018年9月出版 / 估价：99.00元
PSN B2017-676-5/5

山西蓝皮书
山西资源型经济转型发展报告（2018）
著(编)者：李志强　2018年7月出版 / 估价：99.00元
PSN B-2011-197-1/1

陕西蓝皮书
陕西经济发展报告（2018）
著(编)者：任宗哲　白宽犁　裴成荣
2018年1月出版 / 估价：99.00元
PSN B-2009-135-1/6

陕西蓝皮书
陕西精准脱贫研究报告（2018）
著(编)者：任宗哲　白宽犁　王建康
2018年6月出版 / 估价：99.00元
PSN B-2017-623-6/6

上海蓝皮书
上海经济发展报告（2018）
著(编)者：沈开艳
2018年2月出版 / 估价：99.00元
PSN B-2006-057-1/7

上海蓝皮书
上海资源环境发展报告（2018）
著(编)者：周冯琦　汤庆合
2018年2月出版 / 估价：99.00元
PSN B-2006-060-4/7

上饶蓝皮书
上饶发展报告（2016~2017）
著(编)者：廖其志　2018年3月出版 / 估价：128.00元
PSN B-2014-377-1/1

深圳蓝皮书
深圳经济发展报告（2018）
著(编)者：张骁儒　2018年6月出版 / 估价：99.00元
PSN B-2008-112-3/7

四川蓝皮书
四川城镇化发展报告（2018）
著(编)者：侯水平　陈炜
2018年4月出版 / 估价：99.00元
PSN B-2015-456-7/7

皮书系列 2018全品种

地方发展类-经济 · 地方发展类-社会

四川蓝皮书
2018年四川经济形势分析与预测
著(编)者：杨钢　2018年1月出版／估价：99.00元
PSN B-2007-098-2/7

四川蓝皮书
四川企业社会责任研究报告（2017~2018）
著(编)者：侯水平　盛毅　2018年5月出版／估价：99.00元
PSN B-2014-386-4/7

四川蓝皮书
四川生态建设报告（2018）
著(编)者：李晟之　2018年5月出版／估价：99.00元
PSN B-2015-455-6/7

体育蓝皮书
上海体育产业发展报告（2017~2018）
著(编)者：张林　黄海燕　2018年10月出版／估价：99.00元
PSN B-2015-454-4/5

体育蓝皮书
长三角地区体育产业发展报告（2017~2018）
著(编)者：张林　2018年4月出版／估价：99.00元
PSN B-2015-453-3/5

天津金融蓝皮书
天津金融发展报告（2018）
著(编)者：王爱俭　孔德昌　2018年3月出版／估价：99.00元
PSN B-2014-418-1/1

图们江区域合作蓝皮书
图们江区域合作发展报告（2018）
著(编)者：李铁　2018年6月出版／估价：99.00元
PSN B-2015-464-1/1

温州蓝皮书
2018年温州经济社会形势分析与预测
著(编)者：蒋儒标　王春光　金浩
2018年4月出版／估价：99.00元
PSN B-2008-105-1/1

西咸新区蓝皮书
西咸新区发展报告（2018）
著(编)者：李扬　王军
2018年6月出版／估价：99.00元
PSN B-2016-534-1/1

修武蓝皮书
修武经济社会发展报告（2018）
著(编)者：张占仓　袁凯声
2018年10月出版／估价：99.00元
PSN B-2017-651-1/1

偃师蓝皮书
偃师经济社会发展报告（2018）
著(编)者：张占仓　袁凯声　何武周
2018年7月出版／估价：99.00元
PSN B-2017-627-1/1

扬州蓝皮书
扬州经济社会发展报告（2018）
著(编)者：陈扬
2018年12月出版／估价：108.00元
PSN B-2011-191-1/1

长垣蓝皮书
长垣经济社会发展报告（2018）
著(编)者：张占仓　袁凯声　秦保建
2018年10月出版／估价：99.00元
PSN B-2017-654-1/1

遵义蓝皮书
遵义发展报告（2018）
著(编)者：邓彦　曾征　龚永育
2018年9月出版／估价：99.00元
PSN B-2014-433-1/1

地方发展类-社会

安徽蓝皮书
安徽社会发展报告（2018）
著(编)者：程桦　2018年4月出版／估价：99.00元
PSN B-2013-325-1/1

安徽社会建设蓝皮书
安徽社会建设分析报告（2017~2018）
著(编)者：黄家海　蔡宪
2018年11月出版／估价：99.00元
PSN B-2013-322-1/1

北京蓝皮书
北京公共服务发展报告（2017~2018）
著(编)者：施昌奎　2018年3月出版／估价：99.00元
PSN B-2008-103-7/8

北京蓝皮书
北京社会发展报告（2017~2018）
著(编)者：李伟东
2018年7月出版／估价：99.00元
PSN B-2006-055-3/8

北京蓝皮书
北京社会治理发展报告（2017~2018）
著(编)者：殷星辰　2018年7月出版／估价：99.00元
PSN B-2014-391-8/8

北京律师蓝皮书
北京律师发展报告No.3（2018）
著(编)者：王隽　2018年12月出版／估价：99.00元
PSN B-2011-217-1/1

地方发展类-社会

皮书系列 2018全品种

北京人才蓝皮书
北京人才发展报告（2018）
著(编)者：敏华　2018年12月出版 / 估价：128.00元
PSN B-2011-201-1/1

北京社会心态蓝皮书
北京社会心态分析报告（2017~2018）
北京市社会心理服务促进中心
2018年10月出版 / 估价：99.00元
PSN B-2014-422-1/1

北京社会组织管理蓝皮书
北京社会组织发展与管理（2018）
著(编)者：黄江松
2018年4月出版 / 估价：99.00元
PSN B-2015-446-1/1

北京养老产业蓝皮书
北京居家养老发展报告（2018）
著(编)者：陆杰华　周明明
2018年8月出版 / 估价：99.00元
PSN B-2015-465-1/1

法治蓝皮书
四川依法治省年度报告No.4（2018）
著(编)者：李林　杨天宗　田禾
2018年3月出版 / 估价：118.00元
PSN B-2015-447-2/3

福建妇女发展蓝皮书
福建省妇女发展报告（2018）
著(编)者：刘群英　2018年11月出版 / 估价：99.00元
PSN B-2011-220-1/1

甘肃蓝皮书
甘肃社会发展分析与预测（2018）
著(编)者：安文华　包晓霞　谢增虎
2018年1月出版 / 估价：99.00元
PSN B-2013-313-2/6

广东蓝皮书
广东全面深化改革研究报告（2018）
著(编)者：周林生　涂成林
2018年12月出版 / 估价：99.00元
PSN B-2015-504-3/3

广东蓝皮书
广东社会工作发展报告（2018）
著(编)者：罗观翠　2018年6月出版 / 估价：99.00元
PSN B-2014-402-2/3

广州蓝皮书
广州青年发展报告（2018）
著(编)者：徐柳　张强
2018年8月出版 / 估价：99.00元
PSN B-2013-352-13/14

广州蓝皮书
广州社会保障发展报告（2018）
著(编)者：张跃国　2018年8月出版 / 估价：99.00元
PSN B-2014-425-14/14

广州蓝皮书
2018年中国广州社会形势分析与预测
著(编)者：张强　郭志勇　何镜清
2018年6月出版 / 估价：99.00元
PSN B-2008-110-5/14

贵州蓝皮书
贵州法治发展报告（2018）
著(编)者：吴大华　2018年5月出版 / 估价：99.00元
PSN B-2012-254-2/10

贵州蓝皮书
贵州人才发展报告（2017）
著(编)者：于杰　吴大华
2018年9月出版 / 估价：99.00元
PSN B-2014-382-3/10

贵州蓝皮书
贵州社会发展报告（2018）
著(编)者：王兴骥　2018年4月出版 / 估价：99.00元
PSN B-2010-166-1/10

杭州蓝皮书
杭州妇女发展报告（2018）
著(编)者：魏颖　2018年10月出版 / 估价：99.00元
PSN B-2014-403-1/1

河北蓝皮书
河北法治发展报告（2018）
著(编)者：康振海　2018年6月出版 / 估价：99.00元
PSN B-2017-622-3/3

河北食品药品安全蓝皮书
河北食品药品安全研究报告（2018）
著(编)者：丁锦霞　2018年10月出版 / 估价：99.00元
PSN B-2015-473-1/1

河南蓝皮书
河南法治发展报告（2018）
著(编)者：张林海　2018年7月出版 / 估价：99.00元
PSN B-2014-376-6/9

河南蓝皮书
2018年河南社会形势分析与预测
著(编)者：牛苏林　2018年5月出版 / 估价：99.00元
PSN B-2005-043-1/9

河南民办教育蓝皮书
河南民办教育发展报告（2018）
著(编)者：胡大白　2018年9月出版 / 估价：99.00元
PSN B-2017-642-1/1

黑龙江蓝皮书
黑龙江社会发展报告（2018）
著(编)者：谢宝禄　2018年1月出版 / 估价：99.00元
PSN B-2011-189-1/2

湖南蓝皮书
2018年湖南两型社会与生态文明建设报告
著(编)者：卞鹰　2018年5月出版 / 估价：128.00元
PSN B-2011-208-3/8

湖南蓝皮书
2018年湖南社会发展报告
著(编)者：卞鹰　2018年5月出版 / 估价：128.00元
PSN B-2014-393-5/8

健康城市蓝皮书
北京健康城市建设研究报告（2018）
著(编)者：王鸿春　盛继洪　2018年9月出版 / 估价：99.00元
PSN B-2015-460-1/2

皮书系列 2018全品种

地方发展类-社会 · 地方发展类-文化

江苏法治蓝皮书
江苏法治发展报告No.6（2017）
著（编）者：蔡道通 龚廷泰　2018年8月出版／估价：99.00元
PSN B-2012-290-1/1

江苏蓝皮书
2018年江苏社会发展分析与展望
著（编）者：王庆五 刘旺洪　2018年8月出版／估价：128.00元
PSN B-2017-636-2/3

南宁蓝皮书
南宁法治发展报告（2018）
著（编）者：杨维超　2018年12月出版／估价：99.00元
PSN B-2015-509-1/3

南宁蓝皮书
南宁社会发展报告（2018）
著（编）者：胡建华　2018年10月出版／估价：99.00元
PSN B-2016-570-3/3

内蒙古蓝皮书
内蒙古反腐倡廉建设报告No.2
著（编）者：张志华　2018年6月出版／估价：99.00元
PSN B-2013-365-1/1

青海蓝皮书
2018年青海人才发展报告
著（编）者：王宇燕　2018年9月出版／估价：99.00元
PSN B-2017-650-2/2

青海生态文明建设蓝皮书
青海生态文明建设报告（2018）
著（编）者：张西明 高华　2018年12月出版／估价：99.00元
PSN B-2016-595-1/1

人口与健康蓝皮书
深圳人口与健康发展报告（2018）
著（编）者：陆杰华 傅崇辉　2018年11月出版／估价：99.00元
PSN B-2011-228-1/1

山东蓝皮书
山东社会形势分析与预测（2018）
著（编）者：李善峰　2018年6月出版／估价：99.00元
PSN B-2014-405-2/5

陕西蓝皮书
陕西社会发展报告（2018）
著（编）者：任宗哲 白宽犁 牛昉　2018年1月出版／估价：99.00元
PSN B-2009-136-2/6

上海蓝皮书
上海法治发展报告（2018）
著（编）者：叶必丰　2018年9月出版／估价：99.00元
PSN B-2012-296-6/7

上海蓝皮书
上海社会发展报告（2018）
著（编）者：杨雄 周海旺　2018年2月出版／估价：99.00元
PSN B-2006-058-2/7

社会建设蓝皮书
2018年北京社会建设分析报告
著（编）者：宋贵伦 冯虹　2018年9月出版／估价：99.00元
PSN B-2010-173-1/1

深圳蓝皮书
深圳法治发展报告（2018）
著（编）者：张骁儒　2018年6月出版／估价：99.00元
PSN B-2015-470-6/7

深圳蓝皮书
深圳劳动关系发展报告（2018）
著（编）者：汤庭芬　2018年8月出版／估价：99.00元
PSN B-2007-097-2/7

深圳蓝皮书
深圳社会治理与发展报告（2018）
著（编）者：张骁儒　2018年6月出版／估价：99.00元
PSN B-2008-113-4/7

生态安全绿皮书
甘肃国家生态安全屏障建设发展报告（2018）
著（编）者：刘举科 喜文华
2018年10月出版／估价：99.00元
PSN G-2017-659-1/1

顺义社会建设蓝皮书
北京市顺义区社会建设发展报告（2018）
著（编）者：王学武　2018年9月出版／估价：99.00元
PSN B-2017-658-1/1

四川蓝皮书
四川法治发展报告（2018）
著（编）者：郑泰安　2018年1月出版／估价：99.00元
PSN B-2015-441-5/7

四川蓝皮书
四川社会发展报告（2018）
著（编）者：李羚　2018年6月出版／估价：99.00元
PSN B-2008-127-3/7

云南社会治理蓝皮书
云南社会治理年度报告（2017）
著（编）者：晏雄 韩全芳
2018年5月出版／估价：99.00元
PSN B-2017-667-1/1

地方发展类-文化

北京传媒蓝皮书
北京新闻出版广电发展报告（2017~2018）
著（编）者：王志　2018年11月出版／估价：99.00元
PSN B-2016-588-1/1

北京蓝皮书
北京文化发展报告（2017~2018）
著（编）者：李建盛　2018年5月出版／估价：99.00元
PSN B-2007-082-4/8

皮书系列 2018全品种

地方发展类-文化

创意城市蓝皮书
北京文化创意产业发展报告（2018）
著(编)者：郭万超 张京成　2018年12月出版 / 估价：99.00元
PSN B-2012-263-1/7

创意城市蓝皮书
天津文化创意产业发展报告（2017~2018）
著(编)者：谢思全　2018年6月出版 / 估价：99.00元
PSN B-2016-536-7/7

创意城市蓝皮书
武汉文化创意产业发展报告（2018）
著(编)者：黄永林 陈汉桥　2018年12月出版 / 估价：99.00元
PSN B-2013-354-4/7

创意上海蓝皮书
上海文化创意产业发展报告（2017~2018）
著(编)者：王慧敏 王兴全　2018年8月出版 / 估价：99.00元
PSN B-2016-561-1/1

非物质文化遗产蓝皮书
广州市非物质文化遗产保护发展报告（2018）
著(编)者：宋俊华　2018年12月出版 / 估价：99.00元
PSN B-2016-589-1/1

甘肃蓝皮书
甘肃文化发展分析与预测（2018）
著(编)者：王俊莲 周小华　2018年1月出版 / 估价：99.00元
PSN B-2013-314-3/6

甘肃蓝皮书
甘肃舆情分析与预测（2018）
著(编)者：陈双梅 张谦元　2018年1月出版 / 估价：99.00元
PSN B-2013-315-4/6

广州蓝皮书
中国广州文化发展报告（2018）
著(编)者：屈哨兵 陆志强　2018年6月出版 / 估价：99.00元
PSN B-2009-134-7/14

广州蓝皮书
广州文化创意产业发展报告（2018）
著(编)者：徐咏虹　2018年7月出版 / 估价：99.00元
PSN B-2008-111-6/14

海淀蓝皮书
海淀区文化和科技融合发展报告（2018）
著(编)者：陈名杰 孟景伟　2018年5月出版 / 估价：99.00元
PSN B-2013-329-1/1

河南蓝皮书
河南文化发展报告（2018）
著(编)者：卫绍生　2018年7月出版 / 估价：99.00元
PSN B-2008-106-2/9

湖北文化产业蓝皮书
湖北省文化产业发展报告（2018）
著(编)者：黄晓华　2018年9月出版 / 估价：99.00元
PSN B-2017-656-1/1

湖北文化蓝皮书
湖北文化发展报告（2017~2018）
著(编)者：湖北大学高等人文研究院
　　　　　中华文化发展湖北省协同创新中心
2018年10月出版 / 估价：99.00元
PSN B-2016-566-1/1

江苏蓝皮书
2018年江苏文化发展分析与展望
著(编)者：王庆五 樊和平　2018年9月出版 / 估价：128.00元
PSN B-2017-637-3/3

江西文化蓝皮书
江西非物质文化遗产发展报告（2018）
著(编)者：张圣才 傅安平　2018年12月出版 / 估价：128.00元
PSN B-2015-499-1/1

洛阳蓝皮书
洛阳文化发展报告（2018）
著(编)者：刘福兴 陈启明　2018年7月出版 / 估价：99.00元
PSN B-2015-476-1/1

南京蓝皮书
南京文化发展报告（2018）
著(编)者：中共南京市委宣传部
2018年12月出版 / 估价：99.00元
PSN B-2014-439-1/1

宁波文化蓝皮书
宁波"一人一艺"全民艺术普及发展报告（2017）
著(编)者：张爱琴　2018年11月出版 / 估价：128.00元
PSN B-2017-668-1/1

山东蓝皮书
山东文化发展报告（2018）
著(编)者：涂可国　2018年5月出版 / 估价：99.00元
PSN B-2014-406-3/5

陕西蓝皮书
陕西文化发展报告（2018）
著(编)者：任宗哲 白宽犁 王长寿
2018年1月出版 / 估价：99.00元
PSN B-2009-137-3/6

上海蓝皮书
上海传媒发展报告（2018）
著(编)者：强荧 焦雨虹　2018年2月出版 / 估价：99.00元
PSN B-2012-295-5/7

上海蓝皮书
上海文学发展报告（2018）
著(编)者：陈圣来　2018年6月出版 / 估价：99.00元
PSN B-2012-297-7/7

上海蓝皮书
上海文化发展报告（2018）
著(编)者：荣跃明　2018年2月出版 / 估价：99.00元
PSN B-2006-059-3/7

深圳蓝皮书
深圳文化发展报告（2018）
著(编)者：张骁儒　2018年7月出版 / 估价：99.00元
PSN B-2016-554-7/7

四川蓝皮书
四川文化产业发展报告（2018）
著(编)者：向宝云 张立伟　2018年4月出版 / 估价：99.00元
PSN B-2006-074-1/7

郑州蓝皮书
2018年郑州文化发展报告
著(编)者：王哲　2018年9月出版 / 估价：99.00元
PSN B-2008-107-1/1

社会科学文献出版社　　　　　　　　**皮书系列**

❖ 皮书起源 ❖

"皮书"起源于十七、十八世纪的英国,主要指官方或社会组织正式发表的重要文件或报告,多以"白皮书"命名。在中国,"皮书"这一概念被社会广泛接受,并被成功运作、发展成为一种全新的出版形态,则源于中国社会科学院社会科学文献出版社。

❖ 皮书定义 ❖

皮书是对中国与世界发展状况和热点问题进行年度监测,以专业的角度、专家的视野和实证研究方法,针对某一领域或区域现状与发展态势展开分析和预测,具备原创性、实证性、专业性、连续性、前沿性、时效性等特点的公开出版物,由一系列权威研究报告组成。

❖ 皮书作者 ❖

皮书系列的作者以中国社会科学院、著名高校、地方社会科学院的研究人员为主,多为国内一流研究机构的权威专家学者,他们的看法和观点代表了学界对中国与世界的现实和未来最高水平的解读与分析。

❖ 皮书荣誉 ❖

皮书系列已成为社会科学文献出版社的著名图书品牌和中国社会科学院的知名学术品牌。2016年,皮书系列正式列入"十三五"国家重点出版规划项目;2013~2018年,重点皮书列入中国社会科学院承担的国家哲学社会科学创新工程项目;2018年,59种院外皮书使用"中国社会科学院创新工程学术出版项目"标识。

中国皮书网

（网址：www.pishu.cn）

发布皮书研创资讯，传播皮书精彩内容
引领皮书出版潮流，打造皮书服务平台

栏目设置

关于皮书：何谓皮书、皮书分类、皮书大事记、皮书荣誉、
皮书出版第一人、皮书编辑部

最新资讯：通知公告、新闻动态、媒体聚焦、网站专题、视频直播、下载专区

皮书研创：皮书规范、皮书选题、皮书出版、皮书研究、研创团队

皮书评奖评价：指标体系、皮书评价、皮书评奖

互动专区：皮书说、社科数托邦、皮书微博、留言板

所获荣誉

2008年、2011年，中国皮书网均在全国新闻出版业网站荣誉评选中获得"最具商业价值网站"称号；

2012年，获得"出版业网站百强"称号。

网库合一

2014年，中国皮书网与皮书数据库端口合一，实现资源共享。

权威报告·一手数据·特色资源

皮书数据库
ANNUAL REPORT(YEARBOOK) DATABASE

当代中国经济与社会发展高端智库平台

所获荣誉

- 2016年,入选"'十三五'国家重点电子出版物出版规划骨干工程"
- 2015年,荣获"搜索中国正能量 点赞2015""创新中国科技创新奖"
- 2013年,荣获"中国出版政府奖·网络出版物奖"提名奖
- 连续多年荣获中国数字出版博览会"数字出版·优秀品牌"奖

成为会员

通过网址www.pishu.com.cn或使用手机扫描二维码进入皮书数据库网站,进行手机号码验证或邮箱验证即可成为皮书数据库会员(建议通过手机号码快速验证注册)。

会员福利

- 使用手机号码首次注册的会员,账号自动充值100元体验金,可直接购买和查看数据库内容(仅限使用手机号码快速注册)。
- 已注册用户购书后可免费获赠100元皮书数据库充值卡。刮开充值卡涂层获取充值密码,登录并进入"会员中心"—"在线充值"—"充值卡充值",充值成功后即可购买和查看数据库内容。

数据库服务热线: 400-008-6695   图书销售热线: 010-59367070/7028
数据库服务QQ: 2475522410   图书服务QQ: 1265056568
数据库服务邮箱: database@ssap.cn   图书服务邮箱: duzhe@ssap.cn

更多信息请登录

皮书数据库
http://www.pishu.com.cn

中国皮书网
http://www.pishu.cn

皮书微博
http://weibo.com/pishu

皮书微信"皮书说"

请到当当、亚马逊、京东或各地书店购买，也可办理邮购

咨询/邮购电话：010-59367028 59367070

邮　　箱：duzhe@ssap.cn

邮购地址：北京市西城区北三环中路甲29号院3号楼
　　　　　华龙大厦13层读者服务中心

邮　　编：100029

银行户名：社会科学文献出版社

开户银行：中国工商银行北京北太平庄支行

账　　号：0200010019200365434

中国社会科学院创新工程学术出版资助项目

中亚黄皮书

YELLOW BOOK OF CENTRAL ASIA

中亚国家发展报告
（2018）

ANNUAL REPORT ON DEVELOPMENT OF CENTRAL ASIA
(2018)

中国社会科学院俄罗斯东欧中亚研究所
主　编／孙　力
执行主编／肖　斌

社会科学文献出版社
SOCIAL SCIENCES ACADEMIC PRESS (CHINA)

图书在版编目（CIP）数据

中亚国家发展报告.2018／孙力主编.－－北京：社会科学文献出版社，2018.3
（中亚黄皮书）
ISBN 978－7－5201－2373－0

Ⅰ.①中… Ⅱ.①孙… Ⅲ.①社会发展－研究报告－中亚－2018 Ⅳ.①D736.069

中国版本图书馆 CIP 数据核字（2018）第 044356 号

中亚黄皮书
中亚国家发展报告（2018）

主　　编／孙　力
执行主编／肖　斌

出 版 人／谢寿光
项目统筹／祝得彬
责任编辑／张苏琴

出　　版／社会科学文献出版社·当代世界出版分社（010）59367004
　　　　　地址：北京市北三环中路甲29号院华龙大厦　邮编：100029
　　　　　网址：www.ssap.com.cn

发　　行／市场营销中心（010）59367081　59367018

印　　装／北京季蜂印刷有限公司

规　　格／开　本：787mm×1092mm　1/16
　　　　　印　张：24.25　字　数：365千字

版　　次／2018年3月第1版　2018年3月第1次印刷

书　　号／ISBN 978－7－5201－2373－0

定　　价／98.00元

皮书序列号／PSN Y－2012－238－1/1

本书如有印装质量问题，请与读者服务中心（010－59367028）联系

▲ 版权所有 翻印必究

中亚黄皮书编委会

主　　　编　孙　力

执行主编　肖　斌

编　　　委　（按姓氏笔划）

　　　　　　　王晓泉　刘显忠　孙　力　孙壮志　李进峰
　　　　　　　李中海　张　宁　肖　斌　庞大鹏　赵会荣
　　　　　　　柳丰华　柴　瑜　高　歌　高晓慧　徐坡岭
　　　　　　　薛福岐

课题组成员　（按姓氏笔划）

　　　　　　　丁晓星　丁　超　王世达　王明昌　王　聪
　　　　　　　王海燕　马　强　文龙杰　邓　浩　石　岚
　　　　　　　许　涛　孙　力　孙伟超　孙莹洁　孙　钰
　　　　　　　苏　畅　李自国　肖　斌　吴宏伟　张文中
　　　　　　　张友国　张真真　陈东杰　赵常庆　鞠　豪
　　　　　　　郇志坚

主要编撰者简介

孙　力　中国社会科学院俄罗斯东欧中亚研究所副所长、研究员，中国中亚友好协会常务理事。长期从事中亚和上海合作组织问题研究。曾两次任人民日报驻中亚记者站记者，撰写了大量有关中亚政治、经济、外交、安全等方面的文章。最新研究成果主要有《"一带一路"愿景下政策沟通的着力点》《"一带一路"对接合作：中亚国家视角的分析》《中国与中亚国家共建丝绸之路经济带的前景》等。

肖　斌　中国社会科学院上海合作组织研究中心副秘书长，中国社会科学院俄罗斯东欧中亚研究所中亚和高加索研究室副研究员。长期从事中亚地区政治、上海合作组织、大国对中亚政策研究，学术成果丰厚。最新研究成果有《哈萨克斯坦在中哈产能合作中的政治反应：基于 IPE 的分析》《吉尔吉斯斯坦社会运动中的政治暴力：基于案例的比较分析》《地区极性、现状偏好与中国对中亚的外交哲学》等。

摘　要

本报告由中国社会科学院俄罗斯东欧中亚研究所组织编写。作者是来自中国主要中亚问题研究机构的专家和学者，书中的见解和理论具有较高的权威性和可靠性，是读者了解和研究中亚地区形势与国际关系的重要参考资料。报告由五个部分组成，即总报告、地区形势、中亚与世界、中国与中亚、国别形势。除中亚五国外，继续增加对南高加索地区的形势分析报告。

本报告具有以下特点：一是注重基本问题研究，本报告作者均是长期跟踪研究中亚问题的专家学者，报告对本地区形势发展特征进行了总体描述、具体分析，提供权威数据，并对地区国别形势变化进行跟踪研究；二是对重大问题持续研究，报告总结了2017年中亚地区发展规律，分析了中亚经济社会与安全态势及变化，阐述大国与中亚关系，包括中国与中亚在"一带一路"框架下的发展与合作；三是对热点问题分析研究，报告着重对吉尔吉斯斯坦总统大选、中亚国家关系的新变化等地区热点问题进行了全面梳理和前景分析；四是覆盖面广，报告涵盖了中亚各国的政治、经济、安全、人文等基本问题，以及对外关系等；五是采用丰富的第一手资料，作者大量使用俄文、英文等第一手资料，向读者呈现国内学界关注但国内媒体报道较少的事件和信息。

2017年中亚总体形势平稳发展：各国经济持续恢复性增长；外界关注的政治局势没有发生大的震荡；安全形势相对稳定，动荡不安的阿富汗局势仍是地区安全的主要外部威胁；随着中亚国家间关系的改善，各国的大国平衡外交被赋予新的内涵。在政治领域，土库曼斯坦和吉尔吉斯斯坦顺利举行总统选举，没有发生政治与社会动荡，特别是吉尔吉斯斯坦实现了独立以来首次权力的平稳交接；乌兹别克斯坦推出了一系列新的政策，稳固了政权基础;哈萨克斯坦继续推动有限政治改革,权力结构有所改善;塔吉克斯坦继续巩固政权基础,总统权力得到进一步加强。在经济领域,中亚国家继续呈现增长的态势,各国调结构、稳增长的政策取得初步成效,但发展不平衡问题依然突出。在安全领域,没有发生大的安全事件,但也有值得关注的问题,同时外部安全环境严峻,挑战增多;在外交领域,中亚国家间关系持续改善,中国与中亚国家在各领域的合作更加密切,俄罗斯加强与中亚国家的经济与安全合作,美国对中亚的关注度虽有所下降,但不会退出这一地区,中亚国家推进务实的大国平衡外交的态势没有改变。

展望未来,中亚国家在政治稳定、经济发展、安全形势等方面仍面临不少挑战和难题。地区形势的新变化要求中亚国家更加重视经济发展、民生幸福、稳定安全。中亚五国在2017年采取的一系列内外举措展现出谋发展、促合作的积极态势,推动地区内外的多边合作,这种合作的意愿与行动将对中亚地区的发展与稳定起到重要作用。

目 录

Ⅰ 总报告

Y.1 中亚国家2017年的总体形势及发展趋势 …………… 孙 力 / 001
  一 政治形势 ……………………………………………… / 002
  二 经济形势 ……………………………………………… / 007
  三 外交形势 ……………………………………………… / 012
  四 安全形势 ……………………………………………… / 021
  结 语 …………………………………………………… / 024

Ⅱ 地区形势

Y.2 经济指数总体向好：中亚国家的宏观经济形势
  …………………………………………… 张文中 孙 钰 / 026
Y.3 稳中有忧：中亚地区安全形势及走向 …………… 苏 畅 / 047
Y.4 政治经济有序推进：南高加索地区的基本态势 … 邓 浩 / 060
Y.5 权力交接平稳有序：吉尔吉斯斯坦总统大选下的政治发展
  ……………………………………………………… 王 聪 / 072

Y.6　阿富汗局势对中亚地区安全的影响 ………… 王世达　丁晓星 / 085

Y.7　中亚国家一体化有望重启 ……………………………… 赵常庆 / 098

Ⅲ　中亚与世界

Y.8　全面回升中的俄罗斯与中亚国家关系 …………………… 马　强 / 109

Y.9　低迷中的暗斗：特朗普政府的中亚外交…………………… 肖　斌 / 124

Y.10　稳步发展中的欧盟与中亚国家关系 ……………………… 鞠　豪 / 138

Y.11　日本与中亚国家关系进一步巩固 ………………… 陈东杰　孙伟超 / 154

Y.12　土耳其与中亚国家的务实合作深入发展 ………………… 王明昌 / 168

Y.13　地区安全的"新玩家"：印度与中亚国家关系……… 张友国 / 183

Ⅳ　中国与中亚

Y.14　"一带一路"国际合作高峰论坛与中亚……………… 吴宏伟 / 201

Y.15　合作与挑战并存：中国与中亚国家金融合作

………………………………………………… 郁志坚　刘遵乐 / 217

Y.16　经贸合作企稳回升：中国与中亚国家经贸关系 ……… 王海燕 / 231

Y.17　丝绸之路经济带框架下的人文交流与合作 ……………… 许　涛 / 247

Y.18　成果显著　前景广阔：中国新疆与中亚国家次区域合作

………………………………………………………… 石　岚 / 259

Ⅴ　国别形势

Y.19　哈萨克斯坦 ………………………………………………… 孙莹洁 / 270

Y.20　乌兹别克斯坦 ……………………………………………… 李自国 / 283

目 录

Y.21　吉尔吉斯斯坦 …………………………………………… 丁　超 / 299
Y.22　塔吉克斯坦 …………………………………………… 张真真 / 319
Y.23　土库曼斯坦 …………………………………………… 文龙杰 / 330

Abstract …………………………………………………………… / 355
Contents ………………………………………………………… / 357

皮书数据库阅读使用指南

总报告
General Report

Y.1
中亚国家2017年的总体形势及发展趋势

孙 力*

摘　要： 2017年中亚各国均致力于维护稳定、改善民生，虽然多年来积累的问题还没有完全解决，但总体形势平稳：各国经济持续恢复性增长；外界关注的政治局势没有发生大的震荡，吉尔吉斯斯坦顺利举行总统选举；中亚安全形势相对稳定，动荡不安的阿富汗局势仍是中亚安全的主要外部威胁；随着中亚国家间关系的改善，各国的大国平衡外交被赋予了新的内涵。

关键词： 中亚　政治形势　经济形势

---

* 孙力，中国社会科学院俄罗斯东欧中亚研究所副所长、研究员，主要研究领域为中亚国家社会经济发展、上海合作组织。

2017年，中亚国家形势相对比较平静，但发展不平衡问题越来越突出，既有各国地区间发展不平衡的问题，也有地区国家间发展不平衡的问题。为此，中亚国家纷纷积极制定、落实国家发展战略，发挥地缘和资源等优势，注重基础设施建设，实施产业结构调整，努力改善投资环境，强调交通枢纽作用，其目的是改善民生、维护国家稳定。在政治领域，土库曼斯坦和吉尔吉斯斯坦顺利举行总统选举，没有发生政治与社会动荡，特别是吉尔吉斯斯坦首次实现了独立以来权力的平稳交接；乌兹别克斯坦推出了一系列新的政策，稳固了政权基础；哈萨克斯坦继续推动有限政治改革，权力结构有所改善；塔吉克斯坦继续巩固政权基础，总统权力得到进一步加强。在经济领域，中亚国家继续呈现经济增长的态势，各国实施的调结构、稳增长的政策取得初步成效，但发展不平衡问题依然突出。在安全领域，中亚国家没有发生大的安全事件，但也有值得关注的问题，包括各国非传统安全领域中的贫困问题比较突出，极端思想蔓延，社会矛盾有所上升，同时外部安全环境严峻，对中亚地区的挑战增多。在外交领域，中亚国家间的关系持续改善，但吉尔吉斯斯坦与哈萨克斯坦围绕吉总统大选发生的摩擦，反映了中亚国家间关系的脆弱性。俄罗斯加强与中亚国家的经济合作，关注中亚地区安全形势；美国虽对中亚的关注度有所下降，但不会退出这一地区；中亚国家推进务实的大国平衡外交的态势没有改变。

一 政治形势

近年来，中亚国家政治局势备受外界关注，原因是中亚国家相继进入权力交接时期，围绕权力交接的政治博弈是否会引发动荡、如何对政治体制进行调整从而保障国家稳定，是各方关心的热点问题。主要大国哈萨克斯坦积极探索权力交接新模式，乌兹别克斯坦顺利选举出第二代领导人，对于中亚地区的政治稳定起到重要作用。2010年吉尔吉斯斯坦开始实行议会制国家政治体制，在这一充满争议的政治制度变革之后，吉尔吉斯斯坦又经历了曲折的政治发展历程，在2017年的总统大选中顺利实现了政权的平稳交接，表明议会制国家政治体制在吉尔吉斯斯坦得到一定程度的认可。但是，吉尔吉斯斯坦议会制的政治基础还不稳固，未来执政压力和执政风险仍然很高。哈萨克斯坦稳步推进政治转型，正在设计和实施另外一种政权运行模式，即以政党建设为基础，逐步扩大议会和政府权力，朝着总统议会制或议会总统制方向发展，在2017年进行了一系列的人事调整。乌兹别克斯坦新总统执政一年，出台了一系列国家治理和推动经济发展的政策和措施，得到社会各界的拥护和支持，执政基础初步稳固。土库曼斯坦和塔吉克斯坦坚定地实行总统制，继续加强和巩固总统权力，塔吉克斯坦总统拉赫蒙和土库曼斯坦总统别尔德穆哈梅多夫不受法律参选次数的限制，可以连选连任，实质上成为"终身总统"。中亚国家维护政治稳定的决心与所采取的具体措施相统一，但各国维护国家稳定的举措不同，各国政治形势平稳发展。

（一）吉尔吉斯斯坦总统选举是中亚政治领域最受关注的大事

2017年10月15日，吉尔吉斯斯坦举行总统选举，社会民主党候选人、前总理热恩别科夫当选新一届总统，实现了吉政权的平稳过渡。这是吉独立以来相对平稳的一次选举，让人们看到了吉走向"正常国家"的希望。作为唯一实行议会制的中亚国家，吉尔吉斯斯坦的政治发展历经曲折，吉为寻找适合自己的发展道路不断进行探索。本次选举之前各方对选举是否会再次引发政局动荡非常关注，但选举最终平稳完成，不仅对中亚整个地区的政治稳定具有积极意义，更重要的是，吉尔吉斯斯坦对政治转型的探索又向前迈出一步。这次总统选举顺利完成主要得益于以下几个方面。一是吉总统权限受到宪法约束。2010年6月27日，吉尔吉斯斯坦通过全民公决再次修改宪法，其核心内容是国家由总统制改为议会制，总统任期为6年，一届任期结束后不得寻求连任，任何人只能担任一届总统，消除了成为"终身总统"或"蝉联总统"的可能，宪法还明确了总统、总理和立法机关之间的权力分配。二是议会成为权力争夺的焦点。吉尔吉斯斯坦实行议会制以来，大部分的政治冲突被纳入法治框架内，各党派把获得宪法权力、争取议会席位作为主要努力的方向，试图通过议会来谋求更多利益。这种议会内的争夺在某

种程度上令总统的权力有所巩固,同时前任总统阿坦巴耶夫在任期内也不断加强权力构建。

吉尔吉斯斯坦新政权还面临诸多考验。首先,执政联盟基础脆弱。2010年通过修改宪法将国家整体改为议会制以来,在短短的7年时间里,执政联盟5次解体,换了7任总理。其中,只有阿坦巴耶夫和热恩别科夫是因为竞选总统主动辞职,其他5位总理均由于执政联盟解体而被迫辞职。其次,反对派势力仍然很强大。目前吉议会有5个党团,没有形成多数议会党团,实力最强的社会民主党也只占有38个议席。2016年10月26日,吉议会执政联盟宣布解散,11月3日,吉议会第一大党社会民主党与吉尔吉斯斯坦党、共同党达成一致,组成拥有68个席位微弱多数的议会执政联盟,吉议会共有120个议席,这意味着执政联盟之外还有52个议席。① 最后,吉尔吉斯斯坦党派林立。截至2016年12月,在吉尔吉斯斯坦司法部正式登记注册并开展活动的政党有223个。吉政党数量发展很快,从1994年的8个政党,发展到今天的223个,而且政党在政治生活中的地位不断提高。1994年政党在当时议会的105个席位中,只占了7个席位,占比6%;在2000年议会选举中,政党议席增至15个,比上一届翻了一番多;2007年吉议会所有席位都被政党获得,政党成为政治生活中的主体。但是,吉尔吉斯斯坦的政党是建立在游牧民族历史文化传承基础之上的,部族利益在各政党中起主导作用,至今没有在全国范围内形成具有广泛群众基础的政党。政党林立、利益冲突容易导致政治基础不稳。

(二)乌兹别克斯坦新政权采取了一些改革措施,政权基础稳固发展

乌兹别克斯坦总统米尔济约耶夫治理经验丰富,在卡里莫夫总统执政时期任总理13年,对本国国情和存在的问题比较清楚。就任总统后,米尔济约耶夫采取了一系列改革举措,国家治理方略有了一定改善,得到了大多数

---

① 孙力:《2016年中亚地区总体形势及发展趋势》,《中亚发展报告(2017)》,社会科学文献出版社,2017。

民众的认同，执政基础得以稳固发展。2017年2月8日，米尔济约耶夫总统签署了《2017~2021年五大优先发展领域行动战略》①，包括完善国家和社会体系建设，改革司法体系，发展自由经济，提升社会福利和保障国家安全，民族和谐和宗教宽容，推行互利和建设性的外交政策。其中创造良好的政治生态、为落实国家发展战略进行人事布局、稳固政权基础是该战略的重要内容。

一是开放与对话相结合。对外，允许"国际人员组织"访问乌兹别克斯坦，特别是安集延等敏感地区，减轻西方在人权等问题上对乌兹别克斯坦的攻击，营造良好的外部环境；对内，广开言路，设立"与人民对话和人民利益"机制，政府采取一系列措施与人民展开对话，倾听民众诉求，解决民众关心的主要问题，保障民众利益。2016年9月底，时任乌兹别克斯坦代总统、总理的米尔济约耶夫在乌政府网站上开设了总理留言板并公布热线电话，以听取民意，解决民众关心的主要问题。当选总统后，米尔济约耶夫在其"脸书"个人主页上宣布，鉴于总理留言板和热线受到广泛好评，将继续留用并改版为总统留言板和热线，同时命令乌所有部委、国有银行、企业和院校开设相关栏目，听取民众意见。截至2017年12月20日，已有146万人在总统网站接待室反映情况，95%的申请得到了答复。

二是改组政府，理顺关系。6月12日，米尔济约耶夫总统签署命令，改组政府内阁下设机构设置，副总理职位由7个削减为6个，对6位副总理分管的内容进行了调整：撤销主管宏观经济发展、结构改革和吸引外国投资事务的副总理职位；撤销主管生态、环境保护、文化和体育事务的副总理职位；撤销主管出口潜力发展、机械制造业、汽车工业、电气工业、产品标准化事务并兼任乌国家汽车工业公司董事长的副总理职位。与此同时，设立主管经济发展、结构改革、投资、银行和金融系统改革、协调自由经济特区和小型工业特区经营事务的副总理职位；设立主管对外经济活动、出口潜力发

---

① Указ Президента Республики Узбекистан, http://www.uza.uz/ru/documents/o-strategii-deystviy-po-dalneyshemu-razvitiyu-respubliki-uzb-08-02-2017?sphrase_id=3126796.

展、机械制造业、汽车工业、电气工业、产品标准化事务并兼任乌国家汽车工业公司董事长的副总理职位。撤销乌政府内阁下属的宏观经济发展、结构改革和吸引外国投资问题综合信息分析局,教育和科学问题信息分析局,青年政策、文化、信息系统和通信问题信息分析局,国土和经济领域出口潜力发展问题信息分析局及法律鉴定和国际条约局。与此同时,设立教育、科学和青年政策问题信息分析局,文化、信息系统和通信问题信息分析局,经济发展、结构改革、银行和金融系统改革、协调自由经济特区和小型工业特区经营问题综合信息分析局,投资计划编制和实施监控、吸引外国投资问题信息分析局,对外经济活动、国土和经济领域出口潜力发展问题信息分析局及法律鉴定、国际条约和发展对外联系局。总理阿利波夫主管教育、科学和青年政策问题信息分析局,文化、信息系统和通信问题信息分析局及卫生、生态和环境保护、文化和体育问题信息分析局。9月30日,根据米尔济约耶夫的总统令,乌兹别克斯坦成立了学龄前教育部,11月29日,成立了创新发展部。

三是密集调整人事布局。一年来对各级政府官员进行了大范围的调整。强力部门是乌兹别克斯坦政治稳定的重要支撑,8月29日,米尔济约耶夫总统任命国防部西南军区第一副司令塔什马托夫为国家近卫军司令。① 11月20日,米尔济约耶夫总统签署命令建立国防工业国家委员会,这一新机构旨在保障军用物资供应,包括武器、军事技术、食品等。9月4日,米尔济约耶夫总统签署命令,② 任命巴巴江诺夫为内务部部长,2017年1月4日履新内务部部长的阿基莫夫改任国防部部长。11月29日,米尔济约耶夫签署命令,要求内务部机关领导人必须每三年更换一次,调换至相同级别岗位。在米尔济约耶夫执政的一年里,共任命了5批官员,有的岗位还是两次易

---

① Узбекистан: генерал-лейтенант Баходир Ташматов назначен командующим Национальной гвардией, http://ca-snj.com/politika/uzbekistan-general-lejtenant-baxodir-tashmatov-naznachen-komanduyushhim-nacionalnoj-gvardiej.html.
② В Узбекистане сменились главы МВД и Минобороны, http://www.fergananews.com/news/26824.

人，如内务部部长、卫生部部长、教育部部长等职务，更换了 2/3 的州长。2017 年，乌政府在税务、教育、医疗、旅游、贸易、交通、商务、政务职责等方面共实施了近 50 项新政。①

（三）哈萨克斯坦稳步推进政治转型，旨在保持政局稳定，为政权过渡做好前期准备

2017 年 1 月 25 日，纳扎尔巴耶夫总统发表了"权力再分配"的重要讲话，主要内容是将法律赋予总统的部分权力分给议会和政府，达到总统、议会、政府权力的基本平衡，这被视作着眼于未来"政权交接"的重要举措。此后，哈开始了再次修改宪法进程。3 月 6 日，哈议会上下两院通过了《关于对哈萨克斯坦宪法进行补充修改》的法案，并提交纳扎尔巴耶夫总统批准。3 月 10 日，纳扎尔巴耶夫总统签署了该法案。该法案的签署对稳定哈国内政治局势具有特殊意义。12 月 23 日，纳扎尔巴耶夫总统对修改宪法和将总统部分权力转给政府和议会做了进一步说明："修改宪法是顺应形势发展的需要，修宪以来已将法律赋予总统的 35 项权力转给了政府和议会，把一些处理具体事务的权力下放给政府，将一些对权力运行机构进行监督的权力下放给议会，政府和议会在国家生活中的地位和作用都得到了提升，这样的做法是正确的。"②

二 经济形势

2017 年，中亚国家经济延续了增长势头。5 月，国际货币基金组织预测，中亚五国和南高加索三国 2017 年的经济增长率为 3.1%，2018 年为

---

① Новый Узбекистан: 49 важных изменений. ИНФОГРАФИКА, 2018. 1. 12. http://www.ca-portal.ru/article: 40159.
② Президент пояснил, почему передал часть своих полномочий Правительству и Парламенту, http://www.inform.kz/ru/prezident - poyasnil - pochemu - peredal - chast - svoih - polnomochiy - pravitel - stvu - i - parlamentu_ a3103793.

4.1%。11月，欧洲复兴开发银行发布2017年第三季度中亚国家经济发展前景展望报告，预测2017～2018年中亚五国经济将保持稳定增长，塔吉克斯坦和乌兹别克斯坦两国的经济增速将位于中亚国家前列。根据预测，哈萨克斯坦2017年经济增长率为3.8%，2018年为3.5%；吉尔吉斯斯坦2017年经济增长率为4.4%，2018年为4.2%；土库曼斯坦2017年经济增长率为5.7%，2018年为5.2%；乌兹别克斯坦2017年经济增长率为5.4%，2018年为6.2%；塔吉克斯坦2017年经济增长率为6.5%，2018年为5%。①

（一）2017年中亚国家经济发展势头良好

第一，各国经济指标普遍增长。12月12日，哈萨克斯坦国民经济部部长苏莱曼诺夫在政府会议上表示，得益于经济多元化、农工综合体发展、企业发展和基础设施建设，以及确保就业等各领域良好发展态势，哈2017年前11个月国内生产总值同比增长3.9%。其中，工业生产增长7.3%，农业生产增长2.3%，零售总额增长6.1%，建筑业总额增长0.3%，货物运输量增长7.9%，固定资产投资增长5.7%，全年通胀率保持在7.3%的水平。在此背景下，预计哈全年GDP增速将达4%。② 12月23日，乌兹别克斯坦总统米尔济约耶夫在国情咨文中说，2017年乌采取行之有效的经济改革举措，实施了161个大型工业项目，这些大型项目的实施在2018年会取得重要成果，预计将增产约1.86亿美元。得益于经济改革举措，乌2017年国内生产总值同比增长5.5%，出口增长了15%。③ 根据吉尔吉斯斯坦国家统计委员会公布的数据，2017年前10个月吉国内生产总值约合55.65亿美元，同比增长3.9%。若不计"库姆托尔金矿"产值，吉国内生产总值约合50.37亿美元，同比增长3.5%，其中，工业产值同比增长13.7%，农业产值同比增

---

① http://www.mofcom.gov.cn/article/i/jyjl/e/201711/20171102668961.shtml.
② Рост ВВП Казахстана в 2017 году ожидается на уровне 4% - Миннацэкономики, http://www.inform.kz/ru/rost-vvp-kazahstana-v-2017-godu-ozhidaetsya-na-urovne-4-minnacekonomiki_a3096167.
③ Послание Президента Республики Узбекистан Шавката Мирзиёева Олий Мажлису, http://www.uza.uz/ru/politics/poslanie-prezidenta-respu.

长1.8%，固定资产投资同比增长5.2%。① 12月30日，土库曼斯坦总统别尔德穆哈梅多夫在内阁会议上说，2017年国际经济形势仍很复杂，石油和天然气价格低迷，主要经济伙伴经济发展不景气，但土库曼斯坦采取了包括减少国家投资规模、降低汇率、提高公共服务税率等举措，成功削弱了外部的不利影响，全年经济增长有望达到6.5%的水平。② 2017年塔吉克斯坦国内生产总值约为611亿美元，同比增长7.1%，其中工业增长21.3%，农业增长6.8%，投资增长4.1，零售业增长6.6%。③

第二，各国营商环境有所改善。乌兹别克斯坦中亚新闻网2017年11月11日援引世界银行官方网站消息称，世界银行集团下属专家委员会发布年度报告《营商环境2018：为确保就业而推进的改革》，该报告指出，近年来中亚国家持续改善投资经营环境，促进经济发展，创造就业岗位，实现就业率稳步增长。2017年，哈萨克斯坦、吉尔吉斯斯坦、塔吉克斯坦、乌兹别克斯坦在社会经济10个领域共计实施了11次改革，改善了本国投资经营环境，得到了国际社会的普遍认可，取得了良好效果，在该报告中乌兹别克斯坦位列营商环境改革成效显著国家前10名。中亚各国改革的主要领域集中在简化企业成立手续、保护中小股东权益、依法登记私有财产、确保合同执行力度、减少行政审批手续、提高政务信息透明度、完善司法诉讼程序、提供税费减免优惠、加大金融扶植力度、提高最低工资标准等方面。其中乌兹别克斯坦位列《营商环境2018：为确保就业而推进的改革》排名榜第74名，哈萨克斯坦位列第36名，吉尔吉斯斯坦位列第77名，塔吉克斯坦位列第123名。④ 哈萨克斯坦投资和发展部2月27日在官方网站发布《2016～

---

① 《2017年1~10月吉尔吉斯斯坦国内生产总值同比增长3.9%》，http：//kg. mofcom. gov. cn/article/jmxw/201711/20171102678488. shtml。
② Президент Туркменистана подвел итоги 2017 года, http：//www. turkmenistan. ru/ru/articles/43128. html。
③ Расширенное заседание Правительства Республики Таджикистан, http：//khovar. tj/rus/2018/01/rasshirennoe － zasedanie － pravitelstva － respubliki － tadzhikistan － 2/。
④ 《中亚国家持续推进改革以改善营商环境》，http：//uz. mofcom. gov. cn/article/jmxw/201711/20171102670121. shtml。

2017年依照OECD标准改善投资环境详细计划》修订版，主要措施包括：对国家参股股份制公司实施企业管理；提升投资环境吸引力；扩大投资商使用国际商务仲裁的渠道；对服务、商品和劳动力实行国内支持；发展公私合营；保护知识产权；加强企业责任管理；方便投资商对土地资源信息的了解；实施贸易政策自由化；减小投资商承受的行政干预和腐败成本，更有效地保障投资商开展市场经营；改善投资税收和关税机制；减少国家对经济的干预，努力削减投资壁垒等。该文件首次发布是在2016年2月24日，本次修订由原来的30条增加到43条，重点修订了公私合营、贸易政策自由化、减少行政干预、保障企业有序参与市场竞争等方面的内容。

（二）中亚国家延续经济增长具有内外双重因素

第一，俄罗斯经济走出低谷。俄罗斯是中亚国家主要贸易伙伴之一，哈萨克斯坦和吉尔吉斯斯坦是俄主导的欧亚经济联盟成员，俄经济状况直接影响中亚国家经济发展。11月30日，俄罗斯总统普京在"莫斯科－基辅"火车站出席与铁路员工座谈会时表示，俄罗斯经济已走出衰退并进入可持续发展和增长阶段，这是2017年的大事。俄罗斯统计局公布的数据显示，2017年前9个月俄经济增长率达到1.6%。国际货币基金组织在2017年秋季发布的《全球经济展望》中，把俄罗斯经济2017年和2018年的增长预期从之前预计的1.4%分别提高至1.8%和1.6%。①

第二，国际经济形势向好，大宗商品价格回升，特别是石油价格回升到近60美元/桶。中亚的哈萨克斯坦、土库曼斯坦和乌兹别克斯坦能源资源丰富，尽管能源经济在三国经济中的占比近年来有所下降，但仍是三国经济发展的主要支柱。哈萨克斯坦年生产石油8000万吨左右，土库曼斯坦年生产天然气700亿~800亿立方米，乌兹别克斯坦年生产石油产量下滑严重，从2002年的年产724万吨下降到2016年的年产260万吨，但天然气产量稳中有升，2016年生产550亿立方米，2017年生产565亿立方米。近年来，乌

---

① 《2017年俄罗斯经济走出衰退泥潭》，《人民日报》2017年12月29日。

兹别克斯坦国内石油和天然气需求不断增加，为此乌出台了 2017～2021 年能源发展规划，计划 5 年内向石油天然气领域投资 304 亿美元，确保 5 年内天然气增产 535 亿立方米、石油增产 190 万吨、凝析气增产 110 万吨。①

第三，中亚国家经济发展规划取得初步成效。2016 年 12 月 1 日，塔吉克斯坦议会下院正式通过了《至 2030 年国家发展战略》，该战略以"确保能源独立、走出交通困境、保障粮食安全"三大发展战略为目标导向，旨在提高各地区和各领域现有资源及国家财富的使用效率、多样化和竞争力，致力于建立节约型经济、改善农民获得融资的条件、进行农业部门的工业化基础设施开发、发展旅游业、加强地区间合作、保障各地区发展平衡等；② 2017 年 1 月 31 日，哈萨克斯坦发表年度国情咨文，提出加速推进经济现代化进程，进行社会革新。7 月 27 日，哈萨克斯坦投资发展部副部长阿伊达尔巴耶夫表示，2017 年上半年在产业化路线图框架下实施 32 个项目，总金额约 15 亿美元，创造了 4000 多个就业岗位。到年底前，共计划运营 100 余个项目，总金额约 21.5 亿美元，创造就业岗位 10000 个。通过实施产业创新发展计划，催生了一批新兴产业，如稀土金属业、铁路机械制造、太阳能。同时，也开发出了 500 多种之前哈不能自行生产的产品，如货车和载人车厢、电力机车、变压器、X 光设备、LED 照明灯、钛锭、药品等。2 月 8 日，乌兹别克斯坦总统米尔济约耶夫签署了《2017～2021 年国家在五个优先领域的发展战略》，实施若干经济新政，包括新建经济特区（从 4 个增加到 16 个）。5 月 12 日，吉尔吉斯斯坦国民经济部确定未来经济发展五个优先领域：纺织和针织工业、农产品加工业、IT 产业、能源领域以及旅游业。投资和出口署署长奥罗兹别科夫称，经济优先发展领域的确定主要是为配合吉制定国家 2040 年长期发展战略草案。

---

① Инвестиции в нефть и газ будут удвоены, https://www.gazeta.uz/ru/2017/05/17/oil - gas/.
② В Таджикистане утвердили национальную стратегию развития до 2030 года, http://easttime.ru/news/tadzhikistan/v - tadzhikistane - utverdili - natsionalnuyu - strategiyu - razvitiya - do - 2030 - goda/12419.

三 外交形势

2017年,中亚国家外交政策的主线没有变化,即务实的大国平衡外交政策。各国均把稳定与发展放在首位,继续加强与域外大国的合作,与俄罗斯关系巩固发展,与中国交往更上一个台阶。推动地区国家之间的经济合作、安全合作也是2017年中亚国家外交活动的主线。中亚国家均意识到,地区内国家间关系的改善和建立地区内的贸易、交通、旅游合作,是中亚国家得以持续发展的重要因素。因此中亚各国积极推动地区内部关系的改善与发展。9月20日,乌兹别克斯坦总统米尔济约耶夫在联合国大会演讲时指出,乌外交政策的最主要优先方向是中亚地区,乌将致力于使中亚地区成为稳定、可持续发展和睦邻友好的地区。尽管吉尔吉斯斯坦与哈萨克斯坦两国关系一度出现了"问题",但随着吉总统选举尘埃落定、吉新总统热恩别科夫访哈,双方关系恢复了正常。可以说,在乌兹别克斯坦"地区外交"的推动下,中亚国家间关系得到了重大改善,进一步充实了务实的大国平衡外交政策的内涵,中亚国家在国际舞台上的认知度有一定提升。

(一)中亚国家成功举办了一系列大型国际活动,在国际舞台上的认知度进一步提升

2017年,哈萨克斯坦在国际舞台上的影响力明显提升,成功举办了上海合作组织元首理事会会议、专项世界博览会和有关叙利亚问题的"阿斯塔纳和谈进程",成功当选联合国安理会非常任理事国;土库曼斯坦首次举行了亚洲室内与武道运动会,使得国际社会对中亚国家有了新的认知。

6月8~9日,上海合作组织成员国元首理事会第十七次会议在哈萨克斯坦首都阿斯塔纳举行。中国国家主席习近平、哈萨克斯坦总统纳扎尔巴耶夫、吉尔吉斯斯坦总统阿坦巴耶夫、俄罗斯总统普京、塔吉克斯坦总统拉赫蒙、乌兹别克斯坦总统米尔济约耶夫出席会议。9日,成员国元首举行小范围会议,随后邀请观察员国阿富汗总统加尼、白俄罗斯总统卢卡申科、蒙古

国总统额勒贝格道尔吉、印度总理莫迪、巴基斯坦总理谢里夫、伊朗外长扎里夫以及联合国秘书长古特雷斯等有关国际和地区组织代表参加大范围会议，纳扎尔巴耶夫主持会议。与会领导人分析了上海合作组织发展现状、任务和前景，就重大国际和地区问题交换意见，达成了广泛共识。本届元首理事会取得了丰硕成果：一是正式给予印度、巴基斯坦上海合作组织成员国地位；二是元首们签署了《上海合作组织成员国元首阿斯塔纳宣言》《上海合作组织成员国元首理事会会议新闻公报》《上海合作组织成员国元首关于打击国际恐怖主义的声明》等一系列重要文件；三是新老成员国密切配合，同意以《上海合作组织宪章》和《上海合作组织长期睦邻友好合作条约》为基石，继续大力弘扬"上海精神"；四是会议同意共同推动国际秩序朝更加公正、合理的方向发展，推动构建人类命运共同体。上海合作组织阿斯塔纳峰会是承前启后的一次重要会议，首次扩员既标志着本组织在国际上影响力的提高，也标志着上海合作组织的发展进入了一个崭新阶段，不仅是体量上的变化，而且有实力上的增强。

6月10日至9月10日，哈萨克斯坦首都阿斯塔纳举办了主题为"未来的能源"的专项世界博览会，该项活动第一次在独联体国家举办，20个国家的元首和政府首脑专程来阿斯塔纳出席世界博览会活动，115个国家和22个国际组织参展。阿斯塔纳专项世界博览会设置了三个副主题，分别为"减少二氧化碳排放量""日常能源的效率""能源，为了全人类"。园区规划总面积超过100公顷，其中场馆面积为25公顷，共接待参观人次400万左右。哈萨克斯坦总统纳扎尔巴耶夫在闭幕式上说："阿斯塔纳专项世界博览会共举办了6000多场活动，哈萨克斯坦作为欧亚地区持续发展国家的形象进一步提升，世界对哈萨克斯坦丰富的独特文化有了进一步了解。本届世界博览会已成为能源领域先进思想和技术桥梁的象征。"①

9月17日，土库曼斯坦在首都阿什哈巴德成功举办第五届亚洲室内与

---

① Н. Назарбаев объявил о закрытии EXPO 2017 в Астане，http：//24.kz/ru/news/top‐news/item/195775‐prezident‐rk‐prinyal‐uchastie‐v‐tseremonii‐zakrytiya‐expo‐2017.

武道运动会开幕式。亚奥理事会主席艾哈迈德亲王、亚美尼亚总统萨尔基相、阿富汗总统加尼、哈萨克斯坦总统纳扎尔巴耶夫、摩尔多瓦总统多东、乌兹别克斯坦总统米尔济约耶夫、塔吉克斯坦总统拉赫蒙、俄罗斯联邦委员会主席马特维延科、独联体执委会主席列别杰夫,以及20多个国家的副总理或部级官员出席开幕式。亚洲室内与武道运动会首次在中亚国家举行,土库曼斯坦政府对此高度重视。大洋洲首次派团参加,亚洲和大洋洲65个国家和地区的6000多名运动员参加了21个大项的比赛,这是自亚洲室内与武道运动会举办以来参赛国家最多、规模最大的一届运动会。① 9月27日,艾哈迈德亲王在闭幕式上代表亚奥理事会讲话时表示,这是亚洲室内与武道运动会举办以来水平最高、最精彩的一届运动会,将被载入史册并铭记在每个人记忆中。本届运动会的成功举办表明,土库曼斯坦完全有能力举办更大规模的国际体育赛事。②

(二)务实的大国平衡外交内容不断充实

自独立以来,中亚国家一直重视发展与中国、俄罗斯和美国三个世界大国的关系,发展与俄罗斯的关系是中亚国家大国外交的重中之重。在务实的大国平衡外交框架内,2017年中亚国家与上述三个世界大国的关系都有新的进展。

1. 与俄罗斯关系继续巩固发展

在与大国关系中,俄罗斯仍然是中亚国家最为重视的,一方面,中亚国家与俄罗斯有着千丝万缕的联系;另一方面,俄罗斯一直视中亚地区为自己的战略后方,在军事安全、政治、经济等领域与中亚国家保持密切关系。2017年,中亚国家与俄罗斯关系继续巩固发展,这主要表现在以下几方面。

---

① В столице Туркменистана прошла торжественная церемония открытия V Азиатских игр в закрытых помещениях и по боевым искусствам, http://www.turkmenistan.ru/ru/articles/42877.html.

② В столице Туркменистана состоялась церемония закрытия Азиады – 2017, http://www.turkmenistan.ru/ru/articles/42914.html.

第一，中亚国家与俄罗斯在双边和多边层面的政治交往密切。2月27~28日，俄罗斯总统普京访问了哈萨克斯坦、塔吉克斯坦和吉尔吉斯斯坦三个集体安全条约组织成员国，与三国领导人就双边关系、地区形势和有关国际问题举行了会谈，取得众多成果。普京中亚三国之行的背景是庆祝双方建交25周年，但是对三国访问的侧重点不同。哈萨克斯坦是中亚地区实力最强的国家，在国际舞台上与俄罗斯密切配合，在哈举行了两轮有关叙利亚问题的"阿斯塔纳和谈进程"。普京与纳扎尔巴耶夫会晤时高度评价哈萨克斯坦为推动解决叙利亚问题所做出的贡献，表示"阿斯塔纳和谈进程"为各方提供了重要的对话平台，并达成建立停火监督机制等重要成果，为日内瓦和谈创造了有利条件。① 普京访问塔吉克斯坦时侧重于讨论安全合作，特别是要守护好俄南大门——塔阿边界，防止恐怖分子越过这条边界流窜到俄罗斯。普京与拉赫蒙总统会晤时表示，俄塔双方对阿富汗境内的"伊斯兰国"等恐怖势力扩散和贩毒、跨国有组织犯罪快速增长表示担忧，双方已达成共识，俄将使用在塔军事基地，协助塔方加强塔阿边境管控。普京访问吉尔吉斯斯坦时重点关注吉国内局势。10月，吉将举行议会制以来首次正常选举，吉各派力量围绕大选的角力逐步展开，俄的支持对吉大选顺利举行具有特殊意义。普京与阿坦巴耶夫总统会晤时表示，俄重视后苏联空间的稳定，不干涉别国内政，认为任何国家的政权更迭均应遵照本国宪法进行。② 10月2~3日，普京访问土库曼斯坦，与别尔德穆哈梅多夫总统举行会谈并签署了《俄罗斯联邦与土库曼斯坦联合声明》《俄罗斯联邦与土库曼斯坦关于战略合作伙伴关系的条约》等20多份文件。双方重点讨论了两国经贸合作问题，指出双方在经贸领域合作的优先方向是工业、能源、农工综合体、高新技术和服务领域，并表示要继续加强双方在教育、科学、应用研究、文化、

---

① Президенты Казахстана и России обсудили вопросы евразийской интеграции，http：//www. inform. kz/ru/prezidenty - kazahstana - i - rossii - obsudili - voprosy - evraziyskoy - integracii_a3003407.

② Что ищет Путин в Центральной Азии？http：//rus. azattyk. org/a/28337585. html.

创意交流等传统人文领域的合作,这些合作具有特殊意义。① 一年中,中亚国家领导人也相继访问俄罗斯,并出席在俄举行的独联体集体安全条约组织会议、欧亚经济联盟会议等,乌兹别克斯坦总统米尔济约耶夫、吉尔吉斯斯坦前总统阿坦巴耶夫和现任总统热恩别科夫都对俄进行了访问。

第二,俄罗斯是中亚国家的重要贸易伙伴。2017年,随着俄罗斯经济回暖,中亚国家经济普遍上涨,尽管各国经济增幅不同,有的甚至比上一年增幅有所下降,但与俄罗斯的经贸合作均占有重要地位。此外,中亚国家来自俄罗斯的侨汇大幅增加。据俄罗斯中央银行公布的数据,1~9月,塔吉克斯坦来自俄罗斯的侨汇为16.63亿美元,同比增加16%,其中,71.6%为俄罗斯卢布,28.2%为美元,其余为欧元。这一时期,乌兹别克斯坦来自俄罗斯的侨汇为26.36亿美元,吉尔吉斯斯坦为15.76亿美元,哈萨克斯坦为5.25亿美元。

第三,俄罗斯是中亚国家的重要安全保障。维护中亚国家的安全稳定符合俄罗斯的国家利益。目前,俄罗斯在中亚的塔吉克斯坦和吉尔吉斯斯坦设有军事基地。3月27日至3月30日,在塔吉克斯坦靠近阿富汗的边境地区举行了俄塔联合军演,塔方军队参加的人数超过4000人,俄驻塔201基地的部队约2000人参加了演习。哈萨克斯坦、吉尔吉斯斯坦和塔吉克斯坦是俄主导的集体安全条约组织成员国,每年在集体安全条约组织框架内都会举行反恐军事演习。10月19日,集体安全条约组织成员国维和部队在哈萨克斯坦举行了名为"牢不可破兄弟情谊-2017"演习,此次演习共投入1500名军人,动用近200台各种装备,包括无人机在内的25架飞行器。

2. 与美国关系相对平淡

2017年中亚国家与美国关系处于一个"间歇期"。美国总统特朗普执政后提出"美国优先"政策,对中亚国家的关注度相对降低,但8月21日,特朗普发表关于阿富汗政策的电视讲话时表示,为避免从阿富汗迅速撤军所

---

① Президенты Туркменистана и России провели переговоры в Ашхабаде, http://www.turkmenistan.ru/ru/articles/42925.html.

带来的"可预测和不可接受的结果",美国将向阿富汗增兵4000人。这看似自相矛盾的政策,表明美国不会撤出这一地区。2017年底,美国向中亚国家领导人发出邀请,哈萨克斯坦总统纳扎尔巴耶夫和乌兹别克斯坦总统米尔济约耶夫将于2018年访问美国。2017年中亚国家与美国关系主要表现在政治和社会安全领域。美国负责南亚和中亚事务的副助理国务卿罗森布鲁姆10月5日接受哈萨克斯坦媒体采访时表示,美国国际发展署对中亚国家援助的预算草案,已从2016年的2.181亿美元缩减为2018年的0.931亿美元。他强调,美国没有参与在中亚地区的"大国博弈",但美国在中亚地区拥有经济和军事杠杆。鉴于中国和俄罗斯在中亚地区的投资优势,美国不会与中国开展投资竞争。尽管美国视中亚地区为美国对外政策的重要部分,但由于地理上相距较远,美国不会将中亚地区作为其外交政策的优先方向。美国认为,中亚国家依靠自己的力量维护国家稳定,符合美国的利益。① 美国负责南亚和中亚事务副助理国务卿罗森布鲁姆2月25日访问乌兹别克斯坦,5月2~3日访问塔吉克斯坦。2月1日,在塔什干举行了美国与乌兹别克斯坦贸易促进会例行会议。3月27日至4月7日,美军中央司令部和塔政府军在杜尚别附近举行联合军事演习,美军150人和塔军100人参加了此次名为"打击跨境恐怖主义"的军事演习。7月初,哈萨克斯坦国防部新闻局表示,哈萨克斯坦和美国防务部门代表间的磋商在华盛顿举行,双方签署了有关哈萨克斯坦与美国2018~2022年的军事合作计划,确定了未来5年的合作领域。9月27日,乌兹别克斯坦与美国签署了铀矿出售合同,乌兹别克斯坦将在7年间向美提供价值3亿美元的铀矿。据乌统计部门数据,乌的铀矿储量和开采量位居世界前十位,居独联体国家第二位。据国际原子能机构统计,乌兹别克斯坦的铀矿总储量为13.7万~18.5万吨,居世界第七位,可开采量为9.6万吨,占全球2%,居世界第五位,主要矿区位于纳沃伊州。由于乌没有核工业,因此全部铀矿用于出口,从1992年开始向

---

① Узбекистан—единственный в регионе, кому не грозит остаться без денег США?https://regnum.ru/news/2330587.html.

美国出口。

3. 与中国关系再上新台阶

在构建"一带一路"进程中，中亚国家与中国在各领域的友好合作关系不断发展。

第一，双方领导人继续保持密切交往，政治互信不断加深。1月6日，吉尔吉斯斯坦总统阿坦巴耶夫对中国进行正式访问，与中国国家主席习近平举行了会晤，就双边关系及共同关注的国际和地区问题交换了意见。5月14~15日，首届"一带一路"国际合作高峰论坛在北京举行，哈萨克斯坦总统纳扎尔巴耶夫、乌兹别克斯坦总统米尔济约耶夫和吉尔吉斯斯坦总统阿坦巴耶夫应邀出席。出席"一带一路"国际合作高峰论坛之前，米尔济约耶夫总统对中国进行了首次国事访问，双方签署了总价值为220亿美元的105份文件。6月7~10日，中国国家主席习近平访问哈萨克斯坦，出席上海合作组织元首理事会第十七次会议和阿斯塔纳专项世界博览会开幕式。访问期间，习近平主席与纳扎尔巴耶夫总统举行了会谈，两国元首签署了《中华人民共和国和哈萨克斯坦共和国联合声明》，并见证了经贸、金融、基础设施建设、水利、质检、税务、人文等领域多项双边合作文件的签署。8月30日至9月5日，塔吉克斯坦总统拉赫蒙对中国进行国事访问并出席了在厦门举行的新兴市场国家与发展中国家对话会。访问期间，两国元首签署了《中华人民共和国和塔吉克斯坦共和国关于建立全面战略伙伴关系的联合声明》，见证了基础设施建设、能源开发、科学技术、农业合作、人力资源开发、新闻界交流等领域多个文件的签署。

第二，务实合作不断深化。根据2017年上半年统计数据，中国是吉尔吉斯斯坦、塔吉克斯坦和土库曼斯坦第一大贸易伙伴，是中亚国家的主要投资国。在"一带一路"建设框架内，中国与中亚国家务实合作全面展开。中国与哈萨克斯坦产能合作持续推进，双方建立了常态化的合作机制，举行了12次政府间对话，成立了总额为20亿美元的中哈产能合作基金，设立了一期150亿美元的中哈产能合作专项贷款。51个产能合作项目清单中有一批项目已经竣工投产，如阿克托盖铜选矿厂、巴甫洛达尔电解铝厂、里海沥青厂、梅纳拉尔水泥厂等。还有一些项目正在积极建设当中，包括阿特劳炼油厂石油深加工项目、阿拉木图钢化玻璃厂、10万吨大口径螺旋焊钢管等项目，这些项目建成后将填补哈萨克斯坦在电解铝、铜采选、高端油品、特种水泥等行业上的空白。中国与中亚国家合作建设工业园区已取得积极成效，中国与乌兹别克斯坦合作建设鹏盛工业园区，园区已入驻10家企业，现有员工约1500人，主要产品有瓷砖、皮革、鞋、水龙头阀门及卫浴用品和宠物食品等。2017年1月6日，吉尔吉斯斯坦经济部与中国河南贵友实业集团开发的吉"亚洲之星"农业产业合作区签署合作备忘录。贵友实业集团于2011年开始投资开发这个位于吉尔吉斯斯坦北部楚河州伊斯克拉镇的废弃企业园，建立"亚洲之星"农业产业合作区，发展种植、养殖、屠宰加工、食品深加工等产业，目前已有8家中国企业入驻。与此同时，中国在中亚地区投资建设一系列基础设施，大大改善了中亚国家交通基础设施领域落后的面貌。

第三，安全合作不断深化。在国际反恐形势日趋复杂的情况下，中国与中亚国家面临共同的安全威胁，安全领域合作一直是双方合作的重要内容之一。双方在反恐形势研判、线索核查、情报共享、反恐能力建设、反恐联合训练、人员培训方面开展积极有效的合作，共同应对安全挑战。

第四，人文合作日益扩大。近年来，随着双方合作的不断深入，对汉语人才的需求随之增加，"汉语热""中华文化热"在中亚国家蔚然成风。哈萨克斯坦各地共有5所孔子学院和7个孔子课堂开展汉语教学工作，数量为中亚之最。现有1.4万名哈籍留学生在华留学深造，赴哈学习的中国留学生已有1300多人。吉尔吉斯斯坦有4所孔子学院和12个孔子课堂。乌兹别克斯坦有2所孔子学院，已培养了3000多名懂汉语的人才。中国与乌兹别克斯坦双方共同举办的"东方韵律"国际音乐节、新年音乐会、"欢乐春节"等大型文化活动，已成为两国人文合作的知名品牌。塔吉克斯坦有2所孔子学院。土库曼斯坦虽然没有设立孔子学院，但有4所大学开设了汉语课。此外，中国和中亚国家在国际和地区事务中协作密切，双方在双边和多边框架内保持密切沟通与配合，捍卫共同的战略、安全和发展利益，有力维护了发展中国家的共同利益。

（三）中亚国家之间关系积极发展

在乌兹别克斯坦、哈萨克斯坦两个中亚大国的推动下，2017年中亚国家间关系巩固发展，合作共谋发展的趋势明显。主要表现在以下几个方面。

一是高层互访推动国家间关系发展。3月23日，乌兹别克斯坦总统米尔济约耶夫访问哈萨克斯坦，与哈总统纳扎尔巴耶夫就两国战略伙伴关系的发展、双边经贸和投资合作、地区安全形势、跨境水资源分配等问题交换了意见，两国签署了《关于进一步深化两国战略合作伙伴关系及加强邻邦友好关系的联合宣言》《2017～2019年经济合作战略》，以及两国地区间合作协议、两国国防部军事合作协议等7份合作文件。2017年，米尔济约耶夫总统两次访问土库曼斯坦。3月6～7日，米尔济约耶夫对土库曼斯坦进行首次国事访问，两国元首举行会谈并签署了一系列合作文件，包括战略合作协议、2018～2020年经济合作协议、有关铁路合作的备忘录、2017～2019年文化合作政府间计划等。① 5月19～20日，乌兹别克斯坦总统米尔济约耶夫对土库曼斯坦进行工作访问，两国元首在里海之滨旅游胜地阿瓦扎举行会晤并签署了一系列政府间协议。10月5～6日，吉尔吉斯斯坦总统阿坦巴耶夫对乌兹别克斯坦进行国事访问。两国总统签署了《睦邻友好互信战略伙伴关系宣言》，以及经贸、安全等领域12份合作文件，两国领导人称宣言的签署是两国关系中"史无前例的重要历史进程"。11月2日，塔吉克斯坦总统拉赫蒙访问土库曼斯坦，两国元首签署了战略伙伴条约，土库曼斯坦成为继俄罗斯、中国、哈萨克斯坦之后塔吉克斯坦的第四个战略伙伴。双方还签署了13份文件，包括政府间合作协议，以及教育、经贸、农业、文化等领域的合作协议。

二是积极协商解决困扰双边关系的边界、水资源等地区难题。4月18日，土库曼斯坦总统别尔德穆哈梅多夫和哈萨克斯坦总统纳扎尔巴耶夫签署

---

① Президенты Туркменистана и Узбекистана провели переговоры в Ашхабаде, http://www.turkmenistan.ru/ru/articles/42426.html.

了两国划界协议,成为中亚地区中最先完成划界的国家。5月25日,吉尔吉斯斯坦副总理拉扎科夫表示,在与乌兹别克斯坦总长1379公里的边境争议地段中,两国已经就1054公里地段达成一致;与塔吉克斯坦有争议的970公里边境线中已就510公里地段达成一致。6月初,乌兹别克斯坦和塔吉克斯坦勘界划界工作组在杜尚别签署划界备忘录。乌塔边界线长1332.9公里,其中陆路边界线1228公里,界河105公里。两国边界线有60公里存在争议,最大争议点是锡尔河法尔哈水电站和水库。① 米尔济约耶夫总统对划界工作态度积极。9月5日,吉乌两国总统签署了划界文件,至此两国有争议的边界已划定了85%。两国总统表示要共同修建卡姆巴拉金水电站。②

三是进一步提升地区国家间经贸合作。3月底,乌兹别克斯坦总统米尔济约耶夫访问哈萨克斯坦期间,两国商业论坛在阿斯塔纳举行,乌哈两国的企业签署了总额达10亿美元的合同。4月19日,第一届乌兹别克斯坦和塔吉克斯坦商务论坛在杜尚别举行,两国企业家主要的议题是深化双边经贸合作。在论坛召开的同时,在杜尚别还举行了乌兹别克斯坦工业产品商品交易会,商品交易会上有1500多种来自乌兹别克斯坦的商品,有160家乌兹别克斯坦企业参加。10月18日,吉尔吉斯斯坦总理伊萨科夫访问哈萨克斯坦,与哈总理萨金塔耶夫讨论了有关边境、运输、动植物检验检疫、海关和关税行政管理等问题,双方决定建立第一副总理级工作组。

四 安全形势

与2016年相比,中亚国家安全形势相对稳定,没有发生大的恐怖事件,但也有值得关注的问题,如各国社会问题凸显、极端主义思潮继续蔓延、外部安全环境挑战上升。综观中亚国家独立以来的安全发展态势,主要表现为

---

① Таджикистан и Узбекистан подписали протокол о делимитации спорных участков общей госграницы, 02.06.2017, http://www.fergananews.com/news/26470.
② Атамбаев: Президенты Казахстана и Узбекистана согласны на возведение в Кыргызстане Камбаратинской ГЭС, 26.06.2017, http://www.fergananews.com/news/26557.

内部问题不断积累的风险与外部安全威胁相互交织,非传统安全问题复杂难解,只是某些时段表现得强烈,某些时段表现得相对稳定。为应对复杂的形势变化,中亚国家纷纷出台相关法律,采取必要措施,以维护国家的安全稳定。

2017年,中亚国家没有发生恐怖暴力事件,但是地区内安全难题依然存在,外部安全环境也更加复杂,威胁上升。

一是内部安全风险在积累。中亚国家发展不平衡问题突出,既有国家间发展不平衡问题,也有各国地区间发展不平衡问题。2017年9~10月,吉尔吉斯斯坦与哈萨克斯坦两国关系出现"裂痕",其中就有两国间经济发展不平衡的因素。吉尔吉斯斯坦时任总统阿坦巴耶夫就哈萨克斯坦领导人会见吉反对派总统候选人巴巴诺夫一事发表讲话时说:"哈萨克斯坦领导人曾说,阿拉木图市的国内生产总值是吉尔吉斯斯坦国内生产总值的5倍多,哈国内生产总值是吉国内生产总值的20多倍,人均国内生产总值是吉的10倍多。那为什么哈退休金只相当于我们的1.5倍,税收也比我们高5倍呢?"①中亚国家地区间发展不平衡问题长期存在,尤其是在经济相对落后的吉尔吉斯斯坦和塔吉克斯坦,农村和一些偏远地区与城市间的发展差距很大,贫困、失业、教育落后、居民普遍性的营养不良甚至饥饿等问题导致社会矛盾突出。农村有大量年轻人在俄罗斯、土耳其等国家打工,又产生了留守老人、妇女和儿童等问题。据世界银行预测,2017年吉尔吉斯斯坦贫困人口约占全国人口总数的31.7%,2018年将仅仅降至30.2%。

二是外部安全环境依然严峻。一方面,阿富汗局势日趋复杂,恐怖暴力事件此起彼伏,特别是在邻近乌兹别克斯坦、塔吉克斯坦和土库曼斯坦边界的阿富汗北部各省安全挑战突出,中亚国家的边界安全压力增大。与此同时,阿富汗毒品流入中亚或通过中亚进入俄罗斯和欧洲,严重威胁中亚国家的社会稳定。12月2日,在塔吉克斯坦与阿富汗边界的塔方一侧,塔边防

---

① Атамбаев: Я все равно проведу честные выборы, если только не погибну как Джумакадыров, http://www.kabar.kg/news/atambaev-ia-vse-ravno-provedu-chestno-vybory-esli-tol-ko-ne-pogibnu-kak-dzhumakadyrov/.

军与阿富汗毒品贩子交火，塔边防军一名指挥官牺牲、3名战士受伤，3名毒品贩子被击毙，其余的毒品贩子逃脱。共缴获4支卡拉什科夫自动步枪和33公斤毒品。① 另一方面，"伊斯兰国"等中东恐怖势力对中亚的安全挑战上升。2017年，"伊斯兰国"全线溃败，该组织中的中亚籍圣战分子参与了世界范围内多起恐怖袭击。4月3日，俄罗斯圣彼得堡地铁发生爆炸，造成大量人员伤亡，俄方确认发动袭击的嫌疑人为移民到俄罗斯的吉尔吉斯斯坦人贾利洛夫。4月7日，瑞典斯德哥尔摩市内一辆卡车冲撞人群，造成4人死亡，多人受伤。瑞典检方宣称袭击实施者为39岁的乌兹别克斯坦籍男子。10月31日，一辆卡车在美国纽约曼哈顿撞向人群，造成8人死亡、12人重伤，2名恐怖分子来自乌兹别克斯坦，分别是29岁的萨义波夫和32岁的卡季洛夫，2017年刚移居到美国。2017年下半年，一些中亚籍恐怖分子从中东进入阿富汗北部，与当地恐怖势力进行整合，未来中亚籍恐怖分子回流问题将对中亚安全构成较为严重的威胁。

三是极端思想蔓延。受到全球极端主义泛滥的影响，中亚国家的极端主义思潮在2017年继续产生深刻而普遍的影响，尤其是对青年的影响。中亚国家越来越多的青年追逐激进主义，形成中亚激进青年群体，进而接受中东恐怖组织的煽动洗脑，去中东参加圣战。中亚国家是"年轻国家"，有大量的青年人口，一些国家的青年人口甚至占全国人口的一半以上。11月7日，乌兹别克斯坦"社会意见"调查组织公布的一项调查数据表明："64.1%的受访者认为，2017年乌兹别克斯坦面临的最主要威胁是宗教极端主义，而且在东部的纳曼干州和费尔干纳州这一数据高达86.7%和78.7%。"② 因此，青年的教育问题一直是各国关注的重点问题。

---

① Центр общественных связей Государственного комитета национальной безопасности Республики Таджикистан сообщает, http://khovar.tj/rus/2017/12/tsentr-obshhestvennyh-svyazej-gosudarstvennogo-komiteta-natsionalnoj-bezopasnosti-respubliki-tadzhikistan-soobshhaet/.

② Свыше 60% узбекистанцев считают экстремизм основной угрозой для страны, https://ia-centr.ru/publications/svyshe-60-uzbekistan.

中亚黄皮书

结　语

　　中亚地区有三个明显标签：一是特殊的地理位置，与中国和俄罗斯两个世界大国接壤；二是拥有丰富的能源资源，包括石油、天然气、水利资源；三是处在世界不稳定弧带，与战乱频发的阿富汗接壤。独立以来，尽管中亚地区发生过内战、政治动荡、社会冲突、恐怖袭击，但没有出现过类似伊拉克的乱局，也没有像阿富汗那样陷入长期恐怖威胁之中。主要原因是中亚国家一直在努力探索符合本国国情的发展道路，中国和俄罗斯坚定支持中亚国家人民的自主选择，也发挥了重要的稳定作用。上述因素为中亚国家形势稳定发展提供了良好的条件，在这样的背景下，2017年中亚国家继续保持稳定和发展成为必然。但展望未来，中亚国家仍面临诸多难题需要解决。一是稳定问题。国家的稳定首先是政权的稳定。尽管中亚国家政治体制发生分化，存在总统制和议会制两种政体，但是总统仍是国家稳定的"关键核心"。2017年吉尔吉斯斯坦总统大选前，国内各派角逐总统宝座的斗争几乎达到了白热化程度，表明总统在吉尔吉斯斯坦政治生态中具有不可替代的作用。2017年11月7日，乌兹别克斯坦"社会意见"调查机构发布的调查数据显示："92.6%的受访者认为，总统是国家和平与稳定的主要保障者。"[①] 二是发展问题。中亚国家经济具有强烈的依赖性，主要靠原材料出口，不改变这一结构，中亚国家经济就缺乏独立性，社会矛盾与安全挑战也会越来越严重。为此，中亚国家积极制定和落实国家发展战略，均把民生问题列为其中的重点。三是安全问题。尽管2017年中亚国家没有发生大的恐怖事件，但在国际恐怖主义形势日趋复杂的情况下，中亚国家未来将面临严峻的挑战，以中亚国家为回流目标的"伊斯兰国"中亚籍恐怖分子在阿富汗北

---

① Свыше 60% узбекистанцев считают экстремизм основной угрозой для страны, https://ia-centr.ru/publications/svyshe-60-uzbekistan.

部不断增多,他们与国际恐怖势力整合重组,威胁中亚国家边境安全。地区形势的新变化要求中亚国家更加重视经济发展、民生幸福、稳定安全,中亚五国在2017年采取的一系列内外举措展现出谋发展、促合作的积极态势,推动地区内外的多边合作,这种合作的意愿与行动将对中亚地区的发展与稳定起到重要作用。

地区形势

Regional Situation

Y.2
经济指数总体向好：中亚国家的宏观经济形势

张文中 孙 钰*

摘 要： 2017年中亚国家经济整体向好，突出表现为国家的全球经济竞争力保持在合理水平，经济自由化程度有所提高，营商环境有所改善。与2016年相比中亚各国经济增长持续好转，仍然超过世界平均水平，对外贸易继续保持扩大趋势，区域内交流合作明显，中亚经济一体化认同感增强。从国别来看，哈萨克斯坦仍然是中亚经济规模最大的国家，在经济竞争力、自由化程度、营商环境和吸引外资上都处于领先地位，但经济增长却慢于其他四国。乌兹别克斯坦、土库曼斯坦虽然在

---

* 张文中，教授，博士生导师，新疆财经大学中亚经贸研究院研究员，研究方向为中亚国家经济；孙钰，在读博士，新疆财经大学中亚经贸研究院兼职研究员，研究方向为中亚国家经济。

自由化和营商环境上表现不佳，却拥有较高的经济增长率。展望2018年，中亚国家经济增长率依然会保持高于世界平均水平的状态，但也面临潜在的风险。

关键词： 国家经济竞争力　经济自由化　营商环境　中亚国别经济展望

2017年，中亚各国整体经济实力普遍上升，国内生产总值增幅高于世界平均水平，对外贸易和投资持续增长。国际竞争力、经济自由度和营商环境多有改善，前期政策效果逐步显现，区域内合作交流明显增强，必将为2018年打下良好的基础。

一　2017年中亚五国总体经济特征

（一）国别竞争力

世界经济论坛每年发布全球经济竞争力报告，用基础条件、效能提升和创新成熟度3个层面的12项指标（制度、基础设施、宏观经济环境、健康和初等教育、高等教育和培训、商品市场效率、劳动力市场效率、金融市场发展、技术准备、市场规模、商业复杂性和创新）来衡量全球137个经济体的竞争力。以全球竞争力指数（The Global Competitiveness Index）进行公布，总分值根据12个指标按一定权重综合计算，总分值最高为7分，最低为1分。表1是世界经济论坛发布的2017~2018年全球经济竞争力报告中中亚国家的排名情况（乌兹别克斯坦和土库曼斯坦未参加排名）。

从表1中可以看出，参加排名的中亚三个国家分值都超过中位数，其竞争力与最好水平的差距不是很大。但这些国家也存在影响竞争力的负面因素，其中哈萨克斯坦存在的最大问题是融资可得性（14.5分）、腐败（13.8

分)、受教育的劳动力不足(11.9分);吉尔吉斯斯坦排在前三位的最大问题是腐败(22.4分)、政策变化(11.2分)、政府更迭(10.2分);塔吉克斯坦则在税率(15.2分)、通货膨胀(13.9分)、税收管制(13.7分)、融资门槛(13.4分)、外汇管制(12.1分)五个方面的问题最多。①

表1 2017~2018中亚国家全球竞争力排名

国家	排名	分值	与最好的距离变化(%)
哈萨克斯坦	57	4.3	25.74
吉尔吉斯斯坦	79	4.1	29.40
塔吉克斯坦	102	3.9	33.48
乌兹别克斯坦	—	—	—
土库曼斯坦	—	—	—

资料来源:根据世界经济论坛《2017~2018年全球竞争力报告》制作。

(二)经济自由度

美国传统基金会每年定期发布全球不同地区经济自由度指数,分别从法律规则、政府规模、管制效率和开放程度4个方面12个指标(每个方面观察3个二级指标)按国家进行评估并按全球和地区排名,在此基础上计算地区经济自由度指数。不同的是,美国传统基金会将中亚国家归为亚太地区,而世界银行通常将其与欧洲合为一个区域。按美国传统基金会的观点,经济自由化关系到经济发展和人民福利,经济自由化程度与国家竞争力和经济增长呈正相关。2017年经济自由度指数排名覆盖了186个国家,中亚国家经济自由度指数见表2。

从表2中可以看出,哈萨克斯坦仍然是中亚经济最自由的国家,乌兹别克斯坦和土库曼斯坦的经济最不自由,突出表现在投资和金融自由化程度低,反映了资本账户对外开放程度差,管制较多,对外资吸引力不高。其他

---

① http://reports.weforum.org/global-competitiveness-index-2017-2018/how-to-read-the-economy-profiles/.

表2 2017年中亚国家经济自由度指数*

单位：分值

	哈萨克斯坦	吉尔吉斯斯坦	塔吉克斯坦	乌兹别克斯坦	土库曼斯坦
世界排名（位）	42	89	109	148	170
亚太排名（位）	11	19	23	36	41
总分值	69.0	61.1	58.2	52.3	47.4
较上年变化（%）	5.4	1.5	6.9	6.3	5.5
产权	56.1	50.9	45.5	48.0	32.4
司法效力	56.5	17.2	45.6	41.9	5.0
政府廉洁	38.0	30.3	32.7	27.5	29.6
税务负担	93.3	93.7	90.9	90.7	95.3
政府开支	85.7	55.2	74.1	66.2	92.3
财政健康	98.9	78.9	95.8	99.8	98.9
企业自由度	74.5	73.7	65.6	64.8	30.0
劳动力自由度	82.5	79.8	49.2	50.4	20.0
货币自由度	73.9	68.5	69.8	61.1	74.8
贸易自由度	78.5	75.3	73.9	66.8	80.0
投资自由度	40.0	60.0	25.0	0	0
金融自由度	50.0	50.0	30.0	10.0	10.0

资料来源：根据美国传统基金会发布的《2017年全球经济自由度指数》制作，https：//www.heritage.org/international - economies/report/2017 - index - economic - freedom - trade - and - prosperity - risk。

中亚国家也不同程度地存在类似问题。另外，中亚五国在产权、司法效率和政府廉洁3个子指标上分值都相对较低，反映了法律规则的约束力和公正性不强，腐败较严重。但总体来说，2017年中亚五国经济自由化程度较2016年都有所改进，其中在税务负担和财政健康方面都有较好的表现。

（三）营商环境

世界银行一直都在发布世界190个国家的营商环境报告，一般选取开办企业、办理施工许可证、获得电力、登记财产、获得信贷、保护少数投资者、纳税、跨境贸易、执行合同、办理破产10个指标，从成本、时间、可获得性、便利程度、手续繁杂等方面进行评估，采用前沿距离分数（DTF）显示每个经济体与"前沿水平"的距离，经济体与"前沿水平"的距离反映在0~100的区间里,其中0代表最差表现,100代表"前沿水平"。营商便利度排名范围为1~190[①]。2017年中亚国家除土库曼斯坦数据不可得外,其他四国总体营商环境和具体项目排名如表3。

表3 中亚国家营商环境总体排名

国家	2018年排名	2018年与前沿距离分数	2017年与前沿距离分数	前沿距离分数变化（百分点）
哈萨克斯坦	36	75.44	74.38	1.06
吉尔吉斯斯坦	77	65.70	65.16	0.54
塔吉克斯坦	74	66.33	61.87	4.46
乌兹别克斯坦	74	66.33	61.87	4.46
土库曼斯坦	—	—	—	—

资料来源：根据世界银行《Doing Business 2018》制作。

总体来看，除土库曼斯坦外，中亚国家营商环境都超过了前沿距离中位数（50）以上，且与2017年相比，2018年持续向好，哈萨克斯坦继续引领中亚营商环境，其中，塔吉克斯坦、乌兹别克斯坦有明显改进。下面再从10个具体指标排名看中亚国家的营商环境（见表4~表7）。

表4 营商环境具体指标排名——哈萨克斯坦

项目	2018年排名	2018年与前沿距离分数	2017年与前沿距离分数	前沿距离分数变化（百分点）
开办企业	41	91.95	91.94	0.01
办理施工许可证	52	73.30	73.61	-0.31
获得电力	70	76.77	73.64	3.13
登记财产	17	84.61	83.78	0.83
获得信贷	77	55.00	55.00	..
保护少数投资者	1	85.00	78.33	6.67
纳税	50	79.47	79.48	-0.01
跨境贸易	123	63.19	63.19	..
执行合同	6	77.55	75.70	1.85
办理破产	39	67.52	69.17	-1.65

资料来源：根据世界银行《Doing Business 2018》制作。

---

① 世界银行《Doing Business 2018》，http：//chinese.doingbusiness.org/rankings。

表 5　营商环境具体指标排名——吉尔吉斯斯坦

项目	2018 年排名	2018 年与前沿距离分数	2017 年与前沿距离分数	前沿距离分数变化（百分点）
开办企业	29	92.94	92.92	0.02
办理施工许可证	31	76.85	76.74	0.11
获得电力	164	44.19	44.05	0.14
登记财产	8	90.21	90.60	-0.39
获得信贷	29	75.00	70.00	5.00
保护少数投资者	51	61.67	61.67	..
纳税	151	56.55	56.55	..
跨境贸易	84	73.34	73.34	..
执行合同	139	48.57	48.57	..
办理破产	119	37.67	37.21	0.46

资料来源：根据世界银行《Doing Business 2018》制作。

表 6　营商环境具体指标排名——塔吉克斯坦

项目	2018 年排名	2018 年与前沿距离分数	2017 年与前沿距离分数	前沿距离分数变化（百分点）
开办企业	11	95.54	93.93	1.61
办理施工许可证	135	61.26	54.88	6.38
获得电力	27	85.50	71.81	13.69
登记财产	73	66.34	66.23	0.11
获得信贷	55	65.00	65.00	..
保护少数投资者	62	58.33	55.00	3.33
纳税	78	74.78	54.04	20.74
跨境贸易	168	44.31	44.31	..
执行合同	39	67.26	67.26	..
办理破产	87	45.00	46.29	-1.29

资料来源：根据世界银行《Doing Business 2018》制作。

表 7　营商环境具体指标排名——乌兹别克斯坦

项目	2018 年排名	2018 年与前沿距离分数	2017 年与前沿距离分数	前沿距离分数变化（百分点）
开办企业	11	95.54	93.93	1.61
办理施工许可证	135	61.26	54.88	6.38
获得电力	27	85.50	71.81	13.69
登记财产	73	66.34	66.23	0.11

续表

项目	2018年排名	2018年与前沿距离分数	2017年与前沿距离分数	前沿距离分数变化（百分点）
获得信贷	55	65.00	65.00	..
保护少数投资者	62	58.33	55.00	3.33
纳税	78	74.78	54.04	20.74
跨境贸易	168	44.31	44.31	..
执行合同	39	67.26	67.26	..
办理破产	87	45.00	46.29	-1.29

资料来源：根据世界银行《Doing Business 2018》制作。

从表4、表5、表6、表7的数据中可以看出，哈萨克斯坦在保护少数投资者、执行合同和获得电力上有些许改进，办理施工许可证、纳税、办理破产3个指标稍有恶化。吉尔吉斯斯坦除在获得信贷方面有较大改进外，其他方面变化不大。塔吉克斯坦、乌兹别克斯坦则在纳税、获得电力、办理施工许可证和保护少数投资者方面改进明显。

二 贸易特征与直接投资

（一）贸易特征

联合国贸发会议开发了一些贸易指数，用来持续性地判断国际贸易的特征，如商品互补性指数、贸易集中度指数、贸易多样性指数和开放度指数。由于数据原因，我们选择贸易集中度指数和贸易多样性指数对中亚国家整体贸易特点进行判断，只有这两个指标数据截至2016年。

1. 中亚五国贸易集中度

商品贸易集中度指数①（又称 Herfindahl - Hirschmann 指数）反映一国或地区进出口市场（出口目的地）的集中程度，其数值在0~1的范围。数

---

① 该指数的计算公式详见联合国贸易统计手册，文章中不再列示。

值越接近于1，表明市场越集中，说明越依赖少数特定市场。反之，数值越接近于0，表明市场越多元分散。该指数计算时只包括价值在10万美元以上，或出口额（进口额）占一国出口总额（进口总额）0.3%以上的商品。表8和表9分别列出2012~2016年中亚五国出口和进口贸易的集中度指数。

表8 中亚五国出口集中度指数

国家/年份	2012	2013	2014	2015	2016
哈萨克斯坦	0.592343	0.658318	0.656671	0.562758	0.505532
吉尔吉斯斯坦	0.267811	0.403374	0.435709	0.439129	0.315958
塔吉克斯坦	0.500687	0.487355	0.350428	0.361416	0.348728
土库曼斯坦	0.771576	0.755584	0.761749	0.771529	0.722375
乌兹别克斯坦	0.254736	0.281027	0.275001	0.309881	0.385899

资料来源：根据联合国贸易统计数据制作。

从表8来看，若对中亚五国做横向比较，只有土库曼斯坦的数值超过0.7，说明其严重依赖特定出口市场（出口天然气到中国），其他国家出口市场似乎相对分散。但按照世界平均水平看，即使指数相对较低的吉尔吉斯斯坦也超出世界平均水平2.5倍以上，其他几国均属于严重依赖特定出口市场。

表9 中亚五国进口集中度指数

国家/年份	2012	2013	2014	2015	2016
哈萨克斯坦	0.066123	0.070633	0.059556	0.054545	0.047279
吉尔吉斯斯坦	0.164732	0.164994	0.148631	0.132456	0.094319
塔吉克斯坦	0.080521	0.073847	0.077802	0.072049	0.065241
土库曼斯坦	0.104594	0.085235	0.088968	0.085152	0.083303
乌兹别克斯坦	0.083575	0.080801	0.071876	0.069427	0.066275

资料来源：根据联合国贸易统计数据制作。

从表9来看，中亚五国整体进口指数远低于出口集中度指数，说明在进口方面，中亚国家商品来源国较分散。但吉尔吉斯斯坦和土库曼斯坦的进口集中度指数相对高于其他三个国家。从近5年的数据推测，2017年上述指数不会有大的变化。

2. 中亚五国贸易的多样性

另一个反映贸易商品集中度的指数为多样性指数①，可以揭示一国贸易的商品结构与世界平均水平的差异程度，同时也能反映国家之间的贸易相似性。其数值范围为0～1，指数越接近于1，说明该国与世界平均水平的差距越大，越依赖少数几种商品，贸易多样性较差。表10和表11从进出口商品多样性角度反映中亚五国的情形。

表10　中亚五国出口多样性指数

国家/年份	2012	2013	2014	2015	2016
哈萨克斯坦	0.737239	0.745709	0.748458	0.789877	0.799904
吉尔吉斯斯坦	0.604133	0.656546	0.699077	0.656972	0.636725
塔吉克斯坦	0.858247	0.832192	0.797625	0.81999	0.793205
土库曼斯坦	0.802659	0.80988	0.815452	0.85499	0.846331
乌兹别克斯坦	0.750072	0.725275	0.724694	0.767066	0.783499

资料来源：根据联合国贸易统计数据制作。

中亚五国所在的转轨国家组和独联体国家的平均出口多样性指数是发达国家的3倍以上，也明显高于发展中国家，说明其出口商品的多样化不足。而中亚五国出口多样性指数更高，年平均达到发达国家的4倍以上，表明中亚五国贸易都过于依赖少数产品，且五国出口商品结构相似度较高，存在国家间的贸易竞争。其中，塔吉克斯坦和土库曼斯坦的情况尤为严重，哈萨克斯坦、乌兹别克斯坦的出口多样性指数呈现上升趋势，反映其对少数商品的出口依赖性有所加强，这未与国内经济多元化战略形成匹配效应。

---

① 该指数的计算公式详见联合国贸易统计手册，文章中不再列示。

表11　中亚五国进口多样性指数

国家/年份	2012	2013	2014	2015	2016
哈萨克斯坦	0.352905	0.336564	0.367161	0.35738	0.34826
吉尔吉斯斯坦	0.487579	0.493273	0.472156	0.468877	0.457616
塔吉克斯坦	0.522991	0.499499	0.48406	0.479206	0.510576
土库曼斯坦	0.501722	0.519021	0.490609	0.465325	0.483797
乌兹别克斯坦	0.451476	0.427456	0.420258	0.418783	0.413691

资料来源：根据联合国贸易统计数据制作。

中亚国家进口商品的多样性指数明显好于出口情形，说明在进口上对某些商品的依赖程度要低于出口，但总体上来看，因工业化水平低，对一些进口商品的依赖仍高于世界平均水平。横向比较，哈萨克斯坦进口商品的多样性程度要好于其他四国。

综上所述，无论是贸易集中度指数还是贸易多样性指数，都反映出中亚国家存在较高的贸易依赖性（市场依赖和商品依赖），说明中亚五国的出口在整体上与世界各国的互补性不强。换句话讲，中亚国家难以提供满足其他国家进口需要的产品。这种状态在2018年不会有大的变化。

（二）直接投资

根据联合国贸易和发展会议发布的《2017年世界投资报告》，2015年，全球投资实现了强劲增长，但2016年，全球外国直接投资（FDI）流量增长势头不再。在疲软的经济增长和重大政策风险影响下，2016年全球FDI流量下降2%，降至1.75万亿美元。从处在不同发展阶段的经济体表现来看，发展中经济体FDI流量的下降尤其严重，降幅达14%，降至6460亿美元[1]。

根据联合国贸易和发展会议统计资料整理，2012~2016年中亚国家FDI流入和流出情况见表12、表13。

---

[1] http：//news.sina.com.cn/c/2017-09-20/doc-ifykynia8482130.shtml.

表12　2012~2016年中亚国家FDI流入情况

单位：百万美元

国家/年份	2012	2013	2014	2015	2016
哈萨克斯坦	13337.0	10321.0	8405.9	4012.1	9069.3
吉尔吉斯斯坦	292.7	626.1	248.0	1141.7	466.8
塔吉克斯坦	261.6	168.3	408.0	545.3	434.2
土库曼斯坦	3129.6	3527.8	3830.1	4397.7	4522.5
乌兹别克斯坦	563	628.9	631.8	65.4	66.5
合　计	17583.9	15272.1	13523.8	10162.2	14559.3

资料来源：根据联合国贸发会议FDI数据库制作。

表13　2012~2016年中亚国家FDI流出情况

单位：百万美元

国家/年份	2012	2013	2014	2015	2016
哈萨克斯坦	1481.1	2286.6	3814.8	888.9	-5367
吉尔吉斯斯坦	-0.264	-0.007	0.0467	-1.2358	0.0078
塔吉克斯坦	..	..	..	..	..
土库曼斯坦	..	..	..	..	..
乌兹别克斯坦	..	..	..	..	..
合　计	1480.8	2286.6	3814.8	887.7	-5366.99

资料来源：根据联合国贸发会议FDI数据库制作。

从数据中可以看出，中亚国家除哈萨克斯坦外基本没能力对外直接投资，在实际吸引投资方面，中亚国家表现出与《2017年世界投资报告（中文版）》得出的全球和发展中国家投资下降相反的趋势，即2015年中亚国家投资流入落入低谷，只有101.6亿美元，2016年却逆势而上达到145.59亿美元，其中，哈萨克斯坦吸引的外资占了中亚五国总量的62%，这与中国丝绸之路经济带建设有关。

据《2017年世界投资报告（中文版）》预测，全球外国直接投资将呈现温和复苏的势头，2017年前景审慎乐观。预计全球FDI流量在2017年增长5%，达1.8万亿美元。各主要区域经济实现增长、贸易增长回升以及跨国公司利润率提升,将推动全球FDI流动小幅增长。从表12的总体趋势看,2017年中亚国家吸引外国直接投资会继续增加。

三 2017年中亚五国国别经济形势

因全球经济形势好转、大宗商品价格回落,加之实施的宏观经济政策得当,2017年中亚五国的宏观经济形势继续趋向好转,表现为经济增速较高,国际收支状况改善,旅游业成为新的经济增长点,通货膨胀低于预期,固定资产投资规模继续扩大,虽外债规模增加,但总体可控。

(一)经济增速较高

2016年经济增速下滑趋势得到扭转,进入2017年后中亚五国保持了较高的经济增长率。

哈萨克斯坦2017年1~11月GDP增长了3.9%,其中工业生产同比增长7.3%,农业同比增长2.3%,进出口贸易同比增长25.1%[1]。2017年全年国内生产总值增长达4%,而工业生产总值增长达7%以上[2]。

2017年,吉尔吉斯斯坦继续成为经济增速最高的欧亚经济联盟成员国。2017年吉的经济增长率为3.8%,2017年1~11月该指标为4.5%,其中农业的增长率从2016年的3.0%下降至2.0%,占国内生产总值的13%;工业生产增长率从2016年的4.5%提高至11.5%,约占国内生产总值的18%;服务业占国内生产总值的近49%;建筑业占国内生产总值的8%[3]。

塔吉克斯坦国内生产总值连续4年保持较高速增长。2016年塔吉克斯坦的国内生产总值增速为6.1%,2014年和2015年增长分别为6.7%和6.0%。2017年,塔的国内生产总值增速在中亚五国中最高,达到了7%,为60亿美元,其中工业增长21.5%,农业增长7.25%,零售贸易增长

---

[1] http://kz.mofcom.gov.cn/article/jmxw/.
[2] 《纳扎尔巴耶夫总统国情咨文》,http://www.sohu.com/a/217257821_225824。
[3] http://www.stat.kg/media/expressinfo/387682e6-0864-4132-b87f-1098749063e5.pdf.

6.6%,有偿服务增长1.8%①。

受国际油气价格下跌的影响,从2015年起土库曼斯坦经济从长期的高速增长转为下滑,2015年增速为6.5%,2016年增速6.1%,2017年1~11月经济增长率恢复至6.5%,其中工业生产增长5.8%,建筑业增长1.4%,交通运输业增长10.9%,商贸增长9.6%,农业增长5.1%,服务业为-8.9%②。

统计数据显示,乌兹别克斯坦经济增长速度总体较为平稳,多年来国内生产总值增速一直保持在7%以上。2014年乌国内生产总值同比增长8.1%,2015年增长8%,2016年增长7.8%。2017年乌国内生产总值的增速低于预期,为5.3%。推动乌兹别克斯坦国内生产总值增长的主要因素是主要经济领域的产值增加,其中工业产值增长了4.1%(在增加值中所占比重为25%),农业、林业和渔业产值增长了3.5%(16.9%),运输和保管、信息和通信业增长了7.3%(13.1%),贸易、住宿餐饮服务产值增长了6.5%(11.6%),建筑业产值增长了5.3%(7.4%),其他服务行业增长了6%(26%)③。

(二)财政收支良好

财政赤字和公共债务占国民生产总值的比例是衡量国家宏观经济稳定的指标之一。国际公认的财政赤字和公共债务与国民生产总值的比例警戒线分别如下:财政赤字与国内生产总值的比例不超过3%;公共债务与国民生产总值的比例不超过60%。欧亚经济联盟根据国际警戒线标准确定的上述指标如下:国有部门年度财务预算赤字不超过国民生产总值的3%;国有部门的债务不超过国内生产总值的50%④。中亚五国中的哈萨克斯坦和吉尔吉斯斯坦为欧亚经济联盟成员国,受该组织财政纪律的约束,两国按照规定的指

---

① http://www.prezident.tj/ru/node/16772.
② http://www.minfin.gov.tm/ru/node/94.
③ https://stat.uz/uploads/docs/vnesh-torg-yan-dek-2017-ru.pdf.
④ 见《欧亚经济联盟条约》第三部分第十二节第63款。

标降低了财政赤字和公共债务。

2017年，哈萨克斯坦财政收入完成计划的102.2%，达71530亿坚戈，与2016年相比增长10.9%；支出计划完成99.8%，即111560亿坚戈，与2016年相比增长8%。"光明大道"框架下支出4723亿坚戈，用于：发展交通物流基础设施——1710亿坚戈；发展工业基础设施——1711亿坚戈；物业服务和住房建设——517亿坚戈；发展教育领域的基础设施——681亿坚戈；在与国际金融组织联合实施的项目中哈萨克斯坦份额——104亿坚戈①。

吉尔吉斯斯坦2017年继续实行刺激性的财税政策。2017年1~11月完成预算总收入1185.09亿索姆，支出1306.65多亿索姆，赤字121.56亿索姆。该期间吉预算支出的50.6%，即661.2亿索姆用于社会领域，与2016年同期相比增加27.049亿索姆②。

塔吉克斯坦2017年继续实行财政赤字政策，财政收入195.68614亿索姆尼，支出198.63163亿索姆尼，预算赤字2.94549亿索姆尼，占国内生产总值的0.5%。财政赤字靠发行国债和外债解决，其中国有资产私有化和使用所得2530万索姆尼，销售国库券收入9500万索姆尼，地方预算执行超额完成的部分有1032.1万索姆尼，国家预算存款利息和国际金融组织的贷款或者赠款1.63928亿索姆尼③。

土库曼斯坦2017年继续实行财政赤字政策，2017年78.9%的预算用于社会领域发展④。乌兹别克斯坦2016年国家预算盈余占GDP的0.1%，2017年财政预算赤字7.8亿美元，约占国内生产总值的1.2%⑤。

（三）通货膨胀压力依旧大

2017年，中亚五国尽管采取了遏制通货膨胀的各种措施，但除了哈萨

---

① http：//www.government.kz/ru/novosti/1013005 - meropriyatiya - po - realizatsii - poslaniya - budut - finansirovatsya - za - schet - svobodnykh - ostatkov - byudzheta - b - sultanov.html.
② http：//www.stat.kg/media/expressinfo/387682e6 - 0864 - 4132 - b87f - 1098749063e5.pdf.
③ http：//minfin.tj/index.php? do = static&page = Budgetniy_ proces_ 2017_ 2019.
④ http：//www.minfin.gov.tm/ru/node/94.
⑤ https：//stat.uz/uploads/docs/vnesh - torg - yan - dek - 2017 - ru.pdf.

克斯坦以外，其他国家依旧面临着通胀压力。

2017年是哈萨克斯坦近3年来通胀率最低的一年，为7.1%，而2015年和2016年该指标分别为8.5%和13.6%。2017年全国食品价格上涨幅度为6.5%，非食品商品涨幅8.9%，而有偿服务业的价格上涨5.9%[①]。

2017年1~12月，吉尔吉斯斯坦通胀率为3.7%，与2016年相比下降0.5%。其中烟草制品价格上涨24.1%，服务价格上涨6.9%，非食品价格上涨3.2%，食品和非酒精饮料价格上涨2.7%，酒精饮料价格则下降了2.7%[②]。

2017年1~10月，塔吉克斯坦消费价格上涨6.7%，所有的商品上涨5.5%，服务价格上涨9.3%。商品中食品价格上涨6.5%，非食品价格上涨3.3%[③]。

2007~2016年土库曼斯坦通货膨胀率低于经济增长率，近年来通胀压力虽增大，但仍低于经济增长率。2015年经济增速6.5%，通胀率5.97%，2016年经济增速6.2%，通胀率6.17%，2017年1~11月土商品和服务价格与2016年12月相比均有上升[④]。

乌兹别克斯坦2017年全年消费品通胀率达14.4%，这是由以下因素造成的：本币贬值和实施自由化改革导致通胀加速以及商品和服务价格普遍上涨；汽油价格上涨39.7%，进而间接影响其他商品和服务涨价（使生产和交通费用上涨），拉动通胀率上升0.5%；物业服务费上涨7.1%，拉动通胀率上升0.4%[⑤]。

（四）固定资产投资规模继续扩大

2017年，哈萨克斯坦固定资产投资总额达8.7493万亿坚戈，与2016

[①] http://www.inform.kz/cn/2017-7-1_a3112303.
[②] http://www.stat.kg/media/expressinfo/387682e6-0864-4132-b87f-1098749063e5.pdf.
[③] http://www.nbt.tj/upload/iblock/04e/october_2017.pdf.
[④] http://www.minfin.gov.tm/ru/node/94.
[⑤] https://stat.uz/uploads/docs/vnesh-torg-yan-dek-2017-ru.pdf.

年相比增长5.5%，投向的主要行业为采矿及采石业（占34%）、运输和仓储业（占14.1%）以及不动产交易①。

2017年，吉尔吉斯斯坦固定资产投资与上一年相比增长4.1%，72%的资产投向采矿设施建设，供水、电、气及运输服务和住房建设。

塔吉克斯坦2017年固定资产投资增长6%②。

土库曼斯坦经济增长在很大程度上是由固定资产投资拉动的，但增速不高。2017年1~6月，土库曼斯坦固定资产投资同比增长0.2%，达289.5亿马纳特，其中外国投资占比16.9%③。

乌兹别克斯坦2017年固定资产投资607192亿苏姆，与2016年相比增长7.1%，投向的部门包括矿业（20.4%）、住房建设（17.9%）、制造业（14.4%）、供电和输气（8.7%）、运输和仓储（8.7%）和其他部门（29.9%）。固定资产投资资金56%为吸引的资金，44%为企业和居民自有资金④。

（五）国际收支状况改善

哈萨克斯坦的国际收支平衡由石油价格的变化、石油出口和外国投资等因素决定。2017年1~12月，哈萨克斯坦外贸进出口总额为694.501亿美元，与2016年相比增长25.1%，其中出口430.652亿美元，与2016年相比增长31.6%；进口263.849亿美元，与2016年相比增长15.8%。2017年哈吸引外国直接投资260亿美元，2016年该指标为144亿美元。11月，国家黄金外汇储备量达884.41亿美元，环比减少0.2%。截至2017年12月1日，哈国家基金的资产有576亿美元，可以保证哈萨克斯坦全年9.1%的商

---

① http：//www.government.kz/ru/novosti/1013005 - meropriyatiya - po - realizatsii - poslaniya - budut - finansirovatsya - za - schet - svobodnykh - ostatkov - byudzheta - b - sultanov.html.
② http：//www.prezident.tj/ru/node/16772.
③ http：//www.minfin.gov.tm/ru/node/94.
④ https：//stat.uz/ru/press - tsentr/novosti - komiteta/3193 - inflyatsiya - v - potrebitelskom - sektore - respubliki - uzbekistan - za - yanvar - dekabr - 2017 - goda.

品和服务进口需求①。

2017年1~12月,吉尔吉斯斯坦外贸总额为62.35亿美元,同比增长10.9%,其中出口21.729亿美元,同比增长10.9%,进口40.621亿美元,同比增长10.2%,逆差18.892亿美元,与2016年的逆差(21.97亿美元)相比减少3.078亿美元。加之经常性账户、资本和金融账户,截至2017年12月1日,吉尔吉斯斯坦国际储备20.1491亿美元,可以满足未来4.8个月商品和服务进口的需求②。

2017年1~10月,塔吉克斯坦外贸进出口总额58.47亿美元,其中出口18.02亿美元,进口40.45亿美元,逆差22.43亿美元。全年外贸出口同比增长30.5%,进口减少10%③。

影响乌兹别克斯坦国际收支平衡的因素主要是外贸、外国投资和侨汇。2017年,乌兹别克斯坦外贸继续保持顺差,外贸总额270多亿美元,其中商品和服务出口139.538亿美元,与2016年相比增长11.54%;进口130.083亿美元,同比下降11.6%,顺差9.455亿美元。2017年利用的直接外国投资和其他形式的外资规模与2016年相比增长了40%多,其在国家投资中的份额从15.3%提高至20%。此外,乌还有上百万名劳工在哈萨克斯坦和俄罗斯等国务工,2016年汇回9.8亿多美元④。据乌中央银行2017年11月公布的数据,当年乌黄金外汇储备达260多亿美元,这是自乌独立26年来,官方首次正式公布本国黄金外汇储备情况⑤。

(六)外债规模增加,但总体可控

2017年,中亚五国为了实施本国优先的经济和社会发展项目,继续向国际金融组织、外国政府或者开发性或者商业金融机构举债。由此中亚五国

---

① http://www.government.kz/ru/novosti/1013005 - meropriyatiya - po - realizatsii - poslaniya - budut - finansirovatsya - za - schet - svobodnykh - ostatkov - byudzheta - b - sultanov.html.
② http://www.stat.kg/media/expressinfo/387682e6 - 0864 - 4132 - b87f - 1098749063e5.pdf.
③ http://www.nbt.tj/upload/iblock/04e/october_ 2017.pdf.
④ https://stat.uz/uploads/docs/vnesh - torg - yan - dek - 2017 - ru.pdf.
⑤ http://www.mofcom.gov.cn/article/i/jyjl/e/201711/20171102672433.shtml.

的外债规模都有所增加,但总体可控。

截至2017年10月31日,哈萨克斯坦外债总额1412.53亿美元,比2016年增加了145.09亿美元,其中政府性债务1318.3亿美元,与年初相比减少33.69亿美元;由政府担保的债务9.423亿美元,与年初相比增加了1.188亿美元[1]。

据吉财政部数据,截至2017年11月30日,吉尔吉斯斯坦的国家债务总额为3099.7136亿索姆(折合44.468亿美元)。其中内债为299.5032亿索姆,占吉2017年GDP的6.1%;外债为2800.2104亿索姆,占吉2017年GDP的56.6%[2]。居于前五位的债权方依次为:中国进出口银行、世界银行、亚洲开发银行、日本国际协力机构和俄罗斯。

2017年,塔吉克斯坦最大问题是外债风险上升到一个新高度。至下半年,塔外债总额为23亿美元,占GDP的35%,其中,中国是塔最大债权国,共对塔提供贷款近12亿美元,占塔外债总额一半以上,其他主要债权方为:世界银行——对塔提供贷款2.94亿美元;亚洲开发银行——对塔提供贷款2.25亿美元;伊斯兰开发银行——1.1亿美元;国际货币基金组织——1.08亿美元[3]。塔财政部副部长努尔马赫马季约恩表示,塔外债总额的"红线"是不能超过GDP的40%,他认为,2018年塔外债可能占到GDP的39.4%[4]。塔外债规模增长与罗贡水电站项目建设有关。2017年9月,为罗贡水电站项目筹集资金,塔首次进入证券市场,在伦敦证券交易所上市,发行美元债券。

土库曼斯坦长期以来对举借外债持谨慎态度,更倾向于吸引外国资本以投资的形式参与本国重大基础设施和工业项目的建设。截至2017年10月31日,亚洲开发银行已批准向土库曼斯坦提供1.5亿美元的借款、赠款和

---

[1] http://www.government.kz/ru/novosti/1013005-meropriyatiya-po-realizatsii-poslaniya-budut-finansirovatsya-za-schet-svobodnykh-ostatkov-byudzheta-b-sultanov.html.
[2] http://www.stat.kg/media/expressinfo/387682e6-0864-4132-b87f-1098749063e5.pdf.
[3] http://tj.mofcom.gov.cn/article/jmxw/201712/20171202680822.shtml.
[4] http://www.yaou.cn/news/list.php?catid=598&page=3.

技术援助。2017年,伊斯兰开发银行批准向土库曼斯坦实施的TAPI(土库曼斯坦-阿富汗-巴基斯坦-印度)天然气管道工程提供7亿美元的贷款,这是该国最大的一笔外债。

乌兹别克斯坦至今未公布过外债总额,但该国自愿接受国际债务警戒线的约束,将外债控制在不超过国内生产总值40%的警戒线内。截至2017年12月31日,世界银行共向乌兹别克斯坦各类项目提供50多亿美元的贷款。乌兹别克斯坦的其他外国债权人还包括中国国家开发银行和中国进出口银行在内的世界多个国家的政策性银行和商业银行,以及其他国际金融组织。

四 2018年中亚五国经济形势展望

(一)国际机构的预测

据世界银行预测,随着投资、制造业和贸易持续复苏,出口大宗商品的发展中国家得益于大宗商品价格回升,全球经济增长在2017年明显好于预期,2018年的经济增长将小幅加快至3.1%。由于央行逐步采取宽松政策,投资回升幅度渐趋平缓,预计发达经济体2018年增速将温和放缓至2.2%。由于大宗商品出口国经济活动持续复苏,预计新兴市场和发展中经济体2018年将整体增速至4.5%[1]。

2018年,中亚地区经济将继续增长,年内增速将达到2.7%。此前,世界银行2017年5月预测,2018年中亚国家中以乌兹别克斯坦和土库曼斯坦GDP增速最快,分别为7.7%和6.5%,塔吉克斯坦的GDP增速为5.9%,吉尔吉斯斯坦经济增速将达到4%,哈萨克斯坦经济增速将达到2.6%[2]。

据欧洲复兴开发银行的专家评估[3],2018年,哈萨克斯坦国内生产总值

---

[1] http://www.askci.com/news/finance/20180111/111337115812.shtml.
[2] http://www.inform.kz/chn/article/3112993.
[3] http://www.yaou.cn/news/201711/15/24409.html.

增长速度将为 3.5%，吉尔吉斯斯坦为 4.2%，塔吉克斯坦为 5%，土库曼斯坦为 5.2%，乌兹别克斯坦为 6.2%。中亚地区国内生产总值增长的直接动力是石油开采量增加，价格上行，实际收入恢复增长，建筑、农业和运输业活力增强。

（二）面临新的有利条件

1. 区域内交流合作明显加强

2017 年，乌兹别克斯坦总统新政、哈萨克斯坦阿斯塔纳世博会和土库曼斯坦阿什哈巴德的第五届亚洲室内和武道运动会，为中亚地区国家间交流创造了机会。另外，中亚五国的领导人双边互访频繁，2017 年，乌兹别克斯坦新任总统米尔济约耶夫先后访问土库曼斯坦三次，访问哈萨克斯坦两次，并对吉尔吉斯斯坦进行 20 年来的首次国事访问；哈萨克斯坦总统纳扎尔巴耶夫在一年内先后访问土库曼斯坦和乌兹别克斯坦两次；土库曼斯坦总统访问哈萨克斯坦和乌兹别克斯坦各一次。乌兹别克斯坦对塔进行了副总理级别的访问，中断 25 年的乌兹别克斯坦首都塔什干至塔吉克斯坦首都杜尚别的民航航班重新开通。

2. 积极参与"一带一路"建设

中亚五国参与"一带一路"建设的积极性不断提高，与中国的合作被纳入各自的国家战略框架中。

《哈萨克斯坦 2018 年投资指南》指出："中国承诺在未来 10 年内向参与'一带一路'建设的国家基础设施投资 1 万亿美元。哈希望参与'一带一路'建设，在未来 5 年内能够创造 2 万个就业岗位、改善基础设施。"《吉尔吉斯共和国政府新纲领——四十步》中提出要"努力修复和养护公路、发展国际运输走廊和扩大国内公路网"。土库曼斯坦为了把本国打造成为国际交通运输枢纽，近年来不但制定了相关战略规划，还实施了一批交通基础设施建设项目。《塔吉克斯坦共和国 2030 年前的国家发展战略》将国家由交通孤岛转变为过境运输走廊作为实现战略的主要行动之一。乌兹别克斯坦总统米尔济约耶夫 2017 年 12 月 22 日在首次对议会两院发表的国情咨

文中也提出:"在实施与中华人民共和国'一带一路'项目合作的框架下有必要提高乌兹别克斯坦的交通运输能力。"①

(三)2018年形势展望

展望2018年中亚经济形势,中亚国家需要规避一些不利因素,其中比较突出的是发达国家宏观经济政策的调整可能导致资本外流、货币贬值压力,全球贸易投资保护主义和竞争性减税加剧,以及国内政治动荡、极端天气事件、恐怖主义、地缘政治风险等非经济因素。不过,影响中亚国家经济发展的有利因素可能更为突出:一是全球经济形势好转以及大宗商品价格回升;二是中国、俄罗斯等主要贸易伙伴国经济开始回暖;三是中亚国家区域内合作趋势明显加强,双边贸易将会扩大;四是丝绸之路经济带建设早期收益增多。为此,中亚国家的宏观经济形势在2018年将会有下列明显特征:经济增速较高;国际收支状况改善;通货膨胀低于预期;固定资产投资规模继续扩大;外债规模增加,但总体可控;进口替代和出口导向的经济发展战略部分目标实现;旅游业成为新的经济增长点。

---

① https://stat.uz/ru/press-tsentr/novosti-komiteta/3193-inflyatsiya-v-potrebitelskom-sektore-respubliki-uzbekistan-za-yanvar-dekabr-2017-goda.

Y.3
稳中有忧：中亚地区安全形势及走向

苏 畅*

摘　要： 2017年中亚安全形势总体稳定，但安全威胁因素的复合性特征继续加强，内部发展问题造成的风险在增多。同时中亚安全也更易受到外部因素的影响，各国之间安全形势差异进一步拉大，未来中亚安全形势趋向严峻。

关键词： 中亚　安全　恐怖主义　极端主义

2017年中亚安全形势总体稳定，但安全威胁因素的复合性特征继续加强：内部发展问题造成的风险在增多，激进主义、极端主义传播以及经济困难使社会安全问题凸显，值得重视。同时中亚安全也更易受到外部因素的影响，由于"伊斯兰国"在中东的战事变化，以及阿富汗北部战乱和恐怖主义威胁加剧，中亚安全形势趋向严峻。各国之间安全形势的差异进一步拉大：哈萨克斯坦、乌兹别克斯坦虽然经历了经济下滑、社会暴力冲突、权力调整等重要事件，但保持了稳定有序发展；吉尔吉斯斯坦乱中有治，总统大选并未引发政治动乱，但政治斗争仍然激烈，存在潜在的冲突因素，同时安全形势不容乐观；塔吉克斯坦和土库曼斯坦因经济困难、高度威权、阿富汗北部形势复杂变化而面临的安全威胁有所上升。

---

* 苏畅，国际政治博士，中国社会科学院俄罗斯东欧中亚研究所副研究员，研究方向为极端主义与中亚地区安全、乌兹别克斯坦社会经济发展。

一 中亚安全形势基本稳定

2017年，中亚安全形势保持了基本稳定，与上年相比，大的安全事件在数量上和规模上呈现下降态势。针对中东恐怖主义波及全球，以及阿富汗安全形势恶化的外部挑战，中亚国家高度重视恐怖主义和极端主义问题，增加社会治理措施，加强边境管控，防范在"伊斯兰国"的中亚籍恐怖分子"回流"。但中亚国家中原有的安全薄弱点依然突出，比较典型的有：塔吉克斯坦的贫困问题加重，为恐怖主义和极端主义的蔓延提供了土壤；土库曼斯坦与阿富汗接壤地区恐怖势力的威胁成为中亚各国关注的安全重点。与2016年相比，2017年中亚安全形势有以下几个特点。

第一，2017年中亚国家没有发生恶性暴恐事件。2016年8月，中国驻吉尔吉斯斯坦使馆遭遇恐怖袭击，在吉尔吉斯斯坦、塔吉克斯坦发生了一系列由"圣战"回流分子制造的恐怖事件。2017年，无论从程度上还是频率上，恐怖事件均有所下降。直接原因是中亚国家高度重视反恐问题，恐怖势力对中亚国家的影响有限。

针对恐怖主义不断向全球蔓延的问题，中亚国家加大了反恐力度，采取了组合政策。具体内容包括以下几点。一是加强法治建设，从法律层面打击恐怖主义，将在中东的中亚籍恐怖分子与国内的激进分子区别对待，处理"回流"问题的法规更加完善。例如，塔吉克斯坦于2015年通过宪法修正案，被极端思想洗脑而到"伊斯兰国"的本国公民，在未参加恐怖主义活动和"伊斯兰国"军事行动的情况下可以回到国内，并免受法律制裁。二是加强反恐力量建设，协调强力部门合作反恐。2017年4月，哈萨克斯坦国防部部长加苏扎科夫（Сакен Жасузаков）表示，哈萨克斯坦建立了反恐快速反应部队，这支部队将长期处于战备状态，国防部与国家其他部门制订了反恐计划，包括参与国家安全委员会反恐中心工作。最近几年，哈萨克斯坦特种部队反恐实战训练增加了

2.5~5倍。① 三是加强社会治理，积极主动开展反对恐怖主义和极端主义的行动。例如塔吉克斯坦政府鼓励悔过自新的激进分子加入反对恐怖主义和极端主义的宣讲工作。乌兹别克斯坦强调伊斯兰传统精神的作用，加强对伊斯兰教的全面深入研究，并于2017年6月批准恢复重建16世纪位于布哈拉的阿拉伯世界高等宗教学校。② 四是加强边境检查，严防恐怖分子流入境内。与阿富汗相邻的塔吉克斯坦和土库曼斯坦高度重视恐怖分子的回流问题，加强边境检查，对从中东、土耳其回国的本国公民严加盘查，一旦发现恐怖分子，立刻对其采取严厉法律制裁。③ 乌兹别克斯坦安全部门4月破获一个由16人组成的极端主义团伙，这些被招募到俄罗斯克拉斯诺达尔边疆区分支组织的"圣战"人员，计划到叙利亚参加"伊斯兰国"的活动。

活跃在中亚地区的恐怖组织实力有限，短期内还不足以对中亚国家产生较大威胁。尽管阿富汗北部武装冲突持续，形势复杂，但还没有完全外溢到中亚国家，零星暴力恐怖活动还不足以对中亚国家产生较大威胁。此外，恐怖组织内部也出现了分化组合，针对中亚国家的暴力恐怖活动也未合流。在阿富汗北部活动的乌兹别克斯坦伊斯兰运动（下简称"乌伊运"）等中亚恐怖组织被严重削弱，部分在"伊斯兰国"参战的中亚籍武装分子进入阿富汗北部，其重点目标是先在当地站稳脚跟，加入当地的中亚武装组织（主要是"乌伊运"）。2017年以来，一些从"伊斯兰国"到达阿富汗的中亚籍武装人员主要在巴达赫尚、塔哈尔、巴格兰、法利亚布、朱兹詹等省份活动，并加入了"乌伊运"。④

第二，受中东和南亚地区极端主义的影响，中亚对极端思想的治理难度

---

① В Казахстане созданы силы немедленного реагирования на террористическую угрозу 24.04.2017，http：//www.fergananews.com/news/26310.

② Высшее медресе Мир Араб организовано в Бухаре，13 июня 2017，https：//www.gazeta.uz/ru/2017/06/13/mir-arab/.

③ 例如，2017年7月土库曼斯坦对参与土耳其居伦组织的40名本国公民分别判刑12~20年。В Туркменистане осуждены 40 человек по обвинению в связях с движением Гюлена，18.07.2017，http：//www.fergananews.com/news/26640.

④ Таджикские "джихадисты" собираются вернуться домой？Июль 11，2017，https：//rus.ozodi.org/a/28609661.html.

不断加大，特别是极端化思想迅速向青少年群体蔓延。中亚国家青年人居多，例如，2017年乌兹别克斯坦人的平均年龄仅为28.5岁，① 在去中东参加"圣战"的人员中，"90后"青年成为主力，一些儿童被训练成自杀式炸弹袭击者。出现这种问题的直接原因是青少年对于宗教极端思想的辨识能力低。2017年10月，作者在哈萨克斯坦调研期间与哈方有关部门官员交流，哈方称当前在哈萨克斯坦青年中激进思想问题较为突出，追逐极端主义、激进主义甚至成为青年人的一种"时髦"行为。越来越多的中亚青年人接受中东恐怖组织的煽动后被洗脑，形成新的极端主义群体，进而去中东参加"圣战"。当前，中亚各国已经需要对极端主义与恐怖主义思潮泛滥进行深度的治理，仅用单一强硬的方式很难解决深入年轻人灵魂的激进、极端思想问题。

第三，中亚籍"圣战"人员参与全球恐袭事件引发关注，中亚恐怖主义与国际恐怖主义进一步融合。自2017年伊始，中亚籍恐怖分子在全球多地实施恐怖袭击，土耳其、俄罗斯、瑞典、美国等地先后发生中亚籍人员制造的恐怖主义事件。根据已发生的恐怖主义事件，嫌疑人以来自塔吉克斯坦、吉尔吉斯斯坦的青年居多，他们大多是在境外务工时或通过互联网被极端主义洗脑，继而到叙利亚"追求理想"，不少青年人还在叙利亚结婚生子，或者是将全家迁至叙利亚。据塔吉克斯坦劳动部数据，目前在土耳其务工的塔吉克斯坦人员有2000~5000人。许多人在那里接受了极端思想，加入"伊斯兰国"。② 对于中亚籍人员在全球的恐怖主义行为，美国华盛顿国际安全学院副教授埃丽卡·马拉特认为，这些人产生激进思想的路径可能会有所不同，但都有一个共同的特点，即失去自尊和无法适应西方社会。马拉特认为，西方国家的执法机构应当停止将某一种族或信仰某一宗教的所有成员都当作犯罪嫌疑人。爱德华·莱蒙则强调，应当摒弃肤浅的研究方式，挖

---

① Узбекистан признали лидером по продолжительности жизни среди стран региона, 09.01.2018, http://www.fergananews.com/news/27804.
② Мигранты или экстремисты? Таджики боятся возвращаться из Турции на родину Март 09, 2017, http://rus.ozodi.org/a/28359017.html.

掘问题中更多的细节，这些中亚籍恐怖分子至少可分为三类：一是直接进入叙利亚和伊拉克加入"伊斯兰国"；二是与"伊斯兰国"几乎没有任何联系，但以其名义发动恐怖袭击；三是留在中亚并在那里受到招募。①

对参加"伊斯兰国"的战斗人员及其家属在被俘遣返国内后进行妥善处理成为中亚相关国家执法的重点也是难点。美国苏凡（Soufan）中心在其分析报告《超越哈里发：外国战士和他们回归的威胁》中指出，"伊斯兰国"在叙利亚和伊拉克战事失利后，至少有来自33个国家的5600名"伊斯兰国"武装分子返回各自家，给许多国家执法机关带来"巨大挑战"。报告称，从中亚国家前往叙利亚和伊拉克参战的人数已经超过4200人，其中已有数百人返回各国。在中亚国家中，来自乌兹别克斯坦的武装人员约1500人，居于首位；其次是塔吉克斯坦，约有1300人，来自哈萨克斯坦和吉尔吉斯斯坦的有500人；来自土库曼斯坦的有400人。其中，147名塔吉克斯坦籍和44名吉尔吉斯斯坦籍武装分子已自愿返回家园。②

第四，受国家实力和管理能力影响，中亚五国安全形势差异性愈发突出。安全形势较好的是哈萨克斯坦、乌兹别克斯坦；较为薄弱的是塔吉克斯坦、吉尔吉斯斯坦、土库曼斯坦。吉尔吉斯斯坦南部安全问题比较突出，并且与政治运动结合在一起，同时还有乌吉两族的对立问题没有解决，是吉国"圣战"分子的主要输出地。塔吉克斯坦则是毒、恐、黑、腐结合，例如塔吉克斯坦最大的黑帮组织从事武器走私、贩毒和传播极端思想，其在俄罗斯的分支组织成员由中亚国家劳务移民构成。③ 塔吉克斯坦作为阿富汗毒品主要输出通道，其毒情严峻。2017年1~9月，塔吉克斯坦边防查获1300公斤毒品，其中包括10公斤海洛因、393公斤鸦片、710公斤大麻。1~9月，

---

① Узбекистан – рассадник терроризма？ 2 Ноябрь，2017，http：//russian. eurasianet. org/node/64876.
② На войну в Сирию и Ирак отправились 4，2 тысячи джихадистов из Центральной Азии，26. 10. 2017，http：//www. fergananews. com/news/27116.
③ Россия：Во Владимирской области задержан лидер таджикского преступного клана，09. 06. 2017，http：//www. fergananews. com/news/26504.

塔阿边境共发生26起武装冲突，13名毒贩被打死。① 在"伊斯兰国"中亚籍恐怖分子回流问题中，塔籍武装分子人数仅次于乌兹别克斯坦，但塔吉克斯坦的防守能力远落后于乌兹别克斯坦。近年来阿富汗北部靠近土库曼斯坦的边境地区冲突激烈，土库曼斯坦的边境防御问题为各方关注，但受本国中立国政策约束，土库曼斯坦既不能与他国结成军事同盟，也不能因突发安全事件向地区军事组织求助。

二 社会安全值得注意

客观讲，中亚国家独立以来的社会安全状况总体是良好的，发生大的社会冲突并不多。2017年，中亚国家的社会安全形势依然稳定，但也存在一些问题，比如社会矛盾上升、发生一些群体性事件，其原因主要是旧有的社会与民生问题难以解决，以及近年来中亚国家经济受到外部经济形势影响，尤其是俄罗斯经济下滑影响，均遭遇了一些困难，民生问题改善有限，有的国家（例如土库曼斯坦和塔吉克斯坦）形势更为严峻。

影响中亚社会安全的长期问题包括贫困、失业及低收入、教育落后②等。联合国粮农组织于2017年12月4日发布了题为《2017年欧洲及中亚粮食安全和营养状况》的报告。报告称，中亚国家约有560万人处于饥饿状态。食品不足最严重的国家是塔吉克斯坦，约有260万饥饿人口，占全国人口的30%；乌兹别克斯坦饥饿人口有190万，占全国人口的6.3%；吉尔吉斯斯坦饥饿人口有4000万，占全国人口的6.4%；土库曼斯坦饥饿人口有3000万，占全国人口的5.5%；哈萨克斯坦饥饿人口有4000万，占全国人口的2.5%。③

---

① Таджикские пограничники за 9 месяцев предотвратили транзит свыше 1300 кг наркотиков，14.11.2017，http：//www.fergananews.com/news/27244.
② Почему ИГИЛ вербует людей в Узбекистане и Киргизии，17.01.2017，http：//inosmi.ru/politic/20170117/238538807.html.
③ 《欧洲和中亚粮食和营养状况日趋严峻》，http：//www.un.org/chinese/News/story.asp?NewsID=29167.

若以贫困程度来划分，塔吉克斯坦的贫困问题在中亚国家中最为严重。2017年，塔吉克斯坦经济状况不佳，包括货币贬值、房地产市场崩盘、国有企业脆弱不堪、商业环境恶劣等，这些都进一步加重了塔国的贫困程度。国际危机小组（ICG）在2017年10月发布的一份报告称，由于经济困难，1/3的塔吉克斯坦人营养不良。营养不良也是导致塔吉克斯坦婴儿死亡率居独联体地区首位的原因。① 世界银行在2017年夏天公布的一份报告认为，塔吉克斯坦的贫富差距很大，杜尚别和索格德州有20%~22%的居民属于贫困人口；戈尔诺-巴达赫尚州的贫困人口高达39%，然而只有20%的居民可以得到补助。世界银行的贫困线标准是每人每天有3.1美元的收入，每天收入少于1.1美元的人被认为是赤贫。根据世界银行的标准，目前塔吉克斯坦有31%的人属于贫困人口，13%的居民属于赤贫。根据塔吉克斯坦（2016~2020年）中期发展方案框架，计划到2020年将塔吉克斯坦的贫困人口从31%降至20%。根据世行的测算，塔吉克斯坦每人每月所需的最低生活费用应在200索莫尼（相当于22美元左右）以上，因此要改善这一问题，对于当前的塔吉克斯坦政府来说是相当艰巨的任务。报告指出，在塔吉克斯坦只有58%的居民能够获得安全的饮用水，在城市中这一数字为80%，而在农村仅为47%。无法获得高品质饮用水的人口面临腹泻等高危疾病，增加了儿童死亡率。②

国家经济与社会政策的调整也影响到社会安全问题。2017年，土库曼斯坦的经济状况进一步困难，外汇短缺，食品供应不足，一些企业员工和教师的工资被严重拖欠。物价上涨明显，从2017年初开始，土库曼斯坦食品价格上涨18%，一些商品价格涨幅达到50%。③ 国家又在举行亚洲室内运动会等重大项目上投入巨资，负担沉重。在这种情况下，土库曼斯坦于7月

---

① МКГ：Какие перемены ожидают Таджикистан после 2020 года, Октябрь 10, 2017, https：//rus.ozodi.org/a/28785080.html.
② Всемирный банк：В Таджикистане только 58 процентов населения имеют доступ к безопасной питьевой воде, 20.09.2017, http：//www.fergananews.com/news/26887.
③ В Туркменистане с начала года цены на продукты выросли на 18 - 50 процентов, 18.04.2017, http：//www.fergananews.com/news/26287.

取消了居民在天然气、水、电、汽油等方面享有的福利。10月中旬,在土库曼斯坦达沙古茨等地居民因幼儿园费用上涨而进行游行。起因是土库曼斯坦政府把全国幼儿园的价格提高了10倍。此前一名儿童每月在幼儿园的费用是8马纳特(按黑市汇率略高于1美元),但涨价后需要交纳80马纳特,这对于多学龄前子女的家庭而言无疑是雪上加霜,尤其在工资停发、物资短缺的情况下。土库曼斯坦政府一向对居民抗议活动控制很严,然而仍然发生群体性事件,说明人们对政府的不满情绪正在上升,使稳定的根基出现了问题。

三 地区安全合作有进展

2017年中亚国家地区安全合作意愿加强。这一方面是中亚国家独立20多年来,已从"由乱到治"的阶段进入了"发展与合作"的阶段,同时外部越来越严峻的安全挑战也要求中亚各国重视安全合作,共同为地区创造良好的安全环境。2017年,中亚国家之间、中亚国家与大国、中亚国家与阿富汗等"关键安全国家"之间的合作都较为积极。比较突出的表现有以下几个方面。

其一,边界划界谈判进展顺利。2017年3月10~19日,乌兹别克斯坦和吉尔吉斯斯坦政府工作组联合对边界地区进行了为期10天的第17次例行勘察,包括对两国边界接壤的各州以及存在领土争议的区块,并进行了4次工作磋商。乌兹别克斯坦总统米尔济约耶夫对划界工作态度积极,9月5日,吉乌两国总统签署了划界文件,至此两国有争议的边界已划定了85%。4月18日,土库曼斯坦和哈萨克斯坦两国总统签署了划界协议,成为中亚地区最先完成划界的国家。6月初,乌兹别克斯坦和塔吉克斯坦勘界划界工作组在杜尚别签署划界备忘录。乌塔边界线长1332.9公里,其中陆路边界线1228公里,界河105公里,两国有60公里的边界线存在争议,最大争议点是锡尔河法尔哈水电站和水库。中亚国家在军事领域的合作也在加强。3月23日,乌兹别克斯坦总统米尔济约耶夫访问哈萨克斯坦,两国签署了关于进一步深化两国战略合作伙伴关系及加强邻邦友好关系的联合宣言、两国国防部军事合作协议等7份合作文件。

其二,加强与俄罗斯的安全合作。一是中亚国家与俄罗斯高度重视恐怖主义问题,领导人在会晤时反恐合作是主要议题。在2017年2月普京访问中亚三国期间,与哈萨克斯坦、吉尔吉斯斯坦、塔吉克斯坦领导人会谈的主要内容均包括安全问题,俄罗斯提出加强与中亚伙伴国的反恐合作,保卫其南部边界,防止"伊斯兰国"武装分子入侵。普京在与塔吉克斯坦总统拉赫蒙会谈时表示,俄塔双方对阿富汗境内"伊斯兰国"等恐怖势力扩散和贩毒、跨国有组织犯罪快速增长感到担忧,双方已达成共识,俄将使用在塔军事基地,协助塔方加强塔阿边境管控。二是中亚各国与俄举行反恐军事演习。3月27~30日,在塔吉克斯坦靠近阿富汗的边境地区举行了俄塔联合军演,塔方军队超过4000人和俄驻塔201基地军队约2000人参加了演习。三是与俄罗斯强力部门联合清查恐怖分子。4月,在俄罗斯有关部门的配合下,乌兹别克斯坦安全部门破获由16名乌籍公民组成的极端小组,他们被招募到俄罗斯克拉斯诺达尔边疆区的极端主义分支组织,计划加入"伊斯兰国"。之后这些人分别被判5~8年的刑期。[1] 10月,塔吉克斯坦强力部门抓获了为"伊斯兰国"效力的俄罗斯国防部前军官丹尼斯·希拉臭夫。

其三,与美国的军事安全合作有新内容。比较重要的事件是美国与哈萨克斯坦签署了《2018~2022年军事合作计划》。7月初,哈萨克斯坦和美国防务部门代表间磋商在华盛顿举行,两国签署了《2018~2022年军事合作计划》,确定了未来5年的合作领域。此外美国与中亚国家还举行以打击恐怖主义为目的的军事演习。3月27日至4月7日,美军中央司令部和塔政府军在杜尚别附近地区举行名为"打击跨境恐怖主义"的联合演习,美军150人和塔军100人参加了此次军演。7月10~23日,在塔吉克斯坦杜尚别

---

[1] СНБ раскрыла экстремистскую группировку, состоящую из 16 человек: они планировали выезд в Сирию,17 Апреля 2017,http://podrobno.uz/cat/proisshestviya/snb – raskryla – ekstremistskuyu – gruppirovku – sostoyashchuyu – iz – 16 – chelovek – oni – planirovali – vyezd – v – siriyu/.

举行了名为"地区合作-2017"的年度多国首长-司令部演习，美国、巴基斯坦、塔吉克斯坦、吉尔吉斯斯坦、蒙古国的军队以及哈萨克斯坦的观察员参加了演习。这一演习是按照联合国授权进行的模拟维和行动，重点关注反恐、边境安全，参演兵力超过200人。在10月纽约恐怖袭击事件（袭击者为乌兹别克斯坦移民）发生后，乌兹别克斯坦与美国加强了反恐合作，配合美国调查这起恐怖事件。美国有针对性地在俄罗斯、哈萨克斯坦和土耳其的乌兹别克斯坦务工移民中开展反对极端主义的宣传。

其四，与邻近国家加强安全合作。"伊斯兰国"被重创以来，阿富汗北部恐怖主义形势恶化，中南亚地区安全风险上升，中亚国家认为当前地区的薄弱点在土库曼斯坦-阿富汗边境地区。因此中亚国家高度重视与阿富汗的安全合作，12月11日，中亚国家和阿富汗外长会议在土库曼斯坦首都阿什哈巴德举行，主要讨论地区合作与安全问题。该会议的举行彰显中亚国家推动地区安全合作的意愿，乌兹别克斯坦还表示将推动建立中亚五国与阿富汗的外长会议机制即"C5+1"机制，共同应对地区安全威胁。12月6日，阿富汗总统加尼访问了乌兹别克斯坦，阿方向乌方保证，加强与乌边界地区的安全措施，阿方确保不允许"伊斯兰国"武装分子从阿乌边界进入乌兹别克斯坦。

其五，与地区次大国加强反恐合作。土耳其是中亚恐怖分子进入叙利亚的重要过境国家，同时在土耳其也有不少中亚劳务移民，极端组织在这些中亚劳务移民中招募"圣战分子"。在2017年元旦伊斯坦布尔夜总会恐怖袭击事件之前，经土耳其进入叙利亚的中亚籍恐怖分子未引起土耳其当局重视。土耳其与叙利亚边境长达913公里，控制起来难度很大。叙土边境靠近叙利亚一侧被"伊斯兰国"占领，这使得从土耳其进入"伊斯兰国"非常容易。2017年，土耳其政府积极参加打击"伊斯兰国"的行动，经常进行针对独联体国家极端分子的专项行动，加强对与叙利亚交界地区的管控。①

其六，积极参与区域安全组织合作。与独联体成员国的军事安全合作依

---

① Против нервных и небритых，http：//www.svoboda.org/a/28410513.html.

然是中亚国家对外安全合作中的重点内容。2月10日，中亚五国代表参加独联体各国反恐中心领导人第十次会议，对情报交流合作、联合反恐演习等进行商榷。① 独联体反恐中心主任诺维科夫上将表示，独联体反恐中心收集了大量有攻击意识人员的信息资源。5月底6月初，独联体情报部门举行大规模演习。这一代号为"杜尚别-反恐"的联合演习在亚美尼亚、白俄罗斯、哈萨克斯坦、吉尔吉斯斯坦、俄罗斯和塔吉克斯坦展开。9月12日，独联体成员国军队参谋长委员会第二次会议在比什凯克举行，各方代表主要讨论地区恐怖主义、极端主义问题，以及2018年独联体国家国防部长委员会工作计划。10月19日，独联体集体安全条约组织维和部队在哈萨克斯坦举行名为"牢不可破兄弟情谊-2017"演习，共计1500名军事人员参与了演习。

其七，参与上海合作组织框架内的安全合作。3月30日，上海合作组织反恐怖机构在塔什干举行第三十次理事会例会，各成员国代表参加了会议，会议通过了《上海合作组织反极端主义公约》草案，并决定在2017年举办上海合作组织成员国主管机关联合反恐演习和边防部门2017年联合边防行动，以及上海合作组织成员国与观察员国打击国际恐怖主义和极端主义第五次研讨会。6月8~9日，上海合作组织元首理事会第十七次会议在哈萨克斯坦首都阿斯塔纳举行，与会领导人签署了《上海合作组织成员国元首阿斯塔纳宣言》《上海合作组织成员国元首关于共同打击国际恐怖主义的声明》等重要文件。在极端主义肆虐全球、地区安全环境趋于恶化、上海合作组织周边恐怖主义挑战更为严峻的背景下，本次峰会签署的《上海合作组织反极端主义公约》（简称《公约》）意义重大。首先，《公约》进一步完善了上海合作组织在安全合作领域的必要法制建设。虽然上海合作组织各成员国都面临极端主义的挑战和威胁，但各国对极端主义的概念、认识、理解还有不一致的地方，对各类极端组织的认定也不完全统一。《公约》的

---

① Спецслужбы СНГ в 2017 г. проведут учения по выявлению вербовщиков террористов в соцсетях, 14 февраля 2017, http://tass.ru/politika/4023647.

签署为各成员国界定极端主义、极端组织提供了法律文件,为各成员国深化反极端主义合作创造了良好的法律条件。其次,《公约》的签署意味着将对"极端主义"与"恐怖主义"问题更加明确地加以区别对待。极端主义与恐怖主义既有联系,也有区别,前者的支持者并不一定从事暴力恐怖活动,但极端主义更容易被接纳,成为恐怖组织的思想工具。在今天,追逐极端主义的人员数量更为众多,治理极端主义的难度更大,极端主义的危害在不断上升。《公约》对"极端主义"与"恐怖主义"加以厘清,这有利于对极端主义问题进行有效治理。

四 未来安全形势预判

"伊斯兰国"在2017年全线溃败之后,该恐怖组织的残余力量向全球流窜,2018年这一趋势将更加明显。由于南亚是接收"伊斯兰国"中亚籍武装分子的重点地区,与阿富汗接壤的中亚国家安全压力将上升,尤其对于土库曼斯坦和塔吉克斯坦来说防御的任务更加艰巨。中亚国家在社会安全形势方面的差距也有可能进一步拉大。2018年,由于经济困难问题难以得到有效缓解,土库曼斯坦和塔吉克斯坦可能会呈现更多的社会矛盾,但总体安全形势仍将可控;吉尔吉斯斯坦在社会治安、族际冲突、激进主义等方面的问题比较突出;哈萨克斯坦、乌兹别克斯坦经济状况持续好转,对整个中亚地区的安全起到积极作用。预判未来有以下几个变量因素可能会对中亚安全构成更加严重的威胁。

其一,"乌伊运"可能对中亚构成严重威胁。在中东恐怖主义严重外溢的情况下,"乌伊运"仍有很大的可能再次恢复实力,虽然"乌伊运"的基本力量在2016年被消灭,但这一组织有成熟的组织架构以及极端主义理念,所需要的就是资金和人员的补充。"乌伊运"对于中亚籍恐怖分子来说有强烈的示范效应,可能会吸收从中东返回的中亚籍"圣战分子"。"乌伊运"在阿富汗、巴基斯坦参与军事冲突和恐怖活动多年,其重要行为特征就是攀附当地主要的恐怖组织,扩大在当地的影响力。"乌伊运"曾长期为基地组织和塔利班效力,在"伊斯兰国"坐大后又归顺该组织。2017年底,一些信息显示,"伊斯兰国"武装分子在阿富汗北部与乌兹别克斯坦和土库曼斯坦接壤的边境地区建立了新的训练营。根据美国的相关信息,在阿富汗的"伊斯兰国"武装人员接近1000人。① 这些从"伊斯兰国"进入阿富汗和巴基斯坦的中亚籍武装分子有很大可能会加入"乌伊运""真主旅"等中亚老牌恐怖组织。未来"乌伊运"等组织恢复元气并威胁中亚安全的可能性在上升。

其二,阿富汗北部形势对中亚安全威胁将持续上升。一是阿富汗和谈进展缓慢,北部仍是各方争夺要地,未来武装冲突仍将激烈。在这样的背景下,阿富汗北部对中亚国家有图谋的恐怖势力仍对中亚地区安全构成威胁。二是"伊斯兰国"在阿富汗的势力增长对中亚安全影响大。与中东－土耳其－高加索－中亚的路线相比,"伊斯兰国"残余势力从阿富汗进入塔吉克斯坦、吉尔吉斯斯坦更为便捷。2017年下半年以来,阿富汗北部外籍武装分子数量增多,将有可能激活该地区原有的中亚恐怖组织,未来与阿富汗接壤的中亚国家安全形势将更加严峻,主要是塔吉克斯坦与土库曼斯坦的边境地区受到的威胁会增多。

其三,中亚籍"圣战分了"回流问题将凸显。尽管当前大部分的中亚籍恐怖分子在欧洲、南亚、东南亚、中东活动,但回到母国是其最终目标。中亚籍恐怖分子何时开始加紧回流中亚取决于以下要素:"乌伊运"的死灰复燃;"伊斯兰国"武装分子在阿富汗的势力渗透。

---

① Бежавшие из Сирии в Афганистан боевики ИГ сконцентрировались у границ Узбекистана и Туркмении, 11.12.2017, http://www.fergananews.com/news/27500.

Y.4
政治经济有序推进：南高加索地区的基本态势

邓 浩*

摘 要： 2017年，南高加索地区在国际和地区形势发生纷繁复杂变化的背景下保持了难得的平静。各国政治改革平稳有序推进，显示出日益多元化的态势。在全球经济整体复苏的带动下，各国经济出现程度不同的向好势头。各国抓住外部紧张局势趋缓的有利时机，全方位拓展对外空间，努力为本国经济发展营造有利的外部环境。中国与地区国家在"一带一路"框架下加强合作取得明显进展，成果引人注目。

关键词： 南高加索 政治改革 多元化

近年来，在周边中东形势剧变和乌克兰危局成为热点的背景下，南高加索（简称南高）地区形势总体上波澜不惊，相对平静。2017年，南高地区继续保持平稳局面，各国坚持走自己选择的发展道路，政治改革日趋多元；地区经济虽然仍未完全走出困境，但已出现企稳向好征兆；外交上各国在坚持既定战略的同时，更加注重均衡、务实。在共建"一带一路"背景下，中国与地区各国合作进入快速发展轨道。南高地区形势虽仍存诸多变数，但稳定可控是其基本面。

---

* 邓浩，中国国际问题研究院研究员，曾任中国驻吉尔吉斯斯坦、格鲁吉亚大使馆政务参赞，研究方向为中亚及南高加索国家社会经济发展、中亚地区安全。

一 政治改革多元化进程稳步推进

南高地区三国独立标志着苏联时期高度集中统一的政治制度走向终结，地区国家自此开始了政治改革的历程，迄今为止大体经历了三个阶段的变化。第一阶段从1991年到1995年，属于各国政治制度草创阶段，基本特征是各国都极力去苏联化，并依照西方民主制度，探索建立三权分立、多党政治和自由选举的西式民主体制，具有明显的照搬模仿痕迹。第二阶段从1995年到2003年，各国根据自身特点和现实需求相继确立了总统集权体制，逐步形成"强总统、弱议会、小政府"的权力体制，政局进入一个相对平稳的时期。第三阶段从2003年至今，以格鲁吉亚爆发"颜色革命"为标志，南高地区政治改革进入一个多元变化的时期，突出表现在地区各国围绕集权和分权掀起新一轮宪法改革热潮。2010年9月，萨卡什维利领导的格鲁吉亚率先修宪，将总统制改为议会总统制。2015年底，亚美尼亚经全民公决通过萨尔基相总统提出的宪改方案，国家体制将从总统制转向议会制。而阿塞拜疆则根据阿利耶夫总统提议在2016年通过修宪，延长总统任期，进一步扩大了总统权限。①

2017年，南高地区三国继续坚持推进本国自主选择的政治改革道路。格鲁吉亚议会投票通过新的宪法修正案，拉开议会制序幕，成为南高地区第一个决定实行完全议会制的国家。2017年9月26日，执政的"格鲁吉亚梦想——民主格鲁吉亚党"凭借议会多数优势，不顾反对派干扰和不满，力排众议，通过议会投票强行通过了其提出的宪法修正案，旨在结束总统、议会、政府三权权责不清和相互掣肘的局面，确保建立高效权威、政令畅通的权力构架，为真正实现其一党执政扫清法律障碍。根据该宪改方案，从2024年开始，格鲁吉亚总统将由现在的全民直选改为由特别委员会推选，

---

① 邓浩、李自国：《南高加索地区形势演变与丝绸之路经济带建设》，中国国际问题研究院CIIS研究报告第19期，2017年11月。

任期由5年延长至6年,但2018年的总统选举仍将采用全民直选方式。同时,从2024年议会选举开始,所有议会席位将按政党得票比例进行分配,但2020年议会选举仍将沿用现在的部分议席按政党得票比例分配、部分议席由选区直选产生的混合制议席分配方式,政党进入议会的得票比例门槛由5%降至3%。① 上述宪改方案的通过和实施标志着格国内围绕宪改的争论告一段落,格鲁吉亚将从现在的议会总统制向完全议会制过渡。

决定实行议会制后,亚美尼亚于2017年4月2日举行首次议会选举,由现任总统萨尔基相领导的执政党——亚美尼亚共和党如愿以偿赢得选举,得票率为49.12%,获得58个议席(总议席为101席),稳居新一届议会第一大党地位。② 这是萨尔基相推进其政治改革取得的重要阶段性成果,为最终顺利完成新的宪改提供了有力保障。根据新的宪改方案,2018年亚美尼亚新一届总统将由议会推选,其权力大大缩减,成为礼仪性职务,实际权力将转由政府总理掌握。新一届议会选举结果无疑有利于亚美尼亚沿着议会制道路继续前行,也大大减轻了2018年总统选举出现震荡和风险的概率。

阿塞拜疆总统权力继续巩固。2017年2月21日,阿利耶夫总统不顾外界质疑和压力,毅然签署法令,任命其夫人梅赫丽班·阿利耶娃为阿塞拜疆第一副总统。根据2016年9月26日阿塞拜疆通过的宪法修正案,阿将设立两名副总统,并规定第一副总统为国家二号领导人,一旦总统在任期内出现无法履行职责的特殊情况,第一副总统将代为行使总统职权。阿利耶夫总统任命其夫人为第一副总统显然是要确保国家最高权力始终掌握在自己和自己家人手中,绝不容许大权旁落。梅赫丽班·阿利耶娃本人是阿议会议员,并担任盖达尔·阿利耶夫基金会主席,多年来一直活跃在阿塞拜疆政坛,具有相当的影响力,这使其上位国家二号人物被国内多数民众看作水到渠成之

---

① 《格鲁吉亚通过宪法修正案 将转变为议会制国家》,网易新闻,http://news.163.com/17/0927/03/CVAF4D3R0001899N.html。
② 《中选委:亚美尼亚执政党赢得议会大选》,俄罗斯卫星通讯社,http//sputniknews.cn/politics/20170403102244105/。

事，并未引起大的意外和争执。在与亚美尼亚处于敌对状态和国家经济前景不明的背景下，强化总统集权在阿塞拜疆被广泛接受和认可。

二 地区各国经济企稳向好

自2008年国际金融危机以来，南高地区国家经济发展开始由高走低，一直处于波动起伏状态。阿塞拜疆在国际金融危机后经济发展滑入一个起伏不定期。2009年GDP增长9.3%，2010年下滑到增长5%，2011年则骤降至0.1%。之后一直低迷，2016年更是出现负增长，为-3.8%。亚美尼亚在2008年后经济发展也进入徘徊期。2016年亚美尼亚GDP总量为105.72亿美元，人均3533美元，尚未达到2008年的水平（总量116.62亿美元，人均3778美元）。[①] 格鲁吉亚在金融危机后亦陷入低速增长期，2009年更是出现负增长，为-3.7%[②]，2014~2016年，格鲁吉亚GDP增长分别为4.6%、2.8%、2.2%，呈现逐年递减态势。2017年，在世界经济总体复苏的带动下，南高三国的经济形势开始企稳向好。

一是三国经济增速止跌回升。作为地区经济火车头的阿塞拜疆在经历2016年负增长后，2017年有望实现正增长。阿国家统计委员会数据显示，2017年1~11月阿塞拜疆GDP为630.713亿马纳特，同比下降0.2%，其中非油气领域GDP为395.703亿马纳特，同比增长2.4%。油气领域GDP为235.01亿马纳特，同比下降5.1%。阿塞拜疆政府预测2017年全年GDP增长0.3%。[③] 格鲁吉亚经济增速好于预期。根据格鲁吉亚国家统计局数据，

---

① Валовой внутренний продукт（ВВП）И ВВП на душу населения，亚美尼亚国家统计委员会网站，http：//www.armstat.am/ru/？nid=263，世界银行数据库，http：//data.worldbank.org.cn/country/armenia？view=chart。Валовой внутренний продукт（ВВП）И ВВП на душу населения，亚美尼亚国家统计委员会网站，http：//www.armstat.am/ru/？nid=263。
② "GDP and Other Indicators of National Accounts"，格鲁吉亚经济发展部统计局网站，http：//www.geostat.ge/index.php？action=page&p_id=119&lang=eng。
③ 《2017年1~11月阿GDP下降0.2%》，中华人民共和国驻阿塞拜疆共和国大使馆经济商务参赞处网站，http：//az.mofcom.gov.cn/article/jmxw/201712/20171202685688.shtml。

2017年1~11月，格鲁吉亚GDP同比增长4.8%（2016年格鲁吉亚GDP增速为2.2%）。①国家货币基金组织预计格鲁吉亚2017年全年GDP增速将达到4.3%，其中，出口、旅游、吸引外资成为拉动格鲁吉亚经济增长的主要动力。②格鲁吉亚国家统计局的数据显示，2017年1~11月格鲁吉亚出口额为24.397亿美元，同比增长27%；2017年前三季度格鲁吉亚吸引外国直接投资（FDI）13.465亿美元，同比增长2.9%；仅在2017年1~5月，赴格鲁吉亚的国际游客数量即达232.97万人次，同比增长9.7%。亚美尼亚经济增速也高于预期（2016年亚美尼亚增速为0.2%）。2017年岁末，亚美尼亚总理卡拉佩强接受采访时明确指出，亚美尼亚2017年的经济指标高于预期。联合国最新发布的《2018年世界经济形势与展望》报告预测，2017年亚美尼亚经济增长率为5.8%。亚美尼亚财政部部长阿拉米扬2017年10月底预测，2017年亚美尼亚经济增速有望达到4.3%，超过政府年初制定的3.2%的增长目标。

二是对外贸易大幅增长。阿塞拜疆对外贸易止跌大幅回升。伊利哈姆·阿利耶夫总统2018年初在内阁会议讲话时表示，2017年阿塞拜疆出口增长19%，其中非油领域出口增长24%，进口增长约1%，贸易顺差达62亿美元。③这与2016年外贸降幅19.4%、外贸顺差为6.108亿美元形成鲜明对比。格鲁吉亚对外贸易保持强劲增长势头，据格鲁吉亚国家统计局数据，2017年1~11月格对外贸易额95.638亿美元，同比增长12.9%，其中出口额为24.397亿美元，同比增长27%，进口额为71.241亿美元，同比增长8.8%。亚美尼亚外贸亦增幅显著。根据亚美尼亚国家统计局数据，2017年

---

① 《2017年1~11月格鲁吉亚GDP同比增长4.8%》，中华人民共和国驻格鲁吉亚大使馆经济商务参赞处网站，http://ge.mofcom.gov.cn/article/jmxw/201801/20180102694176.shtml。
② 《国际货币基金组织将格鲁吉亚2017年经济增长预期提高至4.3%》，中华人民共和国驻格鲁吉亚大使馆经济商务参赞处网站，http://ge.mofcom.gov.cn/article/jmxw/201711/20171102664466.shtml。
③ 《阿总统称2017年阿塞拜疆对外贸易成绩显著》，中华人民共和国驻阿塞拜疆共和国大使馆经济商务参赞处网站，http://az.mofcom.gov.cn/article/jmxw/201801/20180102697315.shtml。

1~11月，亚美尼亚外贸总额同比增长26.4%，其中出口增长23.5%，进口增长28%。①

三是金融形势趋于稳定。2017年底，阿塞拜疆财政部部长萨米尔·沙里弗夫表示，2017年初以来，阿塞拜疆货币马纳特对美元走强，与年初相比马纳特升值幅度为3.4%，与2月相比马纳特升值幅度达到10%，马纳特汇率已经企稳。②阿塞拜疆央行网站数据显示，截至2017年11月30日，阿央行外汇储备达52.543亿美元，同比增加32.2%。③格鲁吉亚金融状况亦有所好转。据格鲁吉亚央行统计数据，2017年5月底格央行外汇储备28.26亿美元，环比增长2.9%，其中，外币储备26.24亿美元。亚美尼亚汇率变动保持基本稳定。2017年11月德拉姆平均结算利率为1美元兑换485.36德拉姆，2017年1~11月为1美元兑换482.67德拉姆。

2017年南高加索地区经济在总体向好的同时也暴露出一定问题，制约各国经济发展的痼疾犹存。2017年，作为阿塞拜疆支柱产业的油气开采不升反降。阿塞拜疆国家统计委员会数据显示，2017年1~11月，阿塞拜疆石油开采量同比减少6.2%，天然气产量同比下降2.2%。阿塞拜疆能源部预计，2017年石油开采量为3837.27万吨（2016年为4102.95万吨），天然气为296亿立方米（2016年为293.313亿立方米）。④同时，阿塞拜疆实施经济多元化战略的基础仍显脆弱，政府提出的农业、旅游和交通三大优先发展方向尚未见明显成果，要真正改变严重依赖能源的局面还需相当时日。亚

---

① 《2017年1~11月亚美尼亚对外贸易增长26.4%》，中华人民共和国驻亚美尼亚共和国大使馆经济商务参赞处网站，http://am.mofcom.gov.cn/article/jmxw/201712/20171202689531.shtml。
② 《阿财长称马纳特汇率已企稳》，中华人民共和国驻阿塞拜疆共和国大使馆经济商务参赞处网站，http://az.mofcom.gov.cn/article/jmxw/201712/20171202691700.shtml。
③ 《阿总统称2017年阿塞拜疆经济取得较大发展》，中华人民共和国驻阿塞拜疆共和国大使馆经济商务参赞处网站，http://az.mofcom.gov.cn/article/jmxw/201801/20180102697320.shtml。
④ 《1~11月阿石油和天然气开采量分别下降6.2%和2.2%》，中华人民共和国驻阿塞拜疆共和国大使馆经济商务参赞处网站，http://az.mofcom.gov.cn/article/jmxw/201712/20171202685044.shtml。

美尼亚的债务继续攀升,已临近"红线"。根据亚财政部数据,截至2016年12月31日,亚国家债务为28756亿德拉姆(约合59.42亿美元),占GDP比重56.6%(2015年为48.7%)。① 格鲁吉亚依然面临巨大贸易逆差。2017年1~11月格对外贸易额95.638亿美元,贸易逆差达46.862亿美元,占格外贸额的49%。

三 地区各国外交趋于均衡、务实

2013年乌克兰危机爆发是南高地区各国外交调整的一个重要节点,突出表现在地区三国加紧选边站队,呈现更加明显的格鲁吉亚西倾、亚美尼亚亲俄、阿塞拜疆独立自主的多元外交格局。以2014年6月与欧盟正式签署联系国协定和自贸区协议为主要标志,格鲁吉亚迈出"加盟入约"重要一步,驶入与欧盟深度一体化轨道。亚美尼亚则与欧盟停止了举行三年之久的联系国协定和自贸区协议谈判,转而加入俄罗斯主导的欧亚经济联盟。阿塞拜疆则既不急于追求"加盟入约",也不忙于加入欧亚经济联盟,只是在面对美欧的"人权、民主"压力下,与俄关系有所加强,多元平衡外交仍是阿塞拜疆外交基轴。

2017年,南高三国在继续坚持既定外交方略的同时,注重根据本国特点和现实需求,寻求全方位对外合作,为本国安全和发展创造更为有利的外部环境。格鲁吉亚继续执行融入欧洲的战略,同时开展全方位外交。格鲁吉亚是美欧在南高的战略支点,2017年,在与欧盟关系上,格鲁吉亚进一步向其靠拢。2017年2月2日,欧洲议会全体会议投票表决通过支持欧盟对格鲁吉亚实行免签制度。3月28日,该决议正式生效,格鲁吉亚公民开始享有赴欧盟免签待遇,可以自由进入申根国家。根据欧洲理事会文件,从事

---

① 《2017年亚美尼亚国债将增加8亿美元》,中华人民共和国驻亚美尼亚共和国大使馆经济商务参赞处网站,http://am.mofcom.gov.cn/article/jmxw/201711/20171102665004.shtml;《外债增长是亚美尼亚经济的"痛点"》,中华人民共和国驻亚美尼亚共和国大使馆经济商务参赞处网站,http://am.mofcom.gov.cn/article/jmxw/201711/20171102675099.shtml。

商业、旅游或家庭活动的格鲁吉亚人，可携带电子护照在任意180天内在欧盟国家停留90天。根据格鲁吉亚外交部声明，此项赴欧盟免签待遇同样适用于那些居住在"被侵占的领土上"但持有格鲁吉亚电子护照的公民，即阿布哈兹和南奥塞梯的公民亦可持格鲁吉亚电子护照免签进入欧盟国家。这是格鲁吉亚与欧盟签署联系国协定和自贸区协议后取得的重要后续成果，表明格鲁吉亚正在稳步有序地融入欧洲。2017年6月21日，欧盟对格鲁吉亚在2014~2017年第一阶段执行联系国协定给予充分肯定，并与格鲁吉亚签署了2017~2020年联系国协定日程，承诺将在未来三年向格鲁吉亚改革提供有力的财政和技术支持，以使其进一步与欧盟标准和制度对接。在对美关系上，2017年8月初，美国副总统彭斯访问格鲁吉亚无疑是引人瞩目的重要事件，显示了特朗普政府对格鲁吉亚地缘战略地位的高度重视。值得注意的是，彭斯此访正值格鲁吉亚与美英等国联合举行"高贵伙伴-2017"军演，彭斯观看演习并发表演讲，重申尊重格鲁吉亚的主权和领土完整，并支持格鲁吉亚加入北约。访格期间，彭斯与格鲁吉亚总理克维里卡什维利就进一步加强双方在国防和安全领域的合作，以及美国帮助格鲁吉亚增强军事防卫能力的措施达成重要共识。2017年11月8日，格鲁吉亚国防部部长伊佐利亚公开宣称，为增强格国防能力，美国近两年将向格提供1亿美元援助。美国白宫则在2017年11月底宣称，计划向格鲁吉亚提供反坦克导弹系统，并在格首都第比利斯附近再建一个军事培训中心。以上表明，特朗普就任总统后，格美军事安全合作非但未受影响，反而得到了更大发展。与此同时，需要指出的是，2017年，格鲁吉亚并未完全向西方一边倒，也在积极拓展与非西方国家的合作，积极开展全方位外交。格鲁吉亚继续奉行改善对俄关系的政策，双方贸易成果显著。格鲁吉亚国家统计局数据显示，2017年1~11月，俄罗斯为格第二大贸易伙伴，双方贸易额达10.54亿美元，其中格对俄出口3.55美元，俄罗斯成为格第一大出口市场和格葡萄酒最大进口国。2017年，格鲁吉亚对华关系取得重大成果，在2017年5月北京"一带一路"国际合作高峰论坛期间，双方正式签署了自贸协议文件，2017年11月，格鲁吉亚议会批准了这一协议。格鲁吉亚成为南高地区乃至后苏联空间第一

个与中国签署自贸协议的国家。2017年10月,巴库-第比利斯-卡尔斯铁路竣工投入运行,进一步巩固了格鲁吉亚与土耳其、阿塞拜疆之间的关系。

阿塞拜疆积极开展平衡务实外交。2017年,阿塞拜疆以交通、能源为重点,大力拓展全方位对外合作。一方面,阿塞拜疆实施完成或接近完成一批西向重大战略性基础设施项目,并签署西向重大能源开采协议,为其开展西向外交创造了更为有利的条件。2017年10月30日,在阿塞拜疆首都巴库隆重举行了被称为"钢铁丝绸之路"的巴库-第比利斯-卡尔斯铁路正式开通仪式,阿塞拜疆总统和土耳其总统,格鲁吉亚、哈萨克斯坦、乌兹别克斯坦总理等政要出席。该铁路的开通为亚欧之间的交通运输提供了新的更为便捷的路径,凸显了阿塞拜疆在地区交通运输中的中心地位和其在贯通亚欧交通上的巨大潜力。该铁路与巴库-第比利斯-杰依汉石油管线、巴库-第比利斯-埃尔祖鲁姆天然气管道一道构成了阿塞拜疆完整的西向互联互通体系。与此同时,"南方天然气走廊"项目正在顺利推进,其中"沙赫·丹尼斯-2"项目已完成99%,"南方天然气走廊"整体项目完成93%,TANAP项目完成了90%,2018年有望向土耳其输气,2020年计划向欧洲输气。2017年9月14日,阿利耶夫总统出席新的能源区块开采世纪合同签署仪式。根据该协议,"阿奇格"世纪合同将延至2050年,阿塞拜疆石油公司的股份占比将由现有的11.65%升至25%。该协议的签署进一步巩固了阿塞拜疆在地区能源及其外运中的核心地位,也为阿塞拜疆经济发展提供了新的强大动力。另一方面,阿塞拜疆与俄罗斯、伊朗等国家的合作也在紧锣密鼓地进行。2017年11月初,阿利耶夫总统出席了在德黑兰举行的阿塞拜疆、俄罗斯、伊朗三方第二次峰会,着力推动"北南国际运输走廊"建设。2017年,"北南国际运输走廊"项目取得积极进展,从阿塞拜疆到伊朗边界的铁路已经建成通车,伊朗境内约3公里路段也即将完成。这意味着"北南国际运输走廊"铁路线路有望在近期开通。根据设计,"北南国际运输走廊"初始阶段年货运量为600万吨,远景规划可达2000万吨。阿伊之间铁路贯通后,将大大缩短货物由印度运往北欧的时间,为欧亚大陆货物运输提供了新的通道,有助于进一步提升阿塞拜疆在地区交通运输中的中心地位。

与此同时，阿利耶夫总统与俄罗斯总统普京、伊朗总统鲁哈尼在三方会谈后发表的共同声明中称，三方计划在各个国际能源平台加深协作并扩大石油天然气领域的合作，包括勘探和开采油气田、石油运输和互换交易方式供应原油。

亚美尼亚继续奉行以俄为先的外交战略，同时积极修复与欧盟的关系。2017年，亚俄关系取得新的进展，尤其是军事合作引人注目。2017年10月5日，亚美尼亚议会批准了亚俄联合部队协议，标志着双方国防部长于2016年11月30日签署的该项协议正式生效。该协议有效期为五年，到期后可自动顺延五年。联合部队将由位于亚美尼亚境内的俄军事基地人员和亚武装力量人员组成，旨在共同保障亚美尼亚及高加索地区安全。同时，俄罗斯承诺未来四年将向亚提供1亿美元国防信贷，专门用于亚采购俄制军工产品。值得特别注意的是，2017年11月24日，亚美尼亚与欧盟在布鲁塞尔举行的"东方伙伴关系"峰会上正式签署了全面伙伴关系协议，标志着亚美尼亚与欧盟重修旧好，亚由此成为唯一一个既是欧亚经济联盟成员同时又与欧盟签有全面伙伴关系协议的国家。该协议涉及政治、交通、能源、生态、贸易和投资等诸多领域合作，将使亚获得欧盟资金和技术支持，有助于其经济稳定、制度建设和改善投资环境，并为双方进一步深化经贸金融合作奠定了法律基础，也为亚在欧盟和俄罗斯、欧盟和伊朗之间扮演沟通桥梁和调解角色提供了可能。此次亚与欧盟签署新协议并未招致俄罗斯报复，说明亚此举得到俄罗斯的默许，个中用意耐人寻味。

四　中国与南高地区国家合作快速发展

2013年9月习近平主席在哈萨克斯坦提出丝绸之路经济带倡议，这在中国与南高地区国家关系史上具有里程碑意义，标志着中国与南高地区国家关系进入一个新的历史发展阶段。四年多来，以"一带一路"为契机，中国与南高地区国家合作迎来一个新高潮，政治上，中国与南高地区国家的高层交往明显升温。2015年，南高三国领导人先后到访中国，为近年所仅见。

2016年,中共中央政治局常委、中国国务院常务副总理张高丽访问南高三国,这是迄今为止访问南高三国的中国最高级别领导人。经济上,南高三国对"一带一路"倡议积极响应,格鲁吉亚和阿塞拜疆先后与中国签署了共建丝绸之路经济带合作备忘录,并成为亚投行首批创始成员国。亚美尼亚领导人也明确表示愿与中方共同推动丝绸之路经济带建设。格鲁吉亚于2016年实质性结束与中国的自贸协议谈判,中国一跃成为格第二大葡萄酒进口国。2016年,中国成为亚美尼亚第二大贸易伙伴,仅次于俄罗斯。阿塞拜疆则把"一带一路"视作其推进经济多元化战略的重大契机,采取多种措施加大与中国合作。人文上,中国与三国来往和交流日趋频繁,三国积极采取简化签证措施,吸引越来越多的中国游客前往南高地区;孔子学院在各国顺利发展,汉语热、中国热在南高地区国家方兴未艾。

2017年,中国与南高地区国家在"一带一路"框架下的合作取得新的重要进展,为扩大双方合作奠定了坚实基础。中国与格鲁吉亚正式签署自贸协议文件无疑是2017年中国与南高地区国家合作的最大亮点,起到了引领和示范作用。2017年10月底,格鲁吉亚政府举行了"一带一路"国际论坛,格鲁吉亚总理克维里卡什维利自始至终参加会议,五个国家总理及多名外国政要、著名企业家、银行家和国际金融机构负责人与会。这是国际上第一个由外国政府举办的以"一带一路"为主题的官方论坛,彰显了格鲁吉亚对与华合作的高度重视。2017年1~11月,中格贸易额为8.34亿美元,其中格对华出口1.94亿美元,自华进口6.4亿美元。中国保持格第三大贸易伙伴国和第二大葡萄酒进口国地位。2017年11月19日,由中国企业承建的格鲁吉亚最长铁路隧道——克维什赫季9号隧道实现贯通,标志着格鲁吉亚铁路现代化项目取得了突破性进展。该隧道包含两条左右并行的单向隧道,全长8300米左右,将把格鲁吉亚首都第比利斯到著名黑海旅游胜地巴统的铁路货运运能从以前的5000万吨/年提升到10000万吨/年,实现运能提升100%。中国与阿塞拜疆的合作稳步推进。在2017年5月"一带一路"国际合作高峰论坛期间,中阿签署了经贸合作协议和关于技术法规、标准、质量评定的备忘录及多个产能融资协议。阿塞拜疆主推的"巴库-第比利斯-卡尔斯"铁路开通运营无疑为丝绸之路经济带增添了新的运输通道,为沿线国家加深经济、政治、安全、人文等各方面的交流合作创造了机遇,对加强中阿合作具有重要意义。据专家预测,该铁路将使北京至伦敦的铁路路程由45~60天大幅缩短至15天。该铁路线全长829公里,在阿、格、土三国境内的长度分别为504公里、246公里、79公里,其设计运载能力为每年100万人次旅客和650万吨货物,预计2034年将达到每年300万人次和1700万吨货物。据阿海关数据显示,2017年中阿贸易额为12.983亿美元,达到历史最高水平,比上年增长33.16%,占阿进出口总额的5.75%。其中,阿出口4.438亿美元,同比增长63.76%,占阿出口总额的3.21%;阿进口8.545亿美元,同比增长21.38%,占阿进口总额的9.73%。2017年中国由2016年阿第七大贸易伙伴国上升为第四大贸易伙伴国。中国与亚美尼亚合作也取得新的进展。2017年3月,亚美尼亚加入亚投行。2017年5月,亚美尼亚派团参加"一带一路"高峰论坛,并与中方签署了新的经贸合作协议。

总之,2017年,南高地区仍保持基本稳定局面,各国有条不紊地推进本国政治改革,确保了国内政治稳定,也为2018年总统大选平稳举行排除了隐患,创造了先机。2015~2016年连续两年在纳卡地区爆发的大规模武装冲突并未重演,阿塞拜疆总统和亚美尼亚总统成功会晤功不可没。近年来一直困扰各国的经济问题出现向好迹象,标志着各国实施的应对危机战略初见成效。在国际和地区形势发生复杂变化的背景下,南高地区各国游刃有余地开展灵活务实外交,为国内稳定和发展创造了有利的外部环境。中国倡导的"一带一路"建设正在南高三国落地生根,显示出中国与南高地区国家合作的巨大潜力和美好前景。

Y.5
权力交接平稳有序：吉尔吉斯斯坦总统大选下的政治发展

王 聪[*]

摘 要： 2017年10月15日，吉尔吉斯斯坦举行独立以来的第七次总统选举。社民党候选人、原总理热恩别科夫以54.76%的得票率胜出，吉尔吉斯斯坦首次完成权力和平交接。此次选举平稳进行，但也暴露出南北差异依旧存在等固有问题。随着总统大选尘埃落定，吉政坛新老交替进程基本完成，形成了以热恩别科夫总统为主的新"三驾马车"。未来，吉尔吉斯斯坦政府将延续"阿坦巴耶夫时期"的内外政策，"以稳为主，小幅改革"，对内"突出民生，缩小差距"，对外"以俄优先，务实平衡"，并且积极参与"一带一路"建设。

关键词： 吉尔吉斯斯坦 总统大选 热恩别科夫 内外政策

2017年10月15日，吉尔吉斯斯坦举行独立以来的第七次总统选举。社民党候选人热恩别科夫以54.76%的得票率胜出，吉尔吉斯斯坦首次完成权力和平交接。施政业绩突出和行政资源丰富是热恩别科夫赢得大选的主要原因。目前，吉政坛形成了以热恩别科夫总统为主的新"三驾马车"。未来一段时期内，热恩别科夫政府将有限地延续"阿坦巴耶夫时期"的内外政

---

[*] 王聪，中国现代国际关系研究院中亚室助理研究员，研究方向为中亚国家政治发展、中国与中亚国家关系。

策，"以稳为主，小幅改革"，对内"突出民生，缩小差距"，对外"以俄优先，务实平衡"。

一 2017年总统大选背景和特点

2010年，吉尔吉斯斯坦爆发"4·7"事件，阿坦巴耶夫领导的社民党联合其他反对派将时任总统巴基耶夫赶下台。同年6月，吉举行全民公投，确定新宪法，将总统任期改为6年且不得连任。2011年4月，吉举行第六次总统选举，阿坦巴耶夫以62.52%的得票率首轮胜出，任期至2017年。2016年12月，吉再次举行公投修宪，调整了总统和议会的权限，但没有修改总统任期年限，这也就意味着2017年的总统选举必将产生新的国家元首。2017年10月15日，第七次总统大选如期举行，社民党提名人、前总理热恩别科夫在首轮以54.76%的得票率胜出，国际舆论普遍认为选举"公平、有效"，吉尔吉斯斯坦完成独立以来首次权力和平交接。此次大选有三个特征。

一是公民参与度创新低。吉尔吉斯斯坦自独立以来共举行了七次总统大选。如表1所示，这七次大选的民众投票率几乎呈下降趋势。1991年的民众投票率高达89.03%，而2017年的民众投票率仅为55.93%。独立之初接近90%的投票率确有舞弊之嫌，但是此次大选投票率刚过半，这在某种程度上说明民众对于通过大选来改变国家和社会现状的预期并不高。

二是选战异常胶着。尽管投票率创新低，2017年大选却是历史上最激烈的一次。在吉尔吉斯斯坦已进行的7次大选中，除了第一次属于非差额选举，其他六次都是差额选举，候选人从3人到16人不等。从1995年到2011年的五次选举中，当选总统与第二名得票率的平均差距为61.95%。选举结果差距之大，使得人们在吉尔吉斯斯坦总统选举前就能推断出大选结果。然而，在2017年大选中，热恩别科夫与巴巴诺夫的得票率仅相差21%。这种差距很难说是"轻松胜出"。这也是吉尔吉斯斯坦和整个中亚地区历史上最胶着的一次总统选举。

表 1　吉尔吉斯斯坦历届总统大选情况*

单位：%

年份	大选概况		当选总统		第二名情况
	是否差额	投票率	姓名（党派）	选举得票率	姓名（党派 + 得票率）
1991	否（1人）	89.03	阿卡耶夫（独立）	95.33	无
1995	是（3人）	86.19	阿卡耶夫（人民党）	72.4	马萨利耶夫（吉共、24.7%）
2000	是（6人）	77.28	阿卡耶夫（独立）	76.4	捷克巴耶夫（祖国党、14.2%）
2005	是（6人）	74.96	巴基耶夫（独立）	88.6	巴基尔卢（独立、3.87%）
2009	是（6人）	79.13	巴基耶夫（光明道路党）	76.12	阿坦巴耶夫（社民党、8.41%）
2011	是（16人）	61.28	阿坦巴耶夫（社民党）	62.52	马杜马罗夫（统吉党、14.78%）
2017	是（13人）	55.93	热恩别科夫（社民党）	54.76	巴巴诺夫（独立、33.72%）

*笔者注：2010 年将奥通巴耶娃推上总统宝座的是全民公投，不在"总统选举"范畴之内。
资料来源：吉尔吉斯斯坦中央选举委员会。

三是南北部族差异依旧明显。由于地理和历史因素，吉尔吉斯斯坦境内的吉尔吉斯族大体上分为南北两大部族。在很长时间内，对吉尔吉斯斯坦政坛的运行也可以从"南北部族差异"的角度来进行解剖和解读，如著名的"3·24"事件和"4·7"事件。近年来，吉尔吉斯斯坦主流政治势力竭力淡化部族因素，取得不俗成绩。如传统上被视为北方势力代表的社民党就在南部多个地区的议会里占据了优势地位。但是从2017年的总统选举来看，"选老乡"的思维依旧强势。奥什州出生的热恩别科夫在全国的得票率主要是靠南方一市三州支撑起来的，在北方一市四州的得票率明显拖了他的后腿，其在巴巴诺夫的故乡——塔拉斯州的得票率甚至不足两成。如表2所示，热恩别科夫在南方地区最低得票率是57.46%（巴特肯州），而其在北方地区的最高得票率仅为55.83%（纳伦州）。反观巴巴诺夫亦如此，虽然他在全国的得票率刚过三成，但其在北方地区的支持率明显超过南方，在塔拉斯州甚至取得了85.64%的超高得票率。如果说，热恩别科夫和巴巴诺夫的选情尚不足证明"地域圈"的重要性，那么第三名马杜马罗夫的得票情况可以佐证。此役，奥什州出生的马杜马罗夫共获得11万张选票，其中奥州市0.7万张、奥什州3万张、贾拉拉巴德州3.1万

权力交接平稳有序：吉尔吉斯斯坦总统大选下的政治发展

张、巴特肯州2.2万张，而他在北方一市四州加起来的总票数不足2万张。在表2、表3的数据中，热代表热恩别科夫；巴代表巴巴诺夫；马代表马杜马罗夫。

表2 热恩别科夫选情数据汇总

		大选概况		热恩别科夫选情			其他
		投票率（%）	投票数（万）	本地区得票率（%）	本地区得票张数（万）	本地区排名	本地区首位姓名+得票率
总计		55.93	167.8	54.76	91.9	1	热(54.76%)
国内北方地区	比什凯克市	58.38	24.9	48.35	11.9	1	热(48.35%)
	楚河州	51.09	25.1	37.59	9.2	2	巴(50.48%)
	伊塞克湖州	54.54	14.1	50.85	7.1	1	热(50.85%)
	纳伦州	55.52	8.9	55.83	5	1	热(55.83%)
	塔拉斯州	61.05	7.9	12.69	1	2	巴(85.64%)
国内南方地区	奥什市	69.33	11	73.7	7.9	1	热(73.7%)
	奥什州	59.18	34.9	71.85	24.7	1	热(71.85%)
	贾拉拉巴德州	54.04	29.4	59.15	17.6	1	热(59.15%)
	巴特肯州	52.14	12.7	57.46	7.2	1	热(57.46%)
海外地区		28.12	0.5	31.84	0.18	2	马(32.86%)

资料来源：吉尔吉斯斯坦中央选举委员会。

表3 巴巴诺夫选情数据汇总

		大选概况		巴巴诺夫选情			其他
		投票率（%）	投票数（万）	本地区得票率（%）	本地区得票数（万）	本地区排名	本地区首位姓名+得票率
总计		55.93	167.8	33.49	56.6	2	热(54.76%)
国内北方地区	比什凯克市	58.38	24.9	36.04	8.9	2	热(48.35%)
	楚河州	51.09	25.1	50.48	12.5	1	巴(50.48%)
	伊塞克湖州	54.54	14.1	41.99	5.9	2	热(50.85%)
	纳伦州	55.52	8.9	36.97	33	2	热(55.83%)
	塔拉斯州	61.05	7.9	85.64	6.7	1	巴(85.64%)

续表

		大选概况		巴巴诺夫选情			其他
		投票率(%)	投票数(万)	本地区得票率(%)	本地区得票数(万)	本地区排名	本地区首位姓名+得票率
国内南方地区	奥什市	69.33	11	18.73	2	2	热(73.7%)
	奥什州	59.18	34.9	18.36	6.3	2	热(71.85%)
	贾拉拉巴德州	54.04	29.4	28.46	8.3	2	热(59.15%)
	巴特肯州	52.14	12.7	20.41	2.5	2	热(57.46%)
海外地区		28.12	0.5	23.92	0.12	3	马(32.86%)

资料来源：吉尔吉斯斯坦中央选举委员会。

二 热恩别科夫胜选的直接因素

虽然不能以"成王败寇"的思维来分析政治选举，但是无论从哪个角度来反推这次大选，热恩别科夫的当选都是名至实归的。主要有四大因素。

一是部族政治影响了选票投向。选举时，选民一般会参照候选人的政治纲领来决定投票，但是吉政治家们之间的政策主张没有明显区别，普通民众心中"选谁都一样"的思维惯性较大，因此在分析吉选举基本盘时就不能仅仅参考阶级属性和政治纲领的因素。如上文所述，吉普通民众存在较重的"乡土情结"，以区域划分的部族因素在大选中占据了主导地位，因此分析选民基本盘时可以考虑候选人的出生地情况。热恩别科夫和巴巴诺夫分别出生在奥什州和塔拉斯州。此次，奥什地区（奥什市和奥什州）有74.83万选民，而塔拉斯州的选民仅为12.94万。从基本盘的差距来看，巴巴诺夫还未应战已经"输了一半"。从结果来看亦是如此，热恩别科夫在奥什地区（奥什市和奥什州）共获得32.6万张选票，占其总得票数的35.4%。巴巴诺夫在塔拉斯州仅获得6万张选票，占其总得票数的11%。两位主要对手的基本盘相差了26.6万张选票，而热恩别科夫在全国范围内的总票数比巴巴诺夫也就多了约34万张选票。

二是从政业绩差异明显。热恩别科夫和巴巴诺夫都担任过内阁总理，这也是两人担任过的最高行政职务，但是两人的从政业绩有"天壤之别"。热恩别科夫于 2016 年 4 月至 2017 年 8 月任总理。上任前，2016 年第一季度吉尔吉斯斯坦 GDP 同比负增长 4.9%；热恩别科夫上任后迅速扭转经济下行趋势，全年 GDP 增幅为 3.8%，2017 年上半年继续增长 6.4%。热恩别科夫卸任时，阿坦巴耶夫总统对其的评价是"六年来的最佳总理"。① 相比而言，巴巴诺夫的施政能力大为逊色。2011 年 12 月至 2012 年 9 月任总理期间，吉尔吉斯斯坦 GDP 同比负增长 4.6%，巴巴诺夫被迫引咎辞职。

三是执政党支持力度，致使热恩别科夫的财富劣势并不明显。巴巴诺夫是吉尔吉斯斯坦有名的富豪，一些排行榜甚至将其列为首富。据悉，此次巴巴诺夫的竞选经费至少为 1.2 亿索姆（约 171 万美元），位列候选人第一。热恩别科夫虽然来自地方大家族，但是家庭财力与巴巴诺夫完全不在同一数量级。即便如此，在执政的社会民主党支持下，热恩别科夫团队还是拿出约 5000 万索姆的竞选经费，加之其行政资源的隐形便利，热恩别科夫的财富劣势并没有对其选情造成致命打击。

四是政治盟友的分离。吉尔吉斯斯坦的政治家谙熟"纵横之术"，往往是"没有永恒的盟友，只有永恒的利益"。这在此次大选中表现得尤为明显。塔西耶夫是"故乡"党领袖。2014 年 10 月，塔西耶夫和巴巴诺夫达成政治联盟，组成"共和国 - 故乡"党。② 选前，该党在议会是第二大党和最大的反对党，在 120 个议席中拥有 28 席。塔西耶夫和巴巴诺夫都是党主席，两人本应紧密合作。但是当巴巴诺夫宣布竞选时，同为反对派的塔西耶夫不仅没有第一时间站出来声援盟友，而且转去支持执政

---

① Атамбаев Жээнбекову: Ваше правительство было лучшим за годы моего президентства, http: //www. kabar. kg/news/atambaev - zheenbekovu - vashe - pravitel - stvo - bylo - luchshim - iz - vsekh - za - gody - moego - prezidentstva/，上网时间：2018 年 1 月 3 日。

② "Республика Ата Журт": лозунги и цели, http: //www. gezitter. org/politic/34238 _ respublika_ ata_ jurt_ lozungi_ i_ tseli_ _/，上网时间：2018 年 1 月 3 日。

党推出来的候选人热恩别科夫。① 最终，巴巴诺夫因得不到政党提名而被迫以独立候选人的身份应战。政治盟友的"不给力"让巴巴诺夫的选情"雪上加霜"。

三 热恩别科夫时代的权力结构

随着总统大选的尘埃落定，吉尔吉斯斯坦政坛完成了新老交替，出现独立后平均年龄最年轻的"三驾马车"，分别是新总统热恩别科夫（59岁当选）、新总理伊萨科夫（40岁当选）和新议长茹马别科夫（41岁当选）。

新总统热恩别科夫。热恩别科夫1958年生于奥什州卡拉-库尔盏区的一个大家庭。他的职业生涯起于1976年，在其职业生涯的前半段几乎都在和农业问题打交道。1983年，热恩别科夫大学毕业，开始了长达12年的农场生涯。他先后在奥什州国营农场担任工程师、党委书记、场长等职务，被视为奥什地区知名农业专家。1995年，热恩别科夫选择"出仕"，加入了阿坦巴耶夫领导的社民党，顺利当选第一届议会上院议员，先后出任上院农业问题委员会副主席、主席。2000年和2005年，两次连任议员。2007年是吉尔吉斯斯坦政坛相对动荡的一年。这一年，当政的巴基耶夫走上集权道路，与包括社民党在内的多数政党决裂。也正是在这一年，热恩别科夫迎来了政治生涯的第一个"大起大落"。4月，热恩别科夫入阁，担任农业水利部部长，同年10月被解职。此后，热恩别科夫便赋闲在家，与社民党一起等待"东山再起"。2010年，吉尔吉斯斯坦爆发"4·7"事件。社民党走上政治舞台中央，领导各反对派将巴基耶夫"赶下台"。热恩别科夫的机会也来了。2010~2015年，他先后任奥什州代州长、州长和中央政府驻奥什州全权代表。其间，奥什地区发

---

① Камчыбек Ташиев заявил, что снимает свою кандидатуру в пользу Сооронбая Жээнбекова, http://www.gezitter.org/politic/63401_ kamchyibek_ tashiev_ zayavil_ chto_ snimaet_ svoyu_ kandidaturu_ v_ polzu_ sooronbaya_ jeenbekova/，上网时间：2018年1月3日。

生震惊世界的"吉乌两族冲突事件"。事件的起因是吉尔吉斯族人不满乌兹别克族人干预"4·7"事件,其深层原因与两族人在奥什地区的政治、经济地位不匹配有关。由于中央政府管控不力,冲突规模迅速扩大,在短短的数十天内造成近千人伤亡,数万人流离失所。当人们都以为奥什地区将成为地区动荡之源时,热恩别科夫凭借其坚强的意志和出色的管控,迅速平息了事态。奥什地区是吉尔吉斯斯坦南部的中心地带,稳住了奥什也就稳住了吉尔吉斯斯坦的"半壁江山",这对于北方势力占主导的吉中央政府而言至关重要。热恩别科夫在奥什的政绩得到了社民党高层的一致认可。2015年11月,他再度入阁,担任内阁下属国家干部局局长,后任总统办公厅副主任。2016年4月,热恩别科夫被议会任命为政府总理。2017年7月,被社民党提名为总统候选人。10月15日,热恩别科夫当选总统,并于同年11月举行就职典礼,吉尔吉斯斯坦首次完成权力和平交接。

新总理伊萨科夫。伊萨科夫是吉尔吉斯斯坦杰出的"70后"政治家之一,他是社民党中最年轻的高官。伊萨科夫1977年7月29日出生于伏龙芝市(现比什凯克市)。值得注意的是,伊萨科夫虽然是比什凯克人,但他的童年是在奥什地区度过的,因为伊萨科夫的父亲常年在奥什地区工作。1994年,17岁的伊萨科夫从奥什市第16中学毕业,顺利考入吉尔吉斯斯坦国际大学国际法专业。该校是吉尔吉斯斯坦最好的高校之一,由教育部和外交部双重管理,相当于吉尔吉斯斯坦的外交学院。至此,伊萨科夫便与外交事业结下不解之缘。1999年,伊萨科夫大学毕业后留校任职。四年后进入外交部,先后任随员、三秘、二秘和外交部国际法规双边合作局副局长。由于踏实能干,伊萨科夫得到社民党领袖阿坦巴耶夫的青睐。2007年,时任总理阿坦巴耶夫将伊萨科夫调入总理办公厅,任总理办公厅国际合作局局长。从此,伊萨科夫进入了"阿坦巴耶夫阵营"。同年,阿坦巴耶夫下台,伊萨科夫被调离总理办公厅,在吉发展、投资和创新署工作。2010年,吉爆发"4·7"事件,阿坦巴耶夫出任临时政府副总理,伊萨科夫进入临时政府总理办公厅,成为办公厅外事部门的负责人。2010~2011年,伊萨科夫任总理

办公厅副主任。2011年，阿坦巴耶夫出任吉尔吉斯斯坦总统，伊萨科夫随即转任总统办公厅副主任。2017年3月，伊萨科夫成为总统办公厅主任，这也是自吉独立以来最年轻的总统办公厅主任。2017年7月，热恩别科夫成为总统候选人后辞去公职，总理职位空缺。在阿坦巴耶夫的大力推荐下，吉议会选举伊萨科夫为内阁新一届总理，他也成为自吉独立以来最年轻的总理。

新议长茹马别科夫。茹马别科夫1976年11月出生于塔拉斯州。2001年毕业于吉尔吉斯斯坦国立大学法学专业。2002~2009年，他先后在多家商业机构任职。2009年，32岁的茹马别科夫走上政坛，进入吉紧急情况部。2010年10月，茹马别科夫被选为第五届议会议员，隶属于"故乡"党党团。但由于不满"故乡"党的国内政策，茹马别科夫选择退党。2015年，茹马别科夫出任第六届议会议员，隶属于"吉尔吉斯斯坦"党党团。"吉尔吉斯斯坦"党被视为社民党的坚定盟友，是第六届议会执政联盟成员。这给茹马别科夫创造了施展手脚的好机会。作为吉政坛杰出的"70后"代表，茹马别科夫在议会里表现十分活跃，得到政治当权派的欣赏。2017年7月，社民党举行全国党代会，讨论总统候选人提名事宜。时任议长图尔松别科夫希望得到党内提名，但未被采纳。10月25日，图尔松别科夫宣布辞职，称这是"为了缓和总统选举期间的紧张局势"[1]。同日，茹马别科夫出任第六届议会新议长，他也成为自吉独立以来最年轻的议长。

四 对热恩别科夫时代的政治展望

分析吉尔吉斯斯坦未来的内外政策需要首先解决一个问题，即谁将在吉政坛上占据主导地位。当今吉尔吉斯斯坦政坛有两位"史上最年轻"的高

---

[1] Чыныбай Турсунбеков заявил об уходе с поста спикера ЖК6 https://ru.sputnik.kg/politics/20171025/1035980941/tursunbekov-uhodit-v-otstavku.html，上网时间：2017年12月25日。

官,可总统热恩别科夫的当选年龄(59岁)却是吉独立后五位总统中的第二高龄,仅次于奥通巴耶娃(60岁出任)。可以看出,阿坦巴耶夫和执政的社民党在选择接班人时,还是希望"稳中有变,以稳为主",既不能固守成规,更不能激进改革,这可能是"一老带两新"格局产生的最直接原因。按照现行宪法,在新"三驾马车"中总理权力不受总统管辖,但是热恩别科夫的个人资质和阅历决定了他才是新"三驾马车"中的核心人物。当然,最大的赢家是执政的社民党。无论是热恩别科夫、伊萨科夫,还是茹马别科夫,社民党对其决策都有直接控制力,而社民党的背后则极可能仍有阿坦巴耶夫的潜在影响。2017年,社民党为热恩别科夫造势时,称其为"阿坦巴耶夫路线的继承者"①。由此可以推断出,未来新"三驾马车"仍将延续阿坦巴耶夫当政时期形成的政策惯性,并在此基础上按照世情、国情和社情进行微调。

从内政角度来看,"稳字当头"将是热恩别科夫政府的施政原则。阿坦巴耶夫当政期间,吉政府曾经制定过《2013～2017年社会经济发展规划》,将稳定作为改革的基础,将"平衡地区、优惠全民"作为发展的目标,将农业、轻工业和采矿业等作为优先发展方向。目前,吉内阁正在依照《2013～2017年社会经济发展规划》的模式来制定《2018～2040年发展战略》。据悉,《2018～2040年发展战略》将从"一个核心"和"四个方面"来着手。"一个核心"是吸引投资。在战略的第一阶段(2018～2023年),吉计划实施89个项目,总投资高达117亿美元。其中投入最多的是交通运输领域,共计21个项目,金额将达89亿美元,包括中吉乌铁路项目和北南公路项目等。② "四个方面":一是"三农"领域,作为农业问题专家的热恩别科夫认为,农业是稳定经济发展的压舱石,新政府将制订农业振兴计划,通过财政和货币政策给予农业发展

---

① Атамбаев считает Жээнбекова наиболее подходящим кандидатом,https://rus.azattyk.org/a/28579566.html,上网时间:2018年1月4日。
② 《吉尔吉斯斯坦可持续发展战略第一阶段将实施89个项目》,http://kg.mofcom.gov.cn/article/jmxw/201711/20171102676945.shtml,上网时间:2018年1月4日。

更多优惠,积极引资兴建农村基础设施;二是国际物流领域,热恩别科夫认为,吉应该成为欧亚大陆的物流中转中心之一,成为连接亚欧大陆的枢纽;① 三是消除地区发展差距,地区间发展不均衡是导致吉南北隔阂的主要原因,新政府要大力增加落后地区特别是南部地区的就业岗位。目前,吉政府已经将2018年宣布为"地区发展年";② 四是民生领域,热恩别科夫任总理期间便着力推动民生工程,就职总统后仍将会把此作为施政重点,特别是"清洁社会"工程。③

按照吉尔吉斯斯坦宪法,外交活动属于总统权限范畴。从热恩别科夫的表态和举措来分析,吉尔吉斯斯坦新一届政府极有可能继续开展"以俄为主,大国平衡"的外交活动。

一是积极参与以俄为主的欧亚一体化进程。无论是热恩别科夫,还是伊萨科夫,吉新一届高层官员几乎都认可俄罗斯的作用,认为俄是吉最现实的盟友。11月29日,热恩别科夫上任不到一周便对俄罗斯进行访问,并与普京和梅德韦杰夫举行会谈,热恩别科夫公开表示:"我刚当上总统便访俄,足见两国关系之紧密。"④

二是重视邻国外交。随着乌兹别克斯坦进入"米尔济约耶夫时代",吉尔吉斯斯坦看到了乌吉关系转圜的契机。12月13日,热恩别科夫访问乌兹别克斯坦,与米尔济约耶夫总统举行会晤。两国元首就政治、经贸、交通运

---

① Президент Жээнбеков: Проект железной дороги «Китай – Кыргызстан – Узбекистан» очень важен для нас, http://catoday.org/centrasia/prezident – zheenbekov – proekt – zheleznoy – dorogi – kitay – kyrgyzstan – uzbekistan – ochen – vazhen – dlya – nas,上网时间:2018年1月4日。

② Жээнбеков объявил 2018 – й Годом развития регионов, https://ru.sputnik.kg/society/20180110/1037199988/zhehenbekov – obyavil – 2018 – godom – razvitiya – regionov.html,上网时间:2018年1月3日。

③ Жээнбеков: «Таза коом»—новая модель управления, новые технологии и развитие человеческого потенциала, http://knews.kg/2017/05/zheenbekov – taza – koom – novaya – model – upravleniya – novye – tehnologii – i – razvitie – chelovecheskogo – potentsiala,上网时间:2018年1月5日。

④ Путин встретится с новым президентом Киргизии, https://ria.ru/world/20171129/1509795062.html,上网时间:2018年1月6日。

输、文化教育等领域合作问题进行讨论。米尔济约耶夫表示,"吉尔吉斯斯坦是乌兹别克斯坦最亲近的邻居"①,而热恩别科夫则称,"吉乌两国的边界将成为世代友好的交流场所"②。

三是主动化解与哈萨克斯坦的外交矛盾。吉尔吉斯斯坦和哈萨克斯坦互为中亚近邻,两国都是上海合作组织和欧亚经济联盟成员国,哈萨克语与吉尔吉斯语同属阿尔泰语系突厥语族西突厥语支,因此两个国家常被称为"同文同种的兄弟国家"。但是2017年,两国关系跌落至冰点。事情起因在于哈萨克斯坦总统纳扎尔巴耶夫在吉大选期间会见了巴巴诺夫,这被吉方视为"极大的外交挑衅",吉指责哈方"试图干涉吉内政",双方外交"口水战"不断升级。10月10日,哈方突然加强哈吉边境管控,导致大量车辆、人员拥堵。吉方则于11月16日宣布终止接受哈方援款1亿美元的协议。11月20日,阿坦巴耶夫在官邸举行任期内最后一次记者招待会时表示:"吉哈关系应得到调整。双方产生的摩擦不仅打击了吉尔吉斯斯坦,而且也不符合同为欧亚经济联盟成员国的哈萨克斯坦以及俄罗斯的利益。"应该说,热恩别科夫就是在这样一个大背景下就职总统的。与哈萨克斯坦交恶不符合吉尔吉斯斯坦的国家利益,而热恩别科夫又是一个懂得务实的领导人。他上任后,先是利用集安组织峰会的机会与纳扎尔巴耶夫举行会晤,确保双边关系不再恶化。后于12月25日访问哈萨克斯坦,签署了边界划分和通关制度规范化等文件,基本化解外交风险。纳扎尔巴耶夫对此表示:"两国在所有领域都已建立具有建设性和信任性的对话。"③

---

① Мирзиёев: самый близкий сосед Узбекистана—Кыргызста, http://ru.sputniknews-uz.com/politics/20171213/7068801/Mirziyoev-samyj-blizkij-sosed-Uzbekistana-Kyrgyzstan.html,上网时间:2018年1月2日。

② Жээнбеков: наши народы должны встречаться в удобное для них время, http://ru.sputniknews-uz.com/radio/20171215/7078308/ZHehehnbekov-nashi-narody-dolzhnyvstrechatsyavudobnoedlyanihvremya.html,上网时间:2018年1月3日。

③ Назарбаев и Жээнбеков сделали совместное заявление для СМИ, http://today.kz/news/kazahstan/2017-12-25/756941-nazarbaev-i-zheenbekov-sdelali-sovmestnoe-zayavlenie-dlya-smi/,上网时间:2018年1月4日。

四是积极参与"一带一路"建设。2016年6月,热恩别科夫曾以总理身份赴华参加夏季达沃斯论坛。在华期间他表示,中国是吉尔吉斯斯坦的战略伙伴和外交优先方向。未来,中吉两国将通过双边经济合作来带动"一带一路"建设,开展产能、投资、轻纺、通信、农业、水利灌溉等领域的务实合作。

Y.6
阿富汗局势对中亚地区安全的影响

王世达 丁晓星*

摘　要： 2017年，尽管特朗普政府出台了对阿富汗新战略，阿富汗形势仍没有根本性好转，和平进程止步不前，阿政府与塔利班依旧激烈缠斗。同时，"伊斯兰国"（IS）在中东溃败后，阿富汗或将成为其未来渗透的重点。2017年，中亚地区安全形势平稳，但各国均高度关注阿富汗局势对中亚地区产生的影响，尤其是IS在阿富汗的渗透给中亚地区所带来的威胁。目前，各方对IS在阿富汗渗透活动的评估不一，但总体看，阿富汗北部地区的形势不断恶化，对中亚构成威胁。中亚各国采取各种措施应对，加大对恐怖极端势力的打击力度，同时积极寻求外部援助。美国在阿富汗十多年的反恐表明，武力解决不了阿富汗问题，中亚各国明显加强了与阿富汗的政治互动与经济合作，希望通过帮助阿富汗经济重建，来推动解决阿富汗问题。

关键词： 阿富汗　中亚　恐怖主义　安全形势

一　阿富汗局势

2017年是阿富汗形势演进颇为关键的一年。政治上，阿富汗面临团结

---

* 王世达，中国现代国际关系研究院南亚与东南亚及大洋洲研究所南亚研究室主任，副研究员，研究方向为南亚问题；丁晓星，中国现代国际关系研究院欧亚所代理所长，研究员，研究方向为中亚地区问题、大国与中亚国家关系、上海合作组织。

政府分歧不断，各大阵营内部矛盾凸显等难题，但尚能维持联合执政格局。安全上，安全形势恶化趋势不减，阿安全部队勉强支撑。在此局面下，美国特朗普政府出台对阿富汗及南亚新政，试图以此扭转阿局势恶化趋势。

政治上，阿政府虽未崩盘，但内部分歧明显。首先，总统与首席执行官争权夺利，政府内部矛盾频发。首席执行官阿卜杜拉公开指责总统加尼未履行重大事项与其协商的承诺，而是大权独揽、乾坤独断。副总统杜斯塔姆也指责加尼任人唯亲，大肆提拔普什图人，尤其是加尼出生地卢格尔省的普什图人。普什图阵营与"北方阵营"矛盾凸显。例如，2017年6月30日，"北方阵营"三大主流政党，即伊斯兰促进会，伊斯兰民族运动和伊斯兰统一党宣布成立"拯救阿富汗同盟"，领导人包括乌兹别克族领导人杜斯塔姆，伊斯兰促进会主席萨拉胡丁，巴尔赫时任省长阿塔·努尔，伊斯兰统一党领导人、第二副执行官穆哈吉克。该联盟指责加尼政府涉嫌参与针对北方民族政治家的定点清除，必须为阿富汗北部安全形势恶化负责。2017年底，阿团结政府宣布免去阿塔·努尔的巴尔赫省省长一职，但后者拒绝离任，双方已进行多轮谈判协商，截至2018年1月中旬尚未打破僵局。其次，北方阵营内部矛盾更加明显。阿卜杜拉虽然是北方阵营的最高政治代表，但其地位面临诸多挑战。例如，阿卜杜拉与巴尔赫省省长阿塔·努尔关系恶化，后者表示不再信任阿卜杜拉，转而直接与加尼就伊斯兰促进会在政府中的权力问题进行沟通。2017年4月21日，阿塔·努尔高调表示将参加2019年总统大选，并积极争取在伊斯兰促进会的领导权，这对阿卜杜拉构成严峻挑战。此外，伊斯兰促进会领导人萨拉鲁丁·拉巴尼虽然是名义上的一号人物，但实际掌控力有限，面临内部伊斯梅尔汗、尤努斯·卡努尼及齐亚·马苏德等大佬的掣肘。最后，前总统卡尔扎伊非常活跃。卡尔扎伊卸任总统后保持很高的政治曝光度，频繁批评现政府，有意再度出山。2017年7月16日，名为"阿富汗人民轴心"的反对党宣布成立。该党指责阿民族团结政府违反宪法，加尼和阿卜杜拉根本没有履行2014年9月协议，如修改宪法、设立总理职位等。该党领导人包括前国家安全顾问纳比尔、前交通部部长纳加法等卡尔扎伊政府成员，被广泛认为亲前总统卡尔扎伊的政党。此前，卡尔扎伊已经反复要求召开大支尔格会议，以恢复民众对阿民族团结政府合法性的认同及信心。阿媒报道称，实际上卡尔扎伊有意借召开大支尔格会议来进一步削弱阿民族团结政府的合法性。

安全上，阿富汗塔利班继续发动"春季攻势"军事行动，攻城略地势头不减。IS分子虽屡遭打击，但仍在东部数省保持相当存在。阿富汗安全部队承担防卫主责，与塔利班正面交火频率明显增加，损失惨重。在此情势下，美国总统特朗普公布对阿富汗新政策，采取强化对塔利班等组织武力打压等措施，试图打破阿富汗僵局，但前景不容乐观。首先，塔利班加紧与阿富汗政府争夺控制权。2016年以来，阿主要反叛组织塔利班在巩固阿富汗东部和南部传统势力范围的同时，不断向东北部和北部拓展影响力，并尝试攻占大、中城市，特别是曾经两度部分攻占北部重镇昆都士城。2017年4月28日，塔利班宣布发动新一轮"春季攻势"，在继续发动袭击的同时着眼于建立更大范围的实际统治。袭击目标主要是驻阿富汗外国军队和阿富汗政府、军队以及情报机构，并强调采取措施尽量减少平民伤亡。阿富汗安全部队在美军空中支援下整体维持对大、中城市的控制，但塔利班有能力控制若干乡村地区，持续发起较大规模武装突袭，并通过在首都喀布尔等地区袭击高价值目标赢得媒体关注，营造不安全感，削弱阿富汗政府的合法性。塔利班还大幅度扩大针对阿富汗军政目标的袭击范围，除了首都喀布尔之外，西部赫拉特省、法拉省，南部坎大哈省、乌鲁兹甘省，东部帕克蒂亚省、加兹尼省等均发生重大暴恐袭击事件，导致阿富汗军政人员，特别是安全部队人员伤亡惨重。阿富汗重建事务特别检察长所做的2017年第三季度报告显示，政府控制或者影响的面积约占阿富汗领土的56.8%，在过去半年下降1%，相比去年同期下降6%。具体来说，在阿富汗34个省407个县中，只有231个县位于政府控制或者影响之下，54个县受塔利班的控制和影响，另有122个县处于拉锯状态。从人口方面分析，大约2070万人居住在政府控制和影响的区域，约370万人居住在塔利班等反叛组织的控制或影响区域，约占阿富汗总人

口的11.4%，另外有810万人处于双方争夺区域。① 其中，塔利班等反叛组织控制或者影响区域最大的是南部乌鲁兹甘、赫尔曼德以及北部的昆都士省。

其次，IS呼罗珊分支仍在阿富汗活动。2015年初，IS成立呼罗珊分支，主要在阿巴两国，特别是阿富汗东部地区活动。呼罗珊分支发展迅速，一度控制阿东部楠格哈尔省22个县中的8个具。此后，美阿军队发动联合清剿行动，塔利班也在阿全境召集精英力量"清除异己"，这严重压缩了呼罗珊分支的活动范围。2017年4月，驻阿美军发动集中清剿呼罗珊分支的"哈姆扎行动"，联手阿安全部队与呼罗珊分支在楠格哈尔省的Achin, Deh Bala以及Pachir Wa Agam三个县激烈交火，其中尤以在Achin县的战斗最为激烈。同时，美军连续成功斩杀呼罗珊分支大头目。例如，2016年8月，呼罗珊分支第一任头目赛义德·汗被打死。2017年5月，呼罗珊分支第二任头目阿卜杜尔·哈西德身亡。另有消息称，美军7月在针对库纳尔省的空袭中打死了呼罗珊分支第三任头目阿布·赛义德。根据美军估计，呼罗珊分支的高层领导人已经被清除殆尽，并损失75%以上的作战力量。② 然而，呼罗珊分支在美阿军队强大压力下表现出惊人的韧性，不仅与美阿军队反复争夺，甚至扩大了其在托拉博拉山区的影响力。托拉博拉山区地形极为复杂，历史上抗苏圣战者和"基地"组织都曾在此成功藏身，若呼罗珊分支持续在此地扩展势力，将大幅增加打击难度。与此同时，巴基斯坦军队于7月16日发动了代号为"开伯尔－4"的军事行动，重点清缴巴基斯坦境内，特别是与楠格哈尔省接壤的开伯尔地区的IS分子。此前，呼罗珊分支持续从开伯尔部落区向楠格哈尔省用骡子等手段运输武器。显然，巴基斯坦此举将大幅削弱呼罗珊分支从巴境内获得后勤补给的能力，利于美阿军队在阿富汗境内的清剿行动。然而，也有分析认为，巴基斯坦针对开伯尔部落区的强力

---

① SIGAR Reports Govt Has Lost More Ground To Insurgents, https：//www.tolonews.com/afghanistan/sigar–reports–govt–has–lost–more–ground–insurgents，上网时间：2017年11月2日。

② Another ISKP leader "dead"：Where is the group headed after losing so many amirs? https：//www.afghanistan–analysts.org/another–iskp–leader–dead–where–is–the–group–headed–after–losing–so–many–amirs/.

清剿可能导致更多IS武装分子逃入阿富汗境内。

最后,阿富汗安全部队勉强支撑局面。2015年以来,阿安全部队已经承担国土防卫主要责任,成为抵抗塔利班攻势的主要力量,因而也遭受重大损失。鉴于此,阿富汗政府正考虑招募2万名平民武装对抗塔利班和呼罗珊分支。具体来说,阿政府向平民发放武器,由后者保护当地的安全。这一平民武装将由阿富汗军队领导,装备和训练均好于美方2010年组织成立的阿富汗当地警察部队。这恰恰凸显阿安全部队所面临的困局,即有能力在美军支援下夺回塔利班控制的部分地区,但缺乏力量守住作战成果。另外,阿富汗总统加尼已经下令在四年之内将现有规模1.7万人的特种作战部队扩大一倍,同时强化阿富汗空军力量。整体看来,阿军虽然承担国土防卫责任,但因人员伤亡惨重不可持续,且明显离不开美国等外国军队包括空中火力打击在内的各类支援。

在和谈问题上止步不前。和平进程显然是阿富汗安全形势彻底改善的治本之策。2015年,阿政府与塔利班之间的首轮和平谈判在巴基斯坦穆里启动,但后因各种干扰而中断。此外,旨在推动阿富汗和平进程的中美巴阿四国协调机制先后召开六轮会议,但尚未能推动塔利班参与和平进程。目前看来,各方仍然对四国协调机制抱有期望,希望该机制能在阿巴两国之间建立互信、最终推动塔利班接受和谈。

在此形势下,特朗普出台对阿富汗及南亚新政,试图以强化武力投入等手段打破僵局。2017年8月22日,美国总统特朗普就其阿富汗及南亚政策发表讲话,归纳了美国在阿富汗的关键利益,以及为了维护利益而要采取的若干措施。首先,特朗普就美国在阿富汗的关键利益做出三大结论:一是美国军队过去在阿富汗付出了巨大代价和牺牲,必须在阿富汗寻求"与牺牲相匹配的、体面且可以持续的结果";二是美国从阿富汗仓促撤军将带来巨大的不确定性,"基地"组织、"伊斯兰国"等国际恐怖组织可能趁机填补由此产生的安全真空,此前,美国从伊拉克彻底撤军导致其安全形势迅速恶化,美国必须避免在阿富汗重蹈覆辙;三是包括阿富汗在内的地区面临广泛的安全威胁,美国认定的全球恐怖组织多达20个活跃在阿富汗和巴基斯坦境内,恐怖主义的威胁切实存在。此外,印度和巴基斯坦都是事实上的核国家,两国关系紧张甚至产生冲突会带来难以想象的后果,必须采取措施避免恐怖组织以任何形式获得核武器。

其次,特朗普提出了其阿富汗新战略的五大支柱。一是在阿富汗将采取"基于条件",而非"基于时间表"的政策,未来在阿富汗采取什么措施、增加多少兵力等均将依据阿富汗的具体情况而定。二是将采取包括军事、外交、经济等手段在内的综合措施推动阿富汗局势好转。美国对阿富汗政策的核心在于反恐,将继续支持阿富汗安全部队,提升其作战能力,但不会再推动阿富汗的"国家重建"和民主制度。三是巴基斯坦境内仍然存在阿富汗塔利班的庇护所,敦促巴基斯坦彻底改变对极端组织的态度,否则将承担相应后果。四是支持印度在阿富汗问题中发挥更大作用,特别是在阿富汗重建和发展领域。五是要求北约等盟友继续发挥作用。美国继续要求盟国承担更大责任,以推进美国及盟国的共同利益。特朗普强调,必须由阿富汗人决定自己国家的未来,承担更多的经济和安全责任,美国不会对阿富汗政府开出空头支票。①

新战略公布后,美国国防部部长马蒂斯、国务卿蒂勒森先后访问南亚,已经采取了一系列措施落实特朗普对阿富汗新政。例如,美国决定向阿富汗增兵约4000人,投入包括F-16、B-52作战飞机在内的更多空中打击力量,强化针对包括塔利班在内的各类极端组织的空中和地面打击,进一步扩大美军行动权限,美军顾问将直接随同阿军队基层作战单元联合行动,未来可能通过进一步削减对巴军事援助,甚至将巴基斯坦某些人员列为"支恐分子"进行制裁以不断向巴基斯坦当局施压等。北约数据显示,2017年前九个月,美军在阿富汗进行了2400次空中打击行动,这是自2014年以来的最高水平。仅在9月就发射了751件空中武器打击塔利班和"伊斯兰国",系2012年以来的最高水平,相比8月提高了50%。②

---

① "Trump Sets U. S. Strategy for Afghan War", https://www.nytimes.com/2017/08/21/world/asia/afghanistan - troops - trump. html, 上网时间:2017年12月18日。
② "The US air war in Afghanistan is hitting new levels of intensity under Trump", http://www.businessinsider.com/r - us - bombs - dropped - in - afghanistan - at - highest - since - 2010 - under - new - trump - strategy - 2017 - 10, 上网时间:2017年11月16日。

特朗普对阿新政产生多方面影响。一方面,特朗普新政有助于推动阿富汗反恐,抑制恐怖主义外溢。美军将采取更多军事手段压制阿富汗境内极端组织,特别是构成全球恐怖主义威胁的"伊斯兰国",这有助于进一步削减"伊斯兰国"在阿富汗的活动空间,避免其从阿富汗东部向与中亚国家接壤的东北部和北部地区拓展影响,防止恐怖主义影响中亚地区的安全与稳定。另一方面,奥巴马政府曾经大幅增兵阿富汗,高峰时美国军队人员总数达到近10万名,仍未能彻底扭转阿富汗安全形势。以此观之,增兵4000人显然无法彻底击败塔利班等反叛组织。塔利班将继续与阿政府争夺控制权,并可能呈现更多新特点,如进一步采取措施减少平民伤亡,尝试夺取某些人口密集的大、中城市等。IS呼罗珊分支屡遭美军和阿富汗军队打压,但仍能依托东部楠格哈尔省的有利地形持续周旋,且可能因"伊斯兰国"叙伊总部败退而加紧向包括阿富汗在内的其他地区转移兵力而获得新的人员、资金和武器支持。此外,特朗普指望阿富汗政府尽快实现经济自立显然不切实际,阿政府预算和军费支出仍将严重依赖外部支持,否则政府无法正常运转,阿富汗安全部队也将面临更大的挑战。

一 阿富汗局势对中亚地区的影响

2017年,尽管阿富汗局势动荡依旧,但中亚地区并没有发生大规模暴恐事件,安全形势总体可控。但各方均高度关注阿富汗形势对中亚地区的影响,焦点集中在IS向阿富汗的渗透及其对中亚所产生的影响。2017年,IS在中东全面溃败,俄罗斯、伊朗高调宣布在叙利亚、伊拉克的"反恐战争"取得阶段性胜利,俄罗斯宣布从叙利亚撤军。但恐怖势力将"化整为零",在全球其他动荡地区寻找"避风港",继续从事暴恐活动。除中东、北非一些动荡地区之外,IS或将利用阿富汗乱局在当地扩大影响,并觊觎资源丰富、战略位置重要的中亚地区。但目前各方对于IS在阿富汗活动及对中亚威胁的评估存在较大差别。

俄罗斯高度关注IS在阿富汗的活动及其对中亚的影响。俄联邦安全局

中亚黄皮书

局长博尔特尼科夫在2017年12月举行的独联体国家安全及情报部门领导人会议上称:"IS在中东被击溃后,下一个目标将是阿富汗,然后从阿富汗渗透至中亚地区。"① 俄外长拉夫罗夫也指出:"我们非常担心IS在阿富汗北部的活动,他们显然已将目标对准了中亚。"② 俄罗斯总统阿富汗问题特使、俄外交部第二亚洲司司长卡布罗夫指出,俄罗斯对IS在阿富汗的活动尤为担心。他指出,有大量的IS分子从中东来到了阿富汗,他们的数量"已经超过1万人,而且还在快速增长"③,恐怖分子主要集中在阿富汗与塔吉克斯坦与土库曼斯坦的边境地区,对中亚地区构成严重威胁。俄罗斯有专家指出,2017年以来,阿富汗国内IS恐怖分子的数量大幅增长,他们不仅活跃在东部的楠哈格尔省,而且大肆向阿富汗东部和北部渗透,情况比较严重的有卢格尔省和朱兹詹省。朱兹詹省的达尔扎布县有一个规模很大的恐怖组织训练营,其中有来自车臣、哈萨克斯坦、乌兹别克斯坦、巴基斯坦甚至法国的300多名恐怖分子。俄独立学者阿萨弗福指出,恐怖分子之所以能够从中东向全球其他地区转移,背后"有美国人帮助",因为美国"有其他的战略目的"。④ 俄媒也援引阿富汗安全官员的消息称,有不明来源的直升机将大批的IS恐怖分子从阿东部向北部运输。而美国人对IS在阿富汗活动的评估与俄罗斯有明显不同。2017年11月底,美军驻阿富汗司令尼克逊在接受媒体采访时表示,一年来,美国加大对阿富汗IS恐怖势力的打击力度,IS恐怖势力在阿富汗损失惨重,美国还联合其他盟友,切断了IS恐怖势力在阿富汗的资金来源。他认为,IS在阿富汗的渗透"不会取得成功"。尼克逊还表示:"目前也没有迹象表示,IS恐怖势力大规模地从中东向阿富汗转移,

---

① Афганистан держит Центральную Азию в напряжении,http://www.ng.ru/world/2017-12-25/1_7143_afgan.html,上网时间,2017年12月28日。
② Афганистан держит Центральную Азию в напряжении,http://www.ng.ru/world/2017-12-25/1_7143_afgan.html,上网时间,2017年12月28日。
③ МИД России:ИГ наращивает свою численность в Афганистане,https://www.vesti.ru/doc.html?id=2969445,上网时间,2017年12月25日。
④ Александр Асафов:США помогают радикалам ИГ сбежать из Сирии,https://politexpert.net/83544-aleksandr-asafov-ssha-pomogayut-radikalam-ig-sbezhat-iz-sirii,上网时间,2017年12月18日。

在阿的 IS 势力主要是此前宣布效忠于 IS 的乌兹别克斯坦伊斯兰运动。"[①]
2017 年 8 月，特朗普政府推出了阿富汗新战略，不设具体的撤军时间表，并加大在阿美军的数量，直接参与一些反恐军事行动。4 月中旬，为打击 IS 恐怖势力，美国首次使用了被称为"炸弹之母"的大型空爆炸弹，在楠哈格尔省消灭了 94 名 IS 恐怖分子，并炸毁了 IS 在当地的武器库和多处藏身的洞穴。

尽管俄美对 IS 在阿富汗的数量、规模与威胁程度的看法有所差别，但不可否认的是，随着 IS 在中东溃败，一些恐怖分子确实向阿富汗流窜。同时，IS 在 2015 年初宣布在阿富汗建立呼罗珊分支，这支力量也以楠哈格尔省为据点，通过招募当地失业青年，不断扩充势力。据阿安全部门的官员称，在阿北部涌入了一批外国武装分子，他们活动在萨尔勒普和法里亚布省。

2017 年，IS 在阿的活动有以下特点。一是接连制造恐怖袭击事件，妄图扩大影响。1 月初，IS 在巴格兰打死了十多名矿工，这些矿工都是信奉什叶派的哈扎拉人。8 月底，IS 恐怖分子又闯入喀布尔的什叶派清真寺，大肆屠杀什叶派教徒，试图在阿富汗挑起宗教冲突。3 月初，IS 袭击了喀布尔的一家军医院，导致 50 多名正在养伤的士兵死亡，大量人员重伤。5 月底，IS 在喀布尔的使馆区制造了血腥的暴恐袭击，导致 100 多人死亡，500 多人受伤，德国、伊朗等国使馆遭到严重破坏。二是积极向北部渗透。IS 认为，阿富汗北部地区的动荡形势为其创造了渗透的良机，IS 以东部的楠哈格尔省为基地，通过巴达赫尚等地，不断向昆都士、萨尔普勒等北部地区渗透，试图拉拢在阿北部活动的国际恐怖分子入伙，并在当地制造恐怖袭击，杀害平民。三是 IS 与塔利班关系复杂。IS 进入阿富汗后，与塔利班的关系错综复杂。IS "挖墙脚"和"抢地盘"的行为引起塔利班的不满，双方在多地发生了武装冲突。2017 年 6 月底，IS 发表声明称，塔利班"背叛了伊斯兰教义"，公开对阿塔宣战。四是 IS 在阿的扩张能力有限。阿政府军和美军将

[①] АКЦЕНТЫ НЕДЕЛИ: Политический процесс в Афганистане 20 ноября – 20 декабря 2017 года, http://afghanistan.ru/doc/117537.html, 上网时间，2017 年 12 月 28 日。

打击IS列为2017年阿反恐重点打击对象。从2017年初开始，阿政府军对IS盘踞在阿的老巢楠哈格尔省进行重点打击，尤其是阿钦、科特等地，消灭了200多名IS恐怖分子。美军也多次出动无人机对IS驻地进行轰炸。5月初，阿国防部发言人称，IS在阿受到重创，阿政府军共消灭了3000多名IS恐怖分子，其数量已由年初的几千人减少到700多名。2017年底，阿政府军总参谋长亚福达里称，在阿的IS恐怖分子不超过2000人，而且这些人并非从中东而来①。

尽管各方对IS在阿富汗的数量和规模评价不一，但不可否认的是，阿富汗的IS恐怖分子中有大量的中亚人，如果说塔利班的目标并非针对中亚，IS的目标则不同，他们会把恐袭的目标直接指向中亚国家，以阿富汗为据点，不断向中亚国家渗透，对中亚各国的安全构成严重威胁。

除IS在阿富汗的扩张对中亚产生影响外，毒品问题也危害着中亚安全。随着国际安全援助部队撤出阿富汗，阿"外军补给型"经济难以为继，毒品经济更加猖獗，据联合国数据，2017年，阿鸦片种植面积由2015的18万公顷上升到32万公顷，创下历史纪录，毒品产量也大幅增加，甚至已导致毒品价格下跌。塔利班和IS等也将毒品走私视为重要的资金来源，控制各种贩毒渠道。近年来，毒品走私已严重影响到中亚各国的安全与稳定。贩毒分子不时穿越阿塔边界，与塔边防军交火，2017年1~9月，塔边防军与越境的毒品贩子共发生26次交火。此外，毒品走私也加重了中亚各国的腐败，引发了各类犯罪，加重了社会问题。

三 中亚各国的应对措施

中亚各国高度重视阿富汗问题对中亚地区安全的威胁，积极采取各种应对措施。

---

① Генштаб Афганистана насчитал в стране не более двух тысяч боевиков ИГ，https：//ria.ru/world/20171225/1511695018.html，上网时间，2017年12月26日。

一是巩固边防。在与阿富汗直接接壤的中亚三国中，塔吉克斯坦和土库曼斯坦是最为薄弱的环节。为应对边界地区的安全威胁，塔吉克斯坦、土库曼斯坦均大力加强军队建设，扩充军队数量，加强边界保卫，筑牢"篱笆"，防止阿动荡向中亚蔓延。2017年12月底，塔总统拉赫蒙在国情咨文中表示"塔对IS在阿富汗北部的活动表示担忧"。塔安全部门称，尽管塔阿边界动荡，但塔边防军多次击退非法武装的越境，"控制着局面"。2017年12月，为应对阿富汗局势的影响，塔吉克斯坦暂时关闭了塔阿边界多处通道。土库曼斯坦也积极应对，增加边防力量，多次扩大预备役军人的应召数量，并向土阿边界地区部署大量的武器装备。

二是寻求外部援助。中亚国家中，哈萨克斯坦、吉尔吉斯斯坦、塔吉克斯坦为俄罗斯主导的集体安全条约组织成员国。俄罗斯高度重视阿富汗对中亚地区的威胁，普京多次表示愿意帮助中亚国家应对地区安全风险。俄罗斯在塔驻有201军事基地，为俄在海外最大军事基地，人数达到7500人。俄计划进一步加强军力部署，尤其是空军力量部署。在集安组织框架下，俄加强与吉、塔军事合作。俄每年帮助塔培训大批军官，帮助他们掌握使用先进的武器装备。2017年12月，俄罗斯向塔吉克斯坦提供了大批武器，包括枪支、火炮、装甲车、坦克、直升机与防空武器等，大幅提升了塔军作战能力。据俄国防部官员称，2014~2017年，俄共向塔提供了价值1.4亿美元的武器装备。2017年11月中旬，集安组织在塔阿边境地区进行了为期十天的大规模反恐演习，演习的目的是应对来自阿富汗的大规模恐怖威胁，来自集安组织各成员国的约5000名军人参加了反恐演习，出动了战斗机、坦克等重型武器。

中国作为中亚国家的友好邻邦，也高度重视并积极帮助中亚国家应对阿富汗问题。2017年8月底，中国、塔吉克斯坦、阿富汗、巴基斯坦四国军队反恐合作协调机制在塔召开会议，中国中央军委联合参谋部参谋长李作成出席会议。会议强调了四国军队加强反恐务实合作的必要性和重要性，一致同意进一步增进相互理解和信任，持续推进各层次、各领域军事交流与合作，不断提升地区联合反恐能力，共同维护四国安全利益，为地区和平、稳

定做出积极贡献。各方共同签署了《"阿中巴塔"四国军队反恐合作协调机制协定》及《"阿中巴塔"四国军队反恐情报协调中心议定书》。上合组织作为中亚地区的安全合作组织，也为维护地区安全与稳定发挥重要作用。2017年6月底，"天山-3号"上海合作组织成员国中吉主管机关边防部门联合反恐演习在中国和吉尔吉斯斯坦两国边境同时打响，千人百车以实兵、实弹、实战形式，全面检验了中吉两国在兵力部署、机动作战、联合指挥、协同配合、共同打击暴力恐怖活动方面的能力。

三是加大国内反恐怖、反极端主义的力度。2017年，中亚各国均明显加大了对恐怖主义、极端主义的打击力度。据塔内务部部长拉西姆佐达称，2017年上半年塔逮捕了228名涉恐分子，成功地制止了12起恐怖袭击。塔还出台法令，对那些自愿脱离恐怖组织的人员免除追究刑事责任，2017年已有十多人从中东自愿返塔。2017年初，哈安全部门制订2017～2020年反恐行动计划，加大对回流恐怖分子的监控和防范国内极端主义传播。7月中旬，哈通过法案，哈公民如参加国际恐怖组织，将被剥夺国籍，哈以此"关闭恐怖分子的回流之路"。2017年，吉安全部门明显加大了打击恐怖主义的力度。4月21日，吉逮捕了一批恐怖分子，后者企图在吉和其他国家制造袭击，包括在胜利日发动袭击。8月24日，吉安全部门逮捕了2名恐怖分子，他们与中东恐怖组织有密切联系，企图在吉搞恐怖活动。

四是明显加大与阿富汗的合作，积极参与阿经济重建。2017年以来，中亚国家与阿富汗之间的互动明显加强，中亚国家积极地为阿富汗提供力所能及的援助，参与阿富汗经济重建，促进阿经济发展，从而为解决阿富汗问题创造条件。2017年，阿总统加尼访问了土库曼斯坦、塔吉克斯坦、哈萨克斯坦、乌兹别克斯坦四国，与各国讨论了加强经济、贸易、能源、基础设施等方面的合作。11月中旬，在土库曼斯坦首都阿什哈巴德召开了第七届阿富汗地区经济合作会议（RECCA），全球35个国家和36个国际组织的代表与会，阿富汗总统加尼也出席了会议，会议讨论了通过地区合作促进阿富汗经济重建的问题。12月中旬，在阿什哈巴德召开了中亚五国与阿富汗外交部长会议，会议决定建立中亚国家与阿富汗磋商的新机制——"C5+1"

机制，外长们将定期会晤，讨论阿富汗与中亚国家在安全、经济、能源等领域的合作问题。长期以来，土库曼斯坦对阿提供能源与电力，2017年，土加快土–阿–巴–印天然气管道建设。该管道在阿境内长约730公里，建成后将可向阿富汗供应近50亿立方米/年的天然气，阿富汗还可获得巨额的过境费，将对阿富汗经济发展起到重要的推动作用。2017年土已完成该管道土境内的铺设工程，计划于2018年初启动阿境内管道的铺设工作。此外，从土库曼斯坦到阿富汗的光纤和输电线也与天然气管道同期铺设，这一综合工程将促进地区经济发展。乌兹别克斯坦总统米尔济约耶夫执政以来，乌兹别克斯坦与阿富汗的合作有所提升，12月初，加尼访乌，乌阿签署了20多份合作协议，涉及经贸、能源、基础设施等领域的合作，乌阿计划将两国的贸易额提升到15亿美元，乌增加对阿的能源及粮食供应。乌兹别克斯坦计划修建从马扎里沙里夫到赫拉特的铁路，乌总统称该项目将具有"历史性意义"。哈萨克斯坦也对阿富汗经济重建发挥积极的作用，近年来，哈加大对阿富汗的粮食供应，目前阿富汗粮食缺乏问题严重，每年需要进口600万吨面粉，哈2016年对阿供应150万吨面粉，并承诺可提高至300万吨面粉，极大地缓解了阿粮食安全问题。塔吉克斯坦与吉尔吉斯斯坦与阿富汗合作的最大项目是CASA–1000高压输电项目，该项目于2016年5月正式启动，计划将吉、塔夏季多余的电力输送至阿富汗、巴基斯坦，项目投资10亿美元以上，世界银行和伊斯兰发展银行等金融机构对该项目进行融资。建成后，该项目将缓解阿富汗和巴基斯坦的用电紧张，并带动地区经济发展。

Y.7
中亚国家一体化有望重启

赵常庆*

摘　要： 中亚国家的一体化问题从各国独立伊始就不断被提及，前些年确也建立过合作机制，但说多做少，效果不大。进入21世纪后一体化进程受多种因素影响基本处于停顿状态。乌兹别克斯坦新总统调整对外政策，激活了中亚国家之间的关系，中亚国家一体化问题有望峰回路转，重新启动。本文简介中亚国家一体化一波三折的发展过程，对未来中亚国家一体化发展前景做了预测，尽管国际社会对中亚国家一体化有不同看法，中国则应对中亚国家一体化持乐见其成的立场。

关键词： 中亚国家　中亚一体化　乌兹别克斯坦对外政策

　　2017年，中亚国家出现很多新变化，其中最引人注目的是中亚国家间关系开始走近，有望朝重启一体化的方向发展。中亚国家一体化问题是个老话题，各国独立后对中亚一体化做过多次尝试，但说多做少，效果不大。进入21世纪后一体化进程受多种因素影响基本处于停顿状态，直到2016年乌兹别克斯坦总统卡里莫夫去世后情况才开始改观。乌兹别克斯坦新总统米尔济约耶夫开始调整国内外政策，激活了中亚国家之间的关系，使中亚国家一体化问题有望峰回路转，重新启动。

---

* 赵常庆，国务院发展研究中心欧亚社会发展研究所副所长兼中亚研究室主任，研究员，研究方向为中亚地区发展问题、哈萨克斯坦。

一 政策变化使中亚国家一体化有望重启

乌兹别克斯坦总统卡里莫夫于2016年9月2日去世，通过大选，米尔济约耶夫出任乌兹别克斯坦独立后的第二任总统。他在担任临时总统和就任正式总统后，在短短一年多的时间里对国内外政策做出重大调整，其中就包括改善与邻国长期不顺的关系，并得到邻国的积极回应，使中亚国家能朝相互接近、抱团取暖的方向发展，乌兹别克斯坦外长甚至提到了中亚国家一体化问题。

中亚国家一体化对中亚国家都有利，也是它们长期企盼的目标，曾多次尝试和努力，但结果并不理想。在中亚国家中，哈萨克斯坦是中亚一体化最积极的倡导者和推动者。该国独立初期，就和乌兹别克斯坦等国一道大力推动这项工作，虽然遇到很多困难，但始终锲而不舍。近年来哈国总统纳扎尔巴耶夫总统在多次讲话和国情咨文中都提到中亚一体化问题。例如，2013年他在名为《哈萨克斯坦-2050战略，健全国家的新政治方针》的著名国情咨文中谈到中亚局势时认为，中亚地区欲向好的方向发展，其"最佳方法是地区一体化。只有通过这条途径我们才能减少本地区的潜在冲突，解决事关社会经济的重大问题，化解在水资源、能源等领域的矛盾"[①]。当时，乌兹别克斯坦等国对纳扎尔巴耶夫总统的呼吁反应消极，致使纳扎尔巴耶夫总统的呼吁仍停留在纸面上。直到2016年9月米尔济约耶夫担任乌兹别克斯坦最高领导人后，事情才开始出现转机。2016年11月，米尔济约耶夫总统在塔什干举行的"中亚：相同过去和共同未来，合作、持续发展和共同繁荣"国际研讨会上首次阐述了乌兹别克斯坦的对外方针，特别是与邻国关系的政策。他强调中亚国家具有相同的历史、传统、文化、宗教，存在中亚国家发展密切关系的条件。他提议首先从经济合作开始，为此建议成立

---

① 纳扎尔巴耶夫：《哈萨克斯坦-2050战略，健全国家的新政治方针》，哈驻华使馆发布的中文稿。

"中亚地区区域和企业界领导联合会",通过发展交通和企业交流来促进中亚地区的经济贸易发展①。该国外长卡米洛夫对中亚一体化问题表达得更为直接。他在2017年8月的一次国际研讨会上讲话时强调中亚国家之间的同质性。他说:"没有本地区国家间的相互协作和高水平的一体化,大型的互联互通、基础设施、油气能源等领域项目都不可能顺利实施,建设一个安全稳定、经济繁荣、可持续发展、团结友好的中亚,符合地区所有国家的共同利益。"② 这番表述与哈总统纳扎尔巴耶夫的看法几乎一致。这表明,哈乌两国在中亚一体化问题上正在或者说已经取得共识。

最近一年,乌兹别克斯坦表现出与中亚邻国改善关系的强烈意愿和行动,中亚邻国也做出了友好的回应。米尔济约耶夫总统将发展与中亚邻国关系作为其调整外交政策的重点之一,上任后他首访的国家是土库曼斯坦,两国签署了战略伙伴关系条约,这出人意料。此后他还访问了哈萨克斯坦和吉尔吉斯斯坦,开始就一些影响彼此关系的问题进行对话。2016年12月,乌副总理阿济莫夫率团访问了塔吉克斯坦,极大缓和了两国关系;乌改变了坚决反对塔吉克斯坦修建大型水电站的立场,但强调必须考虑乌的利益;与塔恢复了中断20多年的杜尚别与塔什干的空中航线,方便了两国来往;乌在杜尚别举行了工业展览;两国还商讨了乌对塔恢复从2012年中断的天然气供应,并同意同步开展5条特高压输变电线路的重建,以恢复中断多年的两国电网;1~11月,两国贸易额同比增长85%。乌兹别克斯坦与吉尔吉斯斯坦两国最高领导人2017年内实现三次会见,在12月13日两国总统会见声明中称,"双方就进一步推动睦邻友好关系和深化传统友谊达成一致意见……以前积累的很多问题一年之内解决了"③。就边界和领土争议问题进行谈判,已经有80%的争议地块达成协议;开放2016年因两国冲突而中断的口岸,2017年底日过境量达1万~1.5万人次,乌总统甚至表示终有一天两国会"无国界"。从12月底吉航空公司恢复比什凯克至塔什干以及喀什至塔什干

---

① 潘大渭:《总统选举后的乌兹别克斯坦》,《欧亚社会发展研究》2017年第23期。
② 中国驻乌兹别克斯坦使馆经商参处网站,2017年8月19日。
③ 中共驻吉使馆经商参处网站,2017年12月14日。

的往返航线。两国还就加快推动"中吉乌"铁路建设达成一致,吉还支持乌提出的每年中亚国家元首举行非正式会晤的倡议等。乌哈两国关系走近更是令人瞩目。2017年以来,两国总统多次会面,就运输、贸易、油气过境运输、联合生产汽车和大型机械设备等达成合作协议,乌还降低了哈农产品进口关税,在两国边境地区建立自贸区,商议将两国贸易额提升到50亿美元等。哈萨克斯坦同意恢复经过本国领土向乌输送俄罗斯的石油和天然气,还将在哈乌之间修建250公里管道。两国总统在2017年4月29日的会晤中,对两国友好合作的前景表示乐观。乌外交政策的调整带来中亚国家关系的变化,使该国与邻国原本处于僵化状态的关系被激活。在推动中亚国家关系走近方面不仅是乌兹别克斯坦一国在努力,哈萨克斯坦也参与了这个过程。土库曼斯坦总统别尔德穆哈梅多夫于2017年4月18~19日访哈,两国领导人相谈甚欢,纳扎尔巴耶夫于10月利用参加亚洲室内和武道运动会的机会对土做了回访。两国就影响中亚国家之间关系的一些问题,如边界、跨境水资源利用、劳务移民等的解决办法交换了意见,两国还就通往伊朗的铁路运输合作达成协议。哈萨克斯坦与塔吉克斯坦关系也明显改善。2017年11月27日,哈外长阿布德拉赫曼诺夫在一次国际会议上说,"中亚各国之间的合作关系得到日益加强,哈萨克斯坦将会为举行中亚国家首脑会议同各邻国讨论",他说中亚国家已经好久没有举行这样的会议了,希望纳扎尔巴耶夫总统主持这次会议[①]。同日,哈总统纳扎尔巴耶夫与乌总统米尔济约耶夫通电话,对两国关系的现状和前景进行了讨论,除讨论世界和地区热点问题外,还就进一步加深两国合作关系达成共识。乌兹别克斯坦计划2018年举办题为"中亚过境运输走廊:战略前景和广阔机遇"的国际会议,邀请中亚国家参加,制订并通过交通运输发展共同计划。种种迹象表明,中亚多数国家关系在哈乌两个中亚大国的推动下,正在朝摒弃前嫌、友好合作,甚至一体化的方向发展。

不过,正当人们乐观看待中亚国家关系走近时,哈萨克斯坦和吉尔吉斯斯坦之间关系却出现龃龉。此事因在吉总统选举前,哈总统纳扎尔巴耶夫会

---

① 哈通社中文网,2017年11月27日。

中亚黄皮书

见了吉反对派候选人巴巴诺夫引起。吉时任总统阿坦巴耶夫在2017年10月一次公众集会上公开指责哈干涉吉内政。哈总理等人发声对吉总统指责表示不满，纳扎尔巴耶夫总统在参加独联体元首峰会时也没有与吉领导人举行单独会谈，这是以往很少见的。哈萨克斯坦还对吉过境商品从严检查，引起吉不满。吉对哈的援助予以拒绝，此前哈为支持吉加入欧亚经济联盟允诺提供1亿美元援助，吉说援助没有兑现。这是在中亚多数国家关系逐渐转晴的蓝天下出现的一块阴云。但这块阴云并没有停留多久，很快就过去了，重又呈现蓝天白云。11月30日，哈总统纳扎尔巴耶夫和吉新当选总统热恩别科夫在明斯克参加集安组织安全理事会期间举行了会谈，就恢复两国友好关系问题达成共识。12月3日，吉副总理率政府代表团访哈，与哈就贸易争端举行会谈，并签订了两国经贸合作路线图。12月6日，哈吉两国总统通电话，就吉总统访哈事宜商谈，吉对哈商检"正常"表示感谢。12月25日，吉总统热恩别科夫应邀访哈，吉哈两国签订了边界协定等文件，纳扎尔巴耶夫总统称哈吉两个民族是世界上最亲近的民族，边界应该是形式上的①。哈吉友好关系恢复将有助于中亚国家一体化的推进。

二　中亚国家一体化一波三折

经济全球化和区域经济一体化是对各国都有利的事情，因此，近几十年来风靡一时，尽管世界大国美国自特朗普上台后推行逆全球化的政策，但经济全球化和区域经济一体化至今仍方兴未艾。作为世界一部分的中亚国家，也试图加入区域一体化进程，这既是顺应世界发展潮流，也是这些国家自身发展的需要。

中亚国家独立前是苏联的加盟共和国，主权有限，各项工作基本听从莫斯科的指挥和安排。苏联的经济政策是实行劳动分工，全国经济一盘棋，中亚国家被分工生产能源、原材料和农牧产品，加工业落后，生产的产品多为

---

① 中华人民共和国商务部网站，2018年1月3日。

半成品和初级原料，很多工业制成品和日用消费品需要从其他加盟共和国调运。苏联解体使原有的经济合作链条断裂，中亚国家在独立后的最初几年经济和人民日常生活都遇到很大的困难。当时叶利钦领导的俄罗斯自顾不暇，想甩包袱，不想帮助中亚国家。在这种情况下，中亚国家除靠自救外，也考虑到能否将五个国家的资源和能力整合起来，通过互通有无，共克时艰。这就是中亚国家一体化的初衷。1994年1月，哈乌两国率先建立"统一经济空间"，也就是一体化的雏形。同年4月，吉尔吉斯斯坦加入，成为"哈乌吉三国统一经济空间"。当时，设想在交通、能源、金融、关税、海关和人员往来制度等方面实行一体化。1998年1月，实现民族和解不久的塔吉克斯坦也加入了这一经济空间。苏联时期中亚各国之间就存在统一的交通、电力、天然气和石油运输以及水资源的利用和农产品调剂网络，加上历史、传统、文化、语言相通，中亚国家存在实现经济一体化的有利条件，此时，中亚五国中有四个在朝一体化的方向努力。1998年4月，"统一经济空间"更名为"中亚经济共同体"。中亚国家领导人在多次会晤中商讨了继续推进一体化问题，并制定了一体化发展战略等一系列文件。2002年2月，"中亚经济共同体"更名为"中亚合作组织"，这是在上海合作组织成立后发生的，其一体化已经超出经济范畴，具有更广泛的内涵。2004年10月，当时经济发展如日中天的俄罗斯的加入，使"中亚合作组织"在资金、技术、人才等方面得到充实。不过，俄罗斯的加入也使"中亚合作组织"的定位发生变化，2005年10月，该组织并入欧亚经济共同体，以中亚国家为基本成员的一体化组织不复存在。

以实现经济一体化为目的的"中亚经济共同体"也好，"中亚合作组织"也罢，实际上并没有发挥预期的作用，中亚国家之间的各种利益冲突，使彼此关系复杂化，矛盾不断增多，一体化没有实现，反而增添了许多障碍。例如，各国独立时原本通畅的交通受阻，有的国家间航空运输中断，现成的铁路网络不能联运了，统一的电网不复存在，输气管道也时通时断。随着各国新护照的使用和通关制度的改变，民众自由往来也成为往事，有的国家在边境地区布雷，乌吉两国还因领土争议在边境地区发生过武装冲突。塔吉克斯坦想继续修建因苏联解体而停工的罗贡水电站，既可解决本国能源短

缺问题，还能靠丰富的水力资源实现"水电立国"战略。但乌兹别克斯坦坚决反对塔修建大型水电站，担心本国用水受到制约，影响本国经济发展。由于乌的阻拦，世界有能力的大国都不愿卷入塔乌纷争，塔自身资金和技术能力有限，因此水电站建设举步维艰。原来各国设想的海关制度和关税的统一也成为纸上谈兵。各国由于利益冲突，各不相让，使一些与各方都有关系、必须协同解决的边界、水资源利用和交通、能源、人员流动等问题长期得不到解决，对各国经济发展带来不利影响。

另外，这些年中亚国家都遇到极端势力和恐怖势力的袭扰和"颜色革命"的威胁，有些问题也需要协同应对。如果实现一体化，对应对来自敌对势力的挑战会大有裨益，对各国安全都会有利。

中亚一体化从1994年开始尝试，经过20多年的努力并没有取得预期成效，原因是多方面的，其主要原因有：一是各国作为独立主权国家都过分强调本国主权的一面，不愿意对部分主权有所让渡，担心一体化会损害本国利益，对别国的需求考虑不多，甚至不加考虑；二是缺乏必要的物质基础，用于推动经济一体化的资金并不雄厚，资金短缺是制约一体化的短板，经济结构的同质化使各国感到经济合作难以满足需要，逐渐实行的对外开放使它们对世界有更多的了解，感到不少问题可以通过与域外国家合作解决；三是哈总统纳扎尔巴耶夫和乌总统卡里莫夫都想成为中亚地区的领袖，引领中亚地区走向，而他们的治国理念存在很大的不同，两个中亚大国间的明争暗斗使中亚国家面临选边站队问题，难以步调一致；四是域外势力特别是一些西方大国和俄罗斯并不希望中亚国家实现中亚一体化。俄罗斯并非不要一体化，它所追求的是在欧亚地区实现由它主导的经济一体化，而非中亚国家自己的一体化。西方大国也认为中亚地区碎片化有利于它们的进入，也便于对这一地区施加影响。

三 对未来中亚一体化形式的认识

尽管存在影响中亚国家一体化的问题，但也存在有利于中亚国家一体化的因素。乌政府总理阿利波夫在2017年8月访问吉尔吉斯斯坦时说："乌吉两国人民有着共同的历史、传统、文化和宗教，命运将两个国家的发展紧密联系在一起。"① 不仅是乌吉两国，中亚五国的关系基本都是如此。这是发展一体化的重要前提和有利条件。的确，苏联时期遗留下来的一些基础设施稍加改造就能实现中亚各国的互联互通，在能源、水力资源、农业特别是粮食生产等方面也存在很强的互补性，近年来中亚各国都对经济结构做了一定调整，尤其注重发展加工业，建设了一些利用国产原料的生产企业，其产品除实现进口替代外，还可以出口，包括进入中亚国家市场。特别是经过20多年的努力，各国经济都有不同程度的增长，已经与独立初期情况有所不同。这在一定程度上为实现一体化提供了必要的物质基础。

未来中亚国家有可能实现一体化吗？如果实现将会以何种形式实现？笔者认为，尽管中亚实现一体化还存在不少问题，不确定因素还不少，不会一步到位，但实现一体化是各国的普遍愿望和要求，也是经济、社会发展和维护地区与本国安全的需要，是一项利国利民的大好事情，中亚各国会在面对现实、权衡利弊的基础上加以推进，因此，区域经济一体化一定会实现，只是时间问题而已。至于将以什么样的形式实现一体化，根据中亚国家的实际情况，预计有以下三种形式可供选择。

一是以20世纪曾经存在的"中亚合作组织"为模板（俄罗斯加入前），哈乌两国共同主导，或者由哈萨克斯坦主导，哈乌两国为骨干，基本成员为哈、乌、吉、塔四国，土库曼斯坦以非正式成员身份参与。这种形式的优点是中亚国家可以按自己的意志和需要行事，不受外部势力左右，更多维护中亚国家的利益，提升中亚国家在国际社会的影响力。缺点是经济和科技实力有限，现有的对外关系和组织关系难以处理。例如，哈、吉两国作为欧亚经济联盟的成员，如何处理与联盟和其他成员国的关系就比较棘手。这种一体化是基于地区发展需要的一体化，虽然不能达到很高水平，但可以解决彼此之间的一些问题。

---

① 中国驻乌兹别克斯坦使馆经商参处网站，2017年8月24日。

二是以俄罗斯加入后的"中亚合作组织"形式出现。这种形式可以增强经济和科技实力,但有可能被俄罗斯重新整合,重蹈曾经有过的"中亚合作组织"的覆辙,被并入欧亚经济联盟,使中亚一体化围绕俄罗斯展开,较难体现中亚国家一体化的特点。迄今为止,这种形式较难为乌、土所接受,如果乌、土两国不参加,这就很难被看作中亚国家一体化。其结果与目前存在的情况相似。

三是中亚国家与土耳其实现一体化。中亚国家与土耳其关系密切,而且有突厥国家合作委员会、突厥语国家议会等组织存在。但土耳其不是中亚国家,乌兹别克斯坦和土库曼斯坦并未加入上述两个突厥语国家组织,未必会接受由当前被各种难题缠身的土耳其主导。另外塔吉克斯坦并不是突厥语国家。目前看来这种形式的可能性较小。

至于中亚国家与其他邻国,如与中国、伊朗等实现经济一体化的可能性,目前并不现实。

总的来看,第一种和第二种皆有可能。哈乌两国有意实现第一种,俄罗斯希望以第二种形式实现一体化。因为中亚一体化还不能很快变为现实,需要一个较长的商讨过程,其间影响其进程的不确定因素很多,其最终形式还要由中亚地区形势变化和中亚国家与俄罗斯角力的结果决定。

四 积极地看待中亚国家一体化进程

对中亚国家之间的关系,传统看法认为,尽管它们在某些问题上存在分歧,但在地缘、人文、传统等方面存在相同和相近的优势,存在实行一体化的客观条件和现实需要,也符合时代潮流,因此,实行一体化是合乎逻辑的发展方向和选择。与此同时,国际社会还存在另外一种看法,认为中亚并不是一个统一的整体,而是在很多问题上存在利益相悖和外交多向而非同向的国家组合,有的西方学者甚至认为中亚将成为"破碎地带",存在发生重大冲突的可能性[①]。

---

① 〔德〕泽伦·肖尔:《中亚可能成为新"破碎地带"》,《参考消息》2009年3月29日。

中亚国家在涉及本国利益的水资源分配和利用等问题上确实存在过尖锐对立。2009年4月29日，俄罗斯《独立报》曾发表俄罗斯风险评估公司专家帕特萨耶夫如下看法："双方在水资源问题上各执一词，这显然会使地区陷入分裂，从而给地区经济合作蒙上阴影。"不过，对中亚地区做出可能成为"破碎地带"的结论有待商榷。

根据美国著名地理政治学家科恩的定义，所谓"破碎地带"是指那些"内部不稳定、外部有多个国家试图对其加以控制的地区。位于该地区的国家与外部的竞争国形成联盟关系。而竞争的利益纠纷可能被带到该地区，从而使该地区提高发生冲突的可能性"。可以说，以前中亚地区的形势并不符合"破碎地带"的定义，更不用说现在的情况了。目前中亚国家正在摒弃前嫌，走向和解，特别是主导中亚地区形势的哈乌两国正考虑携手促进本国和地区发展。中亚国家之间仍存在的分歧与矛盾基本上属于利益纠纷，而不属于意识形态或者国家集团的对立，可以通过协商解决。中亚国家除土库曼斯坦外都是上海合作组织成员国，对国际和地区重大问题存在相同或相近的看法。作为符合时代潮流的区域经济一体化，实现中亚地区一体化会对所有参与国有利，因此仍是各国追求的目标。目前出现的中亚国家彼此向好的趋势就说明了这一点。

那么，中国对有望重启的中亚一体化进程应持何种立场呢？笔者认为，中国应乐见其成，持鼓励和支持的态度。因为这符合中国一贯坚持和推动的世界经济全球化和区域经济一体化的立场。2017年11月10日，中国国家主席习近平在越南岘港举行的APEC工商领导人峰会上发表题为《抓住世界经济转型机遇，谋求亚太更大发展》的演讲中提出，在面对世界经济的深刻变化时，亚太国家是"携手开辟区域合作新局面，还是各自渐行渐远"，他为各国指出的发展方向之一就是，"加强互联互通，实现联动发展"。他进一步指出，"联动发展是对互利共赢理念的最好诠释"，"坚持联动发展，既能为伙伴提供发展动力，也能为自身创造更大发展空间"①。笔者认为，

---

① 习近平：《抓住世界经济转型机遇　谋求亚太更大发展》，《人民日报》2017年11月11日。

习主席的论述完全适用于中亚国家。与中国普遍友好的中亚国家如能实现一体化，不仅对自身有利，也会为与中国深化友好关系创造有利条件，特别是在经济合作和"一带一路"建设以及在维护地区安全合作方面。

中国目前应该鼓励和支持中亚国家一体化进程，尽最大努力帮助它们解决彼此间存在的矛盾和分歧。尽管中亚是大国争相进入的地区，但要相信，中亚国家并不是任人摆布的棋子。中亚国家正在朝重启一体化的方向努力，中亚地区也不会成为"破碎地带"。可以认为，中亚一体化进程目前尚处在探讨、接触和好事多磨阶段，前途是光明的，但道路仍很曲折。

在影响中亚国家携手共进的诸因素中，首先需要解决的是互信问题，其次才是阻碍一体化发展的其他问题。缺乏互信任何事情都做不好。目前中亚国家正在努力，争取尽快恢复互信。另外，中亚国家也要总结此前曾有过的一体化的经验教训，不要重走老路。

中共中央总书记习近平在中共十九大报告中指出："我们生活的世界充满希望，也充满挑战。我们不能因现实复杂而放弃梦想，不能因理想遥远而放弃追求。没有哪个国家能够独自应对人类面临的各种挑战，也没有哪个国家能够退回到自我封闭的孤岛。"[①] 希望国家快速发展、人民有稳定的生存空间和美好未来，是中亚各国的普遍梦想和为之奋斗的方向，而实现一体化则是实现各国诉求的有效途径之一。希望中亚国家一体化能在各国共同努力下尽早成为现实。

[①] 《中国共产党第十九次全国代表大会文件汇编》，人民出版社，2017，第47页。

中亚与世界

Central Asia and World

Y.8
全面回升中的俄罗斯与中亚国家关系

马 强*

摘　要： 2017年俄罗斯与中亚国家继续加强政治、经济、安全和人文领域的合作，俄罗斯与中亚国家关系全面回升。在后苏联空间一体化进程中，俄罗斯通过欧亚经济联盟加强与中亚国家经济联系与经贸往来；在集体安全条约组织的框架下俄罗斯与中亚国家展开安全和军事领域的合作，应对日益加剧的安全威胁。中亚国家在处理与俄罗斯的关系中，一方面，加深彼此之间在经济和安全领域的合作；另一方面，倡导更为自主多元的外交策略，积极加强与俄罗斯之外的国家与区域组织的联系。

---

* 马强，中国社会科学院俄罗斯东欧中亚研究所副研究员，研究方向为政治社会学视野中的欧亚国家社会、俄罗斯政治。

中亚黄皮书

关键词： 俄罗斯　中亚国家　后苏联空间一体化　经济与安全合作

2017年是俄罗斯与中亚国家建交25周年，俄罗斯官方对俄罗斯与中亚国家的关系进行了基本的表述。俄方认为，俄罗斯致力于与中亚国家建立战略伙伴关系，保持高水平的政治对话，扩展合作领域，高度的政治合作有益于解决经济和安全领域的问题。俄罗斯的中亚政策是符合双方共同利益的，目的是帮助中亚国家解决社会－经济、文化－人文发展领域的问题，保障稳定和安全，其中包括加深军事合作，提升科技能力。① 俄罗斯外交部部长拉夫罗夫在《俄罗斯报》撰文认为，俄罗斯与中亚国家的关系是"经受时间考验的伙伴关系"②。25年来，俄罗斯和中亚国家签订了890多份双边法律协议，在经贸领域、安全和军事合作领域以及人文领域进行了富有成效的合作。2017年，俄罗斯与中亚国家继续深化合作，特别是在经贸和安全领域的合作，增强俄在中亚地区的影响力。同时，中亚国家为摆脱俄罗斯的完全控制，积极与中国、美国、欧盟等国家进行合作，发展多元外交。

一　俄罗斯与中亚国家政治交往：深化战略伙伴关系

为庆祝俄罗斯与中亚国家建交25周年，2017年，俄罗斯和中亚国家举办了一系列的纪念活动，其中，最引人注目的是俄罗斯和中亚国家的最高领导人互访。2月27～28日，俄罗斯总统普京访问哈萨克斯坦、塔吉克斯坦和吉尔吉斯斯坦；10月10日，普京访问土库曼斯坦。乌兹别克斯坦和吉尔吉斯斯坦新任总统均于2017年分别访问莫斯科。

2月27日，普京访问哈萨克斯坦。普京与纳扎尔巴耶夫会谈议题涉及

---

① Россия и Центральная Азия，http：//www.mid.ru/rossia - i - problemy - central - noj - azii.
② Сергей Лавров：Партнерство，испытанное временем，Российская газета - Федеральный выпуск №7389（223），https：//rg.ru/2017/10/04/lavrov - pomoshch - rf - centralnoj - azii - prevysila - 6 - milliardov - dollarov.html.

双边合作现状及前景、国际现实问题。俄罗斯在后苏联空间的一体化进程离不开哈方的参与和支持。哈方为解决叙利亚问题做出了努力，阿斯塔纳是举行叙利亚和谈的重要地点。纳扎尔巴耶夫表示，哈俄建交25年来，哈俄两国保持高度政治互信，双方在共建欧亚经济联盟问题上合作紧密。目前已有7000多家俄企在哈开设了办事处，这对促进哈经济发展意义重大。双方将在联合国安理会框架下努力实现共同目标，哈方高度评价俄在解决国际争端，特别是叙利亚问题上所做的努力。普京表示，俄哈应大力推动地区一体化进程，深化双边各领域合作。俄方希望哈作为联合国安理会非常任理事国，在国际问题上继续予俄支持。① 2018年1月，哈萨克斯坦将会担任联合国安理会轮值主席国，哈萨克斯坦将会提交有关中亚安全、水资源问题和阿富汗局势等问题的提案。作为联合国安理会常任理事国、哈萨克斯坦的盟友、中亚地区事务的重要参与者，俄罗斯将会积极讨论这些议题并支持哈萨克斯坦的提案。

2月27～28日，普京在塔吉克斯坦与塔总统拉赫蒙举行会晤，授予其亚历山大·涅夫斯基勋章。在与拉赫蒙会谈中双方讨论了多项议题，包括两国在政治、经贸、军事和人文领域的合作，对阿富汗局势、反恐等问题深入交换意见。普京表示，俄塔双方对阿富汗境内"伊斯兰国"等恐怖势力扩散和贩毒、跨国有组织犯罪快速增长表示担忧，双方已达成共识，俄将使用在塔军事基地，协助塔方加强塔阿边境管控。②

2月28日，普京对吉尔吉斯斯坦进行正式访问，同吉总统阿坦巴耶夫举行会谈，就两国经济、安全、军事技术、反恐合作及欧亚经济联盟等国际和地区问题深入交换意见。双方高度关注中亚地区目前面临的恐怖主义、贩毒、跨国有组织犯罪等安全威胁，俄在吉坎特机场设立空军基地旨在防止恐怖势力自阿富汗向吉蔓延，并维护中亚安全与稳定。阿坦巴耶夫总统表示，吉加入欧亚经济联盟是正确决定，两国将继续保持战略盟友与伙伴关系。普

---

① Что ищет Путин в Центральной Азии? http：//rus. azattyk. org/a/28337585. html.
② Что ищет Путин в Центральной Азии? http：//rus. azattyk. org/a/28337585. html.

京谈到,俄罗斯重视后苏联空间的稳定,不干涉别国内政,认为任何国家的政权更迭均应遵照本国宪法。① 普京的表态显示了俄罗斯对吉尔吉斯斯坦在政治上的支持,有利于吉尔吉斯斯坦总统大选平稳举行。这表明了俄罗斯在吉仍具有巨大影响力。在 9 个月内,吉尔吉斯斯坦在俄罗斯的劳务移民汇款达到 13 亿美元,几乎占到吉 GDP 的 1/3;俄逐步注销吉方债务,拨款 2.25 亿美元稳定吉预算;在俄天然气工业公司的帮助下,吉天然气化水平从 22% 增长到 60%;俄向吉提供的无税石油产品在 2016 年超过上百万吨。② 8 月,俄吉发展基金修订章程,主要体现在以下三个方面:一是对吉企业美元贷款利率从 7% 降至 4%;二是部分行业贷款年限从 5 年增至 15 年;三是俄在吉境内合作银行从 9 家增至 13 家。俄吉发展基金是目前俄对吉施加经济影响力的最重要手段,俄放宽基金限制旨在提升对吉影响,有为大选施压的意图。正是在俄罗斯的支持下,阿坦巴耶夫政权为大选创造了有力的环境,平稳地实现了权力交接。

10 月 10 日,普京访问土库曼斯坦,两国领导人就加强经贸合作等问题进行会晤。双方签署了 20 多份文件,其中包括两国总统联合声明、关于战略合作伙伴关系的条约,还包括政府间协议,如互设代表机构、办理移民、打击非法贩卖麻醉药品和精神药物,以及大学间合作协议等。两国元首在会谈中指出,俄罗斯是土库曼斯坦最大的贸易伙伴之一,合作的重点主要在汽车制造、航空制造、农业、纺织业、金融、进出口等领域;土方将在俄罗斯阿斯特拉罕州建立土库曼斯坦贸易和物流中心;土方邀请俄加入天然气管道 ТАПИ(土库曼斯坦-阿富汗-巴基斯坦-印度)线路;俄方希望土方妥善解决在土的无国籍俄罗斯人的问题。

乌兹别克斯坦新任总统米尔济约耶夫上任以后,改善了与邻国的关系,与俄罗斯"全面加强合作"。4 月 4~5 日,米尔济约耶夫总统访问俄罗斯。双

---

① Что ищет Путин в Центральной Азии? http://rus.azattyk.org/a/28337585.html.
② 值得提醒的是,2010 年 3 月底,莫斯科停止向吉提供免税石油产品,导致吉第二任总统巴基耶夫在短短两个星期后被推翻。Аркадий Дубнов: Пограничное беспокойство. Что показал тур Путина по Центральной Азии, http://carnegie.ru/commentary/?fa=68144.

方签订了 55 份文件,总价值达 160 亿美元。涉及领域包括旅游、劳务移民、卫生、教育和工业等。在经贸合作方面,双方决定在 2017 年将两国的贸易额从 40 亿美元提升至 50 亿美元。在安全领域合作方面,乌方支持莫斯科解决阿富汗问题的努力,认为武力不能解决阿富汗问题,要在联合国的协调下,由冲突双方的政治谈判来解决。在符合双方利益的前提下进行军事和军事技术合作。

吉尔吉斯斯坦在 2017 年 10 月选出了新总统,新总统正在着手新任期的布局,这个时候往往是国家政治发展和政权制度体系更迭的关键时期。11 月 29 日,刚刚就职的吉尔吉斯斯坦总统热恩别科夫对俄罗斯进行了工作访问,这是他作为国家元首的首次出访。首次出访就定在俄罗斯,表明吉希望加强同俄罗斯的同盟和战略伙伴关系。

俄罗斯通过与中亚国家元首互访,俄罗斯向中亚国家(特别是吉尔吉斯斯坦和塔吉克斯坦)提供经济援助和政治支持,进一步增强其军事影响力。这说明俄罗斯重视中亚地区的地缘战略意义,向世人展示中亚地区仍是俄罗斯的"势力范围"。

二 经济领域的合作:俄罗斯增强经济影响力

俄罗斯在中亚地区仍有较强的经济影响力。建交 25 年来,俄罗斯在中亚的投资超过 200 亿美元,有 7500 家俄罗斯或者与俄合资的企业在中亚经营。中亚国家的大部分侨汇收入都是在俄罗斯的中亚劳务移民创造的,仅 2013 年至 2016 年就达 370 亿美元。近 10 年来,俄罗斯与中亚国家双边和多边合作项目总额超过了 60 亿美元。在 5 年中,俄罗斯向中亚国家发展提供的援助有 67 亿多美元(40 亿美元是以双边形式,26 亿多美元是通过国际组织)。在联合国的框架下,俄罗斯是对中亚地区施以援助最多的国家。俄罗斯免去吉尔吉斯斯坦(4.88 亿美元)和乌兹别克斯坦(8.65 亿美元)的债务。还向中亚国家提供免税的石油和石油产品。[①] 无论是俄罗斯对中亚各国

---

① Россия и Центральная Азия,http://www.mid.ru/rossia-i-problemy-central-noj-azii.

提供的投资、贸易、经济援助,还是其在中亚地区推动欧亚经济联盟的努力,都造成了中亚国家对俄罗斯的经济依赖。2017年,随着俄罗斯经济触底反弹,欧亚经济联盟进一步完善,俄罗斯与中亚国家的贸易额迅速增长,中亚国家在俄的劳务移民数量和寄回中亚的侨汇也大幅度增长,俄罗斯在中亚地区的经济影响力进一步增强。

1. 俄罗斯与中亚国家的经贸往来

2017年,俄罗斯与中亚国家(除土库曼斯坦外)的进出口总额较上年同期都有增长趋势,从1~9月的数据来看,特别是欧亚经济联盟国家哈萨克斯坦和吉尔吉斯斯坦,对俄贸易额较上年同期增长30%以上。①

中亚国家在俄罗斯的对外贸易中虽然有快速的增长,但是普遍体量较小,全部中亚五国的对俄贸易额占俄罗斯进出口总额的份额不足4%,排名最高的哈萨克斯坦的对俄贸易总额才达到125亿美元左右;而其他中亚国家对俄贸易总额仅为44亿美元左右,在俄罗斯对外贸易中所占比重微乎其微。在俄罗斯与中亚国家对外贸易的结构中,俄罗斯向中亚国家出口的产品主要是矿产、金属及金属制品、粮食及农产品等关系到中亚国家国计民生的商品,中亚国家对这些商品有着很强的依存关系。而在中亚国家向俄罗斯出口的产品中,纺织品和鞋等轻工业产品占了很大的份额,但中亚国家的轻工业产品并不具有竞争力,俄罗斯对中亚国家产品的依存度不高(见表1)。

表1　2017年1~9月俄罗斯与中亚国家外贸情况

	占俄罗斯进出总额的比例(排名)	俄罗斯出口中亚国家产品(占比)	俄罗斯进口中亚国家产品(占比)
哈萨克斯坦	2.97%(第10位)	汽车和交通运输设备(22.28%) 矿产(17.76%) 化工产品(17.16%) 金属及金属制品(15.60%) 粮食和农产品(11.83%)	矿产(37.87%) 金属及金属制品(34.34%) 化工产品(14.46%) 汽车和交通运输设备(5.68%) 粮食和农产品(5.28%)

① Экспортно-импортные операции России со странами СНГ, http://www.gks.ru/bgd/regl/b17_05/Main.htm.

续表

	占俄罗斯进出总额的比例(排名)	俄罗斯出口中亚国家产品(占比)	俄罗斯进口中亚国家产品(占比)
乌兹别克斯坦	0.59%(第32位)	金属及金属制品(19.51%) 木材和纸浆-纸制品(19.45%) 矿产(16.80%) 汽车和交通运输设备(16.31%) 化工产品(13.41%)	纺织品和鞋(56.48%) 粮食和农产品(14.58%) 化工产品(13.03%) 汽车和交通运输设备(8.30%) 金属和金属制品(4.64%)
吉尔吉斯斯坦	0.27%(第52位)	矿产(41.01%) 粮食和农产品(16.75%) 金属及金属制品(12.93%) 化工产品(11.73%) 汽车和交通运输设备(7.66%)	金属及金属制品(26.14%) 粮食和农产品(20.69%) 纺织品和鞋(16.05%) 汽车和交通运输设备(15.98%) 化工产品(7.05%)
塔吉克斯坦	0.13%(第69位)	矿产(28.11%) 粮食和农产品(25.24%) 化工产品(14.30%) 金属及金属制品(11.00%) 木材和纸浆-纸制品(8.13%)	纺织品和鞋(85.15%) 粮食和农产品(9.28%) 木材和纸浆-纸制品(3.11%)
土库曼斯坦	0.07%(第81位)	粮食和农产品(29.65%) 化工产品(25.10%) 汽车和交通运输设备(17.22%) 金属及金属制品(11.59%) 木材和纸浆-纸制品(10.93%)	纺织品和鞋(59.83%) 化工产品(34.97%) 粮食和农产品(4.03%)

资料来源：俄罗斯对外贸易网站，http://russian-trade.com/。

中亚国家在俄罗斯的对外贸易中所占比重几乎可以忽略不计，但在中亚国家的对外贸易中，俄罗斯则占据着重要地位。根据2016年中亚国家对外贸易的数据，俄罗斯是哈萨克斯坦、塔吉克斯坦、乌兹别克斯坦最大的贸易伙伴，是吉尔吉斯斯坦和土库曼斯坦第二大贸易伙伴。[①] 中亚国家的商品需要拥有1.4亿人口的俄罗斯市场。另外，欧亚经济联盟的成员国（如哈萨

---

① http://caa-network.org/archives/10737.

克斯坦）积极拓展与中国、欧盟等其他国家的经济合作。2018年，哈萨克斯坦与欧盟国家签订扩大合作协议的进程将会启动，这将成为哈萨克斯坦和欧盟密切合作的重要节点，以此弱化欧亚经济联盟对其带来的约束。

2. 在俄罗斯的中亚劳务移民

俄罗斯与中亚国家密切的经济联系还体现在俄罗斯为中亚劳务移民提供了广阔的就业市场（见表2），尤其是对来自乌兹别克斯坦、塔吉克斯坦和吉尔吉斯斯坦三国的劳务移民。同时，中亚国家的劳务移民也弥补了俄罗斯劳动力的不足，但中亚劳务移民大量涌入带来的种种社会问题也被俄罗斯民众诟病。如今，中亚在俄劳工问题已经超越经济领域成为政治和安全问题，俄罗斯对中亚国家公民的移民政策会在很大程度上影响这些国家的社会安定，失去工作的中亚国家青年很容易成为社会的不安定因素。从2013年底起，俄罗斯经济形势恶化、卢布汇率下跌、欧亚经济联盟缩紧劳工政策等，导致赴俄罗斯的中亚务工人员数量下降。无业的劳务移民从俄罗斯返回故乡，不得不面临贫困和失业现状，这引起中亚国家社会经济局势的紧张。

表2 中亚国家在俄罗斯合法劳务移民的人数*

单位：万人

国家/年份	2015		2016		2017年1~9月	
	取得工作许可的人数	取得特许工作许可的人数	取得工作许可的人数	取得特许工作许可的人数	取得工作许可的人数	取得特许工作许可的人数
哈萨克斯坦	0.02	0.04	0.02	0.02	0.02	0.01
吉尔吉斯斯坦	0.25	3.10	0.11	0.02	0.11	0.01
塔吉克斯坦	1.07	41.68	0.83	39.34	0.63	41.05
土库曼斯坦	0.04	—	0.05	—	00.5	—
乌兹别克斯坦	1.00	85.92	0.78	87.17	0.77	93.30

资料来源：俄罗斯联邦统计局。

* 俄罗斯向外国公民颁发工作许可证，外国公民要取得工作签证，必须是专业技术人员，在俄罗斯联邦职业教育机构学习的外国公民，以及在世贸组织成员国家注册的机构工作的外国公民。特许工作许可证是针对独联体国家公民，并不需要工作签证。Численность граждан стран СНГ, имевших действующее разрешение на работу или патент на осуществление трудовой деятельности в России, http：//www.gks.ru/bgd/regl/b17_05/Main.htm.

对中亚国家在俄罗斯的劳务移民并没有确切的统计数字，俄联邦统计局只统计合法劳务移民数量，但这不是全部的人数。例如，2016年，塔吉克斯坦和乌兹别克斯坦在俄罗斯的合法劳务移民分别约为40万人和88万人，但就两国政府掌握的数据来看，两国在俄的劳务移民数量约为70万人和190万人。也就是说，有一半或者一大半的劳务移民没有取得合法身份。

根据俄罗斯内务部规定，哈萨克斯坦和吉尔吉斯斯坦公民自2015年起在俄罗斯工作不再需要工作许可证和特许工作许可证。这两个国家的劳务移民进入俄罗斯更为自由，这是作为欧亚经济联盟国家享受的福利。而其他的两个对俄劳务移民输出大国乌兹别克斯坦和塔吉克斯坦仍受到限制，要取得合法身份仍需要申请工作许可证和特许工作许可证。特别是塔吉克斯坦的劳务移民，有一部分劳务移民因违法犯罪行为被禁止进入俄境内。1月，俄第一副总理舒瓦洛夫访问塔吉克斯坦，与塔方就向塔部分居民提供劳务移民特赦问题进行了讨论，特赦涉及12.8万人，这些人曾因小的刑事案件而被禁止进入俄境内。塔驻俄大使称，只有部分塔公民能够进入俄罗斯，特赦人员约为6.8万人。

从俄罗斯寄回的侨汇是乌兹别克斯坦、塔吉克斯坦和吉尔吉斯斯坦三国的重要外汇收入来源（见表3）。特别是对塔吉克斯坦和吉尔吉斯斯坦这些GDP水平较低的国家，劳务移民从俄罗斯寄回的侨汇约占GDP比重的20%~30%。这就意味着俄罗斯的移民政策和经济形势会对这些国家有着极强的影响力。

表3　2012~2017年从俄罗斯向中亚国家的汇款

单位：亿美元

国家/年份	2012	2013	2014	2015	2016	2017(前三季度)
乌兹别克斯坦	56.93	66.89	56.53	30.59	27.41	26.35
塔吉克斯坦	36.51	41.73	38.54	22.20	19.29	16.97
吉尔吉斯斯坦	18.59	21.06	20.62	13.81	17.43	15.76
哈萨克斯坦	4.61	5.61	5.77	5.14	5.59	5.25
土库曼斯坦	0.37	0.40	0.31	0.16	0.08	0.03

资料来源：俄罗斯联邦中央银行。

从表3的数据可以发现，2013年以来，随着俄罗斯经济形势的恶化，中亚国家从俄罗斯寄回的侨汇也逐年递减，到2016年已经跌到谷底，有的国家（乌兹别克斯坦和塔吉克斯坦）甚至不到高峰年份（2013年）的一半。2017年，随着俄经济状况好转和移民政策的调整，赴俄工作的劳务移民增多。从前三个季度的数据看，侨汇有增长的趋势，会超越2016年的水平。

三 安全和军事领域的合作：共同面对风险

俄罗斯和中亚国家在打击恐怖主义、毒品贸易和有组织犯罪等安全和军事领域的合作日益紧密。除了双边领域的合作，也在集体安全条约组织、上海合作组织、独联体等多边框架下进行密切合作。

2017年，中亚国家局势总体稳定，但仍存在安全风险，这与阿富汗局势相关。在阿富汗北部，特别是最近一段时间国际极端主义和恐怖主义组织人数上升，颇为活跃。威胁最大的便是"伊斯兰国"，它的主要目的就是破坏中亚国家的稳定，颠覆中亚各国的世俗政权。据来自阿富汗的消息，在阿富汗北部与塔吉克斯坦和土库曼斯坦接壤的巴达赫尚、昆都士和法里亚布省，每周都有用直升机从巴基斯坦和阿富汗边境地区运来的武装分子。普京在出访中亚国家前表示，在叙利亚聚集了来自俄罗斯的4000名和来自独联体其他国家的5000名激进分子，其中不少人已经转移到中亚国家边境地区。① 面对这些威胁，2017年，俄罗斯与中亚国家在独联体、集体安全条约组织和上海合作组织框架下进行了加强军事合作安全的措施和军事演习。

2017年4月，圣彼得堡遭遇恐袭，圣彼得堡地铁爆炸案实施者是来自吉尔吉斯斯坦奥什市的乌兹别克族青年阿克巴尔中·贾利洛夫。在吉尔吉斯斯坦国家安全委员会协助下，俄方调查出贾利洛夫是受叙利亚恐怖组织"图阿吉德圣战组织"的指令进行恐怖活动的。据吉尔吉斯斯坦国安委的数

---

① Аркадий Дубнов: Пограничное беспокойство. Что показал тур Путина по Центральной Азии, http://carnegie.ru/commentary/? fa = 68144.

据,该组织有数百名居住在奥什的乌兹别克族成员。目前这一组织在吉尔吉斯斯坦从事地下活动,通过互联网进行联系,传播"圣战"信息。

俄塔合作的重点就是安全领域,塔吉克斯坦与阿富汗有长达1344公里的边境线,塔与俄罗斯军人一起在塔阿边界建立了三层防御体系。防止"伊斯兰国"的恐怖分子从南部边界渗透到独联体国家和集安条约组织国家,塔吉克斯坦担负重任。为此塔吉克斯坦获得莫斯科承诺的1.22亿美元的武器装备,未来俄对塔的军事援助还会持续。3月27~30日,在塔吉克斯坦靠近阿富汗的边境地区举行了俄塔联合军演,演习在塔国防部的三个靶场及俄驻塔第201军事基地的两个靶场进行。据塔吉克斯坦国防部新闻局公布的消息,俄塔联合军事演习于3月27日早上开始,持续3天,塔方参演兵力超过4000人,还有来自俄驻塔201基地的官兵约2000人,此次演习的目的是打击非法武装团伙。

评估当前中亚的安全形势,除了恐怖主义组织的威胁外,乌兹别克斯坦南部还存在非法毒品交易的问题。据悉,2017年阿富汗生产了510吨海洛因,价值50亿美元。面对非法毒品交易,俄罗斯和乌兹别克斯坦在中亚安全问题上展开了密切的合作。10月,俄乌举行了中断多年的联合演习。为帮助乌兹别克斯坦打击非法贩运毒品,俄罗斯在多莫杰多沃和克拉斯诺亚尔斯克的反毒品中心为乌兹别克斯坦提供支持和培养人才。①

2017年,俄美均加强了与中亚国家的军事合作,两个大国都意图把军事合作作为处理与中亚国家关系的工具。2016年,美国向中亚国家提供军事援助,援助的重点国家是乌兹别克斯坦和塔吉克斯坦。美国对塔吉克斯坦的援助在独联体国家中仅次于乌克兰和格鲁吉亚,25年来,美国共向塔吉克斯坦提供援助18亿美元,其中2.62亿美元投向安全领域。2017年初,俄罗斯对塔吉克斯坦和吉尔吉斯斯坦的军事支持力度明显增加。在俄塔联合军演进行之际,3月27日至4月7日,美军中央司令部和塔政府在塔首都

---

① https://www.ritmeurasia.org/news—2017-12-28—posol-rossii-nazval-glavnuju-ugrozu-dlja-stran-centralnoj-azii-34287.

杜尚别附近地区也进行了"打击跨境恐怖主义"联合演习,美军150人和塔军100人参加此次军事演习。双方行动计划由美中央总部和塔政府拟订,美塔联合军演旨在通过加强双方安全情报协作促进地区安全与稳定。西方国家和俄罗斯都对阿富汗局势深感忧虑,且不希望恐怖主义效应外溢。塔阿边界的不稳定局势不仅可能出口到独联体,还有可能传至欧洲,其中包括北约各国。①

四 人文合作:以语言政策为核心

保护与中亚国家共同的人文空间是俄罗斯中亚政策的重要方向。俄方认为,俄语及文化影响力促进了中亚国家世俗政权的稳固,将中亚国家与欧洲基督教文明连接起来。语言政策是防范极端主义的重要工具,俄罗斯大力加强与中亚国家在教育、科学和文化领域的合作。中亚国家大部分人口的第一母语或者第二母语都是俄语。来自中亚国家的15万名留学生在俄罗斯学习,4.6万人获得了俄罗斯联邦预算提供的奖学金,很多俄罗斯的大学都在中亚设立分校。②

2017年,俄塔在文化和教育领域的合作尤为亮眼。目前,有2.2万名塔吉克斯坦大学生在俄罗斯高校就读,还有8000名学生在俄、塔高校学习俄语。2017年11月,俄罗斯科学和文化中心分部在胡占德市落成,这是在塔吉克斯坦大城市开设的第5所俄语学校。2017年,俄塔两国实施"飞行"计划,俄罗斯派教师去塔吉克斯坦教授俄语。2017年8月,来自俄罗斯的28名教师赴塔吉克斯坦,共培训学生6万人次。

2017年,哈萨克斯坦决定全面开展国语文字拉丁化改革。这一改革是纳扎尔巴耶夫总统于2012年12月首次提出的,计划于2025年最终完成。力主进行哈萨克语拉丁化的纳扎尔巴耶夫总统表示:"哈萨克语的拉丁化有

---

① США проявляют военный интерес к Таджикистану, http://www.ng.ru/cis/2017-03-27/1_6958_usa.html.

② Россия и Центральная Азия, http://www.mid.ru/rossia-i-problemy-central-noj-azii.

其深刻的历史合理性，这符合当代技术领域的要求，符合当代世界交往的需要，也适合21世纪科学－教育的进程。"从表面上看，哈萨克语字母拉丁化是为了让哈萨克斯坦以及哈萨克斯坦人在"第四次工业革命"①背景下更具竞争力。哈萨克语字母拉丁化改革引起哈社会各界高度关注，虽然对文字拉丁化改革有不同声音，但绝大多数哈民众认为改革是强国之本，对构建以哈萨克文化为主体的国家文化、提高民众国家认同有重大意义。从另一个角度来看，哈萨克语字母拉丁化的目的是使哈萨克斯坦从俄语的语言－文化束缚中走出来，逐渐转向英语标准，实质上是去俄化的表征。由于历史和地理的原因，在未来的两三代人中间，俄语还会处于统治地位，也不会由英语取代。哈萨克语字母的拉丁化和基里尔化还将长期存在，这并不为现政权的意志所左右。

纳扎尔巴耶夫想要通过哈萨克语字母拉丁化显示独立于俄罗斯的雄心，将语言政策放置于民族主义议题之下，这将会把他塑造成爱国者、改革者和现代化倡导者。纳扎尔巴耶夫是哈萨克斯坦的首任总统，而后迁都阿斯塔纳、"创立新文字"又会在他的历史上写下浓重一笔。对于俄罗斯而言，哈萨克斯坦将哈萨克语字母拉丁化并没有特别意义。如果这种带有"去俄化"隐喻的事件在其他后苏联空间国家甚至是俄罗斯联邦内部蔓延，就会引起俄罗斯的警觉，这显示了民族分离主义倾向和国家认同的缺失。与哈萨克语字母拉丁化同样的问题在俄罗斯突厥语系的民族自治地区也曾出现，特别是鞑靼人和巴什基尔人民族自治的地方。鞑靼斯坦在1999年曾经试图进行语言字母拉丁化，但在2004年被俄联邦宪法法院驳回。2002年，俄罗斯出台了相关的联邦法，规定俄罗斯联邦各民族的文字必须以基里尔字母为基础。但是，从2012年开始，鞑靼斯坦的政府机构在当地用拉丁字母或者阿拉伯字

---

① 2018年1月10日，纳扎尔巴耶夫发表国情咨文《第四次工业革命背景下新的发展机遇》，他在国情咨文中强调，向拉丁字母过渡有助于在科学术语方面接近国际水平。应于2025年之前在各级教育阶段确定向拉丁字母过渡的具体时间表。掌握俄语仍然十分重要，自2016年起实施的教学大纲中，哈萨克斯坦小学已经从一年级开始教授俄语。从2019年起，十年级和十一年级的有些自然学科将开始向英语过渡。最终，所有毕业生应掌握三门国内外工作和生活所需的语言。

母书写文件。鞑靼人致力于与其他突厥民族建立共同的文化空间,将字母拉丁化视为让彼此亲近的桥梁,克里姆林宫将这样的进程视为具有分离主义倾向。哈萨克语字母的拉丁化会对克里米亚鞑靼人做出不良示范,除此之外,和哈萨克人在语言上相近的北高加索的突厥民族如库梅克人、诺盖人、卡拉恰伊人和巴尔卡尔人也会受此影响。①

五 后苏联空间一体化进程中的俄罗斯与中亚国家

在2016年的《俄罗斯外交政策构想》② 中,后苏联空间的一体化进程被定位为俄罗斯外交政策的第一优先方向③,中亚国家是后苏联空间一体化进程中的基础性国家。欧亚经济联盟保障商品、服务、资本与劳动力的自由流动,成为实施公共基础设施和投资项目的平台。集体安全条约组织是俄罗斯在后苏联空间维护安全体系中的重要一环。在全球与地区因素相互作用不断加剧的条件下,能够保障在组织责任区及毗邻地区应对当前的威胁和挑战。

2017年,欧亚经济联盟继续发展,签订了欧亚经济联盟关税法,联盟内部和对外贸易额都有增长;集体安全条约组织框架下安全领域的合作逐步加深,进行了一系列联合演习。展望2018年,中亚国家面临的风险仍将在俄罗斯主导的后苏联空间一体化框架下化解。俄罗斯国际事务委员会的报告《俄罗斯的对外政策:展望2018》④ 认为,2018年,中亚地区面临的主要风险有二:一是欧亚经济联盟内部矛盾尖锐(哈萨克斯坦和吉尔吉斯斯坦);

---

① Максим Артемьев: Что изменит переход Казахстана на латиницу, http://carnegie.ru/commentary/68667.
② Указ Президента Российской Федерации от 30.11.2016 г. №640 Об утверждении Концепции внешней политики Российской Федерации, http://www.kremlin.ru/acts/bank/41451.
③ 在后苏联空间,俄罗斯继续实施多元的策略。欧亚经济联盟开始发挥有效作用,但是它的整合效应不如集安条约组织。独联体的各种政策,由于有乌克兰参与,逐渐成为第二、第三方案,或者静静消亡。Дмитрий Тренин: Каким был 2017 год для внешней политики России, http://carnegie.ru/commentary/75112.
④ Российский совет по международным делам: Внешняя политика России: взгляд в 2018 год, http://russiancouncil.ru/papers/Russia2018Report.pdf.

二是安全问题,"伊斯兰国"势力增强,会向阿富汗输出不稳定因素,"伊斯兰国"武装分子会回流中亚,在此背景下,中亚国家的恐怖主义危险增加。在欧亚经济联盟、集体安全条约组织和独联体框架下加强和优化与中亚国家的合作模式,保障社会-经济领域和政治稳定,协助解决该地区的冲突,这成为俄罗斯中亚政策的重点。

在中亚国家看来,俄罗斯主导的一体化进程仍是对中亚各国的控制。一直以来,中亚各国为了维护自己的主权,最大限度地减小俄罗斯的影响力(如请俄罗斯边防军人从塔阿边境离开,乌兹别克斯坦退出集安组织等)。但在经济和安全领域,中亚各国都对俄罗斯有着很强的依赖关系。在中亚地区,除了土库曼斯坦,所有国家最大的贸易伙伴都是俄罗斯,还有几百万来自乌兹别克斯坦、吉尔吉斯斯坦和塔吉克斯坦的劳务移民也深刻地影响着中亚的经济独立性。在安全领域,俄罗斯如今在塔吉克斯坦和吉尔吉斯斯坦都有军事基地,阿富汗的紧张局势不会让这些基地关闭。极端主义的威胁在增长,俄罗斯的存在具有威慑意义。面对这样的局面,中亚各国领导人最大限度地与莫斯科保持安全领域的合作。吉尔吉斯斯坦总统热恩别科夫说:"在边界安全领域,如果没有和独联体国家和集安组织国家的密切合作,就不能完全保障集体的安全和边界的安全,将会面临一系列的挑战。"塔吉克斯坦总统拉赫蒙认为,安全问题和反对极端主义成为首要的工作日程。[1] 就连对欧亚经济联盟和集体安全条约组织持怀疑态度的乌兹别克斯坦领导人米尔济约耶夫在4月初访问莫斯科时,与俄罗斯领导人会谈的主要议题也是安全问题。总之,在中亚进行没有俄罗斯参与的区域一体化还为时尚早。[2] 总体来看,尽管有些中亚国家仍与俄罗斯推动的一体化进程保持距离,俄罗斯仍准备在一定程度上为中亚的战略合作伙伴提供自己的力量。

---

[1] Геворг Мирзаян: Опасность на таджикской границе и новый Ташкент: чем запомнился 2017 для ЦА, http://ru.sputnik-tj.com/columnists/20171229/1024321377/dinamichnyy-2017-chem-zapomnilsya-god-dlya-centralnoy-azii.html.

[2] Петр Бологов: С оглядкой на Кремль. Готова ли Средняя Азия к самостоятельности, http://carnegie.ru/commentary/68707.

Y.9
低迷中的暗斗：特朗普政府的中亚外交

肖　斌*

摘　要： 与2016年奥巴马时期相比，特朗普政府2017年的中亚外交比较低迷，但是在特朗普政府负责中南亚事务决策团队的推动下，特朗普中亚外交在公共外交方面还是做了很多工作。根据特朗普政府公布的《国家安全战略》，2018年美国中亚外交会趋于活跃，尤其在安全方面会与中亚国家有更多的合作。不过，受制于俄罗斯在中亚的影响力，特朗普的中亚外交可能会保持在与俄罗斯"暗斗"的状态。此外，对中国与中亚国家产能合作也会产生一定负面影响。

关键词： 特朗普政府　中亚外交　决策过程

原美国《外交政策》杂志编辑里德·斯坦迪什（Reid Standish）于2017年1月31日撰写了《中亚专制者欢迎特朗普时代》（Central Asia's Autocrats Welcome the Age of Trump）一文。里德·斯坦迪什在文中认为，特朗普"美国第一"的外交政策回避了人权和民主，强调了打击圣战者，这让美国传统盟友感到震惊。但是，中亚国家对此十分欢迎。文中还引用了哈萨克斯坦总统战略所卡琳的观点，特朗普把外交重心放在打击恐怖主义和

---

* 肖斌，政治学博士，中国社会科学院俄罗斯东欧中亚研究所副研究员，研究方向为欧亚地区的大国政治、中国的欧亚外交。

"伊斯兰国"上,对于中亚国家是一个非常有利的信号。① 美国外交政策学会资深俄罗斯专家斯蒂芬·布兰克（Stephen Blank）在《中亚：特朗普政府的机会》中指出,中亚从来就不是美国的外交重点,但是特朗普政府正面临着一个机会,乌兹别克斯坦国内的变化为提高美国在该地区的经济政治影响力、推动美国利益提供了机会,这也可能会让美国以较低的成本在中亚地区制衡中国的经济影响力和俄罗斯在军事领域的霸权。乌兹别克斯坦和哈萨克斯坦是美国实现这一目标的两个关键国家。② 特朗普政府没有遵循美国学者的政策思路,反而计划削减对中亚的援助,即撤销欧洲、欧亚和中亚发展援助（AEECA）,用经济支持基金（ESF）来替代,其中对哈萨克斯坦和土库曼斯坦的援助将会终止,对吉尔吉斯斯坦、塔吉克斯坦的援助将会被削减50%,对乌兹别克斯坦的援助略有增加。特朗普政府的决定在美国国内引起了争论,争论的焦点是,在中国"一带一路"建设和俄罗斯"欧亚经济联盟"积极推进之际,美国不进反退,特朗普政府为中国打开了南亚和中亚的大门。曾负责美国国务院南亚中亚事务的助理国务卿尼莎·比斯瓦对特朗普政府的决定持不同意见,认为对中亚有限的援助发挥着至关重要的作用。③ 可见,与在其他领域一样,特朗普政府的中亚外交也饱受争议。为此,本报告的核心问题就是,如何看待特朗普政府的中亚外交及其发展？为了回答这个问题,本文以"艾利森对外决策模型"为分析工具,讨论特朗普政府2017年的中亚外交及其发展。

---

① Reid Standish: Central Asia's Autocrats Welcome the Age of Trump, http：//foreignpolicy.com/2017/01/31/central－asias－autocrats－welcome－the－age－of－trump－russia－syria－isis/.
② Stephen Blank: Central Asia: An Opportunity for the Trump Administration, https：//www.cacianalyst.org/publications/analytical－articles/item/13435－central－asia－an－opportunity－for－the－trump－administration.html.
③ Alyssa Ayres: Trump To Cut Foreign Aid Budgets, Opening South And Central Asia's Door To Chinese Influence, https：//www.forbes.com/sites/alyssaayres/2017/05/04/trump－to－cut－foreign－aid－budgets－opening－south－and－central－asias－door－to－chinese－influence/#31dc11035f50.

中亚黄皮书

一 特朗普政府任期初期的中亚外交

与奥巴马政府相比,特朗普政府执政的第一年,美国中亚外交比较低迷。哈萨克斯坦国家安全委员会副秘书长马拉特·萨伊胡特季诺夫(Marat Shaikhutdinov,历史学博士)曾在《美国对外政策利益》杂志上发表文章,名为《在奥巴马政府对外战略中的中亚:结果和前景》(2010年4月),这篇文章发表于奥巴马就任美国总统一年后,在时间上与特朗普政府具有一定的可比性。萨伊胡特季诺夫在文中谈到在2009年12月奥巴马政府开始在其对外战略中加入中亚,但是奥巴马政府的中亚政策依然存在不确定性和不完整性,并希望奥巴马政府重视中亚、重视哈萨克斯坦。[①] 同样,特朗普政府中亚外交也没有突出的亮点。哈萨克斯坦总统战略所出版的杂志《中亚事务》(Central Asia Affairs)在2017年第3期以"美国在国际政治中的聚焦点"为题发表了一组文章,其中就有一篇文章在讨论《美国中亚政策:新焦点和优先方向》。作者伊斯坎德·阿卡巴耶夫(Iskander Akylbayev)和阿纳斯塔西亚·列舍特尼亚科(Anastasiya Reshetnyak)在文中指出,特朗普政府处在美俄关系交恶的状态下,加上"美国第一"的政策取向,人权和民主化将不会在特朗普中亚政策的议程中。哈萨克斯坦学者还借用俄罗斯学者的观点,认为特朗普政府将采取措施反制中国"一带一路"倡议对中亚国家的影响。特朗普政府中亚政策与中亚国家最大的交集在于反恐合作,尤其是降低极端主义对中亚的影响。能源是特朗普政府中亚政策关注的内容,因为这涉及美国北约盟国的利益,美国公司在中亚的投资将会加强与中亚国家关系,至少将其维持在目前的水平。部分哈萨克斯坦学者担心,若特朗普忽视中亚,对哈克斯坦是不利的,因为哈萨克斯坦的多边平衡政策将难以维持。还有一些哈萨克斯坦学者认为,受制于美国的政治体制束缚,特朗普政

---

① Marat Shaikhutdinov: "Central Asia in the Foreign Policy Strategy of Barack Obama's Administration: Results and Prospects"; "American Foreign Policy Interests" 32: 2010, pp. 83 – 92.

府很难对其前任的中亚政策进行根本性调整。① 通过比较哈萨克斯坦学者的分析,我们可以看出,特朗普政府在2017年没有推出具有自己特色的中亚政策。但是,特朗普政府对中亚国家的外交依然保持着较为紧密的联系。具体表现在以下几个方面。

在经贸合作方面,与2017年同期相比,美国与中亚国家贸易总体水平有所下降,大约下降了9%。具体到中亚国家,根据美国国家统计的数据,与2016年同期相比,2017年美国与中亚国家贸易下降最大的国家是塔吉克斯坦(53.6%),其次是乌兹别克斯坦(45.6%)和哈萨克斯坦(14.5%)。美哈贸易不仅下降,而且出现了1.87亿美元的贸易逆差。2017年美国对中亚国家贸易出现增长的是土库曼斯坦(134.2%)和吉尔吉斯斯坦(36%)(见表1)。

表1 2017年1~10月美国与中亚国家贸易

单位:百万美元

国家/年份	出口		进口		国际收支	
	2017	2016	2017	2016	2017	2016
哈萨克斯坦	471	695.9	659.1	625.3	-187.4	70.5
吉尔吉斯斯坦	22.2	17.1	5.1	2.9	17.1	14
塔吉克斯坦	8.2	18.9	0.8	0.5	7.3	18.4
土库曼斯坦	274.2	110.8	12.7	11.7	261.5	89
乌兹别克斯坦	101.7	180.4	12.3	29.2	89.4	151.2

资料来源:美国国家统计局。

贸易下降的原因很多,特朗普政府中亚政策的不确定是因素之一。因为交通基础设施等问题,美国企业对发展与中亚国家的经贸关系兴趣并不高。奥巴马时期,美国政府高官访问中亚时还经常组织美国企业与中亚国家企业交流,特朗普政府初期中亚在美国外交政策中被边缘化,这更降低了美国企

---

① Iskander Akylbayev, Anastassiya Reshetnyak; "Central Asia: New Approaches of the US Administration and New Priorities in Regional Agenda"; "Central Asia's Affairs", No 3. 2017, pp. 14 – 21.

业发展与中亚国家经贸关系的意愿。

在对外援助方面,与2016财年相比,美国在2017年对中亚国家援助有小幅增长,其中增加较多的是塔吉克斯坦(增加了800万美元),只对哈萨克斯坦有所减少(见表2)。在援助的领域方面略有侧重,对哈萨克斯坦重点关注的是环境保护,对吉尔吉斯斯坦、土库曼斯坦和乌兹别克斯坦则是商业及服务领域,对塔吉克斯坦是农业。不过,美国依然重视中亚国家的民主法治建设,政府和公民社会是对所有中亚国家的援助重点。此外,美国十分重视对吉尔吉斯斯坦和塔吉克斯坦基础卫生领域的援助,例如通过94个社会组织向吉尔吉斯共和国结核病人、贫困老人和孤儿分发77吨食品;为控制塔吉克斯坦结核病,美国国际开发署资助专家赴塔吉克斯坦,并向塔吉克斯坦提供药品。

表2 2017年美国国际开发署对中亚国家的援助

国家/年份	援助金额(单位:百万美元)		2017年USAID援助的主要领域
	2016	2017	
哈萨克斯坦	11.68	11.56	环境保护、政府和公民社会
吉尔吉斯斯坦	37.39	39.34	商业及其他服务、政府和公民社会、基础卫生
塔吉克斯坦	18.08	26.3	农业、基础卫生、基础教育、政府和公民社会
土库曼斯坦	1.64	2.22	商业及其他服务、政府和公民社会、银行及财政服务
乌兹别克斯坦	6.12	9.85	商业及其他服务、基础教育、政府和公民社会

资料来源:美国国际开发署。

在安全合作方面,特朗普政府继续与中亚国家保持在打击毒品走私、跨国犯罪、恐怖主义和预防大规模杀伤性武器扩散等领域的合作。在"C5+1"多边对话机制框架下举行了安全合作工作会议。此外,美国向中亚国家强力部门捐赠了装备。例如向哈萨克斯坦内务部赠送6辆丰田皮卡、4辆全地形车、2辆越野车和6辆商务车,随车配备了2套GPS导航系统和2部卫星电话;向塔吉克斯坦国家安全委员会捐赠了价值600万美元的车辆、通信设备、红外线摄像机等,用于加强边境管理。与乌兹别克斯坦签署了《安全领域进一步合作的备忘录》,目的是阻止走私核武器或其他放射性物质。

在首脑外交方面，通过不同的外交渠道，特朗普与纳扎尔巴耶夫、拉赫蒙、阿坦巴耶夫、米尔济约耶夫等中亚国家领导人进行了会晤。在2017年5月举行的阿拉伯伊斯兰国家-美国峰会上，特朗普与哈萨克斯坦总统纳扎尔巴耶夫、乌兹别克斯坦总统米尔济约耶夫进行了双边会晤，双方讨论了贸易、经济、政治、文化等领域合作问题；在峰会期间特朗普与塔吉克斯坦总统拉赫蒙进行了短暂的交谈。吉尔吉斯共和国总统阿坦巴耶夫也成功地实现了在访美期间与特朗普会晤（2017年9月20日）。可以说，除土库曼斯坦外，特朗普与中亚国家领导人都进行了会晤。从会谈的时间及过程来看，特朗普与哈萨克斯坦和乌兹别克斯坦总统的会晤较为正式，与吉尔吉斯斯坦总统的会晤次之，与塔吉克斯坦总统见面则属于非正式的会晤。

从上述分析指标来看，特朗普政府中亚外交虽然没有亮点，但基本保持了与中亚国家原有关系的水平，只是在相互交往的频率和关注度上低于奥巴马政府。那么，特朗普会调整奥巴马政府时期的中亚政策吗？我们需要分析美国对中亚的外交决策过程。

二 特朗普初期中亚外交决策过程

外交决策属于有风险的决策过程，在决策过程中常常会受到信息约束，即不确定性总是高于确定性。美国有控制外交决策风险的成熟机制，而政府在决策过程中扮演着十分关键的角色。格雷厄姆·艾利森和菲利普·泽利科在《决策本质——还原古巴导弹危机的真相》中运用实证的方法研究了理性行为体、组织行为体和政府政治模式在美国外交决策过程中的作用，提出在分析外交决策时，组织行为和政府政治与理性行为体模型一样重要。① 尽管有学者对格雷厄姆·艾利森和菲利普·泽利科的研究（以下简称："艾利森三模型"）提出过质疑，但是并没有推翻他们的研究结果，相反提出了很

---

① 〔美〕格雷厄姆·艾利森、菲利普·泽利科：《决策本质——还原古巴导弹危机的真相》，王伟光、王云萍译，商务印书馆，2015。

多改进方案。为此,"艾利森三模型"可以在一定程度上解释特朗普初期的中亚外交决策过程。

理性行为体模式(以下简称模Ⅰ)的基本逻辑是:国家是主要行为体,国家能采取理性行动,计算不同的政策选择带来的利益和成本,并能找到使效用最大化的政策。① 结合模Ⅰ,对于特朗普政府初期的美国中亚外交,我们可以这样来分析,基于中亚的地区极性②和特朗普"美国第一"的执政理念,特朗普认为奥巴马的中亚外交成本过高,而收益有限,因此,美国没有必要与俄罗斯和中国在中亚地区同时展开竞争。尤其在美俄关系走低的前提下,特朗普在中亚的任何外交行动都有可能遭到俄罗斯针锋相对的反击。在美国看来,自2005年中俄两国就开始联手抵制美国在中亚地区的存在。③ 面对中国的快速崛起,奥巴马政府推动"新丝绸之路"计划正是为了保持美国在中亚的影响力,对于中俄两国全面战略伙伴关系,美国学者也看成制衡美国在中亚利益的"制度软实力"。④ 因此在美俄关系趋恶和中俄关系发展紧密的前提下,面对中国"一带一路"倡议和俄罗斯"欧亚经济联盟"计划,特朗普政府需要重新评估美国的中亚政策。

组织行为体模式(模Ⅱ)的逻辑是指行动或输出的行为,即政府每一组织单位都有自己特殊功能职责,并按照常规行为模式运作而产生行为。根据戴维·伊斯顿的研究,模Ⅱ作为结果通常是由系统与环境互动、与环境交换、系统内部三个渠道产生。在这里我们需要以美国国务院南亚中亚事务局为切入点进行分析,美国国务院南亚中亚事务局是特朗普政府负责中亚外交事务的中枢机构。自特朗普执政以来,美国国务卿由蒂勒森担任,蒂勒森对

---

① Graham T. Allison, Essence of Decision: Explaining the Cuban Missle Crisis; Boston: Little Brown, 1971, pp. 4 – 5, 101 – 11.
② 肖斌:《地区极性、现状偏好与中国对中亚的外交哲学》,《俄罗斯东欧中亚研究》2017年第2期,第10~33页。
③ Stephen J. Blank; "Dragon Rising: Chinese Policy in Central Asia"; "American Foreign Policy Interests", 33; 2011, p. 266.
④ Chaka Ferguson; "The Strategic Use of Soft Balancing: The Normative Dimensions of the Chinese – Russian 'Strategic Partnership'"; The Journal of Strategic Studies, Vol. 35, No. 2, 197 – 222, April 2012.

国务院所属南亚中亚事务局进行了人事调整,替换了部分负责南亚中亚事务的官员和大使①(见表3)。

表3 美国中亚南亚事务局决策团队

序号	姓名	职务	状态	任职时间
1	Alice G·Wells	首席助理国务卿	新任命	2017年6月26日
2	Hugo Llorens	代理驻阿富汗大使	新任命	2017年1月20日
3	Marcia Bernicat	驻孟加拉国大使	留任	2015年1月6日
4	Kenneth I. Juster	驻印度大使	新任命	2017年1月8日
5	George Krol	驻哈萨克斯坦大使	留任	2015年1月8日
6	Alan Meltzer	驻吉尔吉斯共和国大使	新任命	2017年8月
7	Alaina B. Teplitz	驻尼泊尔大使	留任	2015年9月28日
8	David Hale	驻巴基斯坦大使	留任	2015年11月18日
9	Atul Keshap	驻斯里兰卡和马尔代夫大使	留任	2015年8月
10	Kevin Covert	代理驻塔吉克斯坦大使	新任命	2017年9月
11	Allan Mustard	驻土库曼斯坦大使	留任	2014年11月25日
12	Pamela Spratlen	驻乌兹别克斯坦大使	留任	2014年12月18日
13	Daniel N. Rosenblum	副助理国务卿	留任	2014年7月

资料来源:美国国务院网站。

目前,美国南亚中亚事务局涵盖个13国家,在美国国内拥有130名雇员,在其他13国有美国职员有1063名,本地雇员5443人,年度财政支出大约是8.37亿美元(含工资)。根据表3,截至2018年1月,美国南亚中亚事务局13位高级官员中有8位留任,留任的驻中亚国家大使有3位,与奥巴马政府时期相比,高级官员的总人数削减了3人。鉴于美国驻哈萨克斯坦、乌兹别克斯坦两国大使留任和负责中亚五国事务的副助理国务卿Daniel N. Rosenblum留任,我们认为特朗普政府暂时保持了奥巴马时期的中亚政策,在对中亚国家外交上也基本延续了上届政府的外交传统。

政府政治模式(模Ⅲ)是指在政府等级体系中占据各个位置的博弈者

---

① https://www.state.gov/p/sca/19717.htm.

根据惯常的规则相互讨价还价,即政府行为是讨价还价的结果。① 中亚国家是美国在阿富汗打击恐怖主义的重要支柱,也是美国能源企业重要的合作伙伴。但是中亚国家当前的营商环境降低了美国非能源企业对中亚的投资热情。在美国政府的资助下,美国和中亚国家研究机构一直在探索帮助美国企业落地中亚国家的措施,然而在短期内中亚国家是无法克服盈利水平低、客户需求不足、企业税收负担重等问题。目前,美国通用公司、贝壳·麦坚时、AES 电力公司、IDEXX 生物科技公司、可口可乐等对投资中亚国家兴趣较高。由于缺少足够的商业利益,中亚在特朗普政府对外决策中并不是优先考虑的地区。从特朗普政府 2017 年的亚洲外交来看,东亚和中东地区是其重点。特朗普在 2017 年首次出国访问选择的就是中东,访问了沙特阿拉伯和以色列;11 月特朗普先后访问了东亚的日本、韩国、中国、越南、菲律宾等。另外,2017 年特朗普在中东投下的打击 IS 的炸弹也创了纪录,大约是 4 万枚,而朝鲜半岛问题也让南亚中亚事务局在白宫及美国国务院外交决策中处于被边缘化地位。

根据模Ⅲ,可以看出在与美国国务院其他部门博弈中,南亚中亚事务局能够影响决策的是美印关系、阿富汗问题、中亚能源市场和美中俄在中亚地区的互动等。在南亚中亚事务局推动下,2017 年,美国国家安全顾问(4 月)、国防部部长马蒂斯(9 月)、白宫高级顾问伊万卡(特朗普女儿,11 月)等先后访问了印度;国防部部长马蒂斯(4 月)、美国国务卿蒂勒森(10 月)、副总统彭斯(12 月)等访问了阿富汗。南亚中亚事务局对中亚国家做了很多工作,比较有影响的包括组织美国企业代表团访问了吉尔吉斯斯坦和塔吉克斯坦(7 月)、"C5 + 1"多边会晤机制在美国华盛顿召开(9 月),副国务卿香农访问哈萨克斯坦、吉尔吉斯斯坦和乌兹别克斯坦三国(10 月);美国南亚中亚贸易代表团访问乌兹别克斯坦和阿拉木图(12 月)等。

---

① 〔美〕格雷厄姆·艾利森、菲利普·泽利科:《决策本质——还原古巴导弹危机的真相》,王伟光、王云萍译,商务印书馆,2015,第 285 页。

综上,在"艾利森三模型"中,美国政府政治模式在特朗普政府2017年的中亚外交中作用最大,在南亚中亚事务局的努力下,特朗普政府基本延续了奥巴马时期的中亚外交政策,并结合自身特点积极帮助美国企业开拓中亚市场,促进美国在中亚的利益。

三 对特朗普中亚外交的展望

与个性鲜明的行为一样,特朗普在2017年的外交活动也饱受争议。例如,虽然特朗普政府在朝核问题上做了很多工作,但一直对特朗普持批评立场的美国参议员本·卡丁(Ben Cardin,民主党)仍然在国会新闻发布会上指出,特朗普的行为,特别是针对朝核问题的推特,对美国外交没有任何帮助。反观特朗普中亚外交,原本阿富汗安全、"新丝绸之路"计划和公共外交是美国中亚外交的三大支柱,在奥巴马撤军阿富汗和特朗普"美国第一"的政策理念下,2017年美国的中亚外交只剩下公共外交。直到2017年8月美国阿富汗新战略出台后,特朗普政府才开始考虑改变当前美中亚外交低迷不振的状态。对于2018年的美国中亚外交,我们可以从以下几个要素来分析。

1. 中亚在美国国家安全中的作用

如果特朗普政府大力推进其阿富汗新战略(2017年8月),那么美国中亚政策就需要调整,因为中亚国家作为阿富汗的邻国,得到其的支持对于美国在阿富汗的军事行动十分重要。2017年12月18日,特朗普出台了任期内第一份《国家安全战略》(National Security Strategy,简称NSS),该战略强调美国的经济安全是国家安全的重要内容,而且强调美国只关心与其他国家的关系必须公平和互惠,并提出保护美国人民、促进美国繁荣、以实力和防务政策为重点、加强美国影响力四个支柱。NSS谈及美国在南亚中亚地区的国家安全利益时指出,该地区对美国而言既有复杂的安全挑战,也有机会。美国继续面对南亚中亚地区跨国恐怖主义和来自巴基斯坦的非法武装人员的挑战,印巴之间的军事冲突也可能引发"核交换"。美国在南亚中亚地区的利益包括打击对美国国土安全及盟友带来影响的恐怖主义,预防跨国恐怖主义，预防大规模杀伤性武器扩散；寻求提高中亚国家反恐能力，避免其成为"基地"组织的避风港。具体政策包括以下几个方面。

在政治上，依靠印度、施压巴基斯坦；促进阿富汗和解进程，鼓励阿富汗政府的"反腐败"改革，提高阿富汗政府的合法性，降低极端组织的暴力行为；在中国提高其在南亚中亚地区影响力的同时，帮助南亚中亚国家维护自己的主权。

在经济上，鼓励南亚和中亚地区经济一体化，通过互联互通和贸易联系促进南亚中亚地区繁荣。美国鼓励印度加强对该地区的经济援助。为了提高安全的需要，美国将与巴基斯坦建立贸易和投资联系，促使巴基斯坦帮助美国实现反恐目标。

在军事和安全上，继续支持阿富汗政府及其武装力量打击塔利班、基地组织、IS和其他恐怖主义。除支持阿富汗政府武装力量军事行动外，美国通过外交努力寻求阿富汗的永久和平。美国要求巴基斯坦对非法武装人员和恐怖组织采取果断行动。美国将与中亚国家合作实现美国在南亚中亚地区的反恐目标。①

从特朗普政府的 NSS 可以看出，在"美国第一"原则下，特朗普在全球和地区层次上的权力博弈更倾向于"零合博弈"。

2. 作为"修正主义国家"的俄罗斯

在特朗普 NSS 中，俄罗斯是"修正主义国家"（还包括中国），即否定美国国家利益，按照俄罗斯的意愿修正世界秩序。自乌克兰危机以来，美俄关系长期处于冰点状态，对于特朗普政府的 NSS，克里姆林宫发言人批评说："美国缺乏放弃单极世界的观念，俄罗斯不会接受对美国安全构成威胁的说法。"就在特朗普 NSS 发布后不久，美国国务院宣布将向乌克兰军队提供"增强防御能力"的、致命的反坦克武器。② 俄罗斯外交部部长谢尔盖·

---

① National Security Strategy of the United States of America；https：//www.whitehouse.gov/wp-content/uploads/2017/12/NSS-Final-12-18-2017-0905-2.pdf.
② Michelle Kosinski and Ryan Browne；"US will provide anti-tank weapons to Ukraine, State Dept. official says"；http：//edition.cnn.com/2017/12/22/politics/us-ukraine-anti-tank-weapons-russia/index.html.

里亚布科夫（Sergei Ryabkov）指责了美国，并警告美国俄罗斯将会实施报复。作为中亚地区领导国，俄罗斯没有与特朗普政府在该地区展开公开对抗，但是对于美国埃克森美孚、雪佛龙、康菲等公司在哈萨克斯坦能源领域与哈的合作，俄罗斯一直耿耿于怀，尤其在美国及其西方盟友对俄罗斯采取制裁措施后，中亚国家对美国能源公司的出口依赖明显上升。原本俄罗斯有依靠美国制衡中国在中亚地区影响力的想法，但美国并没有出台遏制中国在中亚地区影响力的政策，或者说没有明确的、针对中国的政策措施。这使得中国凭借"一带一路"倡议成为在中亚地区的赢家，美国国内提出与中国在中亚地区展开合作。很显然，若美俄对抗加剧，中亚不会成为大国权力博弈的真空。未来，美俄在中亚地区会有很多明争暗斗，其中对乌兹别克斯坦和哈萨克斯坦的争夺将成为美俄中亚博弈的中心。特朗普在介绍其 NSS 时强调，"我们需要中亚国家能够抵御我们对手的主导地位"。当前，哈萨克斯坦总统纳扎尔巴耶夫已确定于 2018 年 1 月访问美国。纳扎尔巴耶夫总统作为联合国安理会非常任理事国元首访问美国，并与特朗普会晤。乌兹别克斯坦总统米尔济约耶夫访问美国的计划正在磋商中，但米尔济约耶夫已率先于 12 月 26 日赴俄罗斯参加独联体国家领导峰会，并与俄罗斯总统普京会晤。在 2017 年 12 月 18 日，俄罗斯国际事务学会发布了《俄罗斯外交展望：2018》，俄罗斯智库在这份报告中认为，俄罗斯与西方国家的关系是最棘手的问题，西方国家制裁俄罗斯致使俄罗斯投资成本不断升高。2018 年，俄罗斯将努力稳定与美国的关系，发展与欧盟的关系，避免对抗升级，恢复各级对话，保持威慑力量。① 在当前美俄关系下，若俄罗斯不能向美国及其欧洲盟友妥协，那么，特朗普会在中亚地区加强与俄罗斯竞争的力度，中国也将成为美国在中亚地区遏制的对象。

3. 中亚国家对美国政策的取向

发展与美国的关系对于中亚国家而言是比较复杂且有风险的外交。按照

---

① ПРОГНОЗНЫЙ ДОКЛАД РСМД；Внешняя политика России, взгляд в 2018 год, Москва 2017 г, http://russiancouncil.ru/forecast2018#rec40594887.

西方国家标准,中亚国家政权属于威权国家,而且普遍存在治理水平低、腐败、法治不健全、营商环境欠佳等问题,特别是吉尔吉斯斯坦和塔吉克斯坦,它们被西方国家看成"崩溃国家"。发展与美国的关系,中亚国家需要面对美国对其国内政治的直接干涉。很多中亚国家领导人对美国坚持的"民主和人权"怀有戒心,认为会削弱其政权的合法性。受商业和个人经济利益驱使,中亚国家公民与俄罗斯来往密切,中亚国家政府高层与莫斯科关系也十分紧密。在中亚国家政权稳定方面,莫斯科具有强大的作用。因此,发展与美国关系,中亚国家不得不考虑莫斯科的态度,这在吉尔吉斯共和国表现得尤其突出。哈萨克斯坦也十分小心地在美国与俄罗斯之间周旋,哈萨克斯坦与俄罗斯有很多共同利益,其中就包括哈俄之间有世界第二长的边境线(6000多公里)。根据《塔俄军事协议》,俄罗斯在塔吉克斯坦部署着旅级单位的武装力量,而塔吉克斯坦全国的武装力量基本上也就是俄罗斯旅级水平,因此,塔吉克斯坦与美国关系也不会走得太近。近年来,土库曼斯坦与美国关系发展较快,2017年土美两国在人文和商业领域取得了不少成果。例如,美国向土库曼斯坦提供1500万美元用于保护其24处文化和历史遗迹;举办第7届夏季美国电影节;培训100名土库曼斯坦大学、语言机构和中学英语教师;与土库曼斯坦签署分享税务信息协定,打击海外逃税行为,建立符合美国国家利益的金融合作体系;资助土库曼斯坦政府多样化经营和扩大出口的能力等。乌兹别克斯坦可能是发展对美关系中受俄罗斯影响最小的国家。自米尔济约耶夫就任乌兹别克斯坦总统后,乌兹别克斯坦改善了与邻国的关系,与其他中亚国家签署了一揽子经济合作协议。2017年9月,米尔济约耶夫在出席联合国大会时与特朗普会晤,讨论了乌兹别克斯坦在中亚的作用及对美国阿富汗新战略提供帮助的可能性。不过,米尔济约耶夫在发展对美关系上还是有限度的,除非对国家安全有明确的威胁,否则不会偏向美、俄任何一方。中亚国家欢迎"C5+1"机制,因为这有利于它们之间的团结,但"C5+1"机制并不能满足不同中亚国家的需要,与美国保持较好的双边机制依然是中亚国家对美政策的重心。

综上所述,2018年特朗普政府中亚外交将继续围绕"美国第一"的政策原则，在安全、经济、公共领域等与中亚国家展开合作和对话。与 2017 年"低迷的"中亚外交相比，特朗普政府 2018 年的中亚外交有走向活跃的趋势，美俄在中亚地区的权力博弈依然会选择"暗斗"，而印度将逐渐取代日本成为美国中亚外交的工具之一。此外，基于制衡中国在中亚国家影响力不断上升的目标，特朗普政府 2018 年的中亚外交可能会对中国与中亚国家产能合作带来一定的负面影响。

Y.10
稳步发展中的欧盟与中亚国家关系

鞠 豪*

摘　要： 在中亚国家独立后的20多年间，欧盟的中亚外交战略发生了明显的变化。但本质上，欧盟的中亚战略仍属于规范性外交的范畴。2017年，欧盟与中亚国家的外交关系稳步发展。但受制于双方在国家转型和价值观领域的分歧以及欧盟自身的弱点，未来欧盟在中亚地区的影响力仍将处于第二梯队。

关键词： 欧盟　中亚　规范性外交　政治与安全　水资源治理

一　欧盟中亚外交战略的演变

自冷战结束后，欧盟就谋求与中亚国家发展外交关系，并通过各种方式对这些国家进行援助。但彼时，欧盟的共同外交与安全政策（Common Foreign and Security Policy）尚处于探索阶段。面对苏东剧变遗留下的巨大战略空间，欧盟还没有形成一个长期的、整体性的区域战略。虽然与独立后的中亚五国迅速建立了外交关系，但欧盟并未将其视为一个独立的地缘板块，双方的主要政治经济往来都在"塔西斯计划"（Technical Assistance in CIS）和《伙伴关系与合作协定》（The Partnership and Cooperation Agreements）的框架内展开。而"塔西斯计划"是一个面向所有独联体国家的整体援助框

---

* 鞠豪，法学博士，中国社会科学院俄罗斯东欧中亚研究所助理研究员，研究方向为欧盟政治、中东欧国家政治发展。

架,并非单独针对中亚,《伙伴关系与合作协定》也没有涵盖所有中亚国家[①]。在欧盟内部,各成员国对中亚地区的关注度也相对较低。"9·11"事件之前,只有德国在中亚五国均设有大使馆。这一时期内,欧盟对于中亚事务的介入集中体现在两个方面:第一,在国际人道主义原则下对中亚国家进行经济援助和技术支持;第二,借助毒品控制战略(Central Asia Drug Action Program)和后来的中亚边境管理机制(Border Management in Central Asia Program)减少经"北方路线"[②]流入欧洲市场的毒品量。

"9·11"事件后,恐怖主义的阴霾遍布全球,打击和预防恐怖主义活动成为国际安全领域的一大难题,欧盟也开始重新思考自身的安全形势。面对宗教激进主义和其他极端势力在中亚的兴起,欧盟尝试从反恐的角度看待中亚的地缘政治地位,力求通过保持中亚地区的安全与稳定,遏制恐怖主义的扩散和向外输出。由此,欧盟将这一地区视为一个独立的地缘政治板块,并积极介入中亚事务。此外,世界能源价格的不断上涨和俄欧关系的反复迫使欧盟改变单一能源来源的状况,在2005~2006年俄乌矛盾导致欧盟多国能源短缺后,欧盟决心实现能源供应的多元化。拥有丰富油气资源的中亚国家自然成为欧盟的潜在合作对象,其战略地位也大大提高。在德国等国的大力推动下,欧盟开始拟定新的中亚外交战略,并于2007年6月正式出台了《欧盟与中亚:新伙伴关系战略》(European Union and Central Asia: Strategy for a New Partnership)(以下简称"新伙伴关系战略")。

"新伙伴关系战略"是欧盟首个系统的中亚外交战略。以此为基础,欧盟决定全方位深化与中亚国家的外交关系,把加强能源交通联系、抵御共同威胁和挑战、法治、人权、良治与民主化、经济发展、贸易和投资、环境可持续性和水资源问题、青年人与教育和跨文化对话作为优先的合作

[①] 哈萨克斯坦、吉尔吉斯斯坦和乌兹别克斯坦在1999年签署了《伙伴关系与合作协定》;塔吉克斯坦直到2004年才签署这一协定并于2010年生效;而土库曼斯坦因为外交中立原创仅与欧盟签署了《过渡贸易协定》,没有签署《伙伴关系与合作协定》。详见徐刚《欧盟中亚政策的演变、特征与趋向》,《俄罗斯学刊》2016年第2期,第18页。

[②] 即经由阿富汗、中亚国家、俄罗斯和土耳其等国,最终抵达欧洲的毒品运输路线。

方向①,全面提升欧盟在中亚地区的影响力和竞争力。这一战略的出台代表了欧盟与中亚关系的新起点。在政治上,欧盟不再执意通过"颜色革命"推进中亚地区的国家转型,而是寻求与中亚国家的政治对话。2008年9月,欧盟与中亚国家在巴黎第一次召开了外长级的"欧盟-中亚安全论坛",此后,欧盟设立了与中亚国家定期举行外长会议的机制②。2013年6月,欧盟在布鲁塞尔与中亚国家举行了首次副外长级的高层政治与安全对话并将其确立为定期机制。此外,在人权和公民社会等问题上,欧盟也与中亚国家举行了多轮对话,意图通过磋商谈判的方式增强双方的政治合作。在经济上,欧盟用"发展合作工具"(Development Cooperation Instrument)取代了"塔西斯计划"。相比于"塔西斯计划","发展合作工具"覆盖面更广,也具有更为清晰的目标序列。通过这一机制,欧盟希望推动中亚各国的经济转型,实现其经济的可持续发展。为此,欧盟也通过与欧洲复兴开发银行等机构的合作向中亚国家的私有企业,特别是中小企业进行援助,以增强中亚各国的经济活力。在能源和环境等其他领域,欧盟也通过一系列的合作计划与机制参与中亚事务,一方面帮助中亚国家改善治理模式,解决发展中的问题,另一方面传输欧盟的价值理念和规则,增加欧盟在这一地区的影响力。

二 欧盟与中亚国家的关系现状

2017年是欧盟与中亚"新伙伴关系战略"启动的第10年。值此关键节点,欧盟对过去的中亚战略进行了总结和梳理,也对未来双方关系的发展和合作方向进行了规划。在2017年6月的《欧盟中亚关系文件》中,欧盟表示:"在中亚国家独立后的25年,欧盟与中亚国家的关系取得了明显的发

---

① 吴宏伟:《俄美欧中亚政策及其演变》,《俄罗斯学刊》2017年第2期,第50页。
② 戴轶尘:《欧盟中亚战略中的多边安全合作及其成效评估》,《俄罗斯研究》2015年第3期,第69~70页。

展。中亚国家已经成为欧盟的重要伙伴。"① 关于双方未来的关系发展，文件指出："中亚国家的政治转型、法治改革与经济体系现代化是双方深化合作的基础条件。欧盟对中亚事务的介入集中体现在：第一，政治领域，坚持现有的政治对话与交流机制，推动中亚国家的民主转型与司法改革，打击腐败，大力推行电子政务；第二，安全领域，帮助中亚国家打击恐怖主义和激进主义势力，控制武器毒品贩运和非法移民；第三，经济领域，推动中亚地区营商和投资环境的改善；第四，能源、教育和其他领域，推进区域一体化，带动中亚国家融入国际市场与体系。"② 在文件的最后，欧盟理事会提出要在2019年底出台新的欧盟中亚战略草案，这一草案将决定双方未来的伙伴关系形式与欧盟对中亚的援助内容。欧盟也邀请中亚国家加入该草案的制订与讨论工作。

在过去的一年里，欧盟与中亚的关系稳步发展，许多合作项目与计划也在积极开展中。在政治与安全领域，欧盟继续通过现有的机制与中亚国家开展对话与合作。2017年6月，欧盟与中亚国家在比什凯克举行了第四届高层政治与安全对话，会议围绕恐怖主义、边境管理和毒品贩运等问题进行了广泛的讨论。③ 欧盟呼吁中亚国家关注周边地区局势，从一个更宽广的视野看待地区安全与相关合作，阿富汗因其对中亚安全局势的重要影响也受邀出席会议。2017年11月，第13届欧盟-中亚外长会议在乌兹别克斯坦的撒马尔罕举行。欧洲联盟委员会外交和安全政策高级代表与中亚各国的外长参加了会议，并在会后的联合公报中提出了欧盟与中亚国家未来合作的共同愿景。④ 2017年12

---

① Council conclusions on the EU Strategy for Central Asia 2017, http://www.consilium.europa.eu/en/press/press-releases/2017/06/19/conclusions-central-asia/, last access on January 14th, 2018.
② Council conclusions on the EU Strategy for Central Asia 2017, http://www.consilium.europa.eu/en/press/press-releases/2017/06/19/conclusions-central-asia/, last access on January 14th, 2018.
③ EEAS: EU-Central Asia High Level Political and Security Dialogue, https://eeas.europa.eu/headquarters/headquarters-homepage/27787/eu-central-asia-high-level-political-and-security-dialogue_en, last access on January 15th, 2018.
④ EEAS: 13th European Union-Central Asia ministerial meeting, https://eeas.europa.eu/headquarters/headquarters-homepage/36074/13th-european-union-central-asia-ministerial-meeting_en, last access on January 15th, 2018.

月,欧盟在布鲁塞尔举行了第五次欧盟中亚国家司法部长会议。这次会议对近年来中亚国家的法治状况进行了评估,并着重讨论了新引入的替代性纠纷解决机制(Alternative Dispute Resolution mechanisms)和2014年欧盟–中亚司法部长联合宣言的执行情况。在与中亚五国的联合对话机制之外,欧盟还针对各国的具体情况开展单独的政治合作。2017年12月,欧洲议会以压倒性多数批准了欧盟与哈萨克斯坦之间的《深化伙伴关系与合作协议》(Enhanced Partnership and Cooperation Agreement),这是欧盟与中亚国家签署的第一个《深化伙伴关系与合作协议》,也代表了欧盟与中亚国家双边合作与关系发展的新方向。同月,欧盟与吉尔吉斯斯坦开启新关系协定的谈判。作为谈判的发起者之一,欧洲联盟委员会外交和安全政策高级代表、欧洲联盟委员会副主席莫盖里尼表示:"欧盟认可近年来吉尔吉斯斯坦的改革成果。新的关系协定将会更好地支持吉方的政治经济转型,推动双方的合作与双赢。"① 一旦谈判成功,新的协定将取代1999年生效的《伙伴关系与合作协定》,成为双方发展外交关系与合作的基本框架。在安全领域,中亚边境管理项目是欧盟主推的合作项目之一。从2003年到2018年,欧盟为这一项目注资4.08亿欧元,近7000名中亚国家的政府人员通过这一项目接受了相关的培训。项目的第9个阶段(2015~2018年)由拉脱维亚主导,耗资450万欧元,主要目标是推动中亚国家相关制度的建设、移民管理和贸易便利化。截至目前,有60多个不同规模的研讨会、咨询工作和访问交流活动在这一项目下展开,900多人接受了专业知识技能的培训。以这一项目为基础,中亚国家也开启了科学化边境管理与合作的进程。2017年11月,在土库曼斯坦举行了跨部门边境管理的研讨会,多个政府部门的代表到会。② 各方就信息交

---

① EEAS: The EU and the Kyrgyz Republic launch negotiations for a new agreement, https://eeas.europa.eu/headquarters/headquarters-homepage/37628/eu-and-kyrgyz-republic-launch-negotiations-new-agreement_en, last access on January 15th, 2017.

② EEAS: Interagency cooperation discussed in Ashgabat by border agencies of Turkmenistan, https://eeas.europa.eu/headquarters/headquarters-homepage/36000/interagency-cooperation-discussed-ashgabat-border-agencies-turkmenistan_en, last access on January 15th, 2017.

换、数据分析和跨部门合作等问题进行了讨论，欧盟的代表介绍了欧盟成员国在边境管理方面的模式与经验。当然，中亚边境管理项目的覆盖范围不仅仅是打击毒品走私和人员培训。在乌兹别克斯坦，相关部门正借助这一项目打击非法的动植物贩运。通过学习立陶宛等国在货物报关、检查和跨部门执法等方面的经验，乌兹别克斯坦相关部门遏制了稀有动植物的非法贩卖，也有效地抵制了外来物种的入侵，保护了中亚的生态环境。

在经济领域，欧盟是中亚国家的主要贸易伙伴之一。双方的贸易额占中亚国家外贸总额的1/3。中亚国家出口的商品以石油、天然气、金属矿石和棉纤维等初级产品为主，进口则以机械产品和运输设备为主，工业制成品占到进口量的一半以上。尽管欧盟在双方贸易中一直处于逆差。但因为国际油气价格等因素，这一逆差正在不断缩小。[①] 在贸易之外，欧盟与中亚国家的经济合作也在频繁开展。扶助中小企业发展一直是欧盟对中亚国家进行经济援助的重要目标。考虑到这一地区的中小企业常常面临融资困难，欧盟通过欧洲复兴开发银行提供了4200万美元的贷款，并设立了1.12亿美元的专项基金，以对中小企业进行技术援助和风险担保。除了直接的资金支持外，欧盟还为中亚地区的中小企业提供了全面的协助计划，包括帮助企业制订未来发展的规划、科学管理体系的引入和产品质量的控制与监管等，这些项目由欧洲复兴开发银行名下的国家早期转型基金（Early Transition Countries Fund）资助。在欧盟的帮助下，许多中亚国家的中小企业进入了快速发展期。在获得欧盟90万美元贷款后，塔吉克斯坦木材加工企业Fortuna采买了全自动化的木材加工设备，其年产量比过去增加了25%，产品范围也逐渐覆盖所有家具产品。土库曼斯坦纳巴德地方酿酒厂Yager并购了阿什哈巴德的一家酿酒厂，迅速提升了自身的企业规模和生产能力，并购的资金多数来自欧洲复兴发展银行提供的贷款。得益于欧盟的支持，Yager酿酒厂的产量在过去3年里增长了50%，并在物流配送和质量控制环节取得了

[①] European Commission, http://ec.europa.eu/trade/policy/countries-and-regions/regions/central-asia/, last access on January 1st, 2018.

长足的进步。① 2017年11月,欧盟与土库曼斯坦和乌兹别克斯坦在阿什哈巴德举行了圆桌会议,宣布启动一项由欧盟资助的合作项目Strengthening transport and logistics Business Intermediary Organizations。这一项目旨在推动土乌两国的物流与交通运输发展,为领域内的中小企业和中介机构提供支持。不同于欧盟与欧洲复兴开发银行的官方项目,这一项目主要通过社会团体,特别是各国工商业协会合作的方式开展,主导者包括拉脱维亚装卸者协会、乌兹别克斯坦工商业联合会、国际商业物流发展协会和土库曼斯坦国际运输协会。② 对于土乌两国的中小企业发展,这一项目具有十分重要的意义。在与中亚国家的经济合作中,乡村经济发展也是欧盟重点关注的问题之一。在乌兹别克斯坦,农村发展状况是欧盟2014~2022年长期指导项目(EU–Uzbekistan Multi–Annual Indicative Programme for 2014–2020)的重点领域。通过这一项目,欧盟驻乌代表团在2017年开展了一系列的专家行动,旨在通过技能培训和课程学习,提升乡村地区的人力资源水平,制造更多的就业机会。③ 在吉尔吉斯斯坦,"农村综合发展"(Integrated Rural Development)是欧盟最为重要的三个发展合作工具之一。针对这一项目,欧盟投入了53.7万欧元,建造了48个试验田、7个模型温室和38个家庭温室,用来帮助吉尔吉斯斯坦的农民学习现代的农业技术,推广绿色农业模式。④ 在

---

① EBRD: "EBRD and EU foster small business growth in Central Asia", http://www.ebrd.com/news/2017/ebrd–and–eu–foster–small–business–growth–in–central–asia–.html, last access on January 8th, 2018.

② EEAS: Launch of the new EU–funded project "Strengthening transport and logistics Business Intermediary Organizations (BIOs) in Central Asia"–roundtable meeting "International cargo transportation: new competitive conditions", https://eeas.europa.eu/headquarters/headquarters–homepage/35045/launch–new–eu–funded–project–strengthening–transport–and–logistics–business–intermediary_en, last access on January 2nd, 2018.

③ EEAS: Creating new employment opportunities in rural areas, https://eeas.europa.eu/headquarters/headquarters–homepage/30465/creating–new–employment–opportunities–rural–areas_en, last access on January 2nd, 2018.

④ EEAS: EU working for higher standard of living in rural Kyrgyzstan, https://eeas.europa.eu/headquarters/headquarters–homepage/19274/eu–working–higher–standard–living–rural–kyrgyzstan_en, last access on January 2nd, 2018.

哈萨克斯坦，欧盟推出了"绿色经济转型"行动计划，以推动哈乡村地区的可持续发展。这一行动计划耗资710万欧元，由欧盟全额负担，具体执行由联合国欧洲经济委员会和联合国开发计划署共同负责，整个项目将于2018年11月结束。① 欧盟在经济合作中的一系列行动表明，其经济合作与援助的目的不是简单地攫取经济利益，而是要在中亚树立一种全新的发展理念与治理模式，由此提升欧盟在这一地区的软实力和影响力。

在能源、环境和教育等其他领域，欧盟也在继续发挥作用。2017年6月，第二届欧盟与中亚国家教育部长会议在阿斯塔纳举行。各方代表共同签署了《阿斯塔纳声明》。在声明中，欧盟与中亚国家均表示，教育事业的发展对国家的可持续发展、弹性社会的塑造具有重要影响。未来双方的合作重点包括：教育质量体系改革、学历认证与鉴定以及教学方法创新等。② 在"欧盟与中亚教育倡议"（European Union Central Asia Education Initiative）和其他相关项目的支持下，中亚国家的教育状况有了明显的改善。这其中，哈萨克斯坦的成就最为显著。在3~6岁的儿童中，有85%的儿童接受了学前教育，虽然未能达到欧盟设立的所有儿童都接受学前教育的标准，但比2016年增长了6%。在高等教育领域，哈萨克斯坦设立了博拉沙克奖学金，约有12000名学生通过这一项目去国外留学。③ 未来会有更多的哈国学生借助本国或是欧盟的教育项目去国外接受教育和培训。在教育体系方面，哈国也在积极地进行改革。通过学年制改革，哈国力求在教育质量和标准上向欧盟靠拢，改变当下大量9年级生辍学的状况。在环境领域，"中亚水关系合作项目"（Central Asia Water Nexus Cooperation）在持续2年后正式结束，欧盟与中亚国家

---

① EEAS：Supporting Kazakhstan's transtition to a Green Economy model，https://ec.europa.eu/europeaid/projects/supporting-kazakhstans-transtition-green-economy-model_en，last access on January 2nd，2018.

② Astana Declaration，https://eeas.europa.eu/sites/eeas/files/01_astana_declaration_170623_final_en.pdf，last access on January 15th，2018.

③ EEAS：EU and Central Asia ministers of education agree to expand cooperation，https://eeas.europa.eu/headquarters/headquarters-homepage/29477/eu-and-central-asia-ministers-education-agree-expand-cooperation_en，last access on January 15th，2018.

的代表在阿拉木图举行会议，对这一项目的成就进行总结，并对未来中亚水治理的发展方向提出规划。而尚在进行的欧盟"自然灾害预防项目"（Disaster Preparedness Programme）也取得了丰硕的成果。从2003年开始，欧盟通过这一项目投资了100余项工程建设，耗资4600万欧元，不仅大大提升了中亚国家抵抗灾害的备援能力，也通过培训增强了学校、社区和各行业人员应对突发灾害的能力。此外，欧盟始终重视与中亚国家的民间交往和社会文化交流。通过欧盟日、欧盟电影节和《罗马条约》60周年的庆祝活动，欧盟与中亚国家联合组织了一系列文化与艺术活动，以增进双方的了解，实现政治文化互信。

三 欧盟中亚外交战略的特点

在2007年的"新伙伴关系战略"和历年的《欧盟中亚关系文件》中，欧盟对于中亚国家有三个基本的定位：第一，这是一个重要性与日俱增的地区，许多大国都在积极介入中亚事务；第二，中亚国家尚处于缓慢的政治经济转型之中，在民主、法治和国家治理等方面存在严重的问题；第三，中亚国家拥有丰富的油气资源，在能源领域具有重要的战略意义。以上三个定位决定了欧盟中亚战略的合作与发展方向，也决定了欧盟中亚战略的基本特点。总体而言，欧盟的中亚战略有如下三个特点。

第一，本质上，欧盟的中亚外交战略属于规范性外交。在2007年的"新伙伴关系战略"中，欧盟明确表示："发展并巩固稳定、公正且开放的社会，遵守国际规范对于欧盟和中亚国家的伙伴关系至关重要。欧盟愿在法治、人权、民主和教育等关键领域中分享经验与知识。"[①] 法治、人权与民主化也是新伙伴关系的优先发展目标。从外交目标来看，欧盟有向中亚地区输出价值规范和制度规则的强烈意愿。在实际的外交行动中，欧盟与中亚国家进行了多次人权对话，就政治权利、公民社会和国际组织在中亚的活动状

[①] 戴铁尘：《欧盟新中亚战略中的规范性外交及其软化态势》，《欧洲研究》2014年第5期，第73页。

况进行交流。在法治领域，欧盟也举行了多次欧盟 - 中亚国家司法部长会议和司法内政事务对话，用以推动中亚各国的司法改革，促进公民社会的发展。① 通过"民主和人权工具"（The European Instrument for Democracy and Human Rights）和"非国家行为体和地方政府发展工具"（Non – State Actors and Local Authorities in Development，NSA – LA），欧盟对中亚国家的公民组织进行援助。2016 年，哈萨克斯坦的公民组织获得了欧盟 60 万欧元的资助，塔吉克斯坦的公民组织则获得了 200 万欧元的资助②；从 2015 年起，欧盟开始资助由 12 个非政府组织组成的保护卫士组织（ProtectDefender. EU），这一组织的职责是在全球范围内保护公民组织，应对突发危机；与此同时，欧盟将"欧洲民主捐赠计划"（European Endowment for Democracy）的应用范围从欧盟的东南邻国扩展到俄罗斯和中亚，以推动中亚的政治转型，增加欧盟在这一地区的规范性力量。

此外，欧盟还通过其他领域的合作影响和塑造中亚国家，努力实现价值同化和规则共享。在环境保护领域，跨流域水资源治理因对价值理念和制度建设的较高要求而成为欧盟规范性外交的重点领域。早在 2008 年，欧盟就提出在中亚的水资源领域"打造一个以国际法为基础的可持续的合作秩序"③。在帮助中亚国家有效管理水资源、解决水资源纠纷的过程中，欧盟希望中亚国家能更加认同欧盟的治理模式，使集体责任观念、可持续发展理念和法治互信精神成为欧盟水外交的副产品。为此，欧盟一直积极打造水资源领域的区域对话框架。2008 年以后，欧盟与中亚国家围绕水资源管理举行了多次高层会议和政策对话，双方联合设立了环境对话机制与水资源管理专家组，并成立了中亚地区环境中心，作为区域对话的重要机制。④ 在管理理念上，欧盟努力推行一体化的管理策略，以消减水资源自然分布与国家边界、

---

① 徐刚：《欧盟中亚政策的演变、特征与趋向》，《俄罗斯学刊》2016 年第 2 期，第 19 页。
② EUCAM: "Civil Society Cornered in Central Asia", http：//www.eucentralasia.eu/publications/eucam – publications.html, last access on January 6th, 2018.
③ 李志斐：《欧盟对中亚地区水治理的介入性分析》，《国际政治研究》2017 年第 4 期，第 117 页。
④ 邢伟：《欧盟的水外交：以中亚为例》，《俄罗斯东欧中亚研究》2017 年第 3 期，第 100 页。

行政区划不匹配的矛盾。同时,欧盟还在推动水资源基础设施建设的跨国合作,以及相关投资的便捷化与国际化。在扶持中亚中小企业发展的过程中,欧盟也在潜移默化地传输绿色的、可持续发展的理念,并将援助的力度与之相挂钩。受到欧盟的影响,土库曼斯坦的 Yager 酿酒厂采购了一整套二氧化碳回收系统,用以回收发酵和加热过程中产生的二氧化碳,并在啤酒生产中重复利用。① 可以说,相比于美、俄等国在中亚的外交行动,欧盟的中亚战略无论是在目标上,还是在实际的内容和手段上都带有规范性的色彩。

第二,欧盟对中亚国家的规范性要求相对软性。参照 BTI (BertelsmannStiftung Transformation Index) 2016 年的转型指数统计,吉尔吉斯斯坦的国家转型得分为 5.71,在 129 个转型国家中排名第 60 位;哈萨克斯坦的得分为 4.88,排名第 85 位;塔吉克斯坦、乌兹别克斯坦和土库曼斯坦的排名都在百名开外。② 从欧盟的视角来看,一方面,中亚国家尚处于缓慢的国家转型之中,为中东欧国家和其他入盟国家设立的政治经济改革标准并不能完全适用于这些国家;另一方面,中亚国家地处亚洲腹地,并不在欧盟的睦邻政策和东方伙伴关系框架内,因此欧盟也缺乏在这一地区推动规范性外交的奖罚机制,它既不能像惩罚内部成员国一样对中亚国家进行有效的法律和经济制裁,也无法用加入欧盟的承诺诱使中亚国家加快政治经济改革的步伐。更为重要的是,欧盟在中亚也有着重要的利益诉求,即能源。欧盟是世界上第二大能源消费体,2016 年石油消耗量占全球总量的 13.9%;天然气消耗量占比为 12.21%。其能源供应严重依赖进口,到 2030 年,欧盟的天然气对外依存度将达到 80%③。与之相对,中亚国家拥有丰富的油气资源,哈萨克斯坦已探明的石油资源为 300 亿桶,世界排名第 12 位;土库曼

---

① EBRD:"EBRD and EU foster small business growth in Central Asia", http://www.ebrd.com/news/2017/ebrd-and-eu-foster-small-business-growth-in-central-asia-.html, last access on January 8th, 2018.

② BTI Index 2016: http://www.bti-project.org/en/home/, last access on January 10th, 2018.

③ BP Statistical Review of World Energy June 2017, https://www.bp.com/en/global/corporate/energy-economics/statistical-review-of-world-energy.html, last access on November 15th, 2017.

斯坦和乌兹别克斯坦分别为 6.0 亿桶和 5.9 亿桶，位列第 44 位和第 46 位。在天然气方面，土库曼斯坦已探明储量为 7.054 亿立方米，位列世界第 6 位；哈萨克斯坦和乌兹别克斯坦的世界排名也在前 20 位。① 在俄欧交恶、中东和北非地区不断动荡的局面下，欧盟的能源供应面临重大的威胁。欧盟迫切希望增加与中亚国家的能源合作，以保障自身的能源安全。为此，欧盟不得不软化在规范性领域的要求，以换取中亚国家在能源领域的合作态度。

欧盟对乌兹别克斯坦的制裁即是一个典型案例。在 2005 年乌兹别克斯坦"安集延事件"爆发后，欧盟与美国都对乌提出了谴责，并要求对这一事件展开国际调查。在乌政府拒绝这一提议后，美国并未采取进一步的行动，欧盟却决定对乌进行制裁。② 2005 年 11 月，欧盟正式决定对乌采取制裁，制裁内容包括武器禁售、签证禁令和暂停会晤机制等。然而，这一制裁并没有真正触及乌国的核心利益，因此也难以构成约束。相反，欧盟却在能源供应和打击恐怖主义问题上日渐需要乌政府的合作。在这一局面下，欧盟对乌的态度逐渐转换。2007 年，欧盟取消了对乌的武器禁售。2009 年，欧盟又取消了对乌的其他制裁。2011 年 1 月，乌总统卡里莫夫访问欧洲，与欧盟和北约的领导人签署了一系列合作协定，显示出双方的冷淡关系已不复存在。实际上，规范性外交的软化不仅出现在欧盟的外交行动中，也出现在欧盟成员国与中亚国家的双边关系中。例如在对乌的制裁中，德国就一直站在欧盟决定的对立面。在欧盟宣布制裁后，租用乌特尔梅兹军事基地的德国仍然向乌政府提供了 1700 万欧元的援助项目，位列签证禁令名单之首的乌政府内务部部长阿尔马托夫拿到了德国的签证；在联合国谴责乌人权状况的决议上，德国又联合法国和西班牙投了反对票，并在担任欧盟轮值主席国期

---

① U.S. Energy Information Administration，http：//www.eia.gov/cfapps/ipdbproject/IEDIndex3.cfm? tid = 5&pid = 57&aid = 6，last access on September 9th，2017.
② EUCAM："How does Central Asia view the EU"，http：//www.eucentralasia.eu/publications/eucam - publications/working - papersreports.html，last access on December 20th，2017.

间积极争取取消对乌制裁。① 在哈萨克斯坦的"阿布利亚佐夫事件"中，法国与意大利也采取了和德国在对乌制裁中类似的态度，即不顾国内公民和人权组织的批评，与哈萨克斯坦展开积极的经济合作。②

第三，欧盟成员国可以自下而上地将本国利益与偏好投射到欧盟层面，影响欧盟的中亚战略。作为一个高度一体化的区域性组织，欧盟既不等于主权国家，也有别于一般的国际组织。在外交领域，欧盟要求各成员国在共同外交和安全政策框架内保持相对的统一，但允许它们保持一定的自主性。各成员国也可以通过欧盟理事会、欧盟委员会和欧洲议会等渠道参与欧盟的外交决策以及具体政策的执行过程。因此，通过自下而上的传输路径，各国可以将本国的利益与偏好投射到欧盟层面，影响欧盟的外交决策，使政策的出台与执行更加符合本国的战略诉求。对于中小成员国而言，许多受制于国力而难以实现的战略目标可以通过这一路径转化为欧盟的外交决策予以实现。在欧盟的中亚战略及相关行动中，许多成员国也通过类似的方法谋求自身利益。

以拉脱维亚为例。作为原苏联加盟共和国，拉脱维亚既与中亚国家有着历史联系，也在这一地区拥有现实的利益诉求。乌兹别克斯坦出口到欧洲的棉花大都经由拉脱维亚的里加港；哈萨克斯坦到欧洲的谷物出口也经过该国的文茨皮尔斯港；而塔吉克斯坦也把里加港作为其向欧洲出口铝矿石的中转站。③ 拉脱维亚有志于成为中东欧物流中心和欧亚贸易中转站，因此与中亚国家开展物流和交通运输领域的合作符合拉脱维亚的战略利益。同时，拉脱维亚处在毒品运输和有组织犯罪的"北方路线"上，非法移民、恐怖主义活动和毒品贩运都对拉脱维亚的国家安全构成挑战，因此拉脱维亚也希望与中亚国家展开边境管理和毒品控制的合作。受制于国家实力，拉脱维亚难以

---

① 戴轶尘：《欧盟新中亚战略中的规范性外交及其软化态势》，《欧洲研究》2014年第5期，第81页。
② EUCAM："How does Central Asia view the EU?"，http：//www.eucentralasia.eu/publications/eucam-publications/working-papersreports.html，last access on December 20th，2017.
③ Fabienne Bossuyt（2017）Between national and European foreign policy：the role of Latvia and Romania in the EU's policy towards Central Asia，Southeast European and Black Sea Studies，Vol. 17，No. 3，p. 449.

独力解决上述问题，简单的双边合作也很难引起中亚国家的兴趣。因此，拉脱维亚只能通过自下而上的传输路径，将本国的利益与偏好投射到欧盟层面，并转化为欧盟的外交政策。借助2015年担任欧盟轮值主席国的机会，拉脱维亚着力调整欧盟的中亚战略，使其兼顾欧盟的外交理念与拉脱维亚的本国利益。在此期间，拉脱维亚积极推动双方在边境管理、恐怖主义防治和中亚国家入世（WTO）等问题上的合作，并组织了一系列的相关对话，比如欧盟-中亚清洁技术与可持续发展论坛、欧盟与中亚未来合作发展会议和中亚妇女经济权利的实验室辩论。通过与德国的联盟，拉脱维亚也在2015年对欧盟中亚战略的评估中发挥了主导作用。在欧盟各类项目与计划的实施过程中，拉脱维亚也是有选择性地参与其中。拉脱维亚是2015～2018年欧盟中亚边境管理项目的主导国，也是欧盟中亚教育平台（EU's Central Asia Education Platform）假期教育与培训计划的主导国。前者既代表了拉脱维亚维持中亚地区安全稳定的战略要求，也符合其开展物流与交通运输合作的利益诉求；而后者则是因为拉脱维亚国内有着众多的中亚留学生，仅乌兹别克斯坦留学生就超过800人，① 教育与文化上的交流有助于改善双边关系。实际上，许多欧盟国家都在通过类似的方式影响欧盟的中亚政策。作为重要石油进口国和加工市场的罗马尼亚就一直在积极倡导欧盟与中亚的能源合作，并计划借助2019年其担任欧盟轮值主席国的机会推动这一合作。因此中亚国家在与欧盟及其成员国打交道的过程中，需要充分掌握欧盟外交的决策与运作机制，在发展与大国外交关系的同时也要兼顾与欧盟中小成员国的双边关系。

四 欧盟与中亚关系的展望

相比于2015年的《欧盟中亚关系文件》，2017年《欧盟中亚关系文件》在内容上并没有太大变化，民主与法治、政治与安全、经济与能源、教育与

---

① Pastore, Gunta. 2016. Leadership through the European Union Council Presidency: Latvia and Central Asia. LIIA report, March 2016. Riga: Latvian Institute of International Affairs.

环境领域的合作依然是欧盟中亚战略的优先发展方向。虽然欧盟决心要在2019年后推出新的欧盟中亚战略,但欧盟理事会也表示新的中亚战略将以2007年"新伙伴关系战略"的成果为基础。因此,未来一段时间内,欧盟与中亚国家的关系发展仍然会保持稳定的姿态。欧盟也将继续在水资源治理、绿色经济转型和中小企业发展等优势领域发挥作用。总体而言,欧盟在中亚地区的影响力将继续维持在第二梯队,落后于中美俄等国,中亚精英与社会大众对其的认同与支持也会处于一个较低的水平。做出这一判断的依据有三。

第一,欧盟会继续保持规范性外交的特点。在2015年通过的《欧盟中亚关系文件》中,欧盟理事会强调了价值规范在双方关系发展中的重要性。在2017年的《欧盟中亚关系文件》中,欧盟仍将推动法治、民主和国家治理能力作为未来中亚战略的重点。① 过去,欧盟曾因能源等因素降低了对中亚国家的规范性要求,但近年来,国际市场能源价格处于低位减轻了欧盟的能源压力;能源供应的"南部走廊"计划又因沿途局势变化和欧盟土耳其关系的恶化前途未卜。在现实利益期望下降的情况下,欧盟中亚战略的重点自然重回价值规范领域。然而,中亚国家对于人权和民主等问题并不感兴趣,它们认为中亚的情况与欧洲完全不同。在具体国情与发展道路上,中亚国家具有更多的多样性和特殊性,很难实现类似欧盟的一体化模式。西方的价值理念也不适用于中亚国家,对地区安全与稳定构成挑战的并不是西方国家眼中的非民主政体,而是日益兴起的宗教激进主义和极端势力。② 对于欧盟以人权民主的名义插手本国内政,中亚国家更是极力反对。显然,在价值规范上的不同看法是双方关系发展的一大障碍。如果欧盟继续坚持规范性外交的策略,双方的关系很难在短期内取得突破性的进展。

---

① Council conclusions on the EU Strategy for Central Asia 2017,http://www.consilium.europa.eu/en/press/press-releases/2017/06/19/conclusions-central-asia/, last access on January 14th, 2018.

② EUCAM: "How does Central Asia view the EU", http://www.eucentralasia.eu/publications/eucam-publications/working-papersreports.html, last access on December 20th, 2017.

第二，欧盟在中亚安全与稳定问题上影响有限。苏联解体后，中亚国家出现了明显的意识形态真空，宗教激进主义随之兴起，成为地区安全中的重大隐患。"9·11"事件和阿富汗战争使得恐怖主义势力由周边向中亚地区迅速扩散，预防打击恐怖主义活动，遏制本土和外来极端势力的兴起成为中亚安全领域的重大问题。然而在这一问题上，欧盟的贡献不仅难以与中美俄等大国相比较，也不及北约和联合国等国际组织。欧盟没有自己的军队，也没有实现军事领域的一体化，其在海外军事行动和安全治理中难以发挥重要的作用。近年来，欧盟决心重启"欧洲防务共同体"的构想，但进展缓慢。欧盟缺乏一个真正的共同防务预算，现有的预算仅仅是各国国防预算的汇总，欧盟的防务支出虽然占美国国防预算的一半，但军队战斗力仅有美国的1/10。大部分成员国更注重与北约和美国的军事合作，而对欧洲共同防务采取一种"搭便车"的姿态。在这种局面下，欧盟未来在中亚安全问题上能够发挥的作用十分有限，难以满足中亚国家维护地区安全与稳定的实际需要。

第三，欧盟正处于一系列内部危机之中。英国退欧和诸多内部问题迫使欧盟重新审视过去的一体化进程和未来的优先发展方向。在2017年3月向欧洲议会提交的欧盟发展白皮书中，欧盟委员会主席容克提出了欧盟未来五种可能的发展前景。其中第三种选项——"多速欧洲"，因与欧盟的现状相符合而受到更多的关注，也得到了德、法等西欧大国的支持。但是中东欧国家对于这一设想表示了强烈的反对。它们担忧一旦多速的一体化成为常态，欧盟内部就会衍生出更多的小团体，中东欧国家可能会被核心团体排除在外，沦为二等成员国。在内部存在巨大分歧、未来发展方向尚不确定的情况下，欧盟会将多大的精力和资源投向海外，特别是投向中亚地区尚是一个问号。而在"多速欧洲"的轨道下，欧盟如何开展中亚战略也值得探讨。在这一问题上，许多中亚的政治精英也抱有同样的看法。他们认为，未来欧盟可能会收缩其海外战略，将重心放到欧盟内部事务中。显然，这样的看法会削弱欧盟中亚外交战略的实际效果，也会减少中亚国家的合作意愿与热情。

Y.11
日本与中亚国家关系进一步巩固

陈东杰 孙伟超*

摘 要： 本文分析了自苏联解体之后的日本中亚政策发展历程，其过程大致可分为"欧亚大陆外交""欧亚十字通道""俯瞰地球仪外交"等阶段。其中，起始于2004年的"中亚+日本"外长对话和2006年的东京会谈是日本与中亚国家常设的外交活动，标志着双方沟通渠道的规范化与定期化。2017年举行的第六届"中亚+日本"外长对话和第十次东京会谈进一步巩固了安倍2015年出访中亚国家取得的成果。本文从外部与内部切入，分析影响日本中亚政策发展的几个因素，并指出日本中亚政策的重点发展方向。

关键词： 日本 中亚政策 政府开发援助

地处欧亚大陆中心的中亚地区，因其十分重要的战略地位，长久以来为大国博弈之焦点。时至今日，中亚地区的政治稳定仍为各大国所关切。除此之外，中亚地区自然资源丰富，尤其是其不可再生能源为国际社会高度关注，更是被业内人士视为"第二个中东"①。中亚五国独立之后，日本政府

---

* 陈东杰，博士，陕西师范大学"一带一路"建设与中亚研究协同创新中心讲师，研究方向为中亚问题；孙伟超，陕西师范大学"一带一路"建设与中亚研究协同创新中心硕士研究生，研究方向为中亚问题。
① 参见 Toby Shelley, *Oil: Politics, Poverty and the Planet* (London: Zed Books, 2005), pp. 131 - 135。

将中亚事务划为欧洲地区事务部。在经过初期的探索阶段之后,日本政府先后提出"欧亚大陆外交""丝绸之路能源计划""欧亚十字通道""俯瞰地球仪外交"等方案。日本政府的中亚政策在经过逐步的调整之后,发展规划渐趋明晰。政府开发援助仍然是日本中亚政策的核心,双方之间的经贸和能源合作是支撑点。

一 日本中亚政策发展之历程

日本与中亚地区之间的联系并非始于中亚五国独立之后。远在中古时期,日本便在丝绸之路的交往中扮演重要角色。二战之后,一批日本战俘被发配至中亚地区,参与了当地的战后重建工作。[①] 在戈尔巴乔夫后期,日本学者在苏联政府奖学金的支持下,获得前往中亚地区进行研究的允准,[②] 这在一定程度上加深了双方之间的相互了解。中亚国家独立之后,日本迅速承认中亚国家,并与之建立外交关系,开启了双方关系的新篇章。综观20多年来日本与中亚五国关系的发展历程,大致可将其分为两个阶段,以下一并述之。

第一阶段是1992~1997年。有关日本政府在1992~1997年的中亚政策,国内外学界多有所述及。概而言之,此时日本政府的欧亚外交目标是依托政府开发援助(Official Development Assistance,ODA)与俄罗斯进行交涉,以期索回在冷战期间被苏联所控制的南千岛群岛,并希望能够参与西伯利亚油气资源的开发。观察此时的日本中亚政策,不难发现其核心亦是凭借政府开发援助,帮助处于经济困难中的中亚国家走出困境,其意在减轻俄罗斯对中亚国家压力的同时,迫使俄罗斯在一定程度上对南千岛群岛问题做出

[①] Mirzokhid Rakhimov, "Central Asia and Japan: Bilateral and Multilateral Relation", *Journal of Eurasian Studies* (5) 2014: 78.

[②] 宇山智彦:《日本的中部欧亚研究:俄罗斯研究与东方研究的紧密结合》,程艳阳译,《俄罗斯研究》2011年第1期。

让步。①

日本注意到俄罗斯国内经济问题较多,遂以经济援助为诱导,意图迫使困境中的俄罗斯接受日本提出的解决南千岛群岛问题的提议。② 让日本政府始料未及的是,俄罗斯强烈反对将南千岛群岛争议与经济援助相联系,这使双方交涉触礁,前述日本之目标也因此搁置。③ 日本被迫重新制定中亚政策。由上我们可以认为,苏联解体之初的日本中亚政策缺乏宏观性的长期战略考虑,所谓中亚政策更多是服务于日本的俄罗斯政策。

第二阶段是1997年至今。在此阶段,日本政府提出诸多让人眼花缭乱的外交口号,首先是"欧亚大陆外交"。1997年7月,桥本龙太郎内阁提出"欧亚大陆外交"政策。其核心思想可一言蔽之:欧亚地区应是日本21世纪外交的新前线,协助该地区国家(指中亚五国与高加索三国)建设新的民主国家,不仅于各国自身有利,亦对周边的俄罗斯、中国及中东伊斯兰国家的和平与繁荣具有建设性的意义。此外,桥本提出日本中亚外交的三项原则:"其一,通过政治对话,强化信赖与相互理解;其二,以经济合作、能源合作促进地区繁荣;其三,通过推进核不扩散协议、民主化与政治稳定维护地区和平。"④ 桥本鼓励日本商界积极参与中亚地区石油与天然气开发,但是桥本的号召偏离了日本商界的考虑。在缺乏中亚地区相关资讯、对投资安全环境担忧以及合法框架缺失等因素的共同作用下,日本商界进入中亚的进程略显缓慢。⑤ 尽管如此,相较于第一阶段的日本中亚政策,这一阶段的

---

① Christopher Len, "Japan's Central Asian Diplomacy: Motivations, Implications and Prospects for the Region," *The China and Eurasia Forum Quarterly* (13) 2005: 135. 朱永彪,杨恕:《简论日本的中亚战略及其对中国的影响》,《外交评论》2007年第6期。
② 日本援助俄罗斯的意图一方面是为了南千岛群岛问题,另一方面是来自法国与德国对日本施加的压力,关于后一部分的讨论参见 Christopher Len, "Japan's Central Asian Diplomacy: Motivations, Implications and Prospects for the Region," *The China and Eurasia Forum Quarterly* (13) 2005: 129-130。
③ Christopher Len, "Japan's Central Asian Diplomacy: Motivations, Implications and Prospects for the Region," *The China and Eurasia Forum Quarterly* (13) 2005: 131.
④ 王疆婷:《日本的中亚政策演变及其原因》,《国际论坛》2014年第1期。
⑤ Timur Dadabaev, "Japan's Search for Its Central Asia Policy: Between Idealism and Pragmatism," *Asian Survey* (13) 2013: 43.

日本中亚政策"具有更强的战略色彩",所关注的利益不仅限于经济层面,逐渐扩展至政治、安全等领域,①其核心理念持续影响着日后的日本中亚政策。②2002年,日本首相小泉纯一郎在博鳌亚洲论坛上提出:"为保障亚洲经济发展顺畅,亚洲国家有必要共同建设稳定的能源供应机制。为此,应该与中亚国家合作。"③为贯彻小泉这一理念,日本政府派遣"丝路能源考察团"赴哈萨克斯坦、乌兹别克斯坦、土库曼斯坦考察,探索建立丝绸之路沿线产油国与亚洲石油消费国之间的能源合作机制。2004年,日本外相川口顺子访问中亚是日本中亚政策朝着机制化方向发展的起始。在塔什干的演说中,川口顺子着重阐述"9·11"事件之后,中亚地区战略环境发生的重大变化。日本对中亚的外交政策,除了将继续协助中亚国家基础设施建设外,还将积极致力于开发中亚各国的人力资源,消除滋生恐怖主义的温床。为此,川口提议在"尊重多样性""竞争与协调""开放性的合作"三原则下设立"中亚+日本"外长对话。④

首届"中亚+日本"外长对话于2004年进行,此举无疑大大拉近了日本与中亚的距离,日本外相川口顺子评价道:"此次会议使日本与中亚各国的合作关系进入一个新时期。"⑤

麻生太郎担任外相和首相时期,提出了一系列外交理念。2006年6月,时任外相的麻生提出"和平稳定走廊"设想,要言有四:保障中亚地区的稳定;建立日本能源进口替代来源;向中亚国家提供战后日本发

---

① 沈旭辉、刘鹏:《从援助型外交走向战略型外交——日本中亚政策的演变浅析》,《日本学刊》2007年第2期。
② Ulugbek Azizov, Interpretation of the Concept of Central Asia in Foreign Policy Texts of Japan: Theory and Practice, Journal of International and Advanced Japanese Studies (3, 2011): 55 – 59.
③ 《ボアオ・アジア・フォーラムにおける小泉総理演説》,日本外务省,http://www.kantei.go.jp/jp/koizumispeech/2002/04/12boao.html,查阅时间,2018年1月3日。
④ "Adding a New Dimension: Central Asia Plus Japan", MOFA of Japan, http://www.mofa.go.jp/region/europe/uzbekistan/speech0408.html,查阅时间,2018年1月6日。
⑤ 《日本重建"丝绸之路外交"谋划"中亚攻略"》,http://news.163.com/40831/0/0V407GTL0001121S.html,查阅时间,2017年12月29日。

展模式;增强日本在中亚的存在。① 同年11月,麻生发表题为"自由与繁荣之弧:扩展日本外交地平线"的演说,力图以"价值导向外交"构建从东北亚延伸至中亚、高加索地区、土耳其、中东欧及波罗的海的"自由和繁荣之弧"②。2009年6月,麻生首相又提出"欧亚十字通道"。按照麻生的设想,中亚与高加索地区将以纵向与横向两大通道连接起来。纵向通道指从中亚地区经阿富汗抵达阿拉伯海的"南北运输通道",横向是指从中亚经高加索通向欧洲的"东西走廊",由此形成十字形态的运输通道,日本将会在位于该十字中心的中亚与高加索地区推动欧亚大陆地区的合作。③ 由此观之,"欧亚十字通道"的核心点是另辟两条将中亚地区丰富的资源运输至消费地区的运输线路。"欧亚十字通道"的提出,反映出日本政府以欧亚能源通道为切入点,进行宏观战略布局,其最终的设想或许是拓宽西方国家能源获取途径与配合美国的阿富汗政策,从而降低欧洲对俄罗斯能源的依赖程度,以及削弱中亚与中俄两国的紧密联系。不过,要实现此方案的构想需要多方协力并注入巨大资金支持,而且要有稳定的阿富汗局势作为保障,此两点严重制约了项目展开的可行性。

安倍第二次出任首相之后,于2013年1月提出了"俯瞰地球仪外交"④。2015年,日本首相安倍密集访问中亚国家,在此次访问中,安倍分别与中亚五国首脑进行了会晤。安倍在哈萨克斯坦访问时所做的演讲,透露出未来日本与中亚五国发展关系的三个支撑点:一是进一步加强与中亚各国

---

① "Central Asia as a Corridor of Peace and Stability", MOFA of Japan, http://www.mofa.go.jp/region/europe/speech0606.html,查阅时间,2018年1月6日。
② "Arc of Freedom and Prosperity:Japan's Expanding Diplomatic Horizons", MOFA of Japan, http://www.mofa.go.jp/announce/fm/aso/speech0611.html,查阅时间,2018年1月6日。
③ "Japan's Diplomacy:Ensuring Security and Prosperity", Prime Minister of Japan and His Cabinet, http://japan.kantei.go.jp/asospeech/2009/06/30speech_e.html,查阅时间,2018年1月6日。
④ "Policy Speech by Prime Minister Shinzo Abe to the 183rd Session of the Diet", Prime Minister of Japan and His Cabinet, http://japan.kantei.go.jp/96_abe/statement/201301/28syosin_e.html,查阅时间,2018年1月6日。

关系；二是积极参与中亚国家所共同面临的问题；三是深化日本与中亚各国在世界政治舞台上的合作。①

二 ODA：日本中亚政策之核心

日本政府开发援助（ODA）是其外交政策的重要组成部分。在处理双边或多边合作之时，政府开发援助被日本政府视为工具，一方面帮助达到自身目的；另一方面帮助受援助的发展中国家加快发展进程。长期以来，日本的官方发展援助模式被称为"经济开发型"援助。② 这一模式在冷战结束之后发生了转变，在人道主义援助、增强不同市场的经济依存度、支持环境保护等原则的指导下，日本对外援助的方向和内容大体可概括为以下四点：一是技术援助，包括农业、医疗卫生等方面；二是低利率甚至免息的日元贷款；三是为国际组织的项目出力；四是对人类发展的财政支持，主要涵盖教育等。③ 一般而言，免息援助的领域主要有医疗、消灭贫困、农业发展，以及其他人道主义援助项目。④

日本在中亚独立之初便向该地区提供 ODA，其战略意图一部分如前文所述，其次是希望帮助中亚地区从后共产主义转向资本主义。⑤ 日本政府的中亚 ODA 政策在经过初期的探索阶段之后渐趋明晰，逐渐形成独有的特点。根据第六届"中亚+日本"外长对话通告文件可知，日本向中亚国家提供

---

① Policy Speech by Prime Minister Shinzo Abe in Kazakhstan，http：//www.kantei.go.jp/cn/97_abe/statement/201510/1213897_10275.html，查阅时间，2018 年 1 月 6 日。
② 马成三：《日本的对外援助：发展、特点与课题》，《日本学刊》1991 年第 2 期。
③ Timur Dadabaev, Japan in Central Asia：Strategies, Initiatives, and Neighboring Powers, Palgrave Macmillan（New York, 2016），39.
④ Timur Dadabaev, Japan in Central Asia：Strategies, Initiatives, and Neighboring Powers, Palgrave Macmillan（New York, 2016），45.
⑤ Nikolay Murashkin，"Janpanese Involvement in Central Asia," Asian Journal of Social Science（43）2015：63.

的政府开发援助总额达5680亿日元（约合52.5亿美元）。① 中亚各国自独立以来，该项目在中亚国家的社会发展、经济基础完善、人才培养，以及提高居民生活水平方面做出了一定贡献。下文仅以塔吉克斯坦与乌兹别克斯坦为例，陈述日本政府开发援助的近期规划。

（一）对塔吉克斯坦的政府开发援助计划

促进塔吉克斯坦经济社会发展是日本政府援助项目最主要的目标。计划目标有以下几点：区域发展、改善经济基础设施、重点关注、继续"中亚+日本"外长对话机制。

其一，区域发展。日本政府开发援助将改善塔吉克斯坦社会服务水平，其中包括卫生领域。促进卫生环境的质量提高，改善供水系统，保障居民生活用水，使居民能够得到清洁水的供应。

针对塔吉克斯坦国内社会情况，日本政府开发援助项目以点带面，从小项目着手进行，其中又以解决民生问题居多。例如，以哈特隆州供水项目为示范点，寻找解决让居民使用净水的可行性方案。

医疗问题是塔吉克斯坦亟待解决的问题，儿童与孕妇的死亡率高居独联体国家之首，孕妇的死亡率达0.052%，5岁儿童的死亡率达0.063%。除此之外，结核病发病率达0.00352%。为扭转这一局面，日本政府开发援助在哈特隆州进行医院改善项目，提供更多的疫苗，支持儿科病综合治疗计划，加强母婴健康计划。目前，塔吉克斯坦有2/3的人口居住在农村，但塔吉克斯坦农业欠发达，农业产值仅占国民生产总值的20%。日本政府开发援助希望通过组织学习和宣讲，传播农业经济知识，增加农民的农业经济基础知识，建设具备社会保障体系与良好生活条件的农村社区。具体的项目包

---

① 中央アシア＋日本对话・第6回外相会合共同申明，http：//www.mofa.go.jp/mofaj/files/000252703.pdf，查阅时间，2018年1月3日；关于2001~2016年日本向中亚各国提供的政府援助项目金额参见王月、李新英《从政府开发援助分析日本对中亚五国的战略特点》，《俄罗斯东欧中亚研究》2016年第5期；Timur Dadabaev, Japan in Central Asia: Strategies, Initiatives, and Neighboring Powers, Palgrave Macmillan (New York, 2016), 46-47。

括小农产粮食安全项目、药用作物种植学习项目、巴达赫尚自治州的农业发展项目等。

其二，改善经济基础设施。对中亚地区而言，日本政府发展援助的目标是活跃区域经济发展，改善中亚与周边国家的商品流通渠道。对于塔吉克斯坦而言，重点是建设城市与乡村之间的基础设施，修复现有道路，刺激内部贸易。除此之外，还要建立公路管理体系，加强道路运营管理培训。在能源方面，日本政府提出能源与环境的和谐发展，用可替代能源代替传统能源，例如实施太阳能计划等。

其三，加强边界管控是日本政府援助重点关注的议题之一。2005年，俄军将塔阿边境防卫移交给塔吉克斯坦。至今，塔方对于边境的管控能力依然令人担忧。日本政府发展援助的目标是建立人员与商品流动的正常秩序，帮助塔军提高反恐、禁毒的行动能力。

日本政府发展援助提出的重建计划旨在彻底消除内战的影响。根据不同渠道的声音，在塔吉克斯坦境内尚埋有10万~20万枚地雷，和平时期仍然有受害者。按照塔政府的计划，扫雷计划应于2010年结束，但是这一任务现推迟至2019年。日本方面将提供专业技术培训，提高扫雷人员的技术水平，以及提供必要的人道主义援助。

其四，继续"中亚+日本"外长对话机制，这一机制有助于加强地区问题的解决，特别是在减少贫困、环境保护、预防自然灾害、打击恐怖主义与毒品走私方面。在此基础上，促进区域合作与管控阿富汗局势，提升塔吉克斯坦与有关国际组织的合作，如与亚开行的合作等。

（二）对乌兹别克斯坦的政府开发援助计划

乌兹别克斯坦是中亚地区人口密度最大的国家，拥有丰富的自然资源。独立之后，苏联时期的单一经济模式使市场经济因素缺失，导致经济增长缓慢，城乡差距增大，最终影响到社会稳定。乌兹别克斯坦政府希望依托发展私营经济，提高本土工业质量与多样化，缩小区域经济发展差距。日本政府认为乌兹别克斯坦的稳定与发展对中亚与阿富汗有重大的影响，所以决定通

过政府发展援助,支持乌兹别克斯坦的发展,营造出良好的商业环境,培养市场经济人才。具体的计划主要包括以下几点。

其一,恢复与改善经济基础设施(交通与能源)。苏联时期的中亚基础设施相对完善,但是在苏联解体之后,此前未能顾及产业布局合理性的问题被无限放大。各加盟共和国的基础设施(电、铁路、公路)被国境线分割开来,由此造成新生的中亚各国在发展中遇到极大的困难,这一问题至今仍未得到完全解决。日本政府希望建成高质量的基础设施,打造良好的投资环境,为乌兹别克斯坦经济发展助力。

其二,促进人力资源培训,推动市场经济,发展工业。就目前状况而言,乌兹别克斯坦国内管理和工商业领域均缺少人才,使诸多方面的工作受到影响。其中首要的问题便是人才匮乏,导致无法实现私有经济为主的结构改革。其次,本土工业的多样化与质量提高亦受到影响。除此之外,在制定适用于国际标准的体系与法律时,专业人才的缺失也使得这一进展缓慢。

其三,援助社会领域,包括农业、区域发展、卫生系统。缩小城市与农村的发展差距,给予贫困人口与社会弱势群体直接帮助,有关农村经济的工业发展项目是优先援助项目。农村社区的卫生医疗系统也是日本政府援助的重要方向。

日本政府希望通过"中亚+日本"外长对话机制,进一步拓宽双方的合作领域。考虑到目前乌兹别克斯坦国内私有经济结构处于发展阶段,私营经济与政府的联系亦是如此。日本政府支持日本公司在政府与私营机构合作方面发挥更大的作用。

总体来说,在中亚推行的日本政府开发援助是日本中亚政策的核心部分,是双方合作最具有意义的纽带。经过长期的经营,日本政府开发援助所支持的项目为日本在中亚各国赢取了民心。[1] 当然也存在一些问题。例如,

---

[1] 参见 Timur Dadabaev, Japan in Central Asia: Strategies, Initiatives, and Neighboring Powers, Palgrave Macmillan (New York, 2016), 57-64。

所援助的农业生产设备在维修中遇到缺乏配套的零部件以及专业维修日本机器的技术人员不足的问题。①

三 2017年的"中亚+日本"外长对话

起始于2004年的"中亚+日本"外长对话是日本与中亚国家重要的外交活动，目前已经举办六届。② 2017年5月1日，中亚五国外长与日本外长齐聚阿什哈巴德，参加第六届"中亚+日本"外长对话。此次外交活动的成果在一定程度上反映出日本中亚政策的发展趋势，值得进一步关注。③

2017年是日本与中亚各国建交25周年，中亚五国外长在对话活动中对日本政府所坚持的"中亚的独立、稳定、自主发展"政策给予高度评价，并在可接受范畴内，通过对话确定了区域内合作领域的优先方向。除此之外，各方强调了落实2015年10月日本首相安倍晋三访问中亚之际达成的共同事项的重要性。

与上届"中亚+日本"外长对话强调经济发展、基础设施建设、农业合作相比，本次对话最突出的特点是更多地讨论了安全问题与日本入常问题。

（一）阿富汗安全问题、毒品走私、恐怖主义

众所周知，目前对中亚地区稳定构成影响的主要因素有阿富汗安全、毒品走私、恐怖主义、激进主义、有组织犯罪等。在此次对话中，双方对解决威胁地区安全的重要议题达成高度一致，认识到未来继续在安全领域

---

① 参见 Timur Dadabaev, Japan in Central Asia: Strategies, Initiatives, and Neighboring Powers, Palgrave Macmillan (New York, 2016), 50-51。
② 关于"中亚+日本"外长对话组织形式与日本构想目标的讨论可参见 Takeshi Yagi, "Central Asia Plus Japan," Asia Europe Journal (5) 2007: 13-16。
③ 日本外务省出版的外交蓝皮书中说，鼓励地区合作解决在"中亚+日本"外长对话中共同面对的问题，Diplomatic Bluebook 2017, MOFA (Tokyo, 2017), 155。

紧密合作的重要性。

其一，2014年，美国撤军之后的阿富汗局势发展曲折，阿富汗的和平稳定与重建是一个国际性问题，不仅事关中亚国家的政治社会稳定，亦影响到国际社会。因此，致力于稳定阿富汗发展的持续合作尤为重要。日本将在确保阿富汗政治稳定和社会经济可持续发展方面给予援助。

其二，毒品贩卖是恐怖主义组织的资金来源之一。除此之外，包含鸦片在内的毒品（包括NPS新兴精神活性物质）滥用，对社会稳定造成的威胁亦不容忽视。从阿富汗流入中亚地区的毒品问题是一个老生常谈的问题，屡禁不止。在此次对话中，依旧是一个不得不提及的问题。减少毒品的流通通道是打击中亚毒品走私所能采取的最有效措施。此次会谈中，再一次强调为有效防止从阿富汗流通至中亚地区的毒品扩散，各方要采取共同措施，即有效的国境管理合作。

由日本向UNODC（联合国毒品和犯罪问题办公室）提供专项资金，支持对中亚各国的缉毒人员进行培训。除此之外，由日本牵头在UNODC基础上推动的《中亚毒品与犯罪国际联络办公室强化跨境合作计划》得到中亚国家的积极响应，并希望加强协同合作。

（二）经济合作

在贸易合作方面，日本着力消除与中亚国家在行政及程序上的壁垒，致力于贸易手续便利化。在基础设施建设方面，为了促进中亚地区的贸易增长，需要进一步推动运输物流基础设施领域的区域合作。为了深化实质层面的区域合作，此次在对话中，双方通过了运输与物流领域区域合作路线图。在能源领域，日本与中亚各国参加的《能源宪章条约》，为保障能源领域投资环境的稳定和透明提供了法律框架。

（三）环境、人文合作

在环境方面，日本与中亚国家以"2030年可持续发展议程"为合作框架,规划未来在环境保护、水资源、灾害预防等方面的合作。日本将会以《关于作为水禽生息地国际重要湿地的拉姆萨尔公约》为基础,在中亚推行与之相关的项目。此外,保护濒临灭绝的雪豹的工作及其生态环境系统的维护也是日后的工作方向。关于水资源问题,应当为实施"水促进可持续发展"国际行动十年(联合国大会第71次会议第222号决议)做好准备。为了加强合作,"人文交流"已被列入"中亚+日本"外长对话中。除此之外,日本将简化中亚人员赴日本的签证办理流程。

其四,国际合作,在国际政治舞台开展合作是此次"对话"十分引人注目的议题。首先对朝鲜半岛问题达成共识,认为朝鲜的行为将给地区以及国际和平稳定带来重大威胁。朝鲜的行动违反联合国安理会决议,是绝不能被容忍与认可的。其次,此次对话讨论了日本在国际政治舞台上所处的地位。认为,为了充分反映21世纪国际社会现状,联合国有必要提高实效性、透明性,联合国安理会的组织形式也需要进一步改变。哈萨克斯坦共和国、吉尔吉斯共和国、塔吉克斯坦共和国、乌兹别克斯坦共和国认为,包括扩大联合国安理会的常任与非常任理事国席数在内的联合国安理会改革是必要的,并表明对于日本加入联合国安理会常任理事国给予支持,将以2016年日本与2017年哈萨克斯坦共和国出任非常任理事国为起点,在联合国面临的各种问题上强化国与国之间的合作。获取中亚国家支持成为联合国安理会常任理事国,这是日本政府未来中亚政策的目标之一。

结 论

日本政府的中亚政策已从初期的政府开发援助,到中期的初显战略意图,到目前成为日本外交战略中的重要一环。以下将对可能影响日本中亚政策发展趋势的因素,以及未来发展方向分别进行讨论。

其一,美日同盟的影响。虽然美日同盟关系紧密,但是中亚地区的地缘意义对于美日而言是有所区别的。①日本在中亚所奉行的政策是其独立自主选择的。①此观点已被诸多学者接受。②本文的观点是：外交政策往往随着时局的变迁而发生变化。2008年的中亚以及当时的世界政治秩序与当今形势的差异是毋庸置疑的。因此，在讨论日本未来的中亚政策之时，对美国可能对日本产生的影响不能视而不见。美国知名智库CSIS研究人员撰文指出，日本逐渐参与中亚事务，这与美国有着千丝万缕的联系。东京与华盛顿的一些共同目标会在"中亚+日本"外长对话中体现出来，例如推动区域经济发展，以及增加经济基础设施建设等。③除此之外，在2017年8月举办的第十届"中亚+日本"东京会谈中，日方邀请美国资深欧亚学者弗里德里克·斯塔尔出席，并请其做主题发言，展现出日本政府在与中亚国家的互动中，非常重视美国的态度。

其二，中国的影响。在不断变化的世界政治秩序中，中亚战略地位逐渐受到大国的重视。尤其是近年来，中国提出"一带一路"建设倡议，而中亚是中国推展该政策的关键地区。安倍第二次出任首相以来，为了提升日本在中亚地区的存在感，不断对其中亚政策做出修正与补充，并于2015年密集访问中亚各国，日本更加积极地与中亚五国在各领域进行合作，旨在平衡乃至抑制中国在中亚地区的影响力。

其三，未来重点发展方向。如前文所述，ODA是日本中亚政策的核心部分，所推行的项目为日本在中亚地区赢得了良好声誉，但各方在文

---

① Uyama Tomohiko, "Janpan's Diplomacy towards Central Asia in the Context of Japan's Asian Diplomacy and Japan – U. S. Relations," Japan's Silk Road Diplomacy Paving the Road Ahead, ed. Christopher Len, Uyama Tomohiko, Hirose Tetsuya (Washington DC: Central Asia – Caucasus Institute & Silk Road Studies Program, 2008), 102.

② 王声、赵师荠:《安倍政府的中亚ODA政策研究》,《当代亚太》2017年第5期。Ulugbek Azizov, Interpretation of the Concept of Central Asia in Foreign Policy Texts of Japan: Theory and Practice, Journal of International and Advanced Japanese Studies (3, 2011): 56, Dmitri Trenin, Japan's Eurasian Challenge, http: //carnegie. ru/2015/05/12/japan – s – eurasian – challenge/i8t9, 查阅时间, 2017年12月26日。

③ J. Berkshire Miller, "Japan Deepens Ties with Central Asia, but Still Trails Russia, China," World Political Review (24) 2014: 2.

化合作方面的巨大潜力仍有待于进一步挖掘。① 根据第六届"中亚+日本"外长对话所取得的成果,不难看出,与中亚国家在国际性、区域性问题上加深合作,进一步提升日本的政治话语权,是未来日本在中亚发展的重点。

---

① Timur Dadabaev, Japan in Central Asia: Strategies, Initiatives, and Neighboring Powers, Palgrave Macmillan (New York, 2016), 65.

Y.12 土耳其与中亚国家的务实合作深入发展

王明昌*

摘　要： 土耳其是中亚地区重要的外部力量。因历史渊源和相似的语言文化，中亚地区成为土耳其民族主义者向往的故土，泛突厥主义曾因中亚国家独立获得史无前例的生命力。环里海地区丰富油气资源的发现，进一步坚定了土耳其成为东西能源过境运输通道的信心。但20多年土耳其与中亚国家双边关系的涨落起伏使土耳其明白，历史并不代表未来，理想终应面对现实，外交定位与国家实力必须统一。未来，与中亚各国保持务实合作是土耳其的唯一选择。

关键词： 土耳其　中亚　泛突厥主义　经贸　能源

一　从泛突厥主义到务实合作外交

泛突厥主义是19世纪中后期开始在伊斯兰世界流行的政治意识形态，同时也是一场社会政治运动，其宗旨是所有突厥语族联合起来（也往往与泛伊斯兰主义思潮紧密合流）。[①] 泛突厥主义思想最早在沙俄境内的鞑靼人中

---

* 王明昌，中国现代国际关系研究院助理研究员，研究方向为中亚国家的社会组织、中亚国家对外关系。
① 潘志平：《亚洲腹地地缘政治文化研究文集》，新疆人民出版社，2011，第82~89页。

萌发,后传播到奥斯曼帝国并在那里扎根,最终被现代土耳其所继承。此后,随着冷战爆发,西方国家将土耳其作为对抗苏联的前沿阵地,泛突厥主义曾被赋予制衡苏联的地缘政治意义。在青年土耳其党中央理事会成员兹亚·乔加勒普(1876~1924)所著的《突厥主义原理》一书中,明确了泛突厥主义的最终目标是建立囊括所有突厥语民族的图兰联邦,包括阿塞拜疆、北高加索各突厥语族、中亚的突厥语族和中国新疆的维吾尔族等。① 泛突厥主义试图建立的联邦版图覆盖了小亚细亚、高加索地区、中亚、中国新疆和俄罗斯的部分地区(克里米亚、阿斯特拉罕、伏尔加河地区、喀山、乌法等)。

1991年,欧亚大陆地缘板块发生剧变,中亚地区各国纷纷宣告独立,苏联解体。新独立的中亚五国中,哈萨克斯坦、乌兹别克斯坦、吉尔吉斯斯坦和土库曼斯坦四个国家的主体民族均属突厥语民族。土耳其的泛突厥主义在一定程度上满足了中亚四个突厥语国家寻根溯源的迫切需要,迎来了历史上发展的最好时期。1992年10月,土耳其倡议召开了首届突厥语国家元首峰会,土耳其、阿塞拜疆、哈萨克斯坦、土库曼斯坦、乌兹别克斯坦和吉尔吉斯斯坦六国总统共同签署了《安卡拉宣言》,强调了与会各国的共同历史、语言和文化联系,并决定将定期举行元首峰会。此后,中亚各国与土耳其国家领导人间互访频繁。同时,土耳其积极推动中亚国家进行文字改革,帮助乌兹别克斯坦等国制定了拉丁字母等。

20世纪90年代初期是土耳其与中亚各国关系的蜜月期,主要因为当时中亚各国刚刚独立,寻求国际社会认可、融入世界经济、完成政治经济社会转型、恢复主体民族传统文化是中亚各国的主要诉求。当时,土耳其在满足中亚国家上述需求方面具备明显的特殊优势。一方面,土耳其与中亚各国存在语言、文化和宗教的天然亲近;另一方面,土耳其的现代化道路颇为成功,具备一定经济实力和国际影响力,并与美国等西方社会保持了良好的外交关系。当时,土耳其发展模式曾一度成为中亚国家学习的榜样。

---

① 侯艾君:《"新泛突厥主义"运动及中国意识形态安全:挑战与应对》,《国际安全研究》2016年第2期,第128页。

中亚黄皮书

土耳其与中亚国家合作的蜜月期并未持续多久,突出表现是土耳其与乌兹别克斯坦关系的恶化和突厥语国家元首峰会的中断。主要是土耳其以突厥语国家的领导者自居,倡导"六个国家,一个民族",强推土耳其的文字和语言,忽视了中亚各国主体民族之间的差异和特性。这也是泛突厥主义无法实现的根本原因。

随着不断融入国际社会,中亚各国开始更加强调国家的主权独立和本民族的特性。泛突厥主义刻意复制土耳其的文化,违背了中亚各国的国家利益。其中,乌兹别克斯坦作为中亚地区的大国,有较为独立和成熟的民族认同和历史观,对泛突厥主义的抵制十分明显。1995 年,乌兹别克斯坦公布了正式的拉丁字母表,放弃了土耳其 1993 年帮助制定的以土耳其文为基础的字母模板。此后,乌兹别克斯坦国内著名反对党——"自由党"的领导人穆哈曼德·萨利赫,因国内政治压力辗转到土耳其。乌当局多次要求土耳其将萨利赫遣返,但均未取得成功。此后,乌兹别克斯坦对土耳其的外交政策逐渐转向,乌在土留学生被召回,土耳其在乌境内的学校被关闭,商业活动受到影响,土赴乌签证制度被恢复等。1999 年 2 月,乌兹别克斯坦首都塔什干发生爆炸事件,乌当局指责此为藏匿在土耳其的萨利赫策划实施的恐怖袭击。同年,乌前总统卡里莫夫最后一次出访土耳其,此后至 2016 年去世,卡里莫夫未再对土耳其进行访问。

土耳其倡导的突厥语国家元首峰会等会晤机制也受到了影响。2001 年 4 月,第七届突厥语国家元首峰会,乌兹别克斯坦仅派议长出席。此后,该峰会中断了 5 年,到 2006 年才召开第八届峰会,但乌兹别克斯坦和土库曼斯坦两国并未参加。2009 年,土耳其、阿塞拜疆、哈萨克斯坦、吉尔吉斯斯坦四国元首签署了成立"突厥语国家合作委员会"的协议。2011 年 10 月,首届突厥语国家合作委员会会议在阿拉木图举行,土耳其、哈萨克斯坦、阿塞拜疆和吉尔吉斯斯坦为正式成员国。2016 年底,本应在吉尔吉斯斯坦举行的第六届突厥语国家合作委员会会议未能如期举行,截至 2018 年 1 月仍未举行。[1]

---

[1] Бишкек отложил Саммит Совета тюркоязычных государств,https://rus.azattyk.org/a/28087791.html,上网时间:2018 年 1 月 3 日。

2017年是中亚国家与土耳其建交25周年。25年来，中亚各国总体保持了政治稳定，并取得一定的经济成就，外交政策的独立性不断增强。相比20世纪90年代初，土耳其的中亚政策也经历了从梦想到现实的转变，变得更加理性和务实。目前，土耳其在中亚国家外交中的排名远在俄罗斯、中国等之后。中亚各国在外交政策的阐述中，均强调重视与俄罗斯等国的战略伙伴关系，土耳其主导的突厥语国家合作仅是中亚国家外交政策中的"备选项"。

二 经贸和能源合作进展缓慢

经贸投资合作是土耳其与中亚国家务实合作的重要领域。在20世纪90年代初，土耳其与中亚国家在突厥语国家元首峰会等场合讨论了加强经贸合作问题，土耳其提出建立统一的经济市场。但当时中亚各国面临的主要问题是苏联解体带来的经济震荡和转型，更多希望获得土耳其的经济援助，对长远的经济合作并不感兴趣。土耳其一直尝试推动与中亚国家在多边框架内的经贸合作，但因各国经济体量和国情差异较大，土耳其本身的经济实力又有限，多边经贸合作一直止步不前。此后，1994年和1999年土耳其又接连发生两次经济危机，与中亚国家的经贸合作再度受到打击。

目前，土耳其与中亚国家多边经贸合作主要包括突厥语国家合作委员会经济部长会议、突厥语国家合作委员会交通通信技术部长会议等。2017年12月，在第七届突厥语国家合作委员会经济部长会议上，土耳其提出成员国间设立基础设施基金会，以推动和落实成员国间的基础设施和物流领域的建设，[1] 还提出将四个成员国间的贸易额提升到100亿美元（2016年四国间

---

[1] Тюркоязычные страны создадут совместный Фонд инфраструктуры, http://ru.sputniknews-uz.com/economy/20171202/6956772/Tyurkoyazychnye-strany-sozdadut-sovmestnyj-Fond-infrastruktury.html，上网时间：2017年12月31日。

贸易额约为55亿美元）。①

双边经贸合作层面，因土耳其与中亚五国并不直接接壤，双边外贸额彼此占比都不高（见图1）。根据土耳其官方统计，1996年土耳其与中亚五国的贸易额占土外贸总额的1.1%，2001年占比为1%，2012年占比为1.8%。② 中亚五国与土耳其外贸额呈现明显的三个梯队：哈萨克斯坦、土库曼斯坦为土耳其在中亚的主要贸易伙伴，为第一梯队；乌兹别克斯坦与土耳其的贸易额居中，为第二梯队；塔吉克斯坦和吉尔吉斯斯坦为第三梯队。中亚国家主要向土耳其出口能源、棉纺织等原材料产品，进口土耳其的电器机械、轻工制品、服装和纺织品等。在中亚各国的主要贸易伙伴中，除土库曼斯坦外，土耳其均未进入各国外贸伙伴排名的前五位。

据哈萨克斯坦统计委员会数据，土耳其与哈萨克斯坦贸易额常年占哈外贸比重的2.5%左右，且哈一直保持对土贸易顺差。据哈方统计，2014年土、哈贸易额为32.91亿美元，占哈外贸比重为2.7%，其中哈对土出口额为22.72亿美元，自土进口总额为10.19亿美元；2015年土、哈贸易额20.17亿美元，占比为2.6%；2016年土、哈贸易额约为14.69亿美元，占哈外贸总额的2.4%；2017年1~10月，土、哈贸易总额为14.79亿美元，占比为2.4%，其中哈出口8.62亿美元，哈进口为6.16亿美元。③

土耳其与乌兹别克斯坦贸易额基本占乌外贸总额的5%左右。据乌兹别克斯坦统计委员会数据，2014年土、乌贸易额为15.03亿美元，占乌外贸额的5.4%；2015年土、乌贸易额为11.98亿美元，占乌外贸额的4.7%；2016年土、乌贸易额为11.76亿美元，占乌外贸额的4.8%。土、乌外贸额

---

① Страны Совета сотрудничества тюркоязычных государств хотят довести совокупный товарооборот до ＄10 млрд，https：//zonakz.net/2017/12/01/strany－soveta－sotrudnichestva－tyurkoyazychnyx－gosudarstv－xotyat－dovesti－sovokupnyj－tovarooborot－do－10－mlrd／，上网时间：2017年12月31日。

② Особенности внешней политики Турции в Центральной Азии，https：//cyberleninka.ru/article/n/osobennosti－vneshney－politiki－turtsii－v－tsentralnoy－azii，上网时间：2018年1月10日。

③ 数据来源：哈萨克斯坦国家统计委员会，http：//stat.gov.kz/。

土耳其与中亚国家的务实合作深入发展

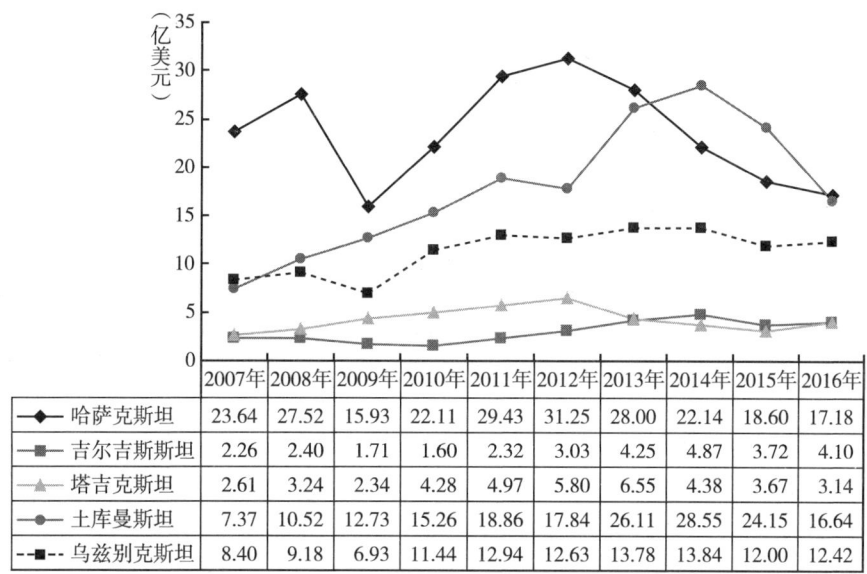

图 1　2007～2016 年土耳其与中亚国家贸易状况

数据来源：UN Comtrade Database，与中亚五国官方统计数据有一定出入。

的增长潜力较大，此前主要是受两国关系的影响。2017 年以来，乌兹别克斯坦新总统米尔济约耶夫调整外交政策，乌土关系明显好转。2017 年 3 月，乌前副总理阿济莫夫访问土耳其，两国签署 10 多亿美元的合作协议。2017 年 1～9 月，土、乌贸易额为 10.85 亿美元，同比增长近 30%，占乌外贸额的比重为 5.4%。①

塔吉克斯坦虽不是突厥语国家，但土、塔外贸关系十分密切。土耳其常年保持塔吉克斯坦第一大出口对象国，是塔最主要的贸易顺差收入来源国。据塔吉克斯坦国家统计局数据，2014 年土、塔贸易额为 3.98 亿美元，其中塔对土出口额为 2.52 亿美元，自土进口额为 1.46 亿美元；2016 年土、塔贸易额为 3.14 美元，其中塔对土出口额为 2 亿美元，自土进口额为 1.14 亿美元。②

---

① 数据来源：乌兹别克斯坦国家统计委员会，https：//stat.uz/uz/。
② Таджикистан в цифрах 2017，http：//www.stat.tj/ru/.

吉尔吉斯斯坦与土耳其贸易额常年保持在3亿美元左右，占吉外贸比重基本在5%以下。吉主要向土出口蔬菜和干果，自土进口电子产品、服装和塑料产品。①

能源合作是土耳其与中亚国家（主要是哈、土、乌三国）合作的重点。土耳其地理位置优越，西面与欧洲能源市场接壤，东面毗邻环里海、伊朗和中亚能源产地，是连接东西方的天然"能源走廊"。尤其是在乌克兰危机致使俄罗斯与欧洲能源合作遭受打击的背景下，土耳其成为欧洲陆地能源进口的重要通道。哈萨克斯坦和土库曼斯坦等国也十分希望加大对外能源出口，开拓对欧洲能源出口的新通道，实现能源出口多元化。

目前，土耳其与中亚国家能源合作仍处于较低水平，主要是里海法律地位长期未定，严重影响了规划中的油气管道项目的落实。目前，土耳其与中亚国家之间仍没有直接连通的油气管道。土耳其与哈萨克斯坦等国的石油贸易主要通过跨里海油轮运送至阿塞拜疆，之后经"巴库－第比利斯－杰伊汉"输油管道运往土耳其，运量受油轮和阿塞拜疆方面的制约。

土耳其在中亚地区的主要天然气合作对象是土库曼斯坦。土库曼斯坦是全球天然气储量第四大国，计划到2030年年开采天然气2500亿立方米，年出口天然气1800亿立方米。② 20多年前，欧洲、土耳其、土库曼斯坦三方便开始讨论修建跨里海天然气管道问题，同样因里海法律地位问题、环里海国家矛盾等一直未能实现。目前，俄罗斯已经完全中止进口土库曼斯坦的天然气，土库曼斯坦也因伊朗供气款问题中断向伊供气，土库曼斯坦寻求能源出口新通道的愿望十分迫切。

2017年12月初，环里海国家外长会议期间宣布，里海法律地位公约草案已制定完毕，将提交环里海各国元首审批。③ 土耳其与土库曼斯坦也明显

---

① 数据来源：吉尔吉斯斯坦国家统计委员会，http：//www.stat.kg/ru/。
② Энергетические перспективы Туркменистана в Евразийском регионе，http：//www.ng.ru/ng_energiya/2017－12－12/9_7134_turkmenistan.html，上网时间：2018年1月10日。
③ 《里海法律地位公约草案制定完毕》，http：//www.mofcom.gov.cn/article/i/jyjl/e/201712/20171202681264.shtml，上网时间：2018年1月10日。

加快了修建管道的步伐。2017年6月,土库曼斯坦、阿塞拜疆、土耳其和欧盟四方成立工作组,研究将土库曼斯坦天然气运往欧洲的路线。目前,土库曼斯坦境内的"东-西天然气管道"已经完工,为东气西输做好了前期准备。

三 文化教育合作效果明显

文化教育合作是土耳其与中亚各国合作的主要领域,是土耳其在中亚地区软实力的重要体现。土耳其既是突厥语民族国家,又是伊斯兰国家,与中亚国家有相似的文化认同。同时,土耳其是伊斯兰国家中较早和较成功实现现代化的世俗国家,比较合理地处理了传统文化与现代社会的融合问题,这符合中亚国家的特殊需求。苏联解体后,一方面,中亚各国伊斯兰教复兴运动兴起,各国均将自身认定为伊斯兰世界的一员;另一方面,经历了苏联长期的无神论教育,中亚各国的精英阶层世俗化程度较高,各国均选择了世俗国家道路,并对宗教极端思想的传播深感忧虑,希望伊斯兰教主要发挥正本清源、文化认同和凝聚社会的作用。

在1992年召开的首届突厥语国家元首峰会期间,六个突厥语国家的文化部长举行会晤,一致声明要加强文化领域合作。1993年7月,六国成立了"突厥文化和艺术共同发展组织"。2009年,该组织更名为"突厥文化国际组织",并入突厥语国家合作委员会。目前,"突厥文化国际组织"除了上述六个成员国外,还有多个观察员国。此前,俄罗斯的鞑靼斯坦等多个突厥语族联邦主体具有该组织的观察员国身份,但2015年底,因俄、土关系恶化被迫退出。此外,突厥语国家合作委员会下属机构中有多个文化合作机构,包括突厥世界研究中心、突厥科学院、突厥图书馆、突厥博物馆等。2017年9月,突厥科学院院长达尔汗·克德尔艾里表示,各方已经审议通过了《突厥通史》教科书的最终版本,该书有望在2018年3月发行,可能将其作为突厥语国家中小学生的专用历史教科书。①

---

① 《国际突厥学院专家组完成〈突厥通史〉统一教材编写》,http://www.inform.kz/cn/article_a3069546,上网时间:2018年1月14日。

教育方面主要是土耳其向中亚各国提供政府奖学金留学生名额和在中亚各国开办学校。中亚各国独立不久，1992年土耳其便向中亚各国提供奖学金项目，每个国家2000个留学生名额。当时，土耳其成为中亚各国留学生的首选国。1995～1996学年，中亚国家在土耳其的留学生总数占当时土耳其境内外国留学生的22.4%。① 此后，随着中亚各国对外教育合作的扩大，赴土耳其的留学生人数被分流，但至今中亚仍是土耳其外国留学生的主要生源地（见表1）。2001～2002学年，中亚国家在土耳其留学生占土外国留学生的21.9%；2011～2012学年为19.7%。同一时期，土耳其的外国留学生数量从2007年的1.59万人增加到了2012年的3.12万人，增幅超过96%。②

土耳其在中亚各国开设了很多国际学校，其中官方开设的主要为大学，包括1991年在哈萨克斯坦开办的亚萨维哈萨克-土耳其国际大学；1994年在土库曼斯坦开设的土库曼-土耳其国际大学（2016年7月被关闭）；1996年在哈萨克斯坦开办的苏莱曼·德米雷尔大学（以土耳其前总统姓名命名）；1997年开始招生的吉尔吉斯-土耳其"玛纳斯"大学。土耳其在中亚开设的大学数量仅次于俄罗斯。

表1 土耳其在中亚办学及中亚在土留学生情况（截至2012年）

	学校数量(个)		中亚在土留学生情况(人)		
			1996年	2002年	2012年
哈萨克斯坦	中学	大学	1033	858	810
	28	2			
吉尔吉斯斯坦	中学	大学	610	821	746
	21	2			

---

① Особенности внешней политики Турции в Центральной Азии，https：//cyberleninka.ru/article/n/osobennosti-vneshney-politiki-turtsii-v-tsentralnoy-azii，上网时间：2018年1月10日。

② Особенности внешней политики Турции в Центральной Азии，https：//cyberleninka.ru/article/n/osobennosti-vneshney-politiki-turtsii-v-tsentralnoy-azii，上网时间：2018年1月10日。

续表

	学校数量(个)		中亚在土留学生情况(人)		
			1996年	2002年	2012年
塔吉克斯坦	8所中学		39	290	277
土库曼斯坦	中学 2	大学 1	1529	1280	4110
乌兹别克斯坦	无		363	159	210

资料来源：Особенности внешней политики Турции в Центральной Азии, https://cyberleninka.ru/article/n/osobennosti-vneshney-politiki-turtsii-v-tsentralnoy-azii, 上网时间：2018年1月10日。

除上述大学具有官方背景外，土耳其在中亚的其他教育机构大部分是由具有"居伦运动"背景的民间组织开设。其中包括大学、技校、贵族式中学、普通中学等，数量庞大，覆盖面广，对提升土耳其在中亚的软实力发挥了不可替代的作用。

"居伦运动"（又译为"葛兰运动"），是当代土耳其著名伊斯兰复兴运动，其精神领袖法图拉·居伦（或译为法图拉·葛兰）是土耳其著名伊斯兰学者、思想家、教育家、社会活动家。该运动脱胎于20世纪60年末土耳其的努尔库伊斯兰复兴运动，主要宗旨是探索伊斯兰社会的现代与传统、民主与宗教的关系，倡导民主与宗教兼容并包，走现代与传统相融合的"中间道路"。居伦认为，单纯地追求西方的科学技术会导致道德沦丧并引发一系列全球性问题，而一味地沉溺于传统则会使穆斯林停滞不前，所以真正的现代化既不反对科学，也不盲目崇尚科学；既不放弃传统，也不沉溺于传统。[1] 在这一思想指导下，居伦倡导其追随者建立一种将科学知识与伦理道德相融合的教育体系，居伦学校应运而生。同时，居伦高度认同土耳其的突厥民族传统，支持土耳其发展与中亚突厥语国家的关系，并认为土耳其应担当领导者角色。居伦说："我总是情不自禁地想起这些亚洲国家，我急切地

---

[1] Ahmet Kuru, "Searching for a Middle Way between Modernity and Tradition: The Case of Fethullah Gülen", in M. Hakan Yavuz and John L. Esposito, eds, *Turkish Islam and the Secular State: The Gülen Movement* [C]. NY: Syracuse University Press, 2003, p. 117.

想要帮助它们,并希望把它们拉入我们的阵营。"① "居伦运动"所倡导的宗教、社会和教育理念十分符合中亚国家民众的需求。因此,中亚成为"居伦运动"影响力最大的地区,各国均开设了大量的居伦学校,总数超过俄罗斯与中亚合办的学校数量。居伦学校大多采用英语、俄语、本土语言以及土耳其语四种语言授课,与国际教育机构关系良好,其教学质量比中亚各国本土的中学高很多,多数中亚学生取得的国际奖项都是通过该学校获得。② 目前,中亚的居伦学校主要分布在哈萨克斯坦和吉尔吉斯斯坦。其中,在哈萨克斯坦的学校最多,有 28 所中学;吉尔吉斯斯坦的居伦学校主要是赛巴特(sebat,Себат)国际学校下属的 22 所中学和 1 所大学(阿塔图尔克-阿拉套国际大学)。③ 居伦学校对哈、吉两国的影响很大。据称,经过 20 多年的发展,当前吉尔吉斯斯坦政府中有近 50% 的官员在这些学校中接受过教育。④ 哈萨克斯坦政府中 1/4 的官员(主要是哈萨克族)毕业于居伦学校,85% 的社会精英的子女(主要是哈萨克族)在土耳其的学校学习。

居伦学校对提升土耳其在中亚的软实力发挥了重要作用。但随着近年"居伦运动"与土耳其执政党——正义与发展党的决裂,中亚地区的居伦学校也受到很大影响。自 2014 年起,土耳其官方便开始要求中亚国家关闭境内的居伦学校,但遭到各国的拒绝。2015 年,土耳其当局以涉嫌恐怖活动为由要求塔吉克斯坦关闭塔国内的 6 所居伦中学,同年 8 月,塔总统拉赫蒙签署决定,将这 6 所中学改名。2016 年 7 月,土耳其国内发生军事叛乱,

---

① Hasan Kose Balabon, "The Making of Enemy and Friend: Fethullah Gülen's National Identity", in M. Hakan Yavuz and John L. Esposito, eds., *Turkish Islam and the Secular State: The Gülen Movement*, NY: Syracuse University Press, 2003, p. 175.
② «Гюленовские» школы в Центральной Азии, https://rus.azattyq.org/a/shkoly-gulena-v-centralnoy-azii/27921422.html, 上网时间:2018 年 1 月 11 日。
③ «Мягкая сила» Фетхуллаха Гюлена в Центральной Азии, https://kompromat1.info/articles/36585-mjagkaja_sila_fethullaha_gjulena_v_tsentralnoj_azii, 上网时间:2018 年 1 月 11 日。
④ Переименование сети лицеев «Себат» не связано с заявлениями турецких властей, http://www.vesti.kg/politika/item/45398-pereimenovanie-seti-litseev-sebat-ne-svyazano-s-zayavleniyami-turetskih-vlastey.html, 上网时间:2018 年 1 月 11 日。

随后土耳其当局指责叛乱由居伦策划实施。此后，土耳其当局向哈萨克斯坦和吉尔吉斯斯坦等发去正式外交照会，要求两国关闭境内与"居伦运动"有关的所有学校。此举引发哈、吉两国的不满。2016年11月，吉尔吉斯斯坦表示放弃主办即将在吉举行的第六届突厥语国家合作委员会会议，导致该会议至今仍未能恢复。① 2017年初，吉尔吉斯斯坦当局将赛巴特国际学校更名为萨帕特（Сапат）国际学校，将阿塔图尔克-阿拉套国际大学更名为阿拉套国际大学。

四 土耳其与中亚国家关系的走向

长期以来，土耳其国内各种意识形态存在竞争。2009年11月底，时任土耳其外长的艾哈迈德·达武特奥卢称："土耳其不限于只实现一种理想，奥斯曼帝国是我国历史的一部分，伊斯兰教是我国文化的要素之一，西欧方向是我国的历史经验，而突厥主义是主要运动。"② 布热津斯基曾指出，土耳其受到来自三个方向的牵引力：现代主义者希望它成为一个欧洲国家，在外交上亲近西方；伊斯兰主义者希望它能够面向中东，回归穆斯林大家庭；民族主义者则着眼于东方，主张在里海盆地和中亚的各突厥民族中承担历史新使命，无论其政策导向倾向何方，都会受到其他两种力量的牵制。③ 因此，从较长的历史时期看，土耳其的外交政策一直处于变动之中，有较为明显的分裂特征。但相比现代主义和伊斯兰主义，泛突厥主义具有较强的乌托邦色彩，实现的难度似乎更大。未来土耳其与中亚国家的关系主要受以下四个因素的影响。

一是土耳其国内的政治稳定及其周边局势的发展。从地缘角度看，土耳其与中亚国家是隔着里海和伊朗的"远亲"，彼此间难以形成直接紧密

---

① Бишкек отложил Саммит Совета тюркоязычных государств, https：//rus.azattyk.org/a/28087791.html，上网时间：2017年12月30日。
② 侯艾君：《"新泛突厥主义"运动及中国意识形态安全：挑战与应对》，《国际安全研究》2016年第2期，第131页。
③ 李亚男：《未遂政变加速土耳其"东向"进程》，《世界知识》2016年第16期，第46页。

的联系,即使在奥斯曼帝国时期,中亚也不在其版图之内。从国家利益角度看,土耳其在中亚追求的主要是国家认同、能源经济、交通通道和文化输出利益,而土耳其的"近邻"——中东、高加索和巴尔干地区关系着土耳其的核心利益。从关注力角度看,土耳其国内支持融入欧洲的世俗派和聚焦中东世界的伊斯兰教派的影响都远高于泛突厥主义。因此,在总体国力有限的前提下,土耳其的中亚政策时常受到国内形势和周边局势变化的影响,出现"远亲"不如"近邻"的情况。2011年以来,中东地区局势发生巨大变化,土耳其不断调整与邻国和大国的关系,但并未带来国家利益的最大化,对其政策毁誉参半。未来,随着打击"伊斯兰国"地面战争的结束,中东即将迎来新一轮大变局,中东仍将继续占据土耳其当局的主要精力。

二是俄罗斯在中亚地区的影响力因素。俄罗斯是在中亚地区影响力最大的外部势力。对于中亚各国来说,俄罗斯既是"近邻"又是"亲戚"。俄罗斯与哈萨克斯坦有7500多公里的边界,自沙俄吞并哈萨克汗国至今已有近200年的历史。长期的融合发展为俄罗斯在中亚各国遗留了大量资产。2012年以来,俄罗斯加快推进欧亚经济联盟步伐,并加强在吉尔吉斯斯坦和塔吉克斯坦的驻军,影响力不断上升。而土耳其在中亚地区的大部分利益与俄罗斯存在冲突或竞争关系。土耳其的泛突厥主义对俄罗斯国内的少数族裔有较大影响,俄罗斯对此一直保持警惕。土耳其将中亚国家能源产地与欧洲能源市场相连的计划与俄罗斯的欧洲能源外交存在竞争。2015年底,受俄罗斯战机被击落事件影响,俄罗斯与土耳其关系恶化,土耳其不但遭受了俄罗斯的经济制裁,而且其与中亚国家的贸易也受到影响,土耳其出口到哈萨克斯坦的产品被长期滞留在俄边境。土耳其与中亚各国一直试图推动的跨里海能源管道项目也受到俄罗斯的影响而未有进展。

三是中亚国家发展的独立性将进一步加强。中亚国家独立20多年来,总体保持了国家的主权独立、政治稳定和经济发展,这与中亚国家所处的地理位置有关,也是中国和俄罗斯两个大国支持的结果。作为欧亚腹地的枢纽国家,中亚各国在外交政策上一贯秉持多元平衡外交,这帮助中亚国家实现了本国利益的最大化。土耳其仅是中亚国家平衡外交的一方。与俄罗斯、中国相比,土耳其仅在文化教育等软实力领域具备一定优势。但俄罗斯和中国在中亚的软实力正在不断提升,土耳其的软实力影响在下降。目前,中亚各国在俄罗斯和中国的留学生数量远高于在土耳其的数量。俄语在中亚的影响力持续复苏,汉语热也在兴起。土耳其在中亚地区追求的影响力与其自身实力存在较大落差,伴随着中亚各国的独立发展,各国外交选择的独立性和多元性将持续增强,土耳其试图干预各国政策走向的能力将继续下降。同时,中亚国家外交政策与其领导人个人性格相关,存在较大不确定性。

四是土耳其与美国关系的走向。美国是土耳其中亚外交中的重要因素。美国与土耳其在中亚有诸多利益契合点,因此,两国在中亚地区相互借重和支援。长期以来,美国在中亚地区的主要目标之一是减轻中亚国家对俄罗斯的依赖,增强中亚国家的独立性和开放度。土耳其的泛突厥主义是美国主要借助的力量之一。在中亚地区影响力颇大的居伦学校就获得了美国的大力支持。同时,为了帮助中亚国家实现能源多元化,减轻欧洲对俄罗斯的能源依赖,美国积极支持土耳其参与环里海地区的能源开发,土耳其与阿塞拜疆之间的能源管线就获得了美国的财政和政策支持。当然,不容忽视的是,美国在土耳其的中亚政策中不仅起着积极的推动作用,也制约着土耳其中亚政策的独立性。近年来,土耳其与美国在叙利亚问题、打击"伊斯兰国"、欧洲难民危机以及库尔德人问题上均有较大的利益分歧,双方关系面临一系列挑战。2016年7月,土耳其国内军事政变未遂,美、欧均对土耳其官方的镇压举措表达了不满,认为土耳其当局的反应"有违民主原则",而土耳其当局则认为美国等在背后支持"居伦运动",要求美国将居伦引渡回国。2017年12月初,美国宣布承认耶路撒冷为以色列首都后,土耳其反应强烈,主持召开了伊斯兰合作组织成员国领导人紧急会议,并发表公报宣布承认东耶路撒冷为巴勒斯坦首都。一系列的外交事件反映了土耳其埃尔多安当局与西方国家存在的固有分歧,同时也加剧了土、美之间的矛盾。

总体来看，当前，中亚地区并不是土耳其外交政策的核心，中亚各国仅是土耳其民族主义复苏、寻求伊斯兰世界领导地位和成为东西能源过境通道的借助力量。土耳其也只是中亚国家多元平衡外交的一方，且因土耳其自身实力有限，尚难与俄罗斯和中国等相比。未来，与中亚各国保持务实合作是土耳其的唯一选择。

Y.13
地区安全的"新玩家"：
印度与中亚国家关系

张友国*

摘　要： 中亚一直被印度视为延伸的邻国。中亚对印度最大的意义体现在安全层面。印度对中亚的安全关切可以从地缘政治安全、非传统安全、能源与资源安全三个层面考察。为保障印度在中亚的安全，印度尽力扬长避短，获得安全利益最大化。但是印度的现实处境与其的期待之间有一定的落差。而印度在中亚的安全关切将会给印度与中亚关系带来一个新的发展路径与前景。

关键词： 印度　中亚　地缘政治　非传统安全　能源资源

印度和中亚历史联系紧密。印度一直把中亚地区看作自己"延伸的邻国"。对印度而言，中亚地区十分重要，双方不仅有着悠久的古文明联系，在现时中亚还有着巨大的经济、安全和能源优势。苏联时期，特别是1971年印苏条约签订之后，印度和中亚地区间的关系从属于印苏关系，印度和中亚文化交流频繁。1991年苏联解体后，印度与苏联中亚地区加盟共和国的关系转换成印度与乌兹别克斯坦、塔吉克斯坦、土库曼斯坦、哈萨克斯坦和吉尔吉斯斯坦五个独立主权国家的关系。这五个中亚国家无一与印度接壤。

---

* 张友国，首都师范大学中南亚－中国新疆研究中心教授，主要研究方向为中亚地区问题、恐怖主义、民族政治。

距离印度最近的国家是塔吉克斯坦。中亚对印度最大的意义体现在安全问题上。自古以来,从陆地入侵印度的外部势力,大多以中亚为通道,以印度西北部为跳板,然后进入印度内陆。因此,中亚在维护印度周边安全上具有特殊地位。印度还希望借助中亚,向西制约巴基斯坦,向东抗衡中国的影响。此外,印度对中亚还有能源、经济等多种利益诉求。因此,介入中亚是印度的重要选择,也是印度的必然选择。印度介入中亚的手段有两种:一是启动"连接中亚政策"(Connect Central Asia Policy,2012年6月),意在建立与中亚"大周边"(Extended Neighborhood)接触的战略框架;二是积极参与谋求加入上合组织。二者相辅相成,助推印度介入中亚,帮助印度克服与中亚缺乏地理联系这一不利条件,提高双边接触频率,同时让印度获得向中亚-阿富汗施加影响的多边平台,增强介入中亚的合法性。① 冷战结束之初,印度努力发展同中亚国家的双边关系。1992年,印度与中亚五国正式建立外交关系,之后还邀请五国首脑访问印度。印度还积极寻求扩大和中亚地区的经贸合作。20世纪90年代,印度分别和中亚五国签订一系列经济、贸易、能源、科技等方面的合作协议。同时,印度还与中亚国家在安全领域展开合作。但是,受自身实力、现实环境等因素的制约,在冷战结束后的20多年里,印度的中亚政策收效并不显著,印度和中亚间未能建立起真正具有重大战略价值的合作关系。

近年来,印度已经就此进行深刻反思:印度在中亚的需要是什么?如何满足印度在中亚的需要?在满足需要的过程中如何与现存于中亚的利益相关方进行互动?正如印度观察家研究基金会专家Manish Vaid所说,长期以来,由于印度与中亚间无领土连接以及中国在中亚地缘政治上的垄断地位,中亚地区在印度的外交重点上一直排名靠后。印度2012年推出的"连接中亚政策"在应对这些固有挑战上亦无所作为。随着印度总理莫迪出访中亚和伊朗,以及2017年印度获得上海合作组织成员国资格,印度与中亚的关系出

---

① 白联磊:《印度对上合组织的认识和诉求》,http://www.ciis.org.cn/chinese/2017-10/30/content_40053289.htm,上网时间:2018年1月15日。

地区安全的"新玩家":印度与中亚国家关系

现范式转变。① 印度的中亚政策目标可以概括为"三个安全",即地缘政治安全、非传统安全、能源与资源安全。在这"三个安全"框架下,以中亚五国为竞合主场,以上海合作组织为重要沟通平台,印度与中国、印度与巴基斯坦、印度与俄罗斯构成错综复杂的利益相关方。本文以印度中亚政策的"三个安全"为切入点,梳理印度作为中亚地区安全的"新玩家"(指新加入上海合作组织)与中亚五国的关系以及利益相关方和上海合作组织的关系。

一 印度在中亚的地缘政治安全

印度和中亚之间没有陆路通道。如果印度需要与中亚进行陆路联系,就必须通过阿富汗瓦罕走廊的克什米尔地区,而这又将取决于印度与阿富汗及巴基斯坦的关系。基于印巴、中巴和印中关系,印度需要开拓自己在中亚的地缘政治空间,目的是让中亚成为中国和巴基斯坦针对印度的缓冲器。

自1991年8月以来,印度一直在关注巴基斯坦在中亚的影响力。② 伊斯兰堡曾表示,与中亚的紧密联系将使巴基斯坦在未来对印度的战争中获得战略纵深。这一前景让一些印度人把印度想象成困在穆斯林大海中的一个岛屿。但巴基斯坦政府也意识到,巴基斯坦在中亚地区的宗教活动不会取得很大进展。③ 土库曼斯坦、塔吉克斯坦、乌兹别克斯坦、哈萨克斯坦和吉尔吉斯斯坦的领导人都是世俗派,中亚国家政府对巴基斯坦心存警惕,在它们看来,后者支持阿富汗内战中的塔利班。此外,巴基斯坦并不是唯一在中亚行动的角色,包括土耳其、以色列和伊朗在内的中东国家也都在争夺在该地区的影响力。最为关键的是,它们是彼此削弱而不是相互支持的利益相

---

① 《印度中亚能源外交挑战中国》,http://www.silkroad.news.cn/2016/0926/19415.shtml,上网时间:2018年1月15日。
② Anthony Hyman, "Central Asia's Relations with Afghanistan and South Asia,", in Peter Ferdinand, ed., *The New Central Asia and Its Neighbours* (London: Pinter, 1994), 75–79.
③ Madhavan Palat, "India and Central Asia," *World Focus* 14, (1993): 39–41.

关方。① 然而，巴基斯坦正尽其所能加强其在该地区的影响力。巴基斯坦和中亚国家的宗教上层不断进行互访。巴基斯坦的伊斯兰组织在中亚地区捐资修建清真寺，试图促进中亚地区的伊斯兰教育。巴基斯坦还在原材料和制成品贸易方面发展与中亚地区的经济联系。② 虽然从地域、宗教和文化的角度观察，在中亚地区的地缘竞争问题上，巴基斯坦对印度有着明显的优势，但在苏联解体前，巴基斯坦与苏联处于一种低调和敌对的关系中，巴基斯坦与苏联中亚地区也处于一种边际互动状态。因此，对中亚而言，巴基斯坦是一个陌生的、不是非常容易理解的国家，因而在中亚的地缘政治竞争中，巴基斯坦处于弱势的一方。苏联解体之初，印度和巴基斯坦都高估了伊斯兰因素对中亚五国外交战略的影响。当时巴基斯坦认为，中亚五国独立后，有可能形成以巴基斯坦和土耳其为两翼、以中亚五国为枢纽的"穆斯林安全带"，这将使巴基斯坦在获得战略盟友的同时，拥有广阔的战略纵深。但事实是：俄罗斯对中亚的地缘政治影响力、中亚的世俗主义、官僚集团对政权稳定的追求都超越了伊斯兰因素的影响。阿富汗塔利班甚至成为巴基斯坦对中亚外交的障碍。"穆斯林安全带"未成为现实，印度开始积极地看待中亚。③

印度与中亚各国走近，一个显著的意图就是从侧面牵制宿敌巴基斯坦，从战略上压缩巴方的安全空间，由外围对其实施南北夹击。《印度快报》载文指出，印度曾计划在艾尼空军基地部署米格－29战斗机，该基地"还有可能成为印度远程侦察机新的起降点，有助于印度空军对中国新疆、吉尔吉斯斯坦、阿富汗乃至老对手巴基斯坦的腹地进行精确侦察"。必要时，印度空军甚至能够由此前出至中国西部，切断中国通向巴基斯坦的补给线。考虑到印度拥有大量的穆斯林人口，以及克什米尔地区持续的分离主义运动，任何在外交政策上有伊斯兰特色的国家都将受到印度的关注。以印度的视角观

---

① Ahmed Rashid, *The Resurgence of Central Asia: Islam or Nationalism?* (London: Zed Books, 1994), 215 – 218.
② Pakistan Times Weekly, 3 January, 7 February, 24 July, IO respectively (1992): 8 – 12.
③ 白联磊:《印度对上合组织的认识和诉求》, http://www.ciis.org.cn/chinese/2017 – 10/30/content_ 40053289. htm, 上网时间: 2018 年 1 月 15 日。

地区安全的"新玩家":印度与中亚国家关系

察,巴基斯坦三军情报局持续支持塔利班和其他中亚伊斯兰恐怖组织,以便一旦与印度发生战争,将其作为巴基斯坦扩大的战略纵深的一部分。因此,印度必须防止巴基斯坦创造一个以伊斯兰为纽带的战略组成部分。①

经济合作是对抗巴基斯坦在中亚地区影响力的最佳方式之一。印度已经向中亚国家提供管理、咨询和建设项目之类的培训。对印度来说,中亚地区政治秩序的变化,是在贸易、商业、科技等领域展开合作的新机遇。印度在中亚地区相对巴基斯坦具有一定的地缘政治优势。其原因有二:第一,印度和中亚之间传统的联系是在变化的地区和全球局势中建立关系的基础。第二,现有的互动水平。巴基斯坦一直怀疑印度试图通过发展与中亚国家及阿富汗的密切关系来围堵巴基斯坦。尽管印度政府否认这一意图,但根据印度分析家的观点,更为广泛的经济与政治利益给印度与中亚的关系提供了一个基础。因为印度与中亚国家的关系积极而相对简单,双方没有观点分歧,加之1990年前印苏友好关系的基础,这一切使印度在中亚"大博弈"中能扮演的角色超越巴基斯坦。如果把经济、文化和科学的相互作用考虑在内,印度对中亚而言,是一个"熟悉的陌生人"。正是基于上述理由,印度希望利用该地区的世俗政治制度来促进自身利益。

现阶段,中印两国在中亚地区的地位是不对称的。与印度相比,中国在中亚地区具有压倒性的影响力。中亚地区对两国而言都是重要的地缘战略区域,利益的重叠意味着竞争是必然的。印度认为:"中亚是印度延伸的邻国,作为地区强国,印度自然对中亚或其邻近区域内正在出现的任何变化都感兴趣,因为这些变化对印度的安全会有某种相关性。"印度把中国看作"战略对手"和"主要威胁"。在这种地缘政治思维的影响下,恰如斯格特(David Scott)所言,印度在中亚"大博弈"中扮演着并不重要的角色,但印度仍将它的战略意义放在"不相连"的邻居——中亚身上,只是为了与中国在该地区的利益对抗。此外,俄罗斯和美欧等国对印度的利用加剧了中

---

① IAN HALL, *The Engagement of India: Strategies and Responses*, DC: Georgetown University Press. (2014), 69.

印两国在中亚地区的竞争。

在中亚地区,印度往往成为欧美俄制衡中国的重要工具。譬如俄罗斯帮助印度获得上海合作组织观察员国和成员国地位,冲淡中国在中亚的影响力。中国向中亚国家提供能源储备、铁路和其他基础设施建设的能力,直接挑战了俄罗斯能源供应路线的垄断地位。在基础设施建设方面,富有竞争力的印度资本将削弱中国主导中亚资源的潜力。这种战略对弈,不可避免地加剧了中印两国在中亚地区的竞争。根据国际关系的均势理论,均势过程可能通过两种方式进行,或减少较重秤盘里的砝码,或增加较轻秤盘里的砝码。出于平衡中国的需要,印度就是欧美俄为了保持大国在中亚地区的平衡状态所拿来减少或增加的砝码。

中国和印度在中亚地区的合作因素主要有以下三个方面。其一,就中国而言,在中亚地区,中国的政治影响力、经济影响力都远远领先于印度,但同时由于既受中国自身经济发展的限制,又受印度在西藏地区给中国带来的压力,中国会容忍印度在中亚地区的存在,也在一定程度上愿意与印度合作。其二,就印度而言,由于印度在中亚地区的存在感较弱,印度并不排斥与中国合作,以加强自己在中亚地区的存在,如印度通过俄罗斯的支持加入上海合作组织。印度加入上海合作组织显然会降低中国在该地区的影响力。其三,中国和印度在中亚的利益并不是生死攸关的。也就是说,中国和印度都没有支配中亚的企图,特别是考虑到俄罗斯正在恢复其在中亚这一"后院"的传统影响,而美国也在这一地区不断扩大其存在。中印两国在中亚都有各自的能源安全考虑,但是竞争的同时如果能处理好彼此的争议,共同开发,这对两国而言都是最符合国家利益的。

为了限制巴基斯坦和中国在中亚地区的影响力,印度积极发展与俄罗斯的关系。印俄在中亚的合作源于印度崛起、俄罗斯衰落以及它们在中亚地区的共同利益,包括遏制宗教激进主义的蔓延,以及对中国的共同猜疑。俄罗斯和印度都认为中国的崛起不可避免地影响了自己在中亚和南亚的势力范围。印俄在中亚地区的地缘战略合作可以保护各自的地缘政治安全,有效地限制中国在未来实施其战略自主权的能力。这种共同利益是中长期的,这将确保印俄密切关系在一段时间内持续下去。①

为进一步保障自身在中亚的地缘政治安全,印度除与中亚国家政府保持合作外,还采取以下几项措施。

第一,积极探索以非官方对话为主的"第二轨道外交"。最有代表性的就是,印度促成建立"印度-中亚对话"机制。该对话以印度智库"印度世界事务委员会"(ICWA)为发起者,每年同一个中亚国家的相应机构联合组织对话讨论,以此将各国智库、研究机构和专家聚集在一个平台之上,促进交流与合作。2012年6月,首次"印度-中亚对话"在吉尔吉斯斯坦首都比什凯克举行。正是在此次对话中,印度高调宣布了其"连接中亚政策"。尽管对话平台形式上是以非政府组织为主体的"第二轨道外交",但它背后折射出强烈的政府意愿,也反映出印度对重新连接这一"延伸的邻国"的兴趣。2013年6月,第二届"印度-中亚对话"在哈萨克斯坦的阿拉木图举行,各方进一步商讨共同关注的话题和对未来的展望,并开始讨论以此为基础促进地区间更广泛的接触,建立一个南亚-中亚对话机制。② 在"印度-中亚对话"的主题演讲中,阿哈迈德(Ahamed)发表主旨演讲:"印度的积极参与将有助于整个中亚地区的稳定和发展。我们必须把地区形势,尤其是重建阿富汗的挑战等因素考虑在内。"③

第二,积极加入上合组织。上合组织为印度提供了一个平台,在这个平台上,印度可以干扰性地介入中国和巴基斯坦的地区事务,并在动荡的西亚地区投射其安全利益。它还将有助于印度消除巴基斯坦在该地区的任何负面举动。通过对中亚地区的新政策,"印度已经准备好与中亚进行深入、有意

---

① Lavina Lee, "Russia's Engagement of India: Securing the Longevity of a 'Special and Privileged' ", *The Engagement of India: Strategies and Responses Strategic Partnership*, ed. IAN HALL (DC: Georgetown University Press, 2014), 80.

② Meena Singh Roy, *The Shanghai Cooperation Organization: India Seeking New Role in the Eurasian Regional Mechanism*, IDS Monograph Series, New Delhi: Institute for Defence Studies and Analyses, 2014 (34), 63.

③ Keynote address by MOS Shri E. Ahamed at First India Central Asia Dialogue, http://www.mea.gov.in/Speeches-Statements.htm?dtl/19791/Keynote+address+by+MOS+Shri+E+Ahamed+at+First+IndiaCentral+Asia+Dialogue, October 28, 2012.

义、持续的接触"[1]。有人认为,印度加入上合组织是为了巩固与欧亚地区关系的总体政策保持一致,加强现有的与俄罗斯的战略伙伴关系,实际上这对深化与中国、巴基斯坦的关系不能起到决定性作用,上合组织只能是一个相互沟通的平台。

第三,与中亚在军事安全领域开展合作。印度寻求在全球发挥更强大的作用,并与巴基斯坦争夺在阿富汗的影响力,塔吉克斯坦成为印度进入中亚的关键点,这主要是因为该国临近巴控克什米尔地区,并同阿富汗接壤。在2002年以前,杜尚别一直允许印度陆军在其南部与阿富汗接壤边界的法尔霍尔机场设立一个医疗机构,救治受伤的抵抗塔利班战士。印度还使用该机场向北方联盟提供军事装备、军火和情报,并修理它的战斗直升机。在印度和塔吉克斯坦2002年签订一项双边防御协议后,两国之间的安全合作得到加强。根据这项协议,新德里对位于杜尚别以西25公里处的由苏联修建的艾尼机场进行整修。此番整修耗费了印度7000多万美元,包括升级跑道,修建塔台、机库和办公楼。印度专家在2010年将这处整修过的设施交付塔吉克斯坦国防部。[2] 另据《印度时报》报道,目前印度正试图在杜尚别郊外再建一座军事医院,以此作为印度跻身中亚的突破口。更有印度媒体臆测,驻军中亚将有利于印度监控中国的能源通道,并有利于对驻中印边界地区的中国部队实施"背后"攻击。在入驻塔吉克斯坦空军基地的计划遭到俄罗斯的强烈反对后,印度又将进军中亚的触角伸向吉尔吉斯斯坦。2011年,印度与吉尔吉斯斯坦签署的一系列防务合作协议使印度在中亚地区获得一个重要的战略立足点。印度将向吉尔吉斯斯坦派遣一个军事训练小组,帮助培训吉尔吉斯斯坦的军官,使其能适应联合国维和行动,并帮助吉尔吉斯斯坦士兵提高英语水平等。

《印度斯坦时报》评论称,印吉军事合作使印度在中亚地区获得一个重

---

[1] Keynote address by MOS Shri E. Ahamed at First India Central Asia Dialogue, http://www.mea.gov.in/Speeches - Statements.htm? dtl/19791/Keynote + address + by + MOS + Shri + E + Ahamed + at + First + IndiaCentral + Asia + Dialogue, accessed on October 28, 2012.

[2] 《印度加强向塔吉克斯坦军事渗透》,新华网,2011年2月25日。

要的战略立足点，因为吉尔吉斯斯坦东邻中国，是世界上唯一一个美国和俄罗斯军事基地并存的国家，战略地位十分重要。① 除此之外，印度还将中亚看作一个武器贸易的市场，历史原因所致，双方都在大规模使用俄制武器装备，武器装备合作具有较大的空间。

二 印度在中亚的非传统安全

对印度而言，与其切身利益相关的中亚非传统安全威胁主要来自恐怖主义、阿富汗动荡局势、毒品以及洗钱。尤其是当前恐怖主义在阿富汗和巴基斯坦的发展给所有国家，包括印度在内，带来新的挑战。印度的反恐与其领土、民族、宗教争端相互交织，牵扯印巴关系走向，具有复杂的地缘政治含义。阿富汗的动荡局势和治理不善，使阿成为极端主义、恐怖主义和贩毒活动的温床，以及南亚、中亚非传统安全威胁的来源地。② 印度想要遏制查谟和克什米尔地区极端主义组织的活动以及来自阿富汗－巴基斯坦边境地区的威胁。印度认为，阿富汗和塔吉克斯坦的任何动荡都可能对克什米尔地区产生不利影响。更为关键的是，阿富汗和塔吉克斯坦之间的边界防卫极其薄弱，来自阿富汗的宗教极端主义者非常容易从漏洞百出的阿塔边界进行渗透。而且印度担心宗教极端势力将武器和人员输送到克什米尔地区，或者输送到国内的反政府组织中。许多巴基斯坦激进分子在参加查谟和克什米尔的战斗之前接受了阿富汗和巴基斯坦训练营的训练。在克什米尔活动的各种恐怖主义组织，如"拉什卡"和"穆罕默德"，在阿富汗的营地接受军事训练，与中亚武装组织如"乌伊运"、塔吉克斯坦和维吾尔族武装分子一起接受军事训练。印度非常希望阿富汗和塔吉克斯坦保持政治与社会稳定。

鉴于这些非传统威胁的规模和性质，印度主要采取了以下几项措施。

---

① 《印度与吉尔吉斯斯坦签署军事协议欲入驻》，新华网，2011年7月7日。
② 白联磊：《印度对上合组织的认识和诉求》，http://www.ciis.org.cn/chinese/2017-10/30/content_40053289.htm，上网时间：2018年1月15日。

第一，采取多边合作，应对上述威胁。多边合作的一个重要举措就是加入上海合作组织。从印度的视角而言，加入上合组织有助于讨论与解决反恐问题。上合组织为印度讨论迅速变化的阿富汗局势提供了一个平台。印度外交部部长曾明确表示："我们……相信上合组织是全球话语体系中唯一适合解决阿富汗问题的组织。"① 无论国家的实力和能力如何，一个国家都不可能独自应对来自非传统安全的挑战。宗教极端主义的外溢效应可能会威胁印度自身的内部稳定和安全。虽然长期以来，印度一直被视为"沉默的旁观者"，在西方和中亚的外交政策中也被视为"观望的旁观者"，但加入上合组织将使印度能够消除因宗教极端主义和恐怖主义而产生的离心力，并有助于印度在2017年后以更有效的方式应对阿富汗的塔利班和IS化。在这方面，上海合作组织可以通过集体合作，为地区所有国家提供有效的机制来应对这种威胁。印度表示愿与上海合作组织地区反恐怖机构充分合作，交换信息，制定打击恐怖主义的共同战略。上合组织地区反恐怖机构的目标是与其他机构建立合作机制，如独联体、联合国、欧安组织、中亚区域经济合作机制和集体安全条约组织。② 2017年6月，印度参加了上合组织成员国边防部门领导人会议。会议的主旨就是因应国际形势和地区反恐形势发展变化，在上合组织框架下共同建立一个重要的边防执法合作平台。会议批准《上海合作组织成员国主管机关边防部门"团结－2017"联合边防行动筹备组织计划》。会议决定将上合组织成员国主管机关边防部门联合行动列入上合组织成员国打击恐怖主义、分裂主义和极端主义三年合作纲要。以阻断上合组织成员国边境地区违法活动为目标，筹备开展"团结－2017"联合边防行动，深化边防部门在维护成员国边境稳定方面的务实合作，防范打击本地

---

① Remarks by EAM at the Plenary Session of Tashkent Summit of SCO, June 11, 2010, at http://mea.gov.in/Speeches-tate ments.htm?dtl/659/Remarks+by+EAM+at+the+plenary+session+of+Tashkent+Summit+of+SCO, accessed on August 22, 2012.

② Information Provided by Jenisbek Jumanbekov, Director, RATS SCO Executive Committee during Ⅶ SCO Forum Meeting in Almaty, April 24, 2012, 转引自：Meena Singh Roy, *The Shanghai Cooperation Organization: India Seeking New Role in the Eurasian Regional Mechanism*, IDS Monograph Series, New Delhi: Institute for Defence Studies and Analyses, 2014 (34), 70。

区暴恐势力、暴恐活动。①

第二,加强与中亚国家的双边合作。虽然中亚五国在印巴克什米尔问题上基本保持平衡,但基于宗教文化等原因,中亚地区不乏对克什米尔地区穆斯林抱有同情的人,在一些媒体较为自由的中亚国家,还时常播放克什米尔地区民众的生活现状。为此,印度在双边层面上一直在和中亚国家解决这个问题。印度先后与中亚国家签订反恐合作协议,包括建立反恐小组,进行联合反恐行动等。印度同乌兹别克斯坦召开过三次联合反恐会议。印度还与乌兹别克斯坦达成联合培训、专家交流、联合演习、开发和生产设备以及信息共享的协议,旨在打击恐怖活动。两国在遏制来自巴基斯坦和阿富汗境内宗教激进分子蔓延方面有着共同的利益。乌兹别克斯坦声称,巴基斯坦已经参与了对"乌伊运"激进分子的训练,而印度则担心查谟和克什米尔地区的恐怖主义组织。为了加强两国之间的防务合作,2003 年,乌兹别克斯坦向印度出售 6 架伊尔 -78 空中加油机。印度和塔吉克斯坦历史上就曾进行过合作,在阿富汗反抗苏联的战争中,两个国家都支持北方联盟和塔吉克族部落,反对普什图族的塔利班。印度通过塔吉克斯坦向北方联盟提供了约 800 万美元的高海拔作战装备,并为打击塔利班武装提供了其他援助。自那以后,印度开始与塔吉克斯坦进行广泛的反恐合作。

第三,打击毒品走私和小型武器扩散。这是印度与中亚地区国家面临的重大威胁之一。俄罗斯、中国、阿富汗、巴基斯坦和伊朗在这一点上也都有共同的利益。为共同应对这一威胁,阿斯塔纳峰会批准了 2011~2016 年上海合作组织成员国禁毒战略和行动计划,目的是加强务实互动,打击上合组织地区毒品威胁带来的负面影响,从而确保非传统安全。上海合作组织在打击毒品走私方面取得的成功,已得到各成员国的承认。人们普遍认识到,上海合作组织在控制毒品走私方面可以做得更好。打击来自阿富汗的毒品走私

---

① 《印度参加上合组织成员国边防部门领导人会议》,环球网,http://news.china.com/news100/11038989/20170629/30864810_all.html。

仍将是上合组织在中短期内的首要任务。① 鉴于印度在处理这些问题上的经验，作为上合组织正式成员国，印度将能够以更有效的方式在区域框架下解决这些问题。

三 印度在中亚的能源安全

印度属于贫油国。截至 2014 年，印度是继中国、美国、俄罗斯之后的世界第四大能源消费国。随着印度工业化和城市化的推进，2020 年印度对外能源依存度将达 85%。因此，许多印度战略学者认为，能源将成为印度最主要的战略关切。② 而中亚地区是全球能源丰富性与多样性最集中的地区，例如哈萨克斯坦是世界主要产油国，土库曼斯坦和乌兹别克斯坦拥有世界相当大的天然气储备。塔吉克斯坦和吉尔吉斯斯坦油气资源丰富，只是受经济条件所限尚未开发。③ 中亚国家能够向印度提供稳定又便宜的石油和天然气，这也是中国的能源来源地之一。印度如能与中亚各国达成牢靠的能源合作关系，既能满足自身发展工业的需求，又能挑战中国在该地区的战略利益。因此，中亚丰富的能源是印度关注的重点。同时，印度是世界上为数不多的拒绝签署《不扩散核武器条约》的国家之一，并因此受到国际社会长达数十年的核禁运。直到 2007 年 10 月，美国与印度在历经 3 年多的艰苦谈判后，正式签署《印美民用核能合作协议》。借此机遇，印度才有机会被世

---

① Remarks by M. Kanarovskiy, Deputy Secretary General, Shanghai Cooperation Organisation Prepared for the Third Ministerial Conference of the Paris Pact Partners Held in Vienna on February 16, 2012, at http://www.sectsco.org/EN/show.asp?id=316, accessed on July 20, 2012，转引自：Meena Singh Roy, *The Shanghai Cooperation Organization: India Seeking New Role in the Eurasian Regional Mechanism*, IDS Monograph Series [New Delhi: Institute for Defence Studies and Analyses, 2014 (34)], 70。
② 白联磊：《印度对上合组织的认识和诉求》，http://www.ciis.org.cn/chinese/2017-10/30/content_40053289.htm，上网时间：2018 年 1 月 15 日。
③ 《寻求合作，印度总理遍访中亚五国》，http://www.sydneytoday.com/content-50000513365，上网时间：2018 年 1 月 15 日。

界其他国家接受，参与国际民用核能合作。①

目前，印度石油消费高度依赖进口，进口依存度为80%左右。印度计划大力发展核能，因此需要加强石油和铀的供应保障。② 在上述背景下，印度在中亚关注的重点之一是能源安全及其附属的交通运输安全；重点之二是资源安全，核心是用于核能的铀矿安全。当然，印度重视中亚的油矿资源背后有着更深层的考虑，不仅仅是为开发民用核能，一定程度上也是将其用于核武器生产与储备，为其大国战略服务。

在印度的能源安全利益中，俄罗斯扮演着非常重要的角色。除石油、天然气和核能的直接贸易外，俄罗斯的关系还可能为印度打开中亚能源供应的更大通道，减少印度对中东石油供应的依赖。③ 为保证能源安全和资源安全，在双边和地区层面，印度正在努力加强其在中亚地区的能源与资源安全，通过各种双边和区域机制与中亚国家建立贸易和交通联系，印度在中亚积极采取如下举措。

第一，印度和中亚——尤其是油气资源最为丰富的哈萨克斯坦、乌兹别克斯坦和土库曼斯坦——不断推进在油气开发、能源技术等方面的合作。

首先是与哈萨克斯坦的合作。印度对扩大与哈萨克斯坦在油气领域的合作非常感兴趣。④ 2004年，印度和哈萨克斯坦两国政府及企业签署涉及石油的多项协定。印度石油天然气公司所属海外投资公司OVL与哈萨克斯坦国家油气公司签订协定，前者将收购后者萨特帕耶夫勘探区块25%的权益。萨特帕耶夫区块位于里海，面积为1482平方公里，预计原油储量为17.5亿桶。⑤ 2014年4月在阿斯塔纳召开哈萨克斯坦 - 印度政府间经贸、科技和文

---

① 《印度将与哈萨克斯坦签订核能领域合作协议》，新华网，2010年6月10日，http://news.xinhuanet.corn/world/2010 - 05/13/c－13292507.htm，上网时间：2017年12月3日。
② 《印度与哈萨克斯坦签署多项能源协定》，新华网，2011年4月17日，上网时间：2017年12月31日。
③ Lavina Lee, "Russia's Engagement of India: Securing the Longevity of a 'Special and Privileged'", The Engagement of India: Strategies and Responses Strategic Partnership, ed. IAN HALL (DC: Georgetown University Press, 2014), 75.
④ 《印度希望扩大与哈萨克斯坦的商业往来》，商务部网站，http://finance.sina.com.cn。
⑤ 《印度与哈萨克斯坦签署多项能源协定》，新华网，2011年4月17日。

化合作委员会第11次会议,印度表示印ONGC Videsh有限公司有兴趣参与北里海油气开发项目。①

其次是与乌兹别克斯坦的合作。目前印度与乌兹别克斯坦在乌石油天然气和石化工业方面有着良好的合作。② 两国正在考虑通过印度的石油和天然气委员会(ONGC)和印度天然气管理局(GAIL)对乌兹别克斯坦的天然气进行勘探。

第二,印度与中亚在互联互通方面展开合作。缺乏直接的地理联系仍然是印度在中亚地区寻求加强其经济关系的主要障碍。面向中亚和西亚方向的陆上互联互通和地缘经济项目,由于印巴冲突、巴内部局势不稳、地方割据、恐怖组织、有组织犯罪等风险因素,要么一直缺位,要么难以推进。这导致印度面向中亚的互联互通只有两个选项。一是绕道而行,将伊朗作为主要的中转国。为发展与中亚的能源与交通运输通道,印度首先考虑的是土库曼斯坦-阿富汗-巴基斯坦-印度(TAPI)管道。这一管道线路是加强印度能源安全的重要保障。不过考虑到管道将穿过阿富汗和俾路支不稳定地区,其路线的安全不太可能得到保证,因此,TAPI管道是否真的可行,值得怀疑。③ 在这种情况下,伊朗被认为是通往中亚的唯一真正可行的陆路通道。印度、俄罗斯和伊朗在2000年签署一项南北走廊协议,拟建立连接14个国家的多式联运网络(即国际南北交通走廊,INSTC),连接印度与伊朗、阿塞拜疆、哈萨克斯坦和俄罗斯的主要线路。④ 由于该项目多年来一直停滞不前,2012年,尽管美国倡导"新丝绸之路"计划,将伊朗排除在外,并向印度施压,要求其将与伊朗的贸易关系降至最低水平,印度还是主动启动了这项计划。⑤ 如果没有这条路线,印度甚至无法开始与中国竞争中亚资

---

① 《印度建议与哈修建奇姆肯特至印度边境的天然气管道》,商务部网站,2014年5月5日。
② 《乌兹别克斯坦与印度签订经济合作协议》,中国经济网,2011年5月19日。
③ Lavina Lee, "Russia's Engagement of India: Securing the Longevity of a 'Special and Privileged'", The Engagement of India: Strategies and Responses Strategic Partnership, ed. IAN HALL (DC: Georgetown University Press, 2014), 79–80.
④ Ibid. 81.
⑤ Ibid. 83.

源，以及在中亚更广泛地开展商品和服务贸易。① 2016年3月，印度决定加入《阿什哈巴德协议》，希望和阿曼、伊朗、中亚五国开展多式联运合作。2016年，印度、伊朗和阿富汗还同意开发阿曼湾（Gulf of Oman）边的伊朗恰巴哈尔港（Chabahar Port）及相关基础设施。这可让新德里和喀布尔方面绕过巴基斯坦卡拉奇港，强化南亚与中亚之间的贸易往来。独立分析人士认为，恰巴哈尔港可能会稀释巴基斯坦对阿富汗乃至中亚的影响力。② 通过参与开发恰巴哈尔港，印度寄望于将该港口打造成中亚油气矿产资源输出至印度的中转站（中亚和伊朗的油气资源经过陆地线路输送至恰巴哈尔港，再经海上运输至印度），以此打通获取中亚、中东油气资源的关键通道。③ 二是借助网络空间的力量。印度"连接中亚的政策"的重点是"4C"，即商业（Commerce）、联通（Connectivity）、世俗（Consular）、文化（Culture），网络技术在其中扮演关键角色。在这个多国联通网络中，印度将自身定位为信息枢纽和技术服务商，向中亚客户提供网络医疗服务、网上培训、网上文化传播，如推广印度电影、印度养生学等。④

第三，印度与中亚在电力能源方面展开合作。中亚国家寻求实现其水力发电和能源出口线路多样化，印度迅速借助这一契机，从能源行业的合作中获得更多经济利益。印度将目光投向水资源丰富的塔吉克斯坦，后者是世界第二大水电生产国，印度公司已经参与对塔境内水电站的现代化改造工程。印度同时还寻求加入"中亚–南亚电力输送和贸易项目"（CASA）。该项目由俄罗斯和塔吉克斯坦合资承担，将电力从塔吉克斯坦输送到巴基斯坦和阿富汗。

---

① Lavina Lee, "Russia's Engagement of India: Securing the Longevity of a 'Special and Privileged'", The Engagement of India: Strategies and Responses Strategic Partnership, ed. IAN HALL (DC: Georgetown University Press, 2014), 79–80. 84.
② 《印度将兴建绕过巴基斯坦到中亚的通路》，http://www.ftchinese.com/story/001067712，上网时间：2018年1月15日。
③ 《印度欲打通中亚中东"任督二脉"前途多舛恐难圆梦》，《参考消息》2017年12月14日。
④ 白联磊：《印度对上合组织的认识和诉求》，http://www.ciis.org.cn/chinese/2017–10/30/content_40053289.htm。

第四，印度与中亚在核能方面展开合作。合作的重点国家是哈萨克斯坦与乌兹别克斯坦。

首先是与哈萨克斯坦展开合作。哈萨克斯坦是全球第二大铀储备国，也是全球第三大核燃料生产国。2004年，印度和哈萨克斯坦两国政府和企业签署涉及核能的多项协定。据印度报业托拉斯报道，两国签订的《和平利用核能合作协定》涉及核燃料供应、核医学、开发和联合开采铀矿以及核电站的设计、建造和运营。① 2010年5月12日，印度外交部部长克里希纳在访问哈萨克斯坦期间，与哈签订民用核能领域的战略合作协议。根据该协议，印度将从哈萨克斯坦获得铀资源。印哈民用核能领域的战略合作协议将为印度提供参与在哈萨克斯坦建设小型压力重水式反应堆（PHWR）的机会。该反应堆正是为使用在哈萨克斯坦开采的铀矿而设计制造的。② 2014年4月在阿斯塔纳召开的哈萨克斯坦-印度政府间经贸、科技和文化合作委员会第11次会议上，印度专家建议研究开展和平利用核能领域的合作。③ 2015年，哈萨克国家原子工业公司和印度原子能公司签署2015~2019年对印铀供应合同。根据合同内容，2015~2019年哈萨克斯坦将每年向印度供应5000吨铀。④

其次是与乌兹别克斯坦展开合作。印度认为："乌兹别克斯坦铀出口量居世界第7位，它将在印度建立战略铀储备方面扮演重要的角色。印度正在努力为自己的核反应堆建立5年的燃料储备，以保证在核燃料供应有可能中断的情况下保证反应堆正常运转。"⑤ 据中亚新闻网2014年8月27日报道，乌纳沃伊矿石冶金联合体与印度签署天然铀供货合同，根据合同，乌在2014~2018年将向印度供应天然铀2000吨，合同总额为35亿美元。乌将

---

① 《印度与哈萨克斯坦签署多项能源协定》，新华网，2011年4月17日。
② 《印度将与哈萨克斯坦签订核能领域合作协议》，新华网，2010年6月10日，http://news.xinhuanet.com/world/2010-05/13/c_13292507.htm。
③ 《印度建议与哈修建奇姆肯特至印度边境的天然气管道》，商务部网站，2014年5月5日。
④ 《哈萨克斯坦和印度签署铀供应合同》，中国驻哈萨克斯坦使馆经商参处网站，2015年7月13日。
⑤ 《印度计划从乌兹别克斯坦购买2000多吨铀》，http://www.yaou.cn，2017年10月25日。

与法国、俄罗斯、哈萨克斯坦共同成为印度重要的天然铀供应国。纳沃伊矿山冶金联合体为乌天然铀开采、出口垄断企业,年产天然铀达3000~3500吨,目前正在进行现代化改造,未来产量有望提高1.8倍。① 2017年,上海合作组织阿斯塔纳峰会期间,乌兹别克斯坦总统米尔济约耶夫与印度总理莫迪讨论了向印度出口铀的问题。印度正在就购买乌兹别克斯坦的铀用于本国核电站与乌方进行谈判。印度与哈萨克斯坦、乌兹别克斯坦的核能合作,反映出中亚对印度的接受度。②

结 语

如前文所述,印度一直将中亚国家视为"延伸的邻国"。印度的视线从未离开过中亚,中亚在印度安全方面有至关重要的地位,无论是过去、现在,还是未来。中亚素有"世界心脏"之称,希望成为世界大国的印度,自然会将该地区视为大国战略的重要支撑点之一。历史机遇、安全需求、战略需求、能源需求和经济发展需求使印度必须想方设法进入中亚地区。印度在中亚地区的核心利益是安全和战略利益,能源和经济利益的地位也在逐步上升。印度对中亚"三个安全"的目标,在诸多不可控因素牵制下,实际收获低于预期。如果以中亚国家的视角观察印度在中亚的角色,中亚国家就会发现自身虽有一定的欧亚中心地理优势和丰富的能源资源,但是自身国家的综合国力实在有限,在大国对中亚的博弈中处境尴尬。因此,中亚国家为求得战略平衡,力图吸引包括印度在内的诸多国家进入中亚,以利用各国的竞争提升自身地位,同时也可以使得域外大国彼此牵制,使自身获得更多战略空间。因此,总体来说,中亚各国对印度的中亚政策并不抵触。

随着俄罗斯对中亚地区绝对影响力的削弱,中亚五国无论其个性因素还

---

① 《乌兹别克斯坦与印度签署天然铀供货合同》,中国驻乌兹别克斯坦使馆经商参处网站,2014年8月27日。
② 《印度计划从乌兹别克斯坦购买2000多吨铀》,http://www.yaou.cn,2017年10月25日。

是共性因素，都为外部力量的进入提供了空间。印度目前还仅仅停留在与中亚国家的双边经贸合作层次。究其原因，印度不仅与中亚国家并不直接接壤，而且阻断在中间的巴基斯坦和阿富汗也给印度与中亚地区国家的经贸合作带来不可预计的变数。中国的丝绸之路经济带一路向西延伸，印度"北向"政策一路向北拓展，二者在中亚地区的接触与碰撞在所难免。目前印度的"连接中亚政策"在中亚地区的影响力并不显著，印度中亚政策实施的前景还不是很明朗。另外，中亚地区的大国因素同样会严重影响印度在中亚地区的关系格局。中国虽然也很容易受到海上封锁或中断中东能源供应的影响，但与哈萨克斯坦、吉尔吉斯斯坦和塔吉克斯坦共享陆地边界，使其能够直接获得中亚的资源。① 俄罗斯与中亚国家之间持久的军事和能源联系也使得印度不太可能寻求削弱俄罗斯在中亚的影响力。② 中短期内，印度在中亚尚不能摆脱俄罗斯与中国的影响。③

印度有根据国家利益进行政策选择的偏好性，印度在中亚的"三个安全"关切将会给印度与中亚关系带来一个新的发展路径与前景。

---

① Lavina Lee, "Russia's Engagement of India: Securing the Longevity of a 'Special and Privileged'", The Engagement of India: Strategies and Responses Strategic Partnership, ed. IAN HALL (DC: Georgetown University Press, 2014), 75.
② Lavina Lee, "Russia's Engagement of India: Securing the Longevity of a 'Special and Privileged'", The Engagement of India: Strategies and Responses Strategic Partnership, ed. IAN HALL (DC: Georgetown University Press, 2014), 75–76.
③ 《中印两国在中亚地区的存在与互动》，环球网，2016年5月14日。

中国与中亚

China and Central Asia

Y.14
"一带一路"国际合作高峰论坛与中亚[*]

吴宏伟[**]

摘　要： 2017年5月14～15日,"一带一路"国际合作高峰论坛在北京举行。来自29个国家的元首和政府首脑以及联合国秘书长、世界银行行长、国际货币基金组织总裁、红十字国际委员会主席等众多嘉宾出席了会议。这是"一带一路"沿线国家共商、共建"一带一路",共享互利合作成果的国际盛会,也是加强国际合作,对接彼此发展战略的重要平台。中亚哈萨克斯坦、乌兹别克斯坦和吉尔吉斯斯坦三国领导人应邀出席了会议,塔吉克斯坦也派代表团参加会议。会议取得巨大

---

[*] 此文系中国社会科学院俄罗斯东欧中亚研究所创新工程项目"丝绸之路经济带背景下中亚国家发展形势及其国际秩序研究"(项目编号:4-3-6)的阶段性成果。

[**] 吴宏伟,中国社会科学院俄罗斯东欧中亚研究所研究员,中国社会科学院研究生院教授、博士生导师,中国社会科学院上海合作组织研究中心副主任,中国社会科学院"一带一路"研究中心副主任。

成功。中亚国家领导人对这届高峰论坛给予很高的评价并提出了自己的建议。在参会的同时，中亚国家都与中国签署了合作文件，成果丰硕。论坛结束后，中国与中亚国家在"一带一路"框架下的合作将进入一个新的发展阶段。

关键词： "一带一路"高峰论坛　论坛成果　战略对接　中亚国家

2017年5月14～15日，"一带一路"国际合作高峰论坛在北京举行。出席论坛的有29个国家的元首和政府首脑，还有联合国秘书长、世界银行行长、国际货币基金组织总裁、红十字国际委员会主席等重要国际组织和金融机构负责人以及130多个国家的约1500名贵宾。这次会议是"一带一路"倡议提出3年多来在中国举办的最高规格的主场论坛活动。有三位来自中亚国家的元首出席了这次论坛。他们是哈萨克斯坦总统纳扎尔巴耶夫、乌兹别克斯坦总统米尔济约耶夫和吉尔吉斯斯坦总统阿坦巴耶夫。塔吉克斯坦也派出部长级官员参加了论坛及相关活动。习近平主席2013年9月7日在哈萨克斯坦首都阿斯塔纳纳扎尔巴耶夫大学提出共建丝绸之路经济带倡议，而中亚地区在未来丝绸之路经济带建设中处于核心和重要地位，所以中亚国家参与"一带一路"国际合作高峰论坛特别引人关注。第二届"一带一路"国际合作高峰论坛将于2019年在中国举行。

一　论坛的主要议题与中亚国家参加的论坛活动

（一）中亚国家对"一带一路"国际合作高峰论坛的期待

中国领导人提出"一带一路"倡议后，中亚国家积极响应。"一带一路"涉及中国与中亚国家的关系，也关系到中亚国家未来的经济发展，所以这次论坛受到中亚各国高度重视。中亚国家中哈萨克斯坦、乌兹别克斯坦和吉尔吉斯斯坦三国领导人出席了这次高峰论坛。塔吉克斯坦派出经济发展与贸易部部长希克玛杜罗佐达和海关总署署长阿布杜法塔赫·郭依布参加论坛。可以说，中亚国家对这次论坛给予较高期待。

哈萨克斯坦是最早对中国"一带一路"倡议给予支持并将本国发展战略与其进行对接的国家。哈萨克斯坦驻中国大使沙赫拉特·努雷舍夫在谈到"一带一路"高峰论坛时表示："我认为，此次高峰论坛的规模之大，级别之高，将有助于各国共同探索全球和地区经济的发展之路。此次论坛还将为世界的互联互通提供新的重要动力，并最大限度地促进世界经济实现强劲、可持续、平衡和包容性增长。最让大家感兴趣的将是外国领导人提出的在'一带一路'框架下进一步合作的建议。这些建议将使经济全球化进程更具活力、更稳定，更具包容性。我们期待着'一带一路'倡议框架下的合作能在体制的框架中进行，并作为合作的长效机制稳固下来。"① 哈萨克斯坦常驻联合国副代表鲁斯兰·布利特里科夫在接受中国记者专访时说："哈萨克斯坦是中国国家主席习近平首次提出'一带一路'有关倡议的地方，哈萨克斯坦为此感到自豪，并继续全力支持将中国倡导的'一带一路'变为现实。举办高峰论坛将为促进落实'一带一路'倡议做出贡献。"②

哈萨克斯坦真理报评论"一带一路"国际合作高峰论坛时这样写道："'一带一路'国际合作高峰论坛的目的在于讨论合作领域，建立互相协作和成果分享的平台。参与者就基础设施建设、经贸合作、工业领域投资、能源和资源、金融支持及环保等问题进行了讨论和研究。如此规模大、层次高的论坛还有一个毋庸置疑的作用——它不仅为世界各国领导人提供了官方表达自己立场的机会，还为其提供了在非正式场合中进行私人交流和互动的机会。"③

---

① 《"一带一路"倡议为中哈两国带来了什么》，人民网，2017 年 5 月 8 日，http://ft.people.com.cn/fangtanDetail.do?pid=16157。
② 顾震球：《哈萨克斯坦全力支持将"一带一路"倡议变为现实》，新华社联合国 4 月 12 日电，http://www.china.com.cn/news/2017-04/13/content_40613852.htm。
③ 弓妙奇：《哈萨克斯坦真理报评论"一带一路"国际合作高峰论坛》，中国贸促会网站，2017 年 5 月 16 日，http://www.ccpit.org/Contents/Channel_4118/2017/0516/807478/content_807478.htm。

中亚黄皮书

中亚国家学者和官员也对"一带一路"高峰论坛给予了较高期待。哈萨克斯坦应用政治学与国际研究中心主任埃达尔·安姆列巴耶夫表示:"哈萨克斯坦在支持丝绸之路经济带倡议方面是有可圈可点之处的,总统此次赴北京参会不是空手而来的。我对论坛的召开抱有非常乐观的期待。哈萨克斯坦有兴趣协调丝绸之路经济带倡议的地区参与方一同来建立区域合作的最佳范本。"①

吉尔吉斯斯坦经济部部长科若舍夫认为,本次论坛为各国在"一带一路"框架下加快合作提供了可能,也将给吉尔吉斯斯坦的发展以及增强吉中友好关系带来新动力。②

(二)中亚参会领导人提出的主要建议

乌兹别克斯坦总统米尔济约耶夫在圆桌峰会发言时强调这次高峰论坛具有重大意义,表示希望在乌兹别克斯坦这个自然资源、工业和人力资源都极为丰富的地区实施运输、贸易、投资、能源和高科技领域的重大项目。他认为,需要制订一个全面的合作行动计划,内容是建设通过中国和俄罗斯把中亚与南亚、东南亚与欧洲国家市场连接起来的运输和物流通道。③ 乌兹别克斯坦领导人还强调了在丝绸之路沿线国家发展旅游潜力中发挥文化人文纽带的作用。④

---

① 张全:《"一带一路"高峰论坛上哈萨克斯坦学者:中方的倡议和善意对于我们有巨大意义》,上观新闻,2017年5月10日,http://www.shobserver.com/news/detail?id=52627。
② 《高峰论坛将为加快"一带一路"合作提供可能——访吉尔吉斯斯坦经济部部长科若舍夫》,新华网,2017年5月12日,http://news.xinhuanet.com/world/2017-05/12/c_1120962290.htm。
③ Шавкат Мирзиёев выступил на международном форуме "Один пояс, один путь",乌兹别克斯坦新闻社网站,http://uza.uz/ru/politics/shavkat-mirziyeev-vystupil-na-mezhdunarodnom-forume-odin-poya。
④ Арина Эдуардовна Мордвинова: Страны Центральной Азии – на форуме «Один пояс – один путь» в Пекине, Российский институт стратегических исследований, 19.05.2017, https://riss.ru/analitycs/40969/.

哈萨克斯坦总统纳扎尔巴耶夫在圆桌峰会发言时提出了五点建议。①

第一，为了有效地开发日益增长的过境潜力，有必要通过提高服务业水平、消除行政壁垒，来持续不断地疏通商品流通渠道。对此，哈萨克斯坦将采取具体措施，这需要有专业知识和适当的融资。亚洲的银行应该积极资助这些项目，这也是对未来的投资。

第二，为了确保丝绸之路沿线的粮食安全，开展农业合作是非常重要的。

第三，应该在创新和科技发展领域开展更加紧密的合作。要适当考虑关于共同出资建立科学研究和实验设计分析中心，以及技术创新公司和风险基金的转账问题。纳扎尔巴耶夫还提醒与会者注意哈萨克斯坦学者率先提出的关于建立丝绸之路研究院的建议。这一想法得到了中国同行以及16个国家科研机构的支持。

第四，要注意环境保护问题，要注意合理管理内陆跨界河流水资源问题。这些河流可以成为交通运输干线。

第五，"一带一路"构想发展的主要条件之一，无疑是有关国家之间相互信任的存在，以及它们愿意进行平等和全面的合作。今后定期举行这个论坛将有助于这一点。在这一过程中，亚信会议可以给予很好的帮助。它在巩固安全信任合作方面积累了丰富的经验。

吉尔吉斯斯坦总统阿尔马兹别克·阿坦巴耶夫对修建中国－吉尔吉斯斯坦－乌兹别克斯坦铁路项目表达了关注。同时，他还阐述了在丝绸之路空间内创建合资高新技术产业、自由经济区和科技园区的重要性。②

（三）参加论坛活动及与中国领导人会晤

作为"一带一路"国际合作高峰论坛的组成部分，在论坛之前及论坛

---

① Назарбаев озвучил пять предложений Казахстана на форуме в Пекине, Tengri News, 15 мая 2017, https：//tengrinews. kz/kazakhstan _ news/nazarbaev－ozvuchil－pyat－predlojeniy－kazahstana－forume－pekine－318009/.

② Арина Эдуардовна Мордвинова：Страны Центральной Азии － на форуме «Один пояс － один путь» в Пекине, Российский институт стратегических исследований, 19.05.2017, https：//riss. ru/analitycs/40969/.

期间有关部门组织了一系列文化活动为论坛添彩。5月11日,中国国家画院与乌兹别克斯坦艺术院共同举办的"乌兹别克斯坦当代画展"在中国国家画院美术馆开幕。参展的十多位艺术家带来的60多幅作品和近300件手工艺品,一定程度上代表了乌兹别克斯坦传统和现代的艺术风貌。给中国观众提供了一个了解乌兹别克斯坦文化的窗口。

5月11日,乌兹别克斯坦总统米尔济约耶夫抵达北京,在出席"一带一路"国际合作高峰论坛的同时,对中国进行国事访问。5月13日,哈萨克斯坦总统纳扎尔巴耶夫和吉尔吉斯斯坦总统阿坦巴耶夫分别抵达北京。论坛期间,中国领导人分别会见了参加会议的中亚国家领导人,双方就"一带一路"框架下双边合作交换了意见。两国领导人会谈也属于"一带一路"高峰论坛重要组成部分,对中国与中亚国家未来关系与经济合作有重要指导意义。

5月12日,习近平主席会见乌兹别克斯坦总统米尔济约耶夫。习主席表示,两国关系很好,双方在"一带一路"框架内紧密合作,实施了一系列大型合作项目,给两国人民带来实实在在的好处。双方要继续在涉及彼此核心利益和重大关切问题上相互支持,不断巩固和深化政治和战略互信,让双边关系为两国共同繁荣发展服务。中国愿意与乌兹别克斯坦在国际事务、中亚地区形势、上海合作组织发展等方面保持密切沟通和协调。习主席还强调,乌兹别克斯坦是最早支持和参与"一带一路"建设的国家。中国愿在平等自愿、互利共赢的基础上,同乌兹别克斯坦拓展产能、投资、工业园区和基础设施建设等领域的合作。米尔济约耶夫感谢中国支持乌兹别克斯坦走符合本国国情的发展道路,乌坚定奉行一个中国政策,支持中国维护自身利益和重大关切,支持中国打击"三股势力"的立场。乌兹别克斯坦将以"一带一路"建设为契机,深化两国在基础设施、投资、经贸、产能、水利等领域的合作。①

---

① 侯丽军:《习近平同乌兹别克斯坦总统米尔济约耶夫举行会谈,两国元首同意弘扬中乌世代友好精神,推动中乌关系继往开来》,人民网,2017年5月12日,http://politics.people.com.cn/n1/2017/0512/c1024-29272500.html。

5月14日，习近平主席会见哈萨克斯坦总统纳扎尔巴耶夫。习主席表示，自2013年访问哈萨克斯坦首次提出建设丝绸之路经济带倡议以来，中哈两国围绕共建"一带一路"积极合作，挖掘合作潜力，共建"一带一路"已经进入深度融合、相互促进的新阶段。中国愿同哈方共同推进"一带一路"建设，让更多成果惠及两国人民。纳扎尔巴耶夫表达了四点意见：一是祝贺"一带一路"国际合作高峰论坛成功开幕；二是认为习近平主席的主旨演讲很好地回答了当今国际社会面临的许多重大问题；三是哈萨克斯坦坚定支持"一带一路"倡议，积极推动"一带一路"同"光明大道"发展战略对接，愿意在此框架下继续深化两国经贸、农业、矿业、铁路、科技等领域的务实合作；四是哈萨克斯坦愿意同中国在国际和地区层面进行安全合作，推动上海合作组织发展并发挥积极作用。①

5月16日，习近平主席会见吉尔吉斯斯坦总统阿坦巴耶夫。习主席表示，中吉围绕"一带一路"建设开展合作3年多来，取得了显著成绩。两国要实施好重点合作项目，使"一带一路"建设成果更多地惠及两国人民。阿坦巴耶夫对中国成功举办"一带一路"国际合作高峰论坛表示祝贺，认为"一带一路"倡议有助于加强国际合作、增进各国理解和信任。中吉是好邻居、好伙伴、好朋友。阿坦巴耶夫感谢中国长期以来对吉给予的大力支持和帮助，吉将坚定支持中国在核心利益和重大关切问题上的立场，愿意与中国加强安全、经贸等各领域合作，积极推进重大基础设施项目建设。②

5月13日，李克强总理会见乌兹别克斯坦总统米尔济约耶夫。李克强表示欢迎乌兹别克斯坦更多引进性价比较高、符合环保要求的中国装备，助力乌工业化进程。中方愿扩大从乌方进口有竞争力的产品。两国可以促进中小企业的合作，实现互利共赢。米尔济约耶夫则表示，乌方对两国合作前景

---

① 刘华、乌梦达：《习近平会见哈萨克斯坦总统纳扎尔巴耶夫》，中国新闻网，2017年5月14日，http：//www.chinanews.com/gn/2017/05-14/8223534.shtml。
② 白洁：《习近平会见吉尔吉斯斯坦总统："一带一路"合作取得显著成绩》，"一带一路"国际合作高峰论坛官方网站，2017年5月16日，https：//www.yidaiyilu.gov.cn/xwzx/xgcdt/13778.htm。

充满期待,愿借鉴中国发展经验,加强交通基础设施建设和能源矿产、水利等领域的合作,推进产能、装备和工业园区等方面合作,将乌中友好关系提升到新的高度。①

5月14日,李克强总理会见哈萨克斯坦总统纳扎尔巴耶夫时表示,中方高度重视发展对哈关系,愿将"一带一路"倡议同哈方"光明大道"发展战略进行更好对接,扎实推进产能合作,促进过境运输发展,推动两国中小企业扩大合作,开展跨境经贸、金融领域合作,密切人文交流。纳扎尔巴耶夫则表示,哈中两国政治互信牢固,合作务实高效,堪称国与国关系的典范。哈"光明大道"与"一带一路"的对接已取得明显成效。哈中产能合作对推进哈工业化十分重要,哈希望将更多项目纳入产能合作框架,要加强交通基础设施、能源、农产品深加工等领域的合作。②

二 "一带一路"国际合作高峰论坛取得的主要成果

(一)在国际合作高峰论坛上中亚国家取得的重要成果

在本次国际合作高峰论坛上,各国政府、地方、企业等达成一系列合作共识,确定了重要举措,并取得务实成果,这些成果涵盖政策沟通、设施联通、贸易畅通、资金融通、民心相通5大领域,共76大项、270多项具体成果。其中涉及中亚国家的主要有以下几个方面。③

1. 在促进设施联通方面

中国与乌兹别克斯坦、土耳其、白俄罗斯政府签署国际运输及战略对接协定。

---

① 《李克强会见乌兹别克斯坦总统米尔济约耶夫》,"一带一路"国际合作高峰论坛官方网站,2017年5月14日,http://www.beltandroadforum.org/n100/2017/0514/c24 – 356.html。
② 《李克强会见哈萨克斯坦总统纳扎尔巴耶夫》,"一带一路"国际合作高峰论坛官方网站,2017年5月14日,http://www.beltandroadforum.org/。
③ 《"一带一路"国际合作高峰论坛成果清单》,新华社网站,2017年5月16日,http://news.xinhuanet.com/world/2017 – 05/16/c_ 1120976848.htm。

中国铁路总公司与有关国家铁路公司签署《中国、白俄罗斯、德国、哈萨克斯坦、蒙古国、波兰、俄罗斯铁路关于深化中欧班列合作协议》。

中国进出口银行与柬埔寨经济财政部、埃塞俄比亚财政部、哈萨克斯坦国家公路公司签署公路项目贷款协议。

2. 在投资与贸易方面

中国与乌兹别克斯坦、塔吉克斯坦等30个国家政府签署经贸合作协议。

中国商务部与吉尔吉斯斯坦经济部签署关于促进中小企业发展的合作规划谅解备忘录。

中国国家发展和改革委员会与吉尔吉斯斯坦经济部签署关于共同推动产能与投资合作重点项目的谅解备忘录。

中国海关总署与哈萨克斯坦财政部国家收入委员会签署了《中哈海关关于落实"信任"项目的技术方案》,深化"信息互换、监管互认、执法互助"合作。

中国国家质量监督检验检疫总局与哈萨克斯坦、吉尔吉斯斯坦、乌兹别克斯坦等国相关部门签署检验检疫合作协议,与哈萨克斯坦等国有关部门签署《关于加强标准合作,助推"一带一路"建设联合倡议》。

中国进出口银行与乌兹别克斯坦等国有关企业签署电网升级改造、燃煤电站、煤矿改造、轮胎厂等项目贷款协议。

中国国家开发银行与哈萨克斯坦等国有关机构签署化工、冶金、石化等领域产能合作融资合作协议。

3. 在金融合作方面

中哈产能合作基金投入实际运作,签署支持中国电信企业参与"数字哈萨克斯坦2020"规划合作框架协议。

丝路基金与上海合作组织银联体签署关于伙伴关系基础的备忘录。丝路基金与乌兹别克斯坦国家对外经济银行签署合作协议。

中国国家开发银行设立"一带一路"基础设施专项贷款(1000亿元等值人民币)、"一带一路"产能合作专项贷款(1000亿元等值人民币)、"一带一路"金融合作专项贷款(500亿元等值人民币)。

中国进出口银行设立"一带一路"专项贷款（1000亿元等值人民币）、"一带一路"基础设施专项贷款（300亿元等值人民币）。

中国工商银行与乌兹别克斯坦等国家主要银行共同发起"一带一路"银行合作行动计划，建立"一带一路"银行常态化合作交流机制。

4. 在人文领域

中国教育部与哈萨克斯坦等国教育部门签署教育领域合作文件。

中国国家旅游局与乌兹别克斯坦国家旅游发展委员会签署旅游合作协议。

（二）"一带一路"高峰论坛达成的主要共识

2017年5月15日，"一带一路"国际合作高峰论坛圆桌峰会发布联合公报，对论坛参与国达成的重要共识进行宣示，以下内容值得关注。[①]

1. 对当今世界形势的基本判断

当今时代是一个机遇与挑战并存的时代，各国发展战略和互联互通合作倡议层出不穷，为加强国际合作提供了广阔空间。

世界经济面临诸多挑战，仍然面临下行风险。世界贸易和投资增长低迷，多边贸易体制有待加强。各国仍然面临消除贫困、实现可持续发展的艰巨任务。

"一带一路"倡议能够在挑战和变革中创造机遇，各国对"一带一路"倡议持支持态度。该倡议为各国深化合作提供了重要机遇。现有的国际、地区和国别合作框架和国际合作倡议之间沟通协调能够为推进互联互通和可持续发展带来新机遇。

2. 合作主张

主张加强"一带一路"倡议与各种发展战略的国际合作，建立更紧密的合作伙伴关系。

[①] 《"一带一路"国际合作高峰论坛圆桌峰会联合公报》，"一带一路"国际合作高峰论坛官方网站，2017年5月15日，http://www.beltandroadforum.org/n100/2017/0514/c24-414.html。

主张在公平竞争和尊重市场规律与国际准则基础上，促进经济增长、扩大贸易和投资。推进产业合作、科技创新和区域经济一体化，推动中小微企业融入全球价值链。将增长和生产性投资作为优先方向。

主张加强各国基础设施联通、规制衔接和人员往来。需要特别关注最不发达国家、内陆发展中国家、小岛屿发展中国家和中等收入国家，突破发展瓶颈，实现有效互联互通。

要扩大人文交流，加强社会凝聚力和包容性，促进民主、良政、法治、人权，推动性别平等和妇女赋权。完善全球经济治理，确保所有人公平享有发展机遇和成果。

在气候变化问题上立即采取行动，鼓励《巴黎协定》所有批约方全面落实协定。实现经济、社会、环境三大领域综合、平衡、可持续发展。

3. 合作精神与合作原则

合作精神：和平合作、开放包容、互学互鉴、互利共赢、平等透明、相互尊重。

合作原则：平等协商、互利共赢、和谐包容、市场运作、平衡和可持续。

4. 合作举措

加强对话协商，促进各国发展战略对接。

完善现有多双边合作对话机制，为务实合作和大型项目提供政策支持。

加强创新合作，支持创新行动计划，加强互联网时代创新创业模式交流。

推动在公路、铁路、航空、港口等领域务实合作，支持多模式综合走廊和国际骨干通道建设，构建跨国基础设施网络。

借鉴相关国际标准，实现基础设施规划和建设协同效应最大化；为私人资本投资创造环境，吸引国际金融机构对基础设施建设的支持和投入。

维护多边贸易体制的权威和效力，推动贸易投资自由化和便利化。

培育新贸易增长点、促进贸易平衡、推动电子商务和数字经济发展，欢迎相关国家开展自贸区建设并商签自贸协定。

推动全球价值链发展和供应链连接,加强社会保障体系。加强贸易、新兴产业、跨境经济园区、工业园区等领域合作,增加双向投资。

加强环境保护,应对气候变化,加强可再生能源领域合作。

加强海关合作,促进贸易便利化,促进保护知识产权合作。

合作打造稳定、可持续的融资体系,提高金融服务水平,加强与多边开发机构合作。

加强金融合作,促进金融市场相互开放和互联互通。支持在有关国家和地区设立金融分支机构。支持本币结算与合作。

加强人文交流和民间纽带作用,深化教育、科技、卫生、智库、媒体等领域务实合作。

支持不同文明对话,促进文化交流,推动旅游业发展。

(三)中亚国家领导人访华期间取得的成果

2017年5月,中亚国家领导人在参加"一带一路"国际合作高峰论坛的同时,也对中国进行了国事或工作访问。访问期间,与中国领导人进行双边会谈,有的国家还与中国签署了多项合作协议。

乌兹别克斯坦总统米尔济约耶夫访华期间,两国领导人就进一步加强中乌发展战略对接,将基础设施、投资、产能、水利、工业园区和地方合作等领域作为下一步双方合作的优先方向达成共识,双方签署了105份双边合作文件,涉及金额达230亿美元,主要集中在能源、炼油、电厂现代化、农业、石油化工、交通运输等领域。① 其中,仅在石油天然气领域就签署了总额超过50亿美元的10份协议,包括从乌兹别克斯坦向中国供应天然气的合

---

① Визит Мирзиёева в Китай: подписано 105 соглашений на сумму $23 млрд, 16 мая, 2017, https://www.news.tj/ru/news/centralasia/20170516/vizit-mirziyoeva-v-kitai-podpisano-105-soglАлмазбек Атамбаев обсудил с главой China Road строительство дорог в Кыргызстане ashenii-na-summu-23-mlrd.

同和在乌兹别克斯坦南部建设液体合成燃料工厂的融资协议。①

吉尔吉斯斯坦总统在参加"一带一路"国际合作高峰论坛的同时,对中国进行了工作访问。访问期间,阿坦巴耶夫总统于 5 月 14 日和中国路桥公司董事长卢山讨论了吉尔吉斯斯坦的道路建设问题。会见中还讨论了北－南公路修建、中国－吉尔吉斯斯坦－乌兹别克斯坦三国铁路以及比什凯克街道重修项目实施等问题。② 在论坛框架下,吉尔吉斯斯坦与中国签订的协议与哈萨克斯坦和乌兹别克斯坦相比不是很突出,主要有涉及推动中小型企业发展的双边合作计划,以及加强工业潜力和投资合作的备忘录。③

在 2017 年"一带一路"国际合作高峰论坛期间,哈萨克斯坦取得的直接成果体现在很多方面,其中之一是中国上交所与哈萨克斯坦阿斯塔纳国际金融中心管理局(以下简称"AIFC"管理局)在阿斯塔纳签署合作协议,将共同投资建设阿斯塔纳国际交易所。这是继 5 月 22 日与莫斯科交易所签署战略合作协议后,上交所落实"一带一路"金融合作的又一重要举措。

三 中亚国家对"一带一路"倡议的评价及对未来合作的展望

(一)中亚国家对论坛的评价

哈萨克斯坦是较早对中国"一带一路"倡议做出积极回应的国家。哈萨克斯坦驻中国大使沙赫拉特·努雷舍夫指出,哈萨克斯坦高度评价中国提

---

① Арина Эдуардовна Мордвинова: Страны Центральной Азии – на форуме «Один пояс – один путь» в Пекине, Российский институт стратегических исследований, 19. 05. 2017, https://riss.ru/analitycs/40969/.

② Алмазбек Атамбаев обсудил с главой China Road строительство дорог в Кыргызстане, Новости Радио Азаттык (KG), Май 14, 2017, https://rus.azattyk.org/a/28486883.html.

③ Арина Эдуардовна Мордвинова: Страны Центральной Азии – на форуме «Один пояс – один путь» в Пекине, Российский институт стратегических исследований, 19. 05. 2017, https://riss.ru/analitycs/40969/.

出的"一带一路"倡议，认为该倡议的提出对应对全球经济挑战来说恰当而及时。两国领导人主张逐步实现哈萨克斯坦"光明大道"新经济政策与丝绸之路经济带倡议的对接。正因为有这些共识，2016年哈萨克斯坦总统在杭州出席二十国集团峰会期间，两国政府签署了"光明大道"新经济政策与丝绸之路经济带建设对接的计划。关于"一带一路"国际高峰论坛，沙赫拉特·努雷舍夫表示，中国在"一带一路"倡议框架下首次举办这样大型的活动，很及时，很有必要。该倡议提出已3年有余，各个方向上的协作取得了长足的进步。论坛的举办将是对已有成就的一次总结，并对未来的任务进行制定。①

纳扎尔巴耶夫总统也对论坛给予高度评价："我认为，论坛将成为本年度最重要的国际活动之一，习近平主席在开幕式上的讲话内容十分丰富，对国家间合作的许多问题给出了答案。'一带一路'是一个新范式、新水平的合作方案。"②

（二）"一带一路"框架下中国与中亚国家合作前景

在"一带一路"国际合作高峰论坛之后，中亚国家对与中国合作的前景十分看好，并且都有具体的建议与展望。

哈萨克斯坦应用政治学与国际研究中心主任埃达尔·安姆列巴耶夫指出，习主席2013年9月在阿斯塔纳发起的该倡议不是象征性的，而是具有务实的意义。3年以来的进展表明，哈萨克斯坦始终支持并参与这一倡议，认为其有利于双边发展和区域繁荣。③ 关于中哈未来合作领域，安姆列巴耶

---

① 《"一带一路"倡议为中哈两国带来了什么》，人民网，2017年5月8日，http://ft.people.com.cn/fangtanDetail.do?pid=16157。
② 弓妙奇：《哈萨克斯坦真理报评论"一带一路"国际合作高峰论坛》，中国贸促会网站，2017年5月16日，http://www.ccpit.org/Contents/Channel_4118/2017/0516/807478/content_807478.htm。
③ 张全：《"一带一路"国际合作高峰论坛上哈萨克斯坦学者：中方的倡议和善意对于我们有巨大意义》，上观新闻网，2017年5月10日，http://www.shobserver.com/news/detail?id=52627。

夫列出了几项很有前景的领域：一是运输－物流；二是建立农业基地和生产生态食品，面向中国、印度、巴基斯坦等人口高密度国家，也可以面向国际市场；三是高技术转让；四是旅游与娱乐行业；五是各类能源产品的开采、加工等。此外，哈萨克斯坦与乌兹别克斯坦将合作共同开拓中国食品市场，并与土库曼斯坦扩大过境运输。①

乌兹别克斯坦驻华大使库尔班洛夫指出，2013年中国领导人提出"一带一路"伟大构想，为众多参加国发展贸易、经济、投资等领域合作带来了广泛的机遇。乌兹别克斯坦要抓住这一机遇，推动与中国的合作，发展贸易，扩大乌兹别克斯坦商品向中国和所有"一带一路"沿线国家的出口。未来乌兹别克斯坦与中国经济合作包括众多领域，乌兹别克斯坦将扩大对中国的出口，包括果蔬出口和劳务出口，同时还要吸引中国游客来乌兹别克斯坦旅游等。从中国进口现代化机械设备和技术、吸引更多中国投资对乌兹别克斯坦经济发展和实施国家行动战略很有帮助。未来项目还包括建立中国－中亚－西亚经济走廊（包括中吉乌铁路）。2016年两国贸易额达到42.5亿美元，其中乌对中国出口20亿美元，从中国进口22.5亿美元。目前，在乌兹别克斯坦有中资企业651家，其中独资企业90家，有75家中国公司在乌开设了代表处。②

乌兹别克斯坦科学院历史研究所当代历史与国际关系研究室主任米尔左吉德·拉西莫夫在接受人民网记者采访时表示，乌兹别克斯坦和中亚其他国家在数百年间一直是亚洲与欧洲之间经贸与文化交流的中心，也是丝绸之路非常重要的一环。中乌两国伟大思想家最杰出的贡献，就是他们都不约而同地看到了全人类共同发展的重要性，并明确指出，这一发展是建立在人道主义和相互尊重基础之上的。因此，在"一带一路"框架内，扩大教育和文

---

① 张全：《"一带一路"高峰论坛上哈萨克斯坦学者：中方的倡议和善意对于我们有巨大意义》，上观新闻网，2017年5月10日，http://www.shobserver.com/news/detail?id=52627。
② 《乌兹别克斯坦驻华大使库尔班洛夫："一带一路"丰富中乌合作新内涵》，中国经济网，2017年5月4日，http://dz.china.com.cn/sd/gfgz/2017-05-04/32536.html。

化合作尤为重要。①

吉尔吉斯斯坦经济部部长科若舍夫表示:"'一带一路'倡议旨在共同打造政治互信、经济融合、文化包容的利益、命运和责任共同体,有助于将各国共同利益最大化,以实现共同发展和共同繁荣。"②

从中亚国家政府官员和学者的表述中可以看到,未来在"一带一路"框架下中国与中亚国家的合作将主要集中在基础设施建设、交通运输通道建设、农产品生产与加工、高新技术发展、工业园区建设、中小企业合作、金融合作、人文交流、相互贸易、旅游产业等领域。中亚国家都愿意将本国发展战略与"一带一路"倡议进行对接。在"一带一路"国际合作高峰论坛上,中亚国家领导人都积极提出了自己的建议,同时还与中国签署了一系列双边合作协议。这显示出中亚国家对"一带一路"倡议寄予了较大希望,也显示出中国与中亚国家拥有巨大的合作潜力和良好的发展前景。

俄罗斯学者 А. Э. 莫尔德维诺娃对"一带一路"框架下中国与中亚国家的合作这样评论说:"中国的全球倡议与中亚国家产生了共鸣。北京有兴趣投资和扩大其经济影响力,而该地区国家需要外部投资和发展自己的基础设施。共同的利益决定了中亚国家和中国之间高水平的合作。"③

---

① 李明琪:《乌兹别克斯坦学者:扩大教育与文化合作 推进"一带一路"建设》,人民网,2017年5月16日,http://world.people.com.cn/n1/2017/0516/c1002-29279308.html。
② 《高峰论坛将为加快"一带一路"合作提供可能——访吉尔吉斯斯坦经济部部长科若舍夫》,新华网,2017年5月12日,http://news.xinhuanet.com/world/2017-05/12/c_1120962290.htm。
③ Арина Эдуардовна Мордвинова: Страны Центральной Азии – на форуме «Один пояс – один путь» в Пекине, Российский институт стратегических исследований, 19.05.2017, https://riss.ru/analitycs/40969/.

Y.15 合作与挑战并存：中国与中亚国家金融合作

郇志坚　刘遵乐*

摘　要： 中亚五国地缘位置重要，加强区域金融合作有利于促进"一带一路"资金融通。本文对中国与中亚五国金融合作现状进行梳理，分析进一步深化合作面临的挑战，认为当前中国与中亚金融合作发展迅速，但是面临中亚政治环境不稳定、经济基础薄弱、区域发展不平衡以及金融风险问题频出等诸多挑战。中国应结合中亚五国金融发展特点，以制度构建为起点，发挥市场主体作用，积极防控金融风险，进一步深化区域金融合作。

关键词： 中亚　金融合作　本币互换　对策建议

中亚地区①处于欧亚大陆的枢纽位置，连接东亚、欧洲两大经济圈，是丝绸之路经济带的核心区域。随着"一带一路"建设的不断推进，中国与中亚国家的合作与交流不断深化。推进与中亚国家的金融合作，有助于推进

---

* 郇志坚，中国人民银行乌鲁木齐中心支行金融研究处副研究员，研究方向为中国与中亚国家金融合作；刘遵乐，中国人民银行乌鲁木齐中心支行金融研究处经济师，新疆财经大学中亚经贸研究院博士研究生，研究方向为中亚国家金融政策、中国与中亚国家金融合作。

① 广义上"中亚"是泛指里海以东、西西伯利亚以南，以及包括阿富汗以及我国新疆西部在内的广大亚洲中部地区。本文所指中亚国家特指原属苏联的亚洲部分，即哈萨克斯坦、乌兹别克斯坦、吉尔吉斯斯坦、塔吉克斯坦、土库曼斯坦五个国家。

"一带一路"资金融通、建立多元化融资模式,是实现区域共赢并最终促成共同繁荣的重要举措。本文对中国与中亚国家金融合作现状进行梳理,对加强区域金融合作面临的挑战进行分析,并根据中亚国家金融发展特点设计合作路径并提出政策建议。

一 中国与中亚国家金融合作的现状

(一)本币互换协议有助于促进区域金融稳定

自2011年起,中国人民银行先后与乌兹别克斯坦、哈萨克斯坦、塔吉克斯坦央行签订了《双边本币互换协议》(见表1)。2015年9月,中国人民银行与吉央行签订《加强合作的意向协议》,以推动两国央行在本币结算、货币互换等领域的合作。中国与中亚国家央行间签订的系列本币互换协议及加强合作的协议,有利于增强国家间的金融互信,促进区域金融稳定以及扩大人民币在中亚地区的影响。

表1 中国与中亚国家央行间签署的本币互换协议一览

时间	合作方	合作内容
2011年4月19日	中国人民银行与乌兹别克斯坦共和国中央银行	签署了规模为7亿元人民币/1670亿苏姆的双边本币互换协议,到期未续签
2011年6月13日	中国人民银行与哈萨克斯坦国家银行	签署了规模为70亿元人民币/1500亿坚戈的双边本币互换协议
2014年12月14日	中国人民银行与哈萨克斯坦国家银行	续签了规模为70亿元人民币/2000亿坚戈的双边本币互换协议
2015年9月3日	中国人民银行与塔吉克斯坦中央银行	签署了规模为30亿元人民币/30亿索莫尼的双边本币互换协议

资料来源:《2017年人民币国际化报告》,中国人民银行网站。

(二)签订监管谅解备忘录助推区域金融监管协作

中国银监会、中国证监会与中亚国家央行间主要是围绕金融具体行业签订监管合作谅解备忘录（见表2）。具体包括中国银监会与哈、吉、塔银行签订的《双边监管合作谅解备忘录》，与吉银行签订的《跨境危机管理合作协议》，中国证监会与哈央行签订的《证券期货监管合作谅解备忘录》。系列监管谅解备忘录的签订，开启了中国与中亚区域内金融监管协调的良好开端，对开展区域金融监管协调提供了政策上的支持，有利于维护跨国金融活动的良好秩序。

表2　中国与中亚国家金融监管部门间签订的金融合作协议

金融监管机构	时间	国外金融监管机构	签署文件
中国银监会	2004年9月	吉尔吉斯斯坦国家银行	《双边监管合作谅解备忘录》
	2010年11月	塔吉克斯坦中央银行	《双边监管合作谅解备忘录》
	2013年9月	哈萨克斯坦国家银行	《双边监管合作谅解备忘录》
	2015年12月	吉尔吉斯斯坦国家银行	《跨境危机管理合作协议》
中国证监会	2015年5月	哈萨克斯坦中央银行	《证券期货监管合作谅解备忘录》

资料来源：中国银监会网站、中国证监会网站收集整理。

（三）反洗钱、反恐怖金融协调机制保障区域安全稳定

中国与中亚各国存有开展区域反洗钱、反恐怖金融协调合作的现实需求。早在2004年，中国与中亚各国已经开展反洗钱、反恐怖层面的金融合作。2004年10月，中国作为创始成员国，与俄罗斯、哈萨克斯坦、塔吉克斯坦、吉尔吉斯斯坦、白俄罗斯共同创立了区域反洗钱国际组织——欧亚反洗钱及反恐融资工作组（EAG），同年，EAG与上海合作组织地区反恐怖机构和独联体反恐中心签署合作文件，明确了两个组织与EAG在反恐怖及禁毒信息交流、政策协调和统一行动方面开展合作的框架。在上述多边合作框架下，中国与中亚国家中的EAG成员国开展反洗钱、反恐怖融资信息交流与共享，健全风险监测指标，共同协调打击跨国洗钱犯罪活动和恐怖融资活动。

在EAG多边合作框架外，区域内反洗钱和反恐怖融资的双边金融合作进展良好。2007年、2011年、2013年、2014年，中国分别同吉、土、哈、

塔签订《反洗钱和反恐怖融资金融情报交流合作谅解备忘录》，这标志着中国与中亚国家在反洗钱与反恐怖融资金融情报交流方面的合作更为紧密。2016年6月8日，中国人民银行和乌总检察院签署《关于反洗钱和反恐怖融资信息交流合作谅解备忘录》，将金融情报国际双边交往的覆盖面扩大到全部中亚五国。

（四）金融监管部门间的高层对话促进政策协调

央行间的高层交流与对话深入开展。中哈在两国政府副总理级合作委员会下设中哈金融合作分委会，已形成两国金融监管部门间定期会晤的机制，主要目的在于加强两国金融领域的经验交流，协调和促进两国金融机构的合作。2011年，中国人民银行正式加入中亚、黑海及巴尔干半岛地区央行行长会议组织，并开始定期参加上合组织财长与中央银行行长会议，中国与中亚国家央行之间的交往上升到一个新阶段。各国央行就进一步形成财经合作机制化、成员国间本币结算便利化等进行深入讨论。

（五）金融机构跨国网点布局增多提升金融服务水平

早在2003年，中国工商银行、中国银行先后在哈萨克斯坦设立了子行，为中哈两国经贸往来提供金融服务。2005年，国家开发银行与哈萨克斯坦开发银行、乌兹别克斯坦对外经济银行等6家银行共同组建了上合组织银联体，探索区域创新合作融资新模式，支持中亚区域内的重点项目建设。为切实推动中亚区域的项目开发和后期跟进，中国国家开发银行在哈、土、塔派驻工作组。"一带一路"倡议提出后，中资金融机构更加重视中亚区域的金融市场开拓。2016年，中国建设银行在哈设立控股75%的海外子行，陕西长安银行在吉设立全资海外子行，中国银联在哈设立海外子公司。2017年，上海证券交易所与哈阿斯塔纳国际金融中心管理局签署合作协议，共同投资建设阿斯塔纳国际交易所；中信银行收购哈萨克斯坦阿尔金银行60%的股权；中国进出口银行驻乌工作组正在筹建之中。

（六）区域内货币合作进展顺利凸显金融合作成果

中国积极推动与中亚国家的双边本币结算，开展人民币与周边国家货币直接兑换交易，从而丰富双边贸易投资币种，降低企业汇率风险和交易成本。中国与中亚国家间货币合作从无到有，快速发展，成果丰硕，以中哈金融合作最为典型。

哈萨克斯坦在中亚国家中金融对外开放度最高，金融体系最为健全，这为两国深化货币合作奠定了基础。2011年，在人民银行的授权下，新疆率先推出人民币对哈坚戈银行柜台直接挂牌交易。2014年9月，哈证券交易所启动人民币和坚戈的挂牌交易，哈也成为中亚第一个进行人民币挂牌交易的国家。同年12月，中国外汇交易中心正式推出人民币对坚戈银行间外汇市场区域交易。

商业银行层面，在良好的制度构建下，具体业务不断推进。2015年，中国银行新疆分行推出人民币对坚戈远期结售汇及掉期业务，建设银行新疆分行推出坚戈对美元的差额交割远期外汇买卖。2016年，农业银行新疆分行与哈储蓄银行签订坚戈现钞调运协议，为实现现钞直接清算平盘创造条件。2017年，在双方的共同努力下，中哈两国跨境调运现钞的政策障碍已经得到解决。

与此同时，中国与其他中亚国家的货币合作也在积极推进。例如，2003年中吉两国签署《中吉边贸本币结算协议》，截至2017年6月末，吉10家银行在新疆辖区内的银行开立12个人民币同业往来账户。2015年12月，农业银行新疆分行（包括农行建设兵团分行）开展了人民币对塔货币索莫尼现汇银行柜台挂牌交易。

（七）金融基础设施建设保障金融合作顺利开展

目前，跨境人民币直接清算网络对中亚国家已经实现全覆盖，跨境人民币业务的清算、结算规模不断增加。以邻近中亚五国的新疆维吾尔自治区数据为例，中亚五国共在新疆开立了32个人民币同业往来账户和20个非居民机构人民币结算账户。2017年上半年，新疆与中亚五国开展了货物贸易、服务贸易、收益与经常转移以及融资等跨境人民币结算业务，办理金额达2.63亿元人民币，较好地服务于中国与中亚国家的贸易发展需求。

为满足日益增长的人民币跨境支付结算需求，2015年10月，中国在综合发展清算行模式、代理行模式、非居民银行账户等多种模式基础上，人民币跨境支付系统（CIPS）一期成功上线，CIPS是一个相对独立的资金清算、结算系统，为"一带一路"沿线国家支付和金融市场基础设施互联互通开辟了新的跨境支付结算渠道，将在便利企业经营、促进贸易方面发挥重要作用。国内外共有19家银行作为首批直接参与行加入了CIPS系统，目前中亚国家还没有直接参与CIPS系统的商业银行。2016年，农业银行与哈人民储蓄银行在首届丝绸之路金融论坛上就开展CIPS合作进行签约；2017年，哈萨克斯坦塔纳银行、吉尔吉斯斯坦瑞士银行作为间接参与者接入CIPS系统。

（八）国际性金融机构的建立支持区域内项目融资

亚洲基础设施投资银行、丝路基金是中国建设丝绸之路经济带、开展国际多边金融合作、参与全球金融治理的重要载体，采用新型的治理结构、筹资策略和运营机制，将能有效缓解丝绸之路经济带沿线国家基础设施建设资金供需矛盾。亚投行是一个政府间性质的亚洲区域多边开发机构，其宗旨在于促进亚洲区域的基础设施建设互联互通和经济一体化进程。中亚国家积极参与亚投行创建工作，哈、吉、塔、乌四国均为亚投行初始成员国。

（九）中哈霍尔果斯国际边境合作中心促进区域金融创新

中哈霍尔果斯国际边境合作中心作为上海合作组织框架下的区域合作示范区于2012年4月18日正式投入运营。合作中心可以先行先试改革措施，为丝绸之路经济带沿线各国经济金融合作提供示范效应。霍尔果斯合作中心经6年运营，已被赋予多项金融创新政策并成功争取到全国首个"境内关外"跨境人民币创新试点政策户，金融创新业务取得实质进展。截至2017

年10月①，霍尔果斯国际边境合作中心跨境金融创新试点已有工行、农行、中行等7家银行入驻，开立人民币创新账户98个，累计办理创新离岸业务732.8亿元人民币。

二 中国与中亚国家金融合作面临的挑战

近几年，中国与中亚国家金融合作不断深化，合作范围逐步扩大，金融服务质量不断提高，金融市场一体化进程稳步推进。但是在推进金融合作的具体实践过程中仍面临诸多挑战。

（一）中亚区域内的政治安全挑战

中亚地区位于联系欧亚大陆的中心地带，地缘政治地位重要，民族和宗教关系复杂。美俄大国政治博弈、地区宗教极端主义和恐怖主义滋生、个别国家政局动荡以及国家间的固有矛盾激化都是引发区域政治安全风险的潜在隐患，构成进一步深化区域金融合作的挑战因素。以2017年为例，3月底，美、俄同时在塔举行旨在反恐的军事演习，各自展示在中亚地区内的军事存在；吉大选前，发生反对党领袖被扣押的事件，一度为总统大选增加变数；10月，哈、吉两国短期交恶，哈加强两国边境管控，导致边境上大量车辆、人员拥堵，吉则宣布终止接受哈援助1亿美元的协议；2017年，中亚恐怖分子在欧美多地发起恐袭事件，引发对恐怖分子回流中亚的担忧。

（二）中亚区域内的经济基础薄弱

中亚国家普遍存在资源型经济的特征，工业化和经济现代化进程相对滞后。国内产业结构发展不均衡，政府财政收入来源单一。2014年以来，支持石油价格高位的三个因素——弱势美元、中国需求、能源开发技术瓶颈逐

---

① 《新疆霍尔果斯新丝路（跨境）金融小镇成立 欲打造国际金融港》，中国新闻网，https://www.chinanews.com，2017年11月29日。

个消失,国际大宗商品价格出现大幅下跌(见图1)。俄罗斯、中亚地区各国经济受到冲击,经济增速明显放缓(见图2)。

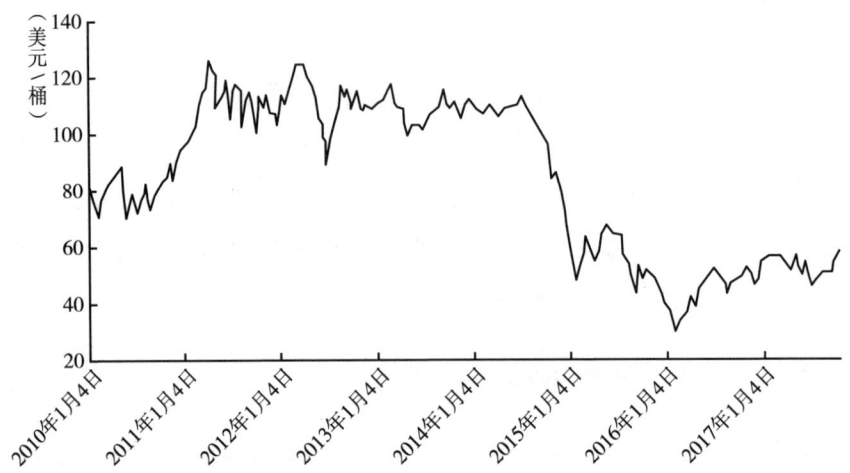

图1　2010~2017年纽约布伦特原油价格变动趋势

数据来源:根据Wind咨询相关数据综合整理。

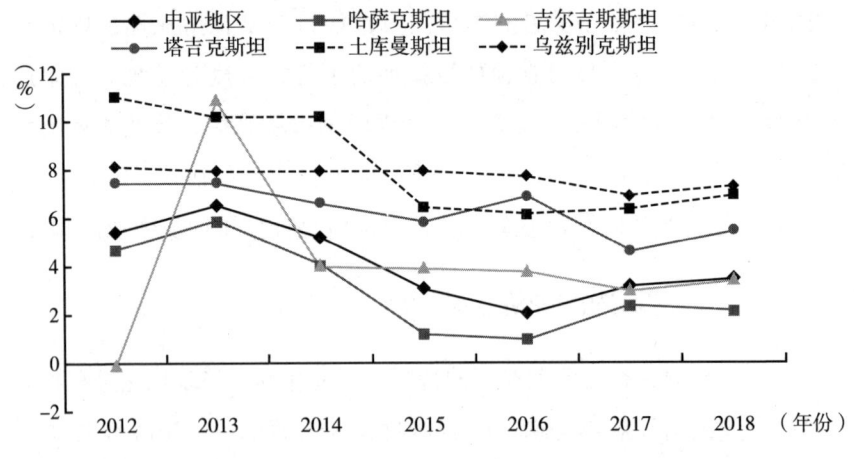

图2　2012~2018年中亚五国国内生产总值增长率

数据来源:根据亚洲开发银行Asian Development Outlook 2016相关数据综合整理,2017年、2018年为预测值。

哈、土能源出口收入减少，乌、吉、塔外出务工人员收入锐减，对中亚各国政府财政收入造成不利影响。财政收入的持续恶化，导致国际评级机构纷纷下调中亚国家信用等级，有关国家发生主权信用危机的概率增大，可能造成以国家信用为担保的融资项目产生资金缺口，造成不良贷款，并对金融机构投资资金安全造成影响。国内层面，各大银行总行也将该地区纳入高风险地区，对继续开展项目资金支持产生不利影响。

（三）中亚区域内部发展不平衡问题突出

区域内金融合作的深化不仅取决于国家间的政治经济关系及对资金的需求强度，还取决于各国的经济发展水平和市场发育程度。中亚五国资源禀赋不同，经济发展水平存在较大差异（见图3）。哈一国的GDP超过其余四国之和，人均GDP水平也远在其余四国之上。区域内国家间经济发展的不均衡，导致各国对金融合作的诉求存在差异。根据国际合作政策协调的博弈分析理论，各国利益诉求差异会导致政策溢出效应，使得国家间政策难以协调，导致产出低效，进一步影响金融合作的基础。

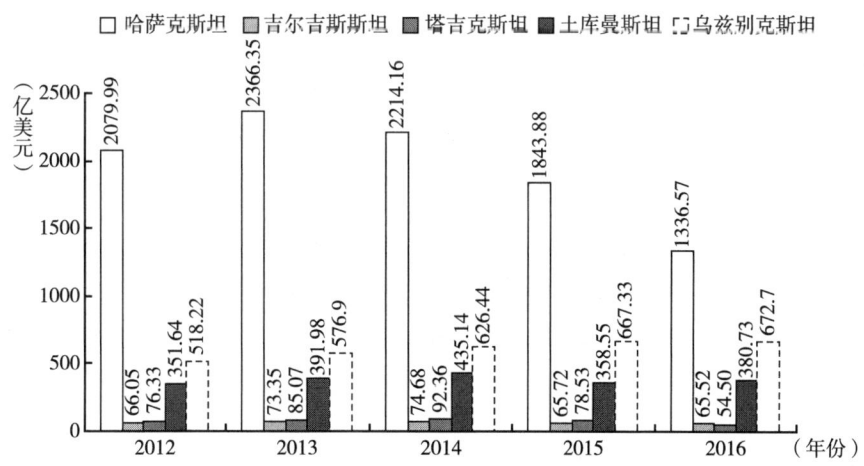

图3　2012~2016年中亚五国GDP的比较

数据来源：根据中国驻中亚各国使馆经商参处网站提供的数据整理。

（四）中亚国家金融风险问题不容忽视

近年来，中亚国家金融风险问题不断暴露，为深化区域金融合作蒙上阴影。下面分国别对中亚国家突出的金融风险问题进行梳理，主要表现在以下几个方面。

其一，哈萨克斯坦银行业改革进程受阻。哈央行为提升金融系统稳健性，一直致力于降低银行业不良贷款水平，并积极促成本国银行业标准与国际体系对接，但由于经济下行压力加大，银行业改革进程受阻。具体表现在：一是部分银行隐瞒了问题贷款的真实性，实际不良贷款率居高不下，2017年1月1日，哈央行公布不良贷款率为6.7%，但穆迪评估哈银行业不良贷款率达37%，标准普尔评估为25%～30%；二是银行业经营环境恶化，国际监管标准无法按时执行，尽管2016年哈银行业平均核心资本充足率（层级Ⅰ）已达到14.3%，但考虑到经济增长持续放缓，哈银行业经营环境不断恶化，哈央行将完全实施巴塞尔协议Ⅲ的最后期限由2019年推迟到2021年。

其二，吉尔吉斯斯坦政府外债问题突出。自2013年起，吉外债规模开始大幅飙升，2012～2015年外债规模年均增长8%，对外公共负债年均增长6%。2016年底，吉外债余额68.74亿美元，同期该国GDP为65.52亿美元，外汇储备为19.69亿美元，吉债务率为118.7%，远超国际上小于100%债务率①标准，负债率②指标为26.8%，超过国际20%的负债率警戒线标准（见图4）。2016年6月，国际货币基金组织发布吉中期贷款评估报告，将其债务风险评级从中高级上调为高中级，认为吉外债压力仍在加剧，如遇较大外部冲击抵御能力将不足，同时从国际市场上持续借贷的能力已非常有限。

---

① 债务率是指经济体年末外债余额与当年出口收入的比率，是用于衡量外债可持续性的重要指标之一，债务率的国际公认安全标准是小于100%。
② 负债率是指经济体年末外债余额与当年国内生产总值的比率，国际公认警戒线为20%，主要用于衡量通过将资源从国内生产转向出口产品以偿还外债的潜力。

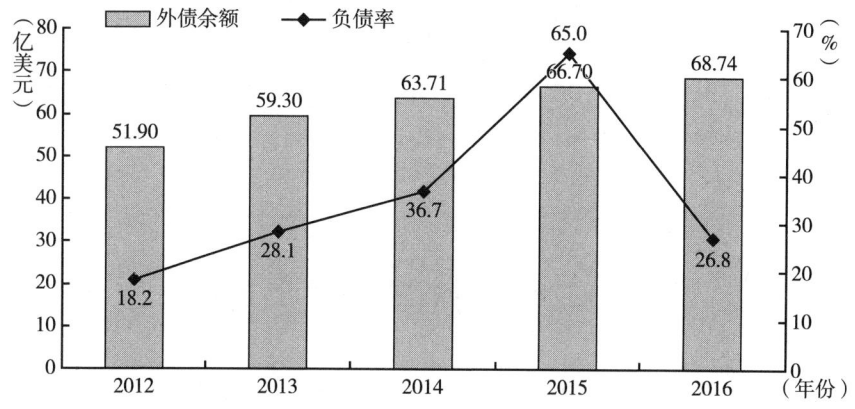

图 4　2012～2016 年吉尔吉斯斯坦外债余额与负债率

数据来源：根据亚洲开发银行 Asian Development Outlook 2016 相关数据综合整理。

其三，塔吉克斯坦银行系统对经济发展的支持力度薄弱。塔金融系统服务企业发展的能力十分有限，高利率和期限限制使银行机构无法对生产性领域进行有效支持。据亚行 2016 年经济展望报告，塔本币贷款利率为 24%～36%，外币贷款利率为 20% 左右；超过一半的贷款为一年期以内的短贷。在 2016 年世界银行报告"获得信贷容易度"排名中，塔在 185 个国家中列第 118 位，2016 年信贷投放占 GDP 比重仅为 20.8%。

其四，乌兹别克斯坦汇率制度改革引发货币大幅贬值。为解决货币汇率双轨化问题，推进外汇管理与国际通行标准接轨，2017 年 9 月 3 日，乌总统签署《货币政策自由化首要实施细则》，自 9 月 5 日起全面取消外汇兑换管制政策，引发乌货币苏姆大幅贬值。9 月 5 日当日，苏姆兑美元汇率贬值幅度达到 48%。汇率短时期内大幅贬值对乌兹别克斯坦涉外经济造成冲击，如处理不当，还可能引发货币新一轮的大幅贬值，其影响有待进一步评估。

其五，土库曼斯坦维持固定汇率制度压力增大。自 2008 年 5 月以来，土央行将马纳特汇率固定为 1 美元兑换 2.85 马纳特。由于美元升值和油气收入下降，维持固定汇率制度的成本越来越高，为缓解贬值压力，自 2015

年1月1日起,土央行将美元对马纳特汇率调整为1美元兑换3.5马纳特。2016年,亚洲开发银行评估土经常项目赤字占该国GDP的比重已达到18.5%,公开的外债占GDP的比重上升至23.2%,财政收入的紧缩和外债比例的提升使得土维持固定汇率制度再次承压,对固定汇率制度进行调整的可能性加大。

三 对加强区域金融合作的思考

现阶段,中亚国家金融体系普遍存在政府加强金融体系管控、银行业金融机构主导金融体系等特征,这决定了开展与中亚国家的金融合作应当以政府间的合作为起点,加强政策协调沟通,增强政治互信,通过完善的制度设计塑造良好的金融合作环境;发挥市场主体作用,进一步深化金融合作基础;在机制建立与市场合作发展到一定阶段后,进一步提升区域金融合作效率、增强区域金融抗风险能力,实现全方位合作。同时在开展区域金融合作过程中,要时刻牢记金融风险底线,多措并举防范金融风险,在维护区域金融稳定的基础上逐步深化金融合作。基于以上思路,本文对进一步深化中国与中亚国家金融合作提出政策建议。

一是加强人民币在中亚地区的推广与使用。国际原油价格下行导致中亚国家出口收入减少,引发国家储备下降、外汇紧张,加之中亚国家普遍存在"过度美元化"问题,哈、乌等国都已提出要"去美元化"。在这一背景下,扩大人民币在中亚地区的使用有利于促进区域贸易发展,提升区域金融稳健性水平。应多措并举,一方面,在中亚国家积极宣传人民币结算的优点,鼓励并促进企业在贸易往来结算中使用人民币,减少汇率风险,降低贸易成本;另一方面,继续完善跨境人民币结算使用体系,构建人民币跨境循环使用机制。

二是进一步深化区域监管合作。在已有的本币互换、合作备忘录、建立定期会晤机制的基础上,进一步加强与中亚国家央行间的沟通协调,强化信息的分享,提升区域内重大问题上的政策协调和监管一致性。共同研判区域金融风险，构建区域性金融风险预警系统，及时发现风险隐患，协调政策积极应对，共同维护区域金融稳定。

三是鼓励金融机构在中亚地区设立分支机构。支持商业银行在市场化运作的前提下，根据各国国情，选择采取自主申设、战略并购和投资入股等多种手段，健全中亚地区金融服务网络。积极探索中国与中亚金融机构间多层次、多领域的合作与交流机制，拓展"走出去"和"引进来"服务渠道，提升跨境金融服务能力和水平。

四是完善金融基础设施建设。金融基础设施建设是开展金融合作的基础，完善金融基础设施建设应当同时加强软环境和硬环境建设。在软环境层面，积极推进与中亚国家的征信合作，打造良好信用合作环境；强化法规意识，以法律规范保障合作权益。在硬环境层面，推动更多的中亚国家金融机构参与CIPS系统，提升支付结算效率。

五是拓宽中亚地区项目融资渠道。建立区域经济发展融资体系，鼓励金融机构采取银团、债券等多渠道方式开展项目投融资，促进投融资来源多元化。借鉴上海合作组织银联体成熟模式，重点关注建设丝绸之路经济带重点项目的投融资。引领金融机构重点关注交通、能源、水利、农业等具有民生效应和经济效应的合作项目，为区域内社会稳定与经济发展提供资金支持。通过金融合作促进中国与中亚国家实现合作共赢，推动地区稳定与发展。

六是积极防范区域金融风险。针对不同国家的风险状况，分别制定应对策略。哈国金融基础较好，中哈两国金融合作程度较深，但应进一步关注合作细节，慎重选择合作伙伴；乌、土两国正处于金融改革关键转型期，应高度关注，并在外部条件允许的情况下，鼓励开展金融机构间合作；吉、塔两国国家风险问题突出，在进一步合作过程中应高度关注两国的政治、经济形势变化，树立风险意识并提前做好防范风险的预案，确保金融合作资金安全。发挥保险对于防范金融风险的保障作用，加大政策性出口信用保险对中亚国家重点项目的保障与支持。

七是加强信息交流和人员培训。在监管部门定期会晤机制日趋成熟的基础上,进一步鼓励金融机构间加强沟通与交流,加大对跨国金融人才的培养力度。可以借鉴农行塔吉克斯坦培训班成功经验①,对中亚国家一线金融从业人员进行培训,全面提升其金融业务水平、加强对跨国金融合作的理解与认同。

---

① 自2015年以来,农业银行牵头先后举办两次培训班(塔农行业务主管暨农业经营者培训班和塔吉克斯坦财政部、央行、农业投资银行高层领导金融研修培训班),培训对健全塔吉克斯坦财政体系、培育金融市场起到积极作用,为开展跨国金融机构间的培训交流提供了成功经验。

Y.16
经贸合作企稳回升：中国与中亚国家经贸关系

王海燕*

摘　要： 2017年在世界经济普遍明显回升的大背景下，中国与中亚国家的经贸合作呈现企稳回升的良好发展势头。双方合作出现贸易便利化不断推进、电商平台越来越受到青睐和重视、农业合作成为双方合作的着力点、金融合作模式不断创新、交通运输合作竞相发展的良好态势。展望未来，中国与中亚国家共建"一带一路"前景看好。

关键词： 中国　中亚国家　经贸合作

2017年世界经济增长明显回升，全球经济增长率持续下降趋势结束。包括中亚国家在内的新兴市场与发展中经济体整体增速止跌回升；中国经济首次迈过80万亿元的门槛，GDP同比增长6.9%，超过预期。① 独联体国家GDP增长率从2016年的0.4%提高到2017年的2.1%，其中俄罗斯经济扭转了负增长态势，其GDP增长率从2016年的-0.2%上升到了2017年的

---

* 王海燕，经济学博士，华东师范大学国际关系与地区发展研究院暨上海合作组织研究院、教育部人文社会科学重点研究基地俄罗斯研究中心副研究员，研究方向为中亚经济，中国与中亚区域经济合作。
① 姚枝仲：《2017~2018年世界经济形势分析与展望》，张宇燕主编《世界经济黄皮书：世界经济形势分析与预测（2018）》，社会科学出版社，2017，第1~19页。

1.8%。① 俄罗斯和中国是中亚国家的主要贸易伙伴，中国经济较快增长以及欧洲、俄罗斯经济复苏，带动了对中亚国家产品出口需求的上涨和中亚地区的经济增长。

一 中国与中亚国家贸易普遍回升

2017年，中国与中亚五国的贸易普遍比上年有所回升，增幅较明显。中国作为中亚国家前三位贸易伙伴的地位更加稳固，中亚主要国家对中国贸易和市场的依赖程度不断上升（见图1）。

2017年，国际市场能源等大宗商品价格回升、俄罗斯等主要贸易伙伴经济开始增长和本币汇率趋稳使中亚各国外贸额增幅明显，其中与中国的货物贸易进出口额回升幅度较大。

哈萨克斯坦 2017年中国是哈萨克斯坦第二大贸易伙伴。哈作为中亚经济总量最大的国家，已成为中国在中亚地区的第一大贸易伙伴，在独联体地区的第二大贸易伙伴。哈萨克斯坦2017年积极采取措施全力推动出口业务，扩大同欧亚经济联盟、中国、中亚地区等传统贸易伙伴的市场份额。② 在哈出台各项促进对外贸易措施的同时，其石油产量增加，国际油价也恢复性上涨。哈萨克斯坦2017年向全球117个国家出口960类商品，1~10月外贸总额达到621亿美元，同比增长25.6%，其中，对外贸易顺差为149亿美元，同比增长1.7倍。③ 2017年1~11月中哈货物贸易进出口额达160.8亿美元，分别超过2015年全年和2016年全年的贸易额，中国成为哈第二大贸易伙伴；2017年全年中哈进出口增长40.7%，不但高于总体增幅，也成为

---

① 《中国经济较快增长以及欧洲、俄经济复苏有利于带动哈出口业务》，国际文传电讯社，阿拉木图，2017年4月20日。
② 《2017年哈萨克斯坦将全力推动出口业务开展》，《哈萨克斯坦商务经济报》2017年2月20日；《哈将构建新的经济增长模式实现5%~6%的GDP平均增速》，哈萨克斯坦国民经济部官网，2017年3月31日。
③ 《2017年前10个月哈萨克斯坦对外贸易顺差增长1.7倍》，国际文传电讯社，阿斯塔纳，2017年12月13日。

中国与丝绸之路经济带沿线国家贸易增幅最高的国家,回升势头明显。哈对中国出口的前三大类商品分别是贱金属及制品、矿产品和化工产品,合计约占哈对中国出口总额的 80% 以上。哈自中国进口的主要商品为机电产品、贱金属及其制品和化工产品,合计约占哈自中国进口总额的 60% 以上。以上商品中,中国的竞争对手主要来自美国、意大利、德国等。①

乌兹别克斯坦 2017 年,中国在俄罗斯之后,连续四年蝉联乌第二大贸易伙伴国。2017 年伊始,乌兹别克斯坦政府制定了涉及经贸、金融 – 投资、科学 – 教育领域对外合作具体措施的"路线图",包括扩大出口、促进出口商品多样化、吸引外国伙伴参与乌投资项目和生产本土化进程,以及扩大与世界主要高等学府的接触与合作等。②2017 年,乌政府相继放开果蔬产品出口专营权③、棉花采购专营权④等,积极提高国产商品在国际市场的竞争力,循序渐进地提升出口潜力,取得成效。2017 年 11 月,米尔济约耶夫总统签署《整顿特种商品进出口许可证制度、出口合同登记注册和评估鉴定进口合同措施》《进一步推动对外贸易自由化和支持经营主体措施》两个总统令,修改现行外贸管理制度,简化行政审批手续,激发经营主体活力,进一步推动乌外贸自由化发展。⑤ 2017 年 1～10 月,乌外贸总额达 220 多亿美元,同比增长 16.6%;中国与乌贸易额 40 亿美元,增长 15%,占比 18.18%,居第二位;乌其他前五大贸易伙伴对乌贸易增幅和所占乌外贸比重分别为:俄罗斯第一,增长 18%,约占乌外贸额的 18.23%;哈萨克斯坦第三,增长 12.3%,占比 7.77%;土耳其第四,增长 31%,占

---

① 《2017 年 1～9 月哈萨克斯坦货物贸易及中哈双边贸易概况》,中国商务部网,https://countryreport.mofcom.gov.cn/record/view.asp?news_id=57241。
② 《乌兹别克斯坦将制定两份与世界合作"路线图"》,中国驻乌兹别克斯坦大使馆经商参处网站,http://uz.mofcom.gov.cn/article/jmxw/201702/20170202512501.shtml。
③ 《乌放开果蔬产品出口专营权》,中国驻乌兹别克斯坦大使馆经商参处网站,http://uz.mofcom.gov.cn/article/jmxw/201706/20170602600494.shtml。
④ 《乌继续推动棉花种植、销售领域改革》,中国驻乌兹别克斯坦大使馆经商参处网站,http://uz.mofcom.gov.cn/article/jmxw/201712/20171202689302.shtml。
⑤ 《乌出台政策推动外贸自由化》,乌兹别克斯坦中亚新闻网,2017 年 11 月 12 日。

比5.59%；韩国第五，增长36%，占比5%。① 2017年1~11月中乌贸易额37.6亿美元，超过2015年、2016年全年双边贸易额，恢复性增长势头强劲。

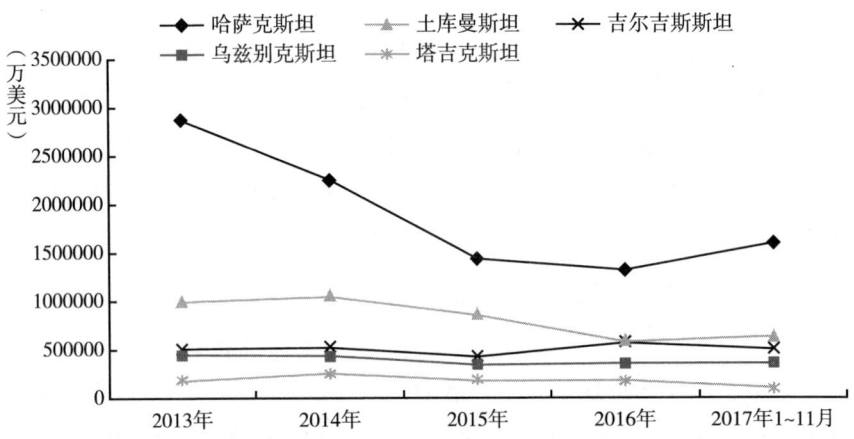

图1　2013~2017年中国与中亚五国双边货物进出口总额

资料来源：2013~2014年数据来源于国家统计局年度报告，http://data.stats.gov.cn/；2015~2016年数据来源于中国海关信息网，http://www.haiguan.info/；2017年1~11月数据来源于中国海关统计资讯网，http://www.chinacustomsstat.com/。

土库曼斯坦　中国连续多年成为土库曼斯坦第一大贸易伙伴国。中土建交26年来，创造了两国关系史上多个"第一"，尤其中土天然气管道是中国修建的第一条跨国天然气管道，两国互为第一大天然气贸易国。土库曼斯坦2015年制定了"生产进口替代产品"和"扩大民族产品出口"两个国家纲要；2017年土总统强调，开放政策是土对外经济合作的基本原则，土不断扩大开放力度。② 土库曼斯坦正在制定2018~2024年国家经济社会发展规划，提出要扩大出口规模、提高进口替代产品生产水平，这两点将成为土

---

① 《今年前10个月乌兹别克斯坦外贸额达220多亿美元》，中国驻乌兹别克斯坦大使馆经商参处网站，http://uz.mofcom.gov.cn/article/jmxw/201712/20171202691957.shtml。
② 《土库曼斯坦近期发展规划和任务目标》，土库曼斯坦国家新闻署，2016年12月21日。

对外贸易的主要任务。① 2017 年，中土双方在"一带一路"框架下积极为中土贸易合作发展注入新动力：一是制定专项规划，深挖贸易合作潜力，双方正在共同研究制定中土政府关于扩大经济伙伴关系合作规划，旨在发挥两国经济互补优势，确定优先合作领域，提升贸易投资便利化水平；二是加强设施联通，降低贸易成本；三是带动机电设备等高新技术产品贸易发展，优化贸易结构，促进贸易双向平衡。② 2017 年 1~11 月，土与中国双边货物贸易额达 63.8 亿美元，已超过 2016 年全年双边贸易额，增幅明显。③

吉尔吉斯斯坦 2017 年中国是吉尔吉斯斯坦最大贸易伙伴。吉尔吉斯斯坦为提高农产品出口能力，2017 年伊始就采取多种措施，其中包括在各地方建立农产品集散中心，收集农户的水果蔬菜，批量运输出口，保障长期持续性供货；在"俄－吉基金"的支持下，投资建设农产品加工厂，提高产品的出口附加值；在各州推广建设类似由中国河南贵友集团投资的楚河州"亚洲之星"农业产业园区的农业园区，采用可以提高吉国内动植物检验检疫标准的现代化牲畜养殖、肉制品生产及分装技术。④ 吉国家动植物安全检验局与中华人民共和国国家质检总局商洽并签署了关于在动植物检验检疫领域的合作备忘录，加强了中吉双方在动植物检验检疫领域的合作，防止动植物病虫害产生和传播，促进双方食品和农产品贸易便利化。⑤ 2017 年 1~10 月，吉尔吉斯斯坦与中国的贸易额达 13.424 亿美元，同比增长 2.7%，其中向中国出口 8110 万美元，同比增长 70%；从中国进口 12.433 亿美元，同比增长 0.1%。中国依然是吉第一大贸易伙伴（占比 26.9%）、第一大进口

---

① 《土库曼斯坦研究制定 2018~2024 年国家发展规划》，土库曼斯坦官方媒体《金色世纪》，2017 年 7 月 7 日。
② 王卫国：《中土贸易投资合作之路将越走越宽》，《南方都市报》2017 年 7 月 20 日。
③ 中国海关统计资讯网，http://www.chinacustomsstat.com/。
④ 《吉尔吉斯共和国政府采取多重措施提高农产品出口能力》，吉尔吉斯斯坦"卡巴尔"国家通讯社，2017 年 1 月 23 日。
⑤ 《吉政府批准了与中国在动植物检验检疫领域的合作备忘录》，吉尔吉斯斯坦卡扎别克网，2017 年 6 月 1 日。

来源国（占比34.9%）。① 2017年1~11月吉中双边货物进出口总额达50.5亿美元，已超过双方2015年43.4亿美元的贸易额，接近2016年峰值的56.8亿美元，回升幅度较大。②

塔吉克斯坦 中国是塔吉克斯坦的主要贸易伙伴之一。加强对华友好关系是塔政府的外交优先方向之一，两国间已签署近200份双边文件。塔希望扩大塔农产品出口中国，力争于2020年前使双边贸易额达到30亿美元。2017年塔吉克斯坦国内生产总值较2016年增加了690万美元，增长7.1%。据塔吉克斯坦统计委员会公报，2017年塔全年外贸总额为39.73亿美元，较2016年增长了1.1%；出口额为12亿美元，较2016年增长了33.3%；进口额为27.73亿美元，较2016年减少了8.5%。③ 据中国海关数据，2017年1~11月中塔两国货物贸易额为12.2亿美元，只达到2014年峰值25.2亿美元的一半，也低于2016年同期水平。近几年，塔吉克斯坦与中国和俄罗斯的贸易常处于此消彼长的态势，中国和俄罗斯交替成为塔第一大贸易伙伴。中国对塔进出口商品结构变化不大，出口主要商品有机械设备、纺织品、电机电器、鞋类、车辆及零配件等；中国自塔进口主要商品有矿砂矿渣、生皮及皮革、蚕丝、棉花、食用水果及坚果等。

二 中国与中亚国家的投资合作持续升温

2017年，中国与中亚国家的投资合作关系依然以中国向中亚国家的单向投资为主，中国作为中亚国家最重要的投资伙伴对中亚各国经济的影响力不断提升。

根据世界银行《营商环境-2018：为确保就业而推进的改革》报告，近

---

① 《2017年1~10月吉中贸易额达13.424亿美元》，《吉尔吉斯斯坦国家统计委员会统计公报》2018年1月9日。
② 中国海关统计资讯网，http://www.chinacustomsstat.com/。
③ 《塔吉克斯坦去年贸易出口额较前年增长了33.3%》，塔吉克斯坦网，2018年1月16日，https://tieba.baidu.com/p/5518498910? red_tag=2075113992。

年来，中亚国家持续改善投资经营环境，进步较快。2017年，哈萨克斯坦、吉尔吉斯斯坦、塔吉克斯坦、乌兹别克斯坦四国在社会经济10个领域共计实施了11次改革，大大改善了本国投资经营环境，得到了国际社会的普遍认可，乌甚至位列《营商环境-2018：为确保就业而推进的改革》报告中改革成效显著国家排名前10位。各国改革的主要领域集中在简化企业成立手续、确保合同执行力度、提供税费减免优惠、加大金融扶植力度等方面。① 哈萨克斯坦、乌兹别克斯坦、吉尔吉斯斯坦、塔吉克斯坦在全球190个经济体中的营商环境排名分别为第36位、第74位、第77位、第123位，② 哈、乌、吉三国的营商环境比往年显著改善，塔的投资环境仍待改善。

哈萨克斯坦 哈萨克斯坦是"一带一路"建设中与中国开展产能合作的重点国家之一，中哈两国在"一带一路"建设框架下已签署51个产能合作项目，总金额超过260亿美元。截至2017年8月，中国累计对哈投资达428亿美元，中国对哈投资涉及能源、交通运输、农业、加工业等多个领域。③ 哈投资和发展部2017年2月发布的《2016~2017年依照OECD标准改善投资环境详细计划》修订版中，特别针对中国列出实施中哈投资项目、研究在中国设立签证中心等措施，④ 凸显其对中国投资及同中国保持深入合作战略的重视程度。2017年6月，唯一代表哈政府对内对外进行谈判的机构哈国有投资公司Kazakh Invest已启动运行，中国、俄罗斯、欧盟、美国、土耳其及阿拉伯世界国家被哈定为优先投资来源国。⑤ 2017年，中国在哈投资取得显著成效，2月，中国两家大型企业，即世界第四大海运集团中国远

---

① 《中亚国家持续推进改革以改善营商环境》，乌兹别克斯坦中亚新闻网，2017年11月11日。
② 《2018年营商环境全球排名（全部）》，2017年11月6日，http://www.qqjjsj.com。
③ 周翰博：《中国投资激活哈萨克斯坦发展潜力》，《人民日报》2017年8月13日。
④ 《哈发布〈2016~2017年依照OECD标准改善投资环境详细计划〉修订版》，中国驻哈萨克斯坦大使馆经商参处网站，2017年2月28日，http://kz.mofcom.gov.cn/article/jmxw/201702/20170202524217.shtml。
⑤ 《哈投资和发展部部长谈阿斯塔纳金融中心建设和投资战略制定情况》，中国驻哈萨克斯坦大使馆经商参处网站，2017年6月26日，http://kz.mofcom.gov.cn/article/jmxw/201706/20170602599897.shtml。

洋海运集团有限公司和连云港港口股份有限公司与哈萨克斯坦国家铁路股份公司签署了有关"霍尔果斯－东大门"专项经济区建设方案实施及直接投资的具体协议，并将收购哈霍尔果斯东大门无水港49%的股权；① 4月随着位于哈萨克斯坦阿克纠宾州的巴佐依压气站开机投产，哈国南线天然气管道与中亚天然气管道连接，开辟了中国与中亚地区天然气资源输送的第二通道；10月，哈决定于2019～2020年向中国5个核电站提供铀燃料；② 由中石油中亚管道有限公司与哈输气公司共同出资组建实施的中哈两国能源合作重点项目，即由中国有色金属建设股份有限公司承建的哈萨克斯坦最大铜矿选厂项目阿克托盖铜矿选厂于2017年3月竣工。③ 在非资源领域，2017年4月，由中石油参与投资建设的哈第一家大口径钢管制造企业——亚洲钢管有限公司在阿拉木图奠基；④ 澳门知名投资商将投资3亿美元在哈建设年产1000万吨有机肥料的秸秆加工厂。⑤ 2017年1～9月，中国在哈外商直接投资总额158亿美元中占比4.8%，列第五位，投资集中在油气领域和金属工业企业。⑥

乌兹别克斯坦 中乌两国建交20多年来，经贸合作发展迅猛，截至2017年12月，中国已连续多年蝉联乌第一大投资来源国，累积对乌各类投资总额超过78亿美元。2017年，中乌鹏盛工业园所产陶瓷产品、卫浴洁具已出口哈、塔、吉等中亚邻国，所产阀门、水龙头进入俄罗斯及其他欧洲国

---

① 王沛：《中国企业将投资哈萨克斯坦"霍尔果斯－东大门"经济区》，《国际在线》2017年2月20日，http：//news.cri.cn/20170220/f416f830－409c－3459－6ca8－7decedb11ef2.html。
② 俄媒：《中国借哈萨克斯坦铀矿建设核电摆脱对中东油气依赖》，参考消息网，2018年1月5日，http：//www.cankaoxiaoxi.com/china/20180105/2250543.shtml。
③ 《中国企业承建哈最大铜矿选厂项目竣工》，中国驻哈萨克斯坦大使馆经商参处网站，http：//kz.mofcom.gov.cn/article/jmxw/201703/20170302527311.shtml。
④ 李春辉、崔茉：《"一带一路"上大口径钢管制造项目在哈开工》，中国石油网，2017年4月17日，http：//news.cnpc.com.cn/system/2017/04/17/001643328.shtml。
⑤ 《澳门企业将在哈建设麦秸加工厂》，中国驻哈萨克斯坦大使馆经商参处网站，2017年4月25日，http：//kz.mofcom.gov.cn/article/jmxw/201704/20170402564294.shtml。
⑥ 《2017年前9个月哈外商直接投资总额增长5.3%》，国际文传电讯社，阿斯塔纳，2017年1月25日。

家市场销售;① 鹏盛工业园区支持建设的"乌中友谊公园"由乌总统米尔济约耶夫亲自命名,2017年11月底建成开园,作为向中乌建交25周年的献礼。② 中乌首个油气上游合作项目,卡拉库利区块气田开发地面工程于2017年建设开工并实现一期工程按期通气,二期、三期工程将分别于2018年7月30日和9月30日投产;③ 11月,中国电建公司与乌兹别克斯坦水电公司共同签署乌兹别克斯坦下博兹苏伊14号、塔什干9号、沙赫里汉三座水电站改造项目EPC合同。④

土库曼斯坦 中土两国政府2017年积极推动投资和项目合作,鼓励双方企业积极探讨能源、交通基础设施、通信、化工和纺织等领域的投资和经济技术合作。与在其他中亚国家不同的是,中国对土投资的企业以中石油阿姆河公司、中油工程建设公司、川庆公司、中油测井公司等国企为主,主要投资的是油气勘探、开采和加工,以及电厂建设等领域。土方对中土天然气合作实施特殊政策,将唯一的陆上天然气开采权授予了中国石油天然气集团有限公司,中土天然气合作10年来实现上中下游产业链全覆盖的合作格局。2017年,土油气出口多元化战略受阻,中土天然气合作在双方经贸合作中占有绝对比重。世界上最长的跨国天然气管道——中国-中亚天然气管道已建成A、B、C三线,从2009年底开通到2017年7月已累计对华供气超1700亿立方米。⑤ 中土双方还在铁路基础设施、信息技术设备、市政建设等非资源领域合作,并取得显著成效。中国制造的机车、客车车厢等铁路设备占土库曼斯坦市场保有量80%以上,承担着土库曼斯坦90%以上的铁路运

---

① 《乌新闻媒体积极报道中乌经贸合作有关情况》,中国驻乌兹别克斯坦大使馆经商参处网站,http://uz.mofcom.gov.cn/article/jmxw/201712/20171202691979.shtml。
② 《"乌中友谊公园"开园》,新华网,2017年11月30日,http://news.xinhuanet.com/world/2017-11/30/c_1122037529.htm。
③ 《乌兹别克斯坦卡拉库利气田项目一期工程投产纪实》,《石油商报》2017年12月14日,http://center.cnpc.com.cn/sysb/system/2017/12/14/001672056.shtml。
④ 《中电建一次性与乌兹别克斯坦签约三座水电站改造项目》,北极星电力网,2017年11月30日,http://news.bjx.com.cn/html/20171130/864774.shtml。
⑤ 《土库曼斯坦计划扩大对中国的天然气出口》,中国管道商务网,http://www.chinapipe.net/m/guoji_show.asp?id=32081。

力；中国的通信设备和固网、移动网络服务占土库曼斯坦60%～70%的市场份额，华为、联想等中国品牌在土库曼斯坦可谓家喻户晓；中国的交通和治安监管装备、路灯、景观照明及附属设备、喷泉、各色多媒体显示屏、建材等产品在土库曼斯坦市场亦占据优势地位。①

吉尔吉斯斯坦 中国连续保持了吉第一大投资来源国地位。吉尔吉斯斯坦2017年通过改善投资政策、项目推介、参加欧亚经济论坛、举行"2017比什凯克投资论坛"等多种方式，为投资者在经营领域寻找合作伙伴提供平台，为投资对象和潜在投资者搭建直接交流的桥梁，积极吸引中国投资，取得明显的成效。2017年1~9月，吉国吸收的外国直接投资金额为5.03亿美元，与2016年同比降低了6%；中国、加拿大和英国是吉国投资的主要来源国，三国共占据外国对吉总投资的76.4%，对吉直接投资额与去年同比增长1.7倍，其中中国对吉投资额增长了8.5%，为2.27亿美元，超过去年同期的2.10亿美元，在外国对吉投资额中占据第一；中国主要投资油产品、橡胶、塑料等制造类企业以及其他非金属矿产的生产、地质勘探类和矿产品开采类企业。② 2017年，中国对吉投资以及取得进展的项目主要包括中国路桥集团2017年4月与吉尔吉斯斯坦国家铁路公司签订了《关于成立"中国-吉尔吉斯斯坦"合资公司合作协议》，该合资公司将从事铁路、公路、隧道、机场建设以及其他基础设施建设；③ 2017年7月，中国路桥集团与吉尔吉斯斯坦交通道路部签订了吉尔吉斯斯坦南北替代公路安全保障项目和比什凯克北部绕城公路修复项目合同；2014年4月开工的比什凯克热电站改造项目2017年8月竣工；④ 2017年中

---

① 冯飞、王卫国：《中土贸易投资合作之路将越走越宽》，《南方都市报》2017年7月20日。
② 《2017年1~9月中国是吉尔吉斯斯坦最大外国直接投资来源国》，吉尔吉斯斯坦塔扎别克网站，2018年1月4日。
③ 《中国路桥与吉尔吉斯斯坦国家铁路公司签署协议成立合资公司》，国易网，2017年4月17日，http://www.guoyi.me/article/toutiao/news/775.html。
④ 《肖清华大使陪同阿坦巴耶夫总统出席比什凯克热电站改造项目竣工仪式》，中国驻吉尔吉斯斯坦大使馆经商参处网站，2017年8月31日，http://kg.mofcom.gov.cn/article/zqzj/201708/20170802636235.shtml。

国实业界对吉矿山开采和加工业的兴趣较大，在吉注册的中资矿业企业共有111家，中资占比较大或中等的矿业企业有26家。① 2017年，中吉加快实施比什凯克市政路网改造项目、沥青路面修复项目、灌溉系统改造项目及北南公路建设项目等。

塔吉克斯坦 中国连续成为塔吉克斯坦最大投资国。2017年，塔方认真研究建立中塔自贸区的可能性，继续吸引中国企业来塔投资，并希望中国能给予优惠贷款和援助，支持中塔公路二期项目建设。② 2017年上半年，外资直接投资仅占塔国内生产总值的1.9%，吸引外资规模明显下降。在塔外资构成中，来自中国的投资占塔外资总额的47.3%。③ 仅中国国家开发银行自开展对塔业务至2017年6月，已支持了20多个在塔项目的实施，并关注中塔通信、采矿、农业和水电等领域的合作，支持中小型企业发展。④ 2017年上半年，塔四个自由经济区总产值超过3870万索莫尼（约合430万美元），⑤ 吸引投资1950万索莫尼（约230万美元）；到2017年8月，四个自由经济区共注册了67家塔本国和外国企业，累计吸引投资13.98亿索莫尼（约1.7亿美元），其中，丹加拉自由经济区吸引投资总额为1700万索莫尼（约190万美元），中国企业是其最大投资方。⑥

三 中国与中亚经贸合作趋势

2017年，区域协调与合作、多元化、积极参与等成为中国与中亚经贸合作的主流，出现了很多有利于双方经贸合作发展的因素。

---

① 《在吉注册的中资矿业企业共有111家》，吉尔吉斯斯坦塔扎别克网站，2017年9月22日。
② 《2020年中塔贸易额将达30亿美元》，塔吉克斯坦Avesta网站，2017年5月15日。
③ 《中国对塔投资占塔吸引外资总额47.3%》，塔吉克斯坦通讯社Avesta，2018年1月3日。
④ 《塔经贸部长与中国国开行行长举行会见》，塔吉克斯坦通讯社Avesta，2017年6月12日。
⑤ 《2017年6月21日汇率牌价》，1美元=8.8200索莫尼。
⑥ 《2017年上半年塔自由经济区产值超过430万美元》，塔吉克斯坦通讯社Avesta，2017年8月2日。

（一）中国与中亚国家贸易便利化机制不断推进

中国与中亚国家都在推进进出口业务单一窗口机制。哈萨克斯坦自2017年7月1日起开始试行新的电子申报系统，为单一窗口进行准备，哈财政部国家收入委员会正在对工作人员及企业相关人员进行系统使用培训，并从2018年1月1日起正式实施。① 目前，中国的国际贸易"单一窗口"标准版是全国通关一体化的重要依托和平台，企业向口岸多个部门申报，只需要通过国际贸易"单一窗口"标准版一个平台即可完成，截至2017年11月，已覆盖中国31个省区市（港澳台除外）。作为国家战略信息系统，"单一窗口"是实现贸易便利化重要而关键的基础工程。2017年5月，中国海关总署与哈萨克斯坦海关部门签署海关合作文件。2017年10月，中国与欧亚经济委员会签署了《关于实质性结束中国与欧亚经济联盟经贸合作协议谈判的联合声明》，范围涵盖海关程序与贸易便利化、知识产权等10个章节，包含电子商务和竞争等新议题。②

为促进中国与中亚国家食品和农产品贸易便利化，双方加强了在动植物检验检疫领域的合作。2017年5月，中国国家质量监督检验检疫总局与哈萨克斯坦、吉尔吉斯斯坦、乌兹别克斯坦等国相关部门签署检验检疫合作协议；吉尔吉斯斯坦政府批准了吉国家动植物安全检验局与中国国家质检总局关于在动植物检验检疫领域的合作备忘录；中国政府与乌兹别克斯坦和塔吉克斯坦等国家政府签署经贸合作协议。③

（二）电商平台在中国与中亚贸易中越来越受到青睐和重视

中国与中亚电子商务平台建设蓬勃发展，模式不断创新。如浙江聚贸

---

① 《哈萨克斯坦在海关通关过程中将实行单一窗口》，《哈萨克斯坦真理报》2017年8月8日。
② 《中国与欧亚经济联盟实质性结束经贸合作协议谈判》，中华人民共和国商务部网站，2017年10月1日。
③ 《"一带一路"国际合作高峰论坛成果清单（全文）》，中华人民共和国外交部网站，2017年5月16日，http://www.fmprc.gov.cn/web/zyxw/t1461873.shtml。

(JUMORE)电子商务有限公司打造了"聚贸 e 卖塑郎",将其作为全球第一家综合类大宗商品(跨境)电子商务平台,①已与包括 G20 国家、"一带一路"国家、APEC 国家在内的全球 150 多个国家达成合作,帮助各国和各国企业接入 E4B 全球产业生态体系;在中国,聚贸集团的业务已覆盖全部省份。②前身为哈萨克斯坦全国企业家协会的哈萨克斯坦"阿塔梅肯"全国企业家协会很重视与聚贸集团签署的协议,建议本国企业充分利用中国聚贸电商平台,到 2017 年 6 月已有 15 家哈国企业的 31 种商品入驻该平台。2016 年聚贸电商平台贸易额为 1600 亿美元,2017 年有望达 8000 亿美元。③哈铁路总公司旗下子公司"哈铁速运"也与中国聚贸公司达成协议,开展"B2B"电子贸易合作。④2017 年 3 月,在包括乌兹别克斯坦在内的独联体国家地区正式运行了第一家统一的跨境线上电子商务平台——Qoovee.com,该平台信息覆盖超过 1.4 万家生产商和供货商及其所经营的商品目录,网站有中文服务。⑤中乌电商合作面临来自韩国的激烈竞争。2017 年 10 月,乌对外贸易部下属外贸公司 UzTrade 与韩国网络贸易公司和韩国国际贸易联合会签署合作协议,将共同在已有的 Trade Uzbekistan.com 网站基础上建设乌国家统一对外贸易电子商务平台,将建设更为广阔的销售渠道和更加健全的经销体系;规范电子商务贸易秩序,推动所有进出口交易电子化。⑥

① 《全球第一家综合类大宗商品(跨境)电商平台"聚贸 e 卖塑郎"正式上线》,中华网财经,2015 年 4 月 13 日,http://finance.china.com/fin/sxy/201504/13/6476800.html。
② 聚贸电子商务平台,https://www.jumore.com/help/100046?categoryCode=00000201。
③ 《哈企业家协会呼吁本国企业利用电商平台对华出口》,国际文传电讯社,阿斯塔纳,2017 年 6 月 13 日。
④ 《哈萨克斯坦铁路公司将与中国聚贸公司发展 smart 物流》,国际文传电讯社,阿拉木图,2017 年 3 月 3 日。
⑤ 《跨境电子商务平台 Qoovee.com 在乌兹别克斯坦开始运行》,乌兹别克斯坦资讯,2017 年 3 月 20 日,http://mp.weixin.qq.com/s?src=3&timestamp=1516720191&ver=1&signature=KI3*339FVWgqROweawTS2L0zLmf8t-yglUIWk*tzrxXdCPqw2vyijuLKYwEO-Po8Gi56hXBbfntLFCKKBC9fN**jOSlBItjrBE*1S12hqigFo13hypVDwPgZzxiLra3Cw20zOM3jC9vcx313QTK85IoPrRpfIh5qk9jzBZxKtuo=。
⑥ 《Trade Uzbekistan.com 将成为乌统一对外贸易电子商务平台》,乌兹别克斯坦新闻网,2017 年 10 月 27 日。

（三）中国与中亚国家不断创新金融合作模式

2017年，中国与中亚国家金融合作模式不断创新，推动金融机构和金融服务网络化布局，创新融资机制，以支持"一带一路"建设。中信银行开启在中亚收购银行的先例。2017年6月，中信银行股份有限公司联合中国烟草总公司下属中国双维投资有限公司与哈萨克斯坦人民银行（Halyk bank）签署了股权交易协议，中方收购哈人民银行全资子行阿尔金银行（Altyn bank）60%的股份。① 2017年6月，中国上海交易所与哈萨克斯坦阿斯塔纳国际金融中心管理局（AIFC）在阿斯塔纳签署合作协议，将共同投资建设阿斯塔纳国际交易所。② 2017年3月，由哈商业银行、中国银联和新疆亚中集团共同开发的联名卡发行，该联名卡支持坚戈、人民币和美元，用户足不出户即可在Cemarket网上平台完成交易。③

（四）中亚国家竞相发展与中国的交通运输合作

为提升自己在欧亚经济体系和全球陆路运输中的地位，中亚国家加强与中国的交通物流合作。

铁路方面，2017年开行中欧班列3673列，同比增长116%。④ 预计2020年中欧贸易将达8000亿美元，货运量1.7亿吨；⑤ 2017年过境哈萨克

---

① 陈果静：《中信银行收购哈萨克斯坦阿尔金银行60%股权》，中国经济网，2017年6月8日，http://finance.ce.cn/bank12/scroll/201706/08/t20170608_23517683.shtml。
② 《上交所服务"一带一路"建设再结硕果——上海证券交易所与哈萨克斯坦共建阿斯塔纳国际交易所》，上海证券交易所网站，2017年6月8日，http://www.sse.com.cn/aboutus/mediacenter/hotandd/c/c_20170608_4322852.shtml。
③ 《中哈企业发行联名卡》，哈萨克斯坦Kursiv.kz讯，2017年3月14日。
④ 安蓓：《2017年中欧班列开行数量同比增长116%》，新华网，2018年1月22日，http://www.xinhuanet.com/fortune/2018-01/22/c_1122297180.htm。
⑤ 《哈投资和发展部部长访华 希加强交通运输合作》，中国驻哈萨克斯坦大使馆经商参处网站，2017年2月28日，http://kz.mofcom.gov.cn/article/jmxw/201703/20170302524996.shtml。

斯坦的中国－欧洲和俄罗斯－中亚班列集装箱运输量将超过40万个。① 公路方面，2017年11月，中国境内长3425公里的"双西公路"国道218线霍尔果斯口岸段公路项目建成通车，标志着"双西公路"国内段全线贯通，中哈两边的路已连接，"双西公路"全线贯通指日可待，中国至欧洲将实现全程高速公路联通。② 同月，中吉乌国际道路货运汽车沿"塔什干－安集延－奥什－伊尔克什坦－喀什"线路试运行，翻开中吉乌运输合作的新篇章，将提升三国运输和经济潜能以及保障区域运输走廊的深度融合。③ 航空运输方面，2017年阿拉木图至北京航线从每周5班增至7班，阿斯塔纳至北京航线从每周2班增至4班，阿斯塔纳－乌鲁木齐、阿拉木图－乌鲁木齐航班数量也将增加，哈方还有意开通其他城市到中国的航班；④ 2017年2月，杜尚别至北京直航航班开通并将定期飞行。⑤

四　前景展望

2018年1月，国际货币基金组织在《世界经济展望》中对2018年全球经济的预计更加乐观，将全球经济2018年和2019年的增速预期由2017年10月的3.7%提高至3.9%；中国2018年经济增速预期由6.5%上调全6.6%。⑥ 世界银行2017年5月公布的对欧洲和中亚国家研究数据表明，

---

① 《哈总理表示要保证过境运输量实现稳步增长》，中国驻哈萨克斯坦大使馆经商参处网站，2017年7月4日，http://kz.mofcom.gov.cn/article/jmxw/201707/20170702604258.shtml。
② 《"双西公路"国内段全线贯通》，中国公路网，2017年11月20日，http://www.chinahighway.com/news/2017/1145582.php。
③ 李遥远：《中吉乌国际道路货运试运行启动》，中国经济网，2017年11月1日，http://www.ce.cn/xwzx/gnsz/gdxw/201711/01/t20171101_26716266.shtml。
④ 《哈投资和发展部长访华　希加强交通运输合作》，中国驻哈萨克斯坦大使馆经商参处网站，2017年2月28日，http://kz.mofcom.gov.cn/article/jmxw/201703/20170302524996.shtml。
⑤ 《杜尚别至北京直航将定期运行》，塔吉克斯坦通讯社Avesta，2017年2月20日。
⑥ 《IMF更新〈世界经济展望〉，预测2018年全球经济增速3.9%，中美欧经济增速均获上调》，金融时报－中国金融新闻，2018年1月24日，http://finance.jrj.com.cn/2018/01/24093923996600.shtml。

2018年，中亚国家中将以乌兹别克斯坦和土库曼斯坦GDP增速最快，将分别为7.7%和6.5%，塔吉克斯坦的GDP增速将为5.9%，吉尔吉斯斯坦经济增速将达到4%，哈萨克斯坦经济增速将达到2.6%，中亚国家GDP增速将超美国、欧盟和俄罗斯。这意味着，中亚国家与其重要经贸伙伴中国的经济都具有增长的良好势头，中国与中亚国家的经贸合作将有很大上升潜力。

展望未来，中国与中亚国家的经贸合作会更加紧密。中国与中亚国家的经贸合作面临一些有利条件：中亚国家与中国支持经济全球化的立场一致；中国在中亚国家的经贸伙伴排序上不断上升；中亚国家积极主动融入"一带一路"建设，并与中国实施战略对接，共同制定合作发展规划；中亚国家间的关系明显改善，有利于中国与中亚开展互联互通、基础设施、油气能源等领域大型的多边经济合作项目；中亚国家竞相发展连接中国与欧洲、中国与西亚和南亚的经济走廊建设，通道经济效益初显；中亚国家逐步放宽对中国的签证和移民制度，有利于双方投资与旅游合作。

2017年10月，中国共产党第十九次代表大会明确了中国从2020年到21世纪中叶对外合作的方向与规划，"一带一路"建设面临前所未有的大好历史机遇，将会加速推进亚欧区域经济一体化进程，中国与中亚国家的经贸合作前景看好。

Y.17
丝绸之路经济带框架下的人文交流与合作

许 涛*

摘 要： 中亚五国是推动丝绸之路经济带建设的重要地区，同时也是世界上民族分布、文化传统、宗教信仰最多元的区域之一。丰富的不同质文明共生共存，构成了这一地区多彩灿烂的历史文化，同时也由于特殊的地缘条件体现出明显的差异性和封闭性。历史上曾经发生过的域内外文明中心多向运动，或主动或被动地完成了一次次族群文化互动、交汇、融合。这不仅加速了各民族基本文化内涵的形成和发展，也带来了地区文明的进步与繁荣。在全球化遭遇曲折乃至发展困境时，国际社会原有秩序受到严重冲击，不同族群文化之间的正常关系被打乱，地区性甚至全球性民粹主义普遍抬头，第二次世界大战后形成的地缘政治格局和地缘文化格局正在被打破。构建各地区间、各国家间、各民族间相互交流、相互理解、相互尊重的文化关系，既是当今打造利益共同体和命运共同体的精神基础，也是启示人类社会走出文明冲突和文化藩篱的重要路径。在中国领导人和中国政府的积极推动下，构建丝绸之路经济带倡议已经在中亚地区引起强烈反响和参与热情。促进交通基础设施建

---

* 许涛，中国现代国际关系研究院研究员，博士研究生导师，国务院发展研究中心欧亚社会发展研究所特聘研究员，上海合作组织研究室主任，中国俄罗斯东欧中亚学会理事，中国上海合作组织国家研究中心常务理事。主要从事中亚地缘政治、中亚地区安全、民族宗教及上海合作组织问题研究。

中亚黄皮书

设、协调各国间法律法规、建立融资和金融服务体系等，已在中亚各国及欧亚地区初见成效。在这一重要历史时刻，加强丝绸之路经济带文化联系和人文合作的"民心相通"工程越来越现实而迫切地摆在相关各国、各民族面前。

关键词： 丝绸之路经济带　人文合作　文化交流

在世界历史的长河中，中亚地区是人类文明交流互动的重要区域。历史上的中亚文明曾将古波斯、古印度、古希腊、中国东亚、阿拉伯半岛、蒙古草原、东欧平原等重要文明中心连接起来，世界三大宗教在这里汇聚并相互影响，这种文化地理上的重要特征使中亚地区成为人类文明发展进程中著名的多元文化聚集地和重要的精神文化交融互鉴的十字路口。同时，由于中亚地区自然地理环境的特殊性，中亚地区本土文化的发展又受到了地理屏障和交通距离的阻碍，使域内各族群构建地区性文明中心的内生性动力不够充分，这就造成了一个长期重复发生的历史事实：来自地区之外的权力中心向中亚施加的政治、经济、文化影响成为本地区实现国际化和现代化不可或缺的借重力量。于是，在中亚地区民族国家和民族文化发展的历史路径上就形成了这样一种规律：每一次依附于外部强权进入中亚地区的外来文化渗入（甚至可以直接称为"文化入侵"），虽然往往伴随着战争、征服，甚至屠杀等非理性、非人道过程，但在与本土民族文化实现交融后都会完成中亚地区各族群社会文化的一次进步和飞跃。这是一个客观的历史过程，既不以外来征服者设定的文化目标为终点，也不以本土各族群主观愿望为转移。

一　古代"丝绸之路"的人文意义及影响

中亚地区在中西交流史中占有重要地位，这里既是历史上不同文化交流、对撞、融合的十字路口，也是古代"丝绸之路"的重要枢纽地段。自张骞"凿通西域"后，来自汉唐中原地区的贸易商队出玉门关，过敦煌后开始穿越大漠戈壁，经天山廊道东段进入今天哈萨克斯坦、乌兹别克斯坦、吉尔吉斯斯坦等国的早期城镇，在这里进行一番必要的休养生息、养精蓄锐后，或者继续进入廊道西段向西亚和北非挺进，或者向北经哈萨克草原进入东欧平原，或者向南翻越大雪山（兴都库什山）进入南亚。总之，早年中亚这些城镇是从中国出发的商队西出关外克服了地理屏障后的第一个落脚点，也是转道南、中、北各条线路的重要地标。今天哈萨克斯坦的奇姆肯特、突厥斯坦，乌兹别克斯坦的塔什干、撒马尔罕、布哈拉、乌尔根奇，吉尔吉斯斯坦的比什凯克、奥什等古老城市，都曾经在古代"丝绸之路"上担当过客商和货物的重要集散地，驿站、货栈、客栈、茶棚遍布在古老的商路两侧。当年那车马喧嚣、商贾云集的盛况，至今仍是中亚文学家、艺术家创作活动永不枯竭的源泉。中亚各国许多商业精英和实业家也以图腾膜拜式的态度看待古代"丝绸之路"，在中亚许多城市可以看到以"丝绸之路"为主题命名的街道、酒店、餐馆、商场、剧院、公司，一些中亚国家的文化领袖甚至干脆以"丝路民族"自称。客观地讲，"丝绸之路"作为一个文化符号在中亚现代诸民族精神生活中留下的影响力远远大于在中国。这就出现了一个很有意思的现象："丝绸之路"的历史在起点、途中和终点地区保留着不同的社会影响力，作为同样的历史文化遗产，在不同的国度和不同的民族中占据着很不一样的社会文化地位。这一现象不仅是由于各国、各民族曾处在不同社会发展阶段而出现的文化认知和文化自觉的差异，也因为各民族在沿线不同位置上受到了对外来文明不同需求度的制约。中亚文明数千年的发展路径和无数次兴衰过程强烈显示出一个信息，类似古代"丝绸之路"式的交通走廊不仅是给封闭的"内亚"各民族经济发展带来活力的商贸振兴之路，也是促使本地文化与外来文明相融合后实现升华的文化复兴之路。

中亚各国在冷战结束后获得了主权上的独立，各民族国家的政治、文化精英纷纷提出了各自的社会经济、文化发展战略，这是中亚地缘政治发展史上与以往最大的不同。但是这一地区原有的经济、文化发展地理困境仍未能从根本上得到解决，现代科技带来的交通、通信等方面的便利化只是在相对

程度上缓解了这一问题。新生国家要尽快达到与世界联系通畅并与时代发展节奏相同步，依然需要世界上强大的经济和文化中心积极施予影响，这也是中亚各国自独立以来长期奉行多边平衡外交的历史逻辑和地理逻辑。遗憾的是，域外权力中心对中亚地区的影响往往带有各自的地缘政治目的（而且应该不是巧合，冠以"丝绸之路"的名义也不止一两次了），与中亚各国发展需求的吻合度相去甚远，甚至因严重"水土不服"而构成地区稳定与发展的负面因素。中亚地区发展的内外动力如何才能形成良性的互动，无论是中亚国家还是与这个地区利益相关的域外大国，都在从各自的主观视角出发探索实现这一目标的路径。2013 年 9 月，中国领导人为促进与中亚国家深化合作而提出的建设丝绸之路经济带倡议，为实现这种内外建构力的良性互动提供了最大的可能性。当我们了解这一层历史文化背景后，也就不难理解今天中亚各国民族精英和政府为何会对中国领导人建设丝绸之路经济带倡议有如此热情的回应了。

二 新型国家关系的政治互信保障

中亚各民族多数有着长期游牧的历史，在各自的社会政治文化中遗留着浓重的威权主义传统。与中国长期的农业文明历史相比，两者虽分别属于差异明显的不同质文化区域，却都承载着典型的东方集体主义政治文化遗产。在两种文明传统中，精英政治对社会的引领作用向来在历史上扮演着重要角色。在中亚各国获得独立后，中国政府于第一时间与各国建立了外交关系，并不断提升最高层领导人和政府职能部门之间的相互关系。中亚国家独立 20 多年来，中国历届领导人均与中亚各国领导人保持着良好的关系，并在此基础上确保了一些棘手问题的解决和双边关系的健康发展。在不同文化传统、不同政治制度、不同意识形态前提下，高层领导人之间的良好关系尤显重要，特别是对在世界重大政治问题以及涉及国家利益的问题上达成相互理解与彼此认同所起的作用更是不可替代的。这种良好关系伴随着中亚民族国家的不断成熟和巩固，也在最直接、最有效的途径上促进着中亚地区的稳定

丝绸之路经济带框架下的人文交流与合作

与发展。

与20多年来中国与中亚国家合作关系的发展规律一样，落实习近平主席构建丝绸之路经济带的倡议依然需要借助于国家层面的积极互动。2016年6月，习近平主席在访问乌兹别克斯坦和参加上海合作组织成员国元首理事会第十六次会议前，在乌国家媒体《人民言论报》和"扎洪"通讯社网站发表题为《谱写中乌友好新华章》的署名文章，文中指出："中乌两国人民勤劳勇敢、诚实守诺、重情重义，对家国天下有着相似的理解。"① 治国理政观念上的认同感和自上而下的高层推动，使"命运共同体"理念在中亚广泛传播。在这次访问的元首会晤中，习近平主席与卡里莫夫总统高度概括了中乌政治互信的成果，决定将中乌关系提升为"全面战略伙伴关系"，共同签署了《中华人民共和国和乌兹别克斯坦共和国联合声明》。② 习近平主席应邀在乌兹别克斯坦最高会议立法院发表题为"携手共创丝绸之路新辉煌"的演讲，对中乌双边关系近年发展和共建丝绸之路经济带的成就做了高度评价，并提出构建"一带一路"互利合作网络，共创"一带一路"新型合作模式，打造"一带一路"多元合作平台，推进"一带一路"重点领域项目，推动"一带一路"建设向更高水平、更广空间迈进。③

同时，中亚各国领导人对中国构建丝绸之路经济带倡议的认识逐渐清晰，并有意识地将其与本国发展战略相结合、相对接。2016年3月，纳扎尔巴耶夫总统在会见各国使节时指出，同中国共同实施丝绸之路经济带倡议将能够增强哈萨克斯坦的国际地位，并因此有望使哈成为欧亚大陆的重要合作伙伴和交通枢纽。G20杭州峰会时，纳扎尔巴耶夫总统和习近平主席一同

---

① 《习近平乌兹别克斯坦署名文章传达三大信号》，中国新闻网，2016年6月23日，http://www.chinanews.com/ll/2016/06-23/7915296.shtml。

② 《习近平同乌兹别克斯坦总统卡里莫夫举行会谈，两国元首一致决定建立中乌全面战略伙伴关系》，新华网，2016年6月22日，http://news.xinhuanet.com/politics/2016-06/22/c_1119094518.htm。

③ 《综述：携手共创丝绸之路新辉煌——习近平主席在乌兹别克斯坦最高会议立法院的演讲引起热烈反响》，新华网，2016年6月23日，http://news.xinhuanet.com/world/2016-06/23/c_129083084.htm。

见证了中哈政府间《"丝绸之路经济带"建设与"光明大道"新经济政策对接合作规划》的签署。① 该规划开宗明义,强调中哈双方将本着平等合作、互利共赢的原则开展合作,尊重彼此的利益关切,兼顾双方国家发展战略需求,找准丝绸之路经济带建设与"光明大道"新经济政策的契合点,以务实和民生为出发点,以增加两国人民福祉为目标。哈萨克斯坦驻华大使努雷舍夫表示,纳扎尔巴耶夫总统非常支持习近平主席提出的丝绸之路经济带构想,哈萨克斯坦愿意为这一重要长期构想在中亚地区的实施和稳定发展贡献自己的力量。中哈在政策层面实现的对接不仅是经济发展策略上的合作,更重要的是在政治互信基础上达成了战略层面的协调。②

中国与中亚各国政治互信水平的不断提升,特别是对构建丝绸之路经济带与地区及本国发展战略对接的理论认同和实际操作逐渐深入,开展广泛人文合作的政治保障和法律基础越来越牢固。2017年3月,中国对外友协与乌兹别克斯坦对外友协在塔什干联合举办"中乌共建丝绸之路经济带合作前景"研讨会,③ 乌兹别克斯坦方面除对外友协外,高等及中等教育部、国家人权中心、外交部亚太局以及科学院、旅游发展委员会、工商总会、乌中贸易之家都派代表出席了会议。乌兹别克斯坦文化部、国家画院、科学院、国家旅游公司等部门的专家学者详细介绍了本国沿"丝绸之路"历史主线传承下来的悠久文化传统和丰富艺术形式,并着重强调其与古代中国文化艺术联系、交流和共荣的意义,同时积极建言献策,与中国有关部门和艺术家开展合作,共同振兴当代丝路文化。11月,米尔济约耶夫总统亲自主持召开了"中亚:同一过去与共同未来,为促进可持续发展与共同繁荣而合作"高级别国际会议(Центральная Азия: одно прошлое и общее будущее,

---

① 《在习近平主席、哈萨克斯坦总统纳扎尔巴耶夫共同见证下,中哈签署"丝绸之路经济带"与"光明大道"新经济政策对接合作规划》,《经济日报》2016年9月7日,http://www.ceh.com.cn/epaper/uniflows/html/2016/09/07/A01/A01_70.htm。
② 《哈萨克斯坦驻华大使:中国"一带一路"对接哈"光明大道"》,中国经济网,2016年6月3日,http://intl.ce.cn/specials/zxxx/201606/03/t20160603_12503157.shtml。
③ 《"中乌共建丝绸之路经济带合作前景"研讨会在塔什干举行》,新华网,2017年3月23日,http://news.xinhuanet.com/world/2017-03/23/c_129516519.htm。

сотрудничество ради устойчивого развития и взаимного процветания）。在这次会议的主旨发言中，米尔济约耶夫总统呼吁中亚地区各国理性处理国家间的矛盾和问题，并以乌兹别克斯坦自年初与周边国家关系改善后国际贸易额平均增长20%（与个别国家增长70%）的事例为现身说法，倡导中亚各国加强政治互信，维护地区安全，推动经济发展。① 他认为应在安全、交通、贸易、边境、水源、旅游等领域重点开展合作，并建议组成一个中亚各国领导人对话、协商的平台——"中亚地区领导人协会"（Ассоциацию глав регионов стран Центральной Азии）。② 这一积极的变化已经构成了2017年中亚地区形势向好发展的主线，这一趋势不仅与各国共建丝绸之路经济带的合作愿景相吻合，也将形成促进各国在文化领域扩大交流的理想氛围。

三　共建"文明丝路"带动全线文化繁荣

因各自的社会发展历史不同，中国与中亚各国曾处在不同的文化区域。长期定居农业所形成的深厚民族文化传统与流动游牧遗留下来的文明特质形成了鲜明的对照，再加上19~20世纪沙俄、苏联时期形成的政治制度和意识形态隔绝，造成中国与中亚各国民众间的互相了解和认知存在巨大障碍。历史造成的这一差异性文化认知现状不仅妨碍了中国与中亚各国人民间的人文交流，也影响着各方在诸多领域的互利合作。在中亚各国实现独立后，虽然中国政府在第一时间正式承认中亚国家的新生政权，并很快解决了历史上遗留下来的与部分中亚国家间领土和边界争议问题，但是每当有涉及中国的社会话题出现时，总会在个别中亚国家出现形形色色、版本不断翻新的"中国威胁论"。例如"中国移民问题""跨界河流问题""能源问题""中国商品问题"，等等，这些问题甚至可能在不同时期成为社会舆论热点。2016

---

① Шавкат Мирзиёев предложил создать Ассоциацию глав регионов стран ЦА, 10 ноября 2017, http：//ca-news.org/news：1415119.
② Международная конференция в Самарканде：итоги и выводы, 10 ноября 2017, http：//darakchi.uz/ru/37667.

年,哈萨克斯坦总统纳扎尔巴耶夫以总统令形式颁布《土地法》修正案,其本意是进一步明确土地所有权和使用权,借以提高国内耕地的利用率。在一些媒体和幕后势力的鼓动下,哈萨克斯坦社会竟出现了强大的反对声音,而且矛头指向中国在哈萨克斯坦的土地租赁企业,提出中国企业在哈萨克斯坦使用土地的方式会使"土地退化",甚至错误地理解为"中国人将赖在哈萨克斯坦不走"。实际上中国企业在哈萨克斯坦租赁的土地只占所有外国企业在哈租赁土地的0.5%。① 这一典型的例证恰恰说明,中国和中亚国家介于政府与民众之间的人文交流严重不足。这种上层热、中下层冷的文化氛围不同程度地存在于中亚各国,甚至直接质疑丝绸之路经济带倡议针对中亚地区的地缘政治意图,认为这是强加给中亚国家的"中国逻辑"。② 这种状况的存在和发展,显然不利于丝绸之路经济带建设在中亚地区的顺利推进。

2016年4月,习近平主席在中共中央政治局第三十一次集体学习时强调,人文交流合作是丝绸之路经济带建设的重要内容。因为,真正要建成丝绸之路经济带,必须在沿线国家民众中形成一个"相互欣赏、相互理解、相互尊重的人文格局"。民心相通既是丝绸之路经济带建设的重要内容,也是丝绸之路经济带建设的人文基础。要坚持经济合作和人文交流共同推进,注重在人文领域精耕细作,尊重各国人民文化历史、风俗习惯,加强同沿线国家人民的友好往来,为丝绸之路经济带建设打下广泛的社会基础。要加强同沿线国家在安全领域的合作,努力打造利益共同体、责任共同体、命运共同体,共同营造良好环境。③ 2017年5月,习近平主席在"一带一路"国际合作高峰论坛开幕式的演讲中,提出了将丝绸之路经济带建设成"文明之

---

① 李自国:《建交25年来中国与中亚国家的人文合作》,《中亚国家发展报告(2017)》,社会科学文献出版社,2017,第70页。
② Кубатбек Рахимов: перспективы участия Кыргызстана и Таджикистана в сопряжении интересов ЕАЭС и ЭПШП, 4 Апреля 2016, http://old.ural-eurasia.ru/mnenie/kubatbek-rakhimov-perspektivy-uchastiya-kyrgyzstana-i-tadzhikistana/.
③ 《习近平在中共中央政治局第三十一次集体学习时强调借鉴历史经验创新合作理念》,新华网,2016年4月30日,http://news.xinhuanet.com/politics/2016-04/30/c_1118778656.htm。

路"的建议,为地区人文合作指出了更加具体的方向。习近平主席具体提出:"要建立多层次人文合作机制,搭建更多合作平台,开辟更多合作渠道。要推动教育合作,扩大互派留学生规模,提升合作办学水平。要发挥智库作用,建设好智库联盟和合作网络。在文化、体育、卫生领域,要创新合作模式,推动务实项目。要用好历史文化遗产,联合打造具有丝绸之路特色的旅游产品和遗产保护。"① 可喜的是,近几年中国与中亚各国在人文领域的交流与合作恰恰正按照上述思路广泛而深入地开展着,并且已经取得许多重要的成果。

历史上的丝绸之路将中国与中亚在文化上连接起来,建设丝绸之路经济带的愿景使各国、各民族对人文领域交流、交融提出更高要求。中国与中亚各国建交 26 年来,人文领域中的交流与合作虽然已经取得重大成就,但与政治和经济关系发展的速度与水平相比明显滞后。近年来,各国政府、学界和民间对人文合作的认识不断提升,并着眼于在文化、教育、新闻、学术等领域积极推动。继 2014 年中国、哈萨克斯坦、吉尔吉斯斯坦三国在联合国教科文组织为"丝绸之路:起始段和天山廊道的路网"联合申遗成功后②,2016 年中国社会科学院考古研究所及中国各高校考古专业与哈萨克斯坦、吉尔吉斯斯坦、乌兹别克斯坦等国考古部门纷纷开展合作,对丝绸之路上的重要文化遗迹、遗址展开联合发掘和研究,丝绸之路中段、西段的联合申遗工作也在积极筹备之中。

教育合作是在丝绸之路经济带沿线各国青年间形成良好文化认同的重要领域,也是促进人文交流的优先方向。2016 年 10 月,在中华人民共和国教育部的支持与指导下,由新疆大学发起,清华大学、中国人民大学、北京师范大学、武汉大学、中南大学等中国高等院校和乌兹别克斯坦国立经济大学、哈萨克斯坦国立欧亚大学、吉尔吉斯斯坦国立大学、土库曼斯坦马赫土

---

① 《习近平在"一带一路"国际合作高峰论坛开幕式上的演讲》,新华网,2017 年 5 月 14 日,http://news.xinhuanet.com/politics/2017-05/14/c_1120969677.htm。
② 《"丝绸之路:起始段和天山廊道的路网"获准列入世界遗产名录》,新华网,2014 年 6 月 22 日,http://news.xinhuanet.com/world/2014-06/22/c_1111256637.htm。

穆库里国立大学、俄罗斯阿尔泰国立技术大学、蒙古国科布多大学等欧亚国家高等院校结成"中国－中亚大学联盟",51所高校校长、院长、国际交流与合作部门负责人在《中国－中亚大学联盟成立宣言》上签名。这是一个介于各国政府主管部委与高校之间的开放性、国际化互动合作平台,是深化中国与中亚国家高等教育合作与共同发展的重要组织。在"中国－中亚大学联盟"的协调下,将建立起相对稳定的论坛交流机制,开展学生互换、学分互认、学历认证等联合培养和教育合作项目,对互换本科生、研究生提供多项优惠政策,颁发双方学历证书,以促进优势互补及实质性合作办学,为建设丝绸之路经济带定向培养国际化人才。[1] 2017年11月4日,在陕西师范大学倡议下,联合中国兰州大学、俄罗斯国立师范大学、塔吉克斯坦国立师范大学等20余所国内外高校和科研机构,共同建立"丝绸之路教师教育联盟""丝绸之路人文社会科学联盟""丝绸之路图书档案出版联盟",又为共建丝绸之路经济带的人文交流与合作提供了一个重要而宽广的合作平台。同时,中国教育部批准的"乌兹别克斯坦研究中心""阿富汗研究中心""土耳其研究中心"等有关国别研究中心正式揭牌,在各国教师和学者间搭建了更多交流的渠道与平台。[2] 在这些灵活而高效的教学、科研平台上,学术研讨会、师资培训、互派留学生等方式的教育合作方兴未艾。一些高校敢为天下先,克服了国际教育合作在中亚地区专业上、语言上、学制上尚不完全对等的困难,努力创造条件,积极协作推动,正在探索在一些急需专业中开展正规学历教育的跨国联合办学可行路径。2015年,新疆师范大学与吉尔吉斯斯坦奥什大学合作,开创了汉语专业在中亚地区的本科学历教育;[3] 上海大学与乌兹别克斯坦世界经济与外交大学经协商洽谈后决定,两校合作在塔什干建立"上海国际商学院",并于2017年6月正式签署《上

---

[1]《"中国－中亚大学联盟"成立》,《中国教育报》2016年10月8日,http://www.jyb.cn/world/gjsx/201610/t20161008_675868.html。
[2]《陕西师大成立丝绸之路教师教育联盟》,《人民日报》2017年11月6日,http://paper.people.com.cn/rmrb/html/2017-11/06/nw.D110000renmrb_20171106_3-12.htm。
[3]《新疆高校孔院特色鲜明 深受国外民众欢迎》,中国新闻网,2016年3月8日,http://www.chinanews.com/gn/2016/03-08/7789130.shtml。

海大学与乌兹别克斯坦世界经济与外交大学合作办学备忘录》。根据双方协议，这所商学院将于 2018 年 4 月正式启动招生工作。① 随着丝绸之路经济带建设在中亚地区的全面展开，人文交流的需求将推动各国教育合作向更高水平和更广领域发展。

艺术交流曾经是古代"丝绸之路"经久不衰的主题，中国领导人关于构建丝绸之路经济带的倡议提出后，各国艺术家们的创作热情和交流愿望被大大激发起来。2017 年 5 月，由兰州大学文学院承担的国家社科基金重大项目"丝绸之路中外艺术交流图志"论证会在兰州大学举行。这一项目旨在将人类在"丝绸之路"这一时空中的艺术交流、融合、相互影响样式和现象，以图像、图解和图示的方式进行学理阐释，对中国与丝绸之路沿线国家艺术交流与相互影响的主要现象进行系统整理。这一项目获得了中亚各国同行的积极响应和支持。② 2017 年 7 月，中国敦煌研究院在曾是古代"丝绸之路"重镇的敦煌设立了"敦煌艺术与丝绸之路研究中心"，并马上启动了对中亚地区的艺术考察。③ 此前，中国与中亚各国艺术家互派考察团组已经蔚然成风，专业化、高层次的艺术交流对各国社会层面的文化合作正产生着巨大的引领作用。

结 语

2017 年 1 月，在塔什干举行了"民间外交在丝绸之路发展中的作用"圆桌会议。中国驻乌兹别克斯坦大使孙立杰在会议上发言，并对中乌人文合作提出建议。第一，以文化交流为优先方向，提升两国人民对中乌关系的兴趣，并不断开拓新的文化交流方式，鼓励两国文化艺术团体密切互访，相互

---

① 《上海大学将在乌兹别克斯坦合作建立上海国际商学院》，新华网，2017 年 9 月 26 日，http://news.xinhuanet.com/world/2017-09/26/c_129712402.htm。
② 《国家社科基金重大项目"丝绸之路中外艺术交流图志"开题》，中国社会科学网，2017 年 5 月 9 日，http://www.cssn.cn/gd/gd_rwxb/rwlt/201705/t20170509_3512267.shtml。
③ 《敦煌研究院设立"敦煌艺术与丝绸之路研究中心" 首启中亚考察活动》，中国新闻网，2017 年 7 月 7 日，http://www.chinanews.com/gn/2017/07-07/8271823.shtml。

推介各自优秀的文艺作品,共同打造深入人心的文化品牌。第二,以语言文化人才培养为重要手段,传承和发扬中乌友好事业。建立定期交流机制,加强师生互访、科研交流、联合办学,扩大相互间留学生规模,培养更多精通对方语言、文化、国情的人才。第三,以媒体合作为重要平台,增进两国人民的相互了解。通过媒体互访、举办研讨会、新闻产品互换、联合制作节目、开发新媒体资源等,共同营造有利于两国关系发展的舆论环境。第四,以旅游、考古、医药交流、地方合作为新增长点,丰富中乌民间外交的内涵。鼓励两国文物部门扩大联合考古和古迹修复工作,为恢复丝绸之路历史风貌做出新贡献。推动中乌友好省州积极开展交流合作,实现优势互补,合作共赢。① 这些具体建议不仅对中乌两国人文交流的发展颇有指导意义,而且对中国与中亚其他国家的文化合作同样具有很强的针对性。

---

① 《孙立杰大使在"民间外交在丝绸之路发展中的作用"圆桌会议上的致辞》,中华人民共和国驻乌兹别克斯坦大使馆网站,2017 年 1 月 25 日,http://uz.china-embassy.org/chn/sgxx/sgsd/t1433902.htm。

Y.18
成果显著　前景广阔：中国新疆与中亚国家次区域合作

石　岚*

摘　要： 2017年中国新疆与中亚国家的次区域合作取得新的成绩。在基础设施领域，新疆加快基础设施建设的举措为双方合作提供了新的机遇；在经济贸易领域，双方克服各种不利因素，取得较好的合作成果；在金融领域，经常项目人民币跨境收付业务稳步增长；在人文领域，双方合作多点展开，亮点纷呈。2017年的合作成果为拓展合作平台和空间提供了可能。憧憬美好合作未来，依然要看到前进道路上的难题。双方的合作有待不断披荆斩棘，逐步深化。

关键词： 中国新疆　中亚国家　合作机制

2017年是世界国际合作大环境出现巨大变化的一年，也是中国"一带一路"倡议规划实施和项目落实的重要年份。中国新疆地区在加强自身建设的同时，在国家丝绸之路经济带建设的大力推动下，加快了与中亚国家的区域合作步伐，取得良好成效。

---

* 石岚，新疆社会科学院中亚研究所所长，研究员，研究方向为中亚国家地区政治及安全、中亚与中国新疆关系。

一 2017年中国新疆与中亚国家次区域合作的突出成果

2017年中国新疆紧紧围绕打造丝绸之路经济带核心区的功能定位，重点推动与周边，尤其是与中亚国家的次区域多领域合作。

1. 基础设施建设进入高速联通状态

基础设施建设是实现"五通"的关键内容。习近平主席最初提出丝绸之路经济带倡议时，就强调了"道路联通"的重要意义。在中国政府颁布的《推动共建丝绸之路经济带和21世纪海上丝绸之路的愿景与行动》（简称《愿景》）中，进一步突出了"设施联通"的作用。《愿景》指出，"基础设施互联互通是'一带一路'建设的优先领域。""沿线国家宜加强基础设施建设规划、技术标准体系的对接，共同推进国际骨干通道建设，逐步形成连接亚洲各次区域以及亚欧非之间的基础设施网络。"

早在2017年初，新疆就制订了金额超1.5万亿元人民币的全社会固定资产投资计划，着力加速公路、铁路、机场、水利、能源、通信等重点领域项目建设，修补经济社会发展中"基础设施滞后"的"短板"。其目标在于优化新疆经济结构，促进新疆经济持续稳定增长，为新疆未来经济社会发展挖掘潜力。这一计划的出台，为新疆基础设施建设提供了巨大的增长空间，对落实国家"一带一路"倡议，建设好新疆丝绸之路经济带核心区，提供了强有力的支撑。

2017年新疆基础设施建设取得的成绩为其与中亚次区域合作贡献了力量。

公路和铁路方面，2017年前三季度新疆完成国际道路运输货物280万吨，货运周转量8.3亿吨公里，同比增长分别为36.5%和29.1%。

2017年，中欧班列乌鲁木齐集结中心共开行班列700列，超额完成年初制定的任务目标。目前，新疆出境班列已经形成霍尔果斯、阿拉山口的多点通关、多点布局双通道模式，优化了运行路线，提升了运载量，降低了运行成本，基本做到密集化、常态化出行。随着2017年首趟由成都驶出的中欧班列在新疆补给货物完成并运行欧洲,中欧班列实现了拼箱集运一体的新型运输模式。2017年自新疆出境的中欧班列数占全国中欧班列总数的70%。①

2017年,新疆建成明水至哈密高速公路,这标志着新疆第二条东联内地的高速公路大通道全面贯通,霍尔果斯口岸至天津港有了最快捷的通道。比较G30高速,新疆到北京的距离缩短了1300多公里,海上丝绸之路与陆上丝绸之路联通更趋紧密。

新疆机场建设在2017年步入新的增长轨道。截至12月30日,新疆机场集团年旅客吞吐量首次突破3000万人次。在新疆机场集团管理的18个运输机场运营新疆航空市场的国内外航空公司共有51家,其中定期运营航班的航空公司39家,国内航空公司28家(含3家货运航空公司),地区航空公司1家,外国航空公司10家;运行国际和地区航线24条,联通17个国家、24个国际(地区)城市,国内有75个城市与乌鲁木齐机场通航。

乌鲁木齐国际机场的北区改扩建工程也在2017年获得国家发改委批复。这项工程将进一步提升乌鲁木齐国际机场作为国家重点国际航空枢纽港的作用,提升机场的综合保障能力和服务水平,适应新疆地区航空业务快速增长的需要,满足未来中国与周边地区更便捷往来的诉求。此项工程将按照设计目标,即至2030年旅客吞吐量为6300万人次的标准施工建设。

此外,2017年新建塔城至克拉玛依铁路190公里,投资50亿元人民币。该铁路项目有助于加强塔城地区与新疆其他区域的联系,同时为未来延伸至哈萨克斯坦的第三条国际铁路大动脉创造前期基础。在当前加快基础设施建设的大背景下,中哈霍尔果斯和阿拉山口铁路的顺利运营,为更多的选择提供了有益的参考。

2. 经济与贸易合作

经济贸易合作是中国新疆与中亚国家次区域合作的重头戏。2017年,

---

① 《2017年新疆开行中欧班列达700列》,新浪财经,http://finance.sina.com.cn/roll/2018 - 01 - 06/doc - ifyqiwuw7332199.shtml。

双方排除各种不利因素干扰,在经济贸易合作领域,取得了较好的成果(见表1)。

表1　2017年1~9月中国新疆与中亚国家贸易情况统计*

单位：千美元，%

国别	进出口	同比	出口	同比	进口	同比
哈萨克斯坦	6601507	51.9	5915866	51.4	685641	55.8
吉尔吉斯斯坦	3345594	26.7	3283330	25.8	62264	100.5
塔吉克斯坦	793588	-3.7	797538	-9.0	3471	-29.8
乌兹别克斯坦	397714	18.3	306497	36.2	91217	-17.9
土库曼斯坦	30122	-34.4	28825	-34.1	1297	-40.4

资料来源：根据乌鲁木齐海关网站资料综合整理。

从海关统计的数据分析，2017年中国新疆与中亚国家贸易活动的特点主要体现在以下几个方面。

第一，新疆口岸边境小额贸易呈现较为良好的增长态势。

口岸边境小额贸易是新疆对外经济贸易活动的重要组成，在新疆地区对外经济贸易活动中长期占据重要地位。统计显示，2017年前三季度，新疆口岸边境小额贸易出口额为718.8亿元人民币，同比增长46.8%。其中，出口705.3亿元人民币，增长47.7%；进口13.5亿元人民币，增长8.8%。贸易顺差691.7亿元人民币，扩大到48.8%。①

第二，哈萨克斯坦和吉尔吉斯斯坦是新疆对外经济贸易活动的主要伙伴国。

海关分析资料表明，2017年前三季度，哈萨克斯坦仍然保持着新疆地区最大贸易伙伴国的地位，进出口贸易额达到366.4亿元人民币；吉尔吉斯斯坦位列第二，进出口贸易额达到243.3亿元人民币。在丝绸之路经济带项目带动下，未来中国新疆与哈萨克斯坦和吉尔吉斯斯坦的贸易合作依然会保持稳健提升态势，同时也将加强与塔吉克斯坦、乌兹别克斯坦和土库曼斯坦

---

① 《2017年前三季度新疆口岸边境小额贸易强劲增长》，乌鲁木齐海关网，http://urumqi.customs.gov.cn/publish/portal166/tab61950/info866915.htm。

的经济贸易合作。

第三，新疆各地州进出口变化情况差异较大，地方企业进出口贸易增幅明显。

1~10月，新疆实现进出口总值1145.03亿元人民币，同比增长25.9%。地方企业实现751.08亿元人民币，同比增长32.8%，占比高达65.6%。不同地州进出口额变化差异明显。喀什地区、乌鲁木齐增速非常快，分别为54%和47.2%，伊犁地区、昌吉州等略有下降。

第四，进口商品以大宗货物为主，出口商品多为日用百货、机械、服装、鞋帽等，其中，纺织服装类增幅显著。

在进口商品中，原油、天然气、矿石类产品基本保持量价稳定，棉花进口出现大幅减少。据海关统计，2017年前三季度新疆口岸进口棉花4115吨，同比减少44.4%，货物价值也呈现下降势头，降幅为45.4%；进口棉花平均价格下跌2%，为9720.9元人民币/吨。

1~9月，新疆口岸出口纺织服装总额为464.4亿元人民币，同比增长23.3%。其中，出口服装及衣着附件金额为347.6亿元人民币，同比增长27.1%，占同期新疆口岸纺织服装出口额的74.8%。服装出口市场集中在哈萨克斯坦、吉尔吉斯斯坦，俄罗斯和巴基斯坦市场的需求量也有明显增长。需要指出的是，新疆四个口岸（伊尔克什坦、吐尔尕特、卡拉苏和红其拉甫）及喀什海关为主要服装产品出口口岸，占比59.0%；其次为霍尔果斯海关（都拉塔、霍尔果斯和霍中心A），占比33.5%和阿拉山口，占比5.3%。

第五，跨境电子商务和霍尔果斯国际边境合作中心等新型合作领域贸易增长快速。

2017年，中哈霍尔果斯国际边境合作中心出入园人数达到554.8万人次，同比增长10.87%。中心作为中哈两国共建的跨境自由贸易区，正成为中国西部最大免税购物区。目前该中心提供人工验证台和自助查验通道，便于人员快速进入。在总面积5.28平方公里的全封闭区域内，中哈两国公民和第三国公民，无须签证即可凭护照或出入境通行证等有效证件出入合作中心，开展面对面商务洽谈或商品交易。

跨境电子商务的发展是新疆依托"一带一路"倡议和自身地缘优势而重点培育和加快发展的领域。作为丝绸之路经济带核心区，新疆维吾尔自治区人民政府高度重视跨境电子商务的发展，先后出台《关于大力发展电子商务，加快培育经济新动力的实施意见》《新疆电子商务"十三五"发展规划》等，将跨境电子商务作为一项重点发展的工作。基于新疆独特地理位置和较为完善的交通物流设施、海关服务，及较为先进的现代物流平台技术，新疆的跨境电子商务生态体系在信息、支付、物流、人力、清关服务、品牌和平台建设等方面，都具有一定优势。①

新疆开展跨境电子商务的外贸企业集中在乌鲁木齐市、博尔塔拉蒙古自治州、喀什地区和伊犁哈萨克自治州。主要进出口国为中亚五国，占比高达78.26%。已开展跨境电子商务的外贸企业中，52.17%的外贸企业通过境外网站宣传和推广企业产品；34.78%的外贸企业利用企业网站与消费者互动，提供注册功能；39.13%的外贸企业借用第三方平台实现了在线出口，而在线进口比例仅为8.70%。②

3. 金融合作为深化区域合作创造了新的机遇

2017年1~11月，新疆经常项目跨境人民币收付结算总额为172亿元，同比增长28.5%；资本项目跨境结算额为154亿元人民币，同比增长54.2%。跨境人民币结算为加快中国新疆与中亚地区次区域合作提供了更加便捷的方式。

跨境人民币业务以居民和非居民间开展或用人民币结算的各类跨境业务为服务对象，涵盖商品贸易、服务贸易等各项经常项目和人民币的跨境放款、融资等资本项目。跨境人民币结算减少了通过美元换算的二次环节，节省了企业的汇兑成本，同时避免了美元汇率波动带来的损失，为稳定中国新疆与中亚国家的经济贸易合作开拓了新的空间。

---

① 《新疆跨境电子商务发展调研报告（2017）》，亚心网，http：//www.iyaxin.com/content/201710/25/c179845_0.html。
② 《新疆跨境电子商务发展调研报告（2017）》，亚心网，http：//www.iyaxin.com/content/201710/25/c179845_0.html。

同期，境外商业银行在新疆辖内银行开立同业往来账户 126 个，实现了人民币与周边国家，如哈萨克斯坦坚戈、塔吉克斯坦索莫尼的现汇或现钞挂牌交易。中国新疆与中亚国家的金融合作为人民币在次区域合作中发挥更大更有效作用提供了可能。①

4. 人文合作体现"民心相通"意愿和成果

2017 年，中国新疆与中亚国家的人文领域合作为构建"民心相通"的区域环境做出了贡献。11 月 21 日，新疆发布《关于加快推进丝绸之路经济带核心区文化科教中心（科技中心）建设的实施意见》，力争在 2020 年将新疆打造成中亚地区具有持续影响力的区域性创新高地。这是新疆作为丝绸之路经济带核心区"五大中心"之文化科教中心建设的重要组成部分，是全面提升丝绸之路经济带核心区整体竞争力的有力支撑。该规划目标是到 2020 年将新疆建设成为集科技合作、信息互通、战略研究、人才交流、新技术研发、技术转移、创业孵化、科技培训、成果推广等诸多功能为一体的创新聚集区。这一目标要求将有可能使新疆 2020 年的总体创新水平进入全国创新型省区行列。②

统计显示，新疆与中亚国家间的科技合作总量已占全国的 80%。已建立了 10 个国家级国际科技合作基地；在农业、畜牧业、矿产资源勘探等领域，新疆已经与 30 多个国家和地区及 10 个国际组织和研究机构开展了国际合作与交流。③

新疆旅游业在 2017 年站在了新的起点上。《自治区党委、自治区人民政府关于进一步加快旅游业发展的意见》和《新疆旅游业发展第十三个五年规划》出台，为新疆统筹发展国际旅游和丝绸之路文化与民族风情旅游，开启了新的天地。丝绸之路廊道世界遗产旅游、丝绸之路文化生态旅游和具有国际竞争力的特色旅游项目，为新疆的旅游业点燃更多亮点。④

---

① 《新疆跨境人民币业务 4 年增长 5 倍》，《乌鲁木齐晚报》2017 年 12 月 15 日。
② 新疆维吾尔自治区人民政府网，http://www.xinjiang.gov.cn/2017/11/22/145764.html。
③ 新疆维吾尔自治区人民政府网，http://www.xinjiang.gov.cn/2017/11/22/145764.html。
④ 大众网，http://mini.eastday.com/mobile/171230121224201.html。

中亚黄皮书

在国际铁路运输的支持下,新疆的国际旅游模式也从"飞机+旅游"拓展到"铁路+旅游"。2017年7月,新疆开通了前往哈萨克斯坦阿拉木图市的"走进中亚"旅游列车。沿途所见所闻的惊喜和铁路的便利让游客们有了新的感受。

新疆旅游局统计数据表明,哈萨克斯坦长期以来一直是新疆境外旅游客源的最主要来源国。在发挥地区优势,推进新疆与中亚国家人文交流的目标带动下,新疆旅游进一步向康养医疗游、自驾游、旅游购物游、信息文化游等多范围展开。通过旅游带动经济社会发展的效果正在显现。

二 中国新疆与中亚次区域合作的重大议题和设想

在"一带一路"建设倡议引领下,中国新疆与中亚地区的次区域合作已经从早先简单的经济贸易迈向各领域全方位联动。

习近平总书记在中国共产党第十九次代表大会上的报告指出:"中国……积极促进'一带一路'国际合作,努力实现政策沟通、设施联通、贸易畅通、资金融通、民心相通,打造国际合作新平台,增添共同发展新动力。……中国支持多边贸易体制,促进自由贸易区建设……赋予自由贸易试验区更大改革自主权,探索建设自由贸易港。"[①]

上述报告内容,符合各方对中国中亚自由贸易区建设的设想。作为丝绸之路经济带建设的重点,中国中亚自贸区将有力推进中国与中亚国家经济贸易和人文合作,扩大沿线国家的开放水平,提高贸易便利化,挖掘合作新亮点。边境合作区、跨境合作区和境外合作区等不同内涵的平台建设,能够扩大双方相互间投资规模,深化合作层次,促进合作长期性、稳定性发展。新疆作为丝绸之路经济带建设的核心区,将发挥好与中亚次区域合作中的地缘和功能优势,在未来多种形式的自贸区建设中,将成为有益的尝试者和实践

[①] 《习近平在中国共产党第十九次全国代表大会上的报告》,人民网,http://cpc.people.com.cn/n1/2017/1028/c64094-29613660-14.html。

者。推动中国（新疆）与中亚国家围绕自贸区概念开展的各类合作，也会带来沿线国家共同参与的一大批积极的、重大的合作项目，升华合作的意义。

当前，在中国新疆与中亚国家间已经建立起中哈霍尔果斯国际边境合作中心，制定并签署了中吉毗邻地区合作规划纲要。围绕自贸区建设要求，正在讨论研究的议题包括中哈、中吉自由贸易区建设，中哈霍尔果斯边境自由贸易区，上海合作组织自由贸易区等。这些议题不论从形式还是在内容上，都将丰富、完善、拓展新疆的核心区建设内涵，提升新疆未来作为丝绸之路经济带建设核心区的地位。

创新驱动发展，是新疆核心区建设的又一设想和思路。2017年11月15日，国家科技部、发改委等联合印发了《关于支持新疆开展丝绸之路经济带核心区创新驱动发展试验的函》。文件称，科技部、国家发改委等有关部门将加强对新疆创新试验的指导，在规划编制、政策实施、项目布局、机制创新、对外开放等方面给予支持，帮助解决新疆创新试验中遇到的实际困难和问题，为建设好丝绸之路经济带核心区提供有力的支撑。

此前，自治区已联合科技部等单位，在条件较好、具备创新发展基础的部分地区，采取"一区多园"的空间布局，启动了建设丝绸之路经济带创新驱动发展试验区的工作。实践证明，在创新试验区的有力推动下，新疆的创新型企业有了明显发展，新疆的自主创新能力显著提高。创新试验区建设促进了新疆与"一带一路"沿线国家的国际合作，有助于新疆打造丝绸之路经济带创新引领示范区和科技成果转化示范区，以及中国、中亚、西亚协同创新平台。

作为区域合作的重头戏，基础设施建设的各种设想或规划也在积极磋商洽谈之中。现有的中国新疆通往哈萨克斯坦的两条国际大动脉的顺利运营，为区域互联互通提供了良好范例。新疆南部通往吉尔吉斯斯坦、乌兹别克斯坦和塔吉克斯坦的交通网络建设显得更为关键、紧迫，各方对此倾注极大的热情。中吉乌铁路、中国－中亚天然气管道D线，以及中国－吉尔吉斯斯坦和中国－塔吉克斯坦的高速公路建设等，都将在各方的密切重视下，进入具体实施阶段。建设中的中巴经济走廊，也将在中国新疆－中亚－阿富汗－南亚间形成一个新的合作地带，这开启了中亚国家未来国际合作的又一方向。

三 中国新疆与中亚国家次区域合作的发展前景

海阔凭鱼跃，天高任鸟飞。在"一带一路"倡议下，中国新疆与中亚国家的次区域合作正进入一个新的时期。面对未来光明的发展前景，依然要重视可能面临的问题或困难。

首先，世界经济的不稳定性与逆全球化思潮，对中国新疆与中亚次区域合作有着一定危害性影响。

近年来，世界经济的不稳定性延续，大宗商品的价格波动导致许多以此类产品生产和销售为主要依赖的国家出现一定的经济困难，国际经济秩序的不合理性凸显，南北矛盾加剧。同时，经济活动的压力也反映在政治与国际合作领域，全球化面临新的前进阻力。

虽然中亚国家对中方提出的丝绸之路经济带建设倡议给予了高度评价和积极支持，但在当前大的国际政治经济背景下，中亚各国受到国际大环境的影响，面临着一定的发展难题。以中国中亚经济贸易合作为例，双方都需要认真考虑各自的国家利益和已有的区域合作机制，如欧亚经济联盟和丝绸之路经济带的对接，从而真正实现相互支持、共同发展的目标。

其次，中国新疆自身的建设提速，是满足未来次区域合作需要的重要内容。

在过去30多年的改革开放中，中国新疆地区一直是向西开放的重要窗口。但与内地沿海发达地区相比，新疆的发展明显滞后。在人才、资金、技术、产业、信息、基础条件等各领域，存在着或多或少的差距。这些差距对于中国新疆未来的国际化发展而言，是一个较为紧迫的难题。

加快新疆自身建设速度，是新疆建设丝绸之路经济带核心区的目标使然，也是新疆当前发展亟待解决的问题。新疆的建设是经济社会综合发展的结合体，要考虑经济发展和民生问题，更要认真解决好社会稳定与长治久安问题。

再次，中国新疆与中亚国家次区域合作，需要解决多边合作与双边合作统筹协调的难题。

中亚国家的发展道路不尽相同，各国的利益诉求千差万别，因此，在现实中许多在中亚地区实施的大型合作项目，往往需要从双边入手，尝试摸索后再向多边推进。中国新疆与中亚国家的次区域合作也面临统筹协调多边与双边关系的问题。

中国－中亚天然气管道建设，为解决中亚地区双边与多边合作协调并进提供了可资参考的案例。中国新疆与中亚三个国家接壤，同时，与乌兹别克斯坦的历史纽带关系密切，这些都可以成为推动双边走向多边合作的重要动力。从次区域合作角度看，一个好的区域性合作需要多方共同参与。因此，中国新疆可以借助自身的地缘和人文优势，积极探索新的多边合作路径。

最后，规划设计和风险评估的重要性难以忽视。

中国新疆与中亚国家的次区域合作，大多围绕两地区的国计民生重要领域展开，项目重大，内容繁杂，涉及面广，影响深远。在规划设计论证和具体实施过程中，政府和普通民众的共同理解、参与和支持非常重要。

中亚国家在过去的发展过程中，出现过一定的社会波折或政权非正常更迭的情况，极端主义在这一地区的传播依然引人关注，周边环境的动荡也随时可能危及中亚局势，破坏区域稳定。这些因素都可能给未来中国新疆与中亚次区域合作的项目实施带来一定风险。

科学的规划设计和风险评估需要积极吸纳各方参与。专业人士必不可少，同时，也可以考虑吸收对方的人员加入，增强项目规划设计和评估的国际化效果，提高决策的可操作性。

结　语

中国新疆与中亚国家的次区域合作，是中国中亚合作的重要组成，也是丝绸之路经济带建设的重要支撑。各方高度重视，并积极开拓新的合作平台和空间。良好的次区域合作将为中国新疆和中亚地区各国带来稳定、发展、繁荣的美好前景。

国别形势

Country Review

Y.19 哈萨克斯坦

孙莹洁*

摘　要： 2017年，哈萨克斯坦形势总体保持稳定，各项工作顺利开展。政治领域，纳扎尔巴耶夫总统强势控局，不过在权力结构、人事安排和社会意识调整上有所动作，交接步伐似有所加快。经济领域，2017年哈萨克斯坦工农业生产、投资、汇率等各项指标好转，复苏迹象明显。外交领域，哈萨克斯坦继续保持大国多元平衡策略，积极参与"一带一路"建设。安全领域，2017年哈境内未发生一起暴恐事件，反恐成效显著。未来，哈萨克斯坦将依照《哈萨克斯坦-2050战略》的整体部署，向着"世界30强"目标大步前进。不过在经济发展和安全态势上，哈萨克斯坦将会面临一些挑战。

---

* 孙莹洁，中国社会科学院"一带一路"研究中心研究员，研究方向为哈萨克斯坦。

关键词： 哈萨克斯坦　形势稳定　多元外交

2017年，哈萨克斯坦形势总体稳定。政局稳中求变，纳扎尔巴耶夫总统在权力结构、人事安排和社会意识调整上均有所动作；经济走上正轨，各项技术指标好转，复苏预期上升；外交亮点多多，渐有大国风范；安全形势趋好，未发生一起暴恐事件。

一　政局稳中求变

哈萨克斯坦是中亚政局最稳定的国家之一。纳扎尔巴耶夫总统执政27年，年近八旬，接班人问题较为突出。2017年，他在政治制度、人事安排和社会意识形态调整上均有所动作，意在保持稳定的前提下逐步推动权力交接。宪法改革如期举行。2017年3月，哈议会上下两院召开全体会议，二读通过了《关于对哈萨克斯坦宪法进行补充修改》法案，并提交纳扎尔巴耶夫总统批准。根据修改后的宪法，总统会将40多项权力移交给政府和议会。此前哈政府只对总统负责，如今，新宪法要求政府同时对总统和议会负责。内阁成员任命程序也有所改变。未来总理需要先同议会协商政府成员候选人名单，得到议会同意后提交总统批准，政府成员辞职从向总统提交辞呈变成向议会提交辞呈等①。哈舆论普遍认为，宪法改革并不意味着哈由总统制转变为议会制，纳扎尔巴耶夫还保留直接任命外交部部长和强力部门领导人的权力，且其民族领袖称号受宪法保护将永久不变。变化在于，纳扎尔巴耶夫总统试图通过宪法改革，建立更为均衡的权力架构，通过集体领导制，达到相互平衡、彼此制约，保持政局稳定。

人事安排上，纳扎尔巴耶夫总统正在打造一支"年轻、专业、懂经济"

---

① 《Конституция Республики Казахстан》，http：//www.akorda.kz/ru/official_documents/constitution6.

的干部队伍。2月，前副总理塔斯马加姆别托夫转任哈驻俄大使。塔斯马加姆别托夫年逾六旬，虽然在任阿拉木图和阿斯塔纳市长时有不错业绩，但是他本人已不年轻，且对互联网等新鲜事物接受程度较低，不属于纳扎尔巴耶夫总统心中"新生代政治家"的范畴，难以应对经济领域的新挑战。8月，多萨耶夫和朱马加利耶夫被任命为政府副总理，两人均不足50岁，且曾担任过大型国企的董事长，年富力强。虽然哈萨克斯坦的接班人问题尚未得到妥善解决，但是纳扎尔巴耶夫总统正在通过"政治多核化、干部年轻化"的方式化解风险，且节奏正在不断加快。

　　社会意识形态方面，2017年哈萨克斯坦政府多管齐下，希望通过打造"时代性、先进性"的国民意识思想来实现国家和社会的长治久安。4月12日，纳扎尔巴耶夫总统发表《放眼未来：社会意识的现代化》一文，指出："哈进入新的历史时期，社会意识现代化不是政治和经济现代化的补充，而是现代化的核心……抱残守缺跟不上时代，必须改变自己。"按照纳扎尔巴耶夫总统的理念，社会意识现代化的核心内容是"有竞争力、保持民族特性、崇尚知识和高度开放"①。他强调，社会意识现代化的目的是改变哈社会的传统思维，进行社会革新，使哈民族更具有竞争力和开放性。作为社会意识现代化的一部分，纳扎尔巴耶夫于2017年10月签署总统令，启动哈语字母拉丁化改革工作。哈文字改革意义重大，意味着哈将逐步摆脱俄文化的影响，更加自主和开放，与世界接轨。根据相关规划，哈萨克文向拉丁字母转换的工作将分三个阶段，于2025年前彻底完成。在此期间，哈将成立以萨金塔耶夫为主席的哈萨克文拉丁字母转换工作国家委员会，多萨耶夫兼任副主席，办事机构设在文化和体育部。哈萨克文拉丁字母转换工作国家委员会将监督相关教师培训、法律基础制定、新字母表全面推广等工作的开展。11月16日，萨金塔耶夫总理主持召开了该国家委员会的第一次会议。

---

① Статья Главы государства "Взгляд в будущее: модернизация общественного сознания", http://www.akorda.kz/ru/events/akorda_news/press_conferences/statya-glavy-gosudarstva-vzglyad-v-budushchee-modernizaciya-obshchestvennogo-soznaniya.

此外，2017年哈萨克斯坦还举行了"哈萨克斯坦百名新人物"评选活动。为了突出"新人物"的特征，302名候选人均为哈萨克斯坦独立以后出生的青年才俊。12月1日，评选活动结果揭晓，纳扎尔巴耶夫总统亲自接见百名获奖者，并同这些青年人就哈语字母拉丁化改革工作和社会经济发展前景等问题进行了深入讨论。

二 经济企稳回升

近年来，受国际能源价格下跌等因素影响，哈萨克斯坦经济增长几乎失速。2013~2016年哈GDP增速分别是6%、4.3%、1.2%和1%。2016年哈萨克斯坦工业生产甚至出现负增长，外贸出口大幅缩水20%。但是实际上，从2016年开始哈经济已经出现酝酿复苏的迹象，这种萌芽在2017年表现得更为明显。主要体现在GDP环比增速、投资额和汇率数据上。从2016年第一季度、上半年、第三季度和全年的数据来看，哈GDP增速不断提高，分别是-0.1%、0.1%、0.4%和1%。2017年后更加明显，前三季度的数值分别是3%、4.2%和4.2%，基本走出"V"字形增长态势。从投资额来看，经过3年下滑，2016年引资总额首次达210亿美元，较2015年增长了近41.5%。2017年上半年，哈萨克斯坦引资总额达105亿美元。①从汇率来看，2015年坚戈对美元累计贬值86.2%，而2016年同期则升至2%，2017年1~10月小幅贬值0.2%。

具体行业上，据哈萨克斯坦国民经济部统计委员会数据，2017年1~10月，哈农业产量为3.88万亿坚戈（约115.8亿美元），同比增长2.3%。其中，畜牧业产量为1.59万亿坚戈（约47.5亿美元），同比增长3.6%；种

---

① 2017 жылдың бірінші жарты жылында шетелдік инвестициялардың ағымы 10，5 млрд долларға жетті，https：//7kun. kz/2017 - zhyldy - birinshi - zharty - zhylynda - sheteldik - investitsiyalardy - a - ymy - 10 -5 - mlrd - dollar - a - zhetti/ 上网时间：2017年12月10日。

植业产量为 2.26 万亿坚戈（约 67.5 亿美元），同比增长 1.4%。① 根据计划，2017 年哈实现对外粮食出口 910 万吨，比 2016 年多 40 万吨②。2017 年 1~11 月，哈工业生产值较去年同期增长 7.3%。其中，采矿业增长 9.6%，加工业增长 5.2%，供电、供气、供暖增长 5%。

金融业方面，2017 年哈萨克斯坦金融业基本保持稳定。"去美元化"进程继续推进，银行整体坏账率进一步下降。哈央行行长阿基舍夫对此表示："实践证明，以控制通胀为目标的货币政策在哈基本可行。"具体而言，哈萨克斯坦金融业的稳定主要表现在以下四个方面。

一是通胀压力降低。2017 年，哈央行基本实现既定目标。尽管部分时间出现通胀消极因素，但是央行并没有过度收紧货币投放，全年经济保持温和复苏，供给侧生产力进一步释放，从而抑制了物价上涨。

二是银行业整顿初见成效。2017 年，在哈各大银行股东们的强力支持下，哈央行配合政府实施了提高二级银行财务可持续发展计划，为二级银行扩大贷款份额创造了良好条件。由于货币政策放松、商业活动和消费需求增加，1~10 月，哈金融业贷款总额同比增长 3.2%，美元化比例从 2016 年 1 月的 70% 降至 2017 年底的 48%③。

三是有效应对金融突发事件。2017 年世博会期间，市场预计哈坚戈将走弱，投机资本伺机而动。哈央行主动作为，干预外汇市场，积极疏导舆论，成功抵御了投机资本对哈坚戈的做空行为④。

---

① 数据来源：哈萨克斯坦国民经济部统计委员会，http：//stat.gov.kz/faces/wcnav_externalId/publicationsSocialDevelopment?_afrLoop=2557681875460758#%40%3F_afrLoop%3D2557681875460758%26_adf.ctrl-state%3D19nmna0rco_50。

② Увеличить экспорт зерна планируют в 2017 в Казахстане6，https：//forbes.kz/news/2017/12/12/newsid_161338.

③ Данияр Акишев：Есть задачи, для решения которых требуется больше времени，https：//kapital.kz/expert/65682/daniyar-akishev-est-zadachi-dlya-resheniya-kotoryh-trebuetsya-bolshe-vremeni.html.

④ Данияр Акишев：Есть задачи, для решения которых требуется больше времени，https：//kapital.kz/expert/65682/daniyar-akishev-est-zadachi-dlya-resheniya-kotoryh-trebuetsya-bolshe-vremeni.html.

四是完成两大银行重组。6月,哈金融业出现重大兼并案件,人民银行收购哈商行96.81%的股份,完成对后者的收购①。由于哈商行是全哈第一大银行,人民银行是全哈第二大银行,因此这桩收购案件也成为哈萨克斯坦金融史上最大的银行兼并案。根据"福布斯——哈萨克斯坦"公布的2016年哈前十大银行情况可以看出,哈商行和人民银行无论是总资产、总存款,还是股本资产都数倍于其他八大银行。两行合并后,其总资产规模将约占哈整个市场的45%,吸储份额将占整个市场的30%~40%,成为名副其实的银行巨无霸。

哈萨克斯坦经济企稳回升源于外部因素和内部因素。虽然从哲学角度来看,内因是事物发展的根本动力,外因只是推手,但从这次经济回暖的迹象来看,显然外部因素是促成哈萨克斯坦经济触底反弹的主要动力。外部因素主要体现在以下两个方面。

一是主要贸易伙伴国经济状况好转。中、俄是对哈萨克斯坦经济影响最大的两个国家。2017年1~9月,中国和俄罗斯的GDP增速分别为6.9%和1.8%,好于去年同期的6.7%和负0.7%。中、俄经济回暖拓展了哈萨克斯坦外需市场。

二是国际能源价格回升。2017年,布伦特原油和WTI原油均价分别约为52美元/桶②和50.1美元③,而2016年均价则为41.9美元/桶④和43美元/桶⑤。油价的上涨直接到导致出口额的增加。1~9月,哈出口总额同比

---

① Halyk Bank и Qazkom объединяются в один фининститут,http://www.kazpravda.kz/news/ekonomika/halyk – bank – i – qazkom – obedinyautsya – v – odin – fininstitut/.

② EIA прогнозирует увеличение средней цены нефти Brent в 2017 году до $52,69,https://allpetro.ru/eia – prognoziruet – uvelichenie – srednej – tseny – nefti – brent – v – 2017 – godu – do – 52 – 69/.

③ EIA прогнозирует увеличение средней цены нефти Brent в 2017 году до $52,69,https://allpetro.ru/eia – prognoziruet – uvelichenie – srednej – tseny – nefti – brent – v – 2017 – godu – do – 52 – 69/.

④ Средняя цена нефти Urals в 2016 году упала на 18%,http://www.rbc.ru/rbcfreenews/587366ac9a794725d6a62dcf.

⑤ EIA повысило прогнозную цену нефти Brent в 2016 году до $43,43 за баррель,https://ria.ru/economy/20161013/1479188142.html.

增长31.1%，石油和天然气凝析油出口同比增长36.6%，黑色金属出口增长59.1%。

内部因素有以下三个方面。

一是欧佩克减产协议并没有影响到哈石油开采总量。2016年12月，欧佩克8年来首次达成减产协议：从2017年1月起，持续6个月减产原油约120万桶/日，成员国综合减产后目标产量为3250万桶/日。按照最初计划，哈减产量大约是2万桶/日。但实际上1~10月哈开采石油7110万吨，同比增长11.4%；开采天然气435亿立方米，同比增长15.6%，对此，哈能源部门表示哈可能会在11月履行最初的减产承诺[1]。

二是大型活动较多，投资拉动明显。2017年，哈萨克斯坦先后举办了大学生冬季运动会和专项世博会，大量基建工程拉动了投资率，带动了经济的复苏。1~10月，哈固定资产投资同比增长6.5%。

三是开启了"第三次现代化"。2017年1月，纳扎尔巴耶夫总统发表年度国情咨文，正式提出"第三次现代化"。从独立至今哈萨克斯坦先后经历了两次现代化，实现了进入"世界50强"目标。

2012年底，哈萨克斯坦提出《哈萨克斯坦－2050战略》，提出进入"世界30强"的宏伟目标。但是作为人口不足2000万的国家，单纯地依赖资源和原材料出口显然不能完成这一宏伟目标。纳扎尔巴耶夫总统对此也有深刻认知。他表示，为实现《哈萨克斯坦－2050战略》，哈萨克斯坦应该牢扣时代主题。当今世界正逐渐步入"工业4.0"时代。哈应该抓住机遇，以人为本，充分利用大数据、智能科技等现代技术，推动国家经济结构的升级换代。

三　力推多元外交

哈萨克斯坦将自己定位为"有实力的重要地区大国"，奉行以巩固独立

---

[1] 即时新闻，https://www.dailyfx.com.hk/livenews/20170526-465119.html。

和主权为核心的全方位务实平衡外交,重点方向是俄罗斯、中国、美国、欧盟和中亚国家。独联体是哈萨克斯坦外交的优先方向,近年来,哈加强与俄罗斯的一体化进程。哈也积极发展与西方国家的合作。哈作为无核国家加入了《核不扩散条约》,签署了全面禁止核试验条约。

俄罗斯是哈萨克斯坦外交的首要优先国家。哈萨克斯坦支持俄罗斯推动独联体一体化,是欧亚经济联盟、集安组织的主要成员国。2017年,纳扎尔巴耶夫与普京多次会晤或通电。1月28日,纳扎尔巴耶夫同普京举行电话会谈,就共同关心的国际和地区问题,以及在阿斯塔纳举行的叙利亚问题和平进程交换了意见。2月,普京访哈,与纳扎尔巴耶夫举行双边会晤。纳扎尔巴耶夫总统强调:"今年是哈俄建交25周年,两国在紧密合作的基础上共同组建了欧亚经济联盟。"普京则表示,俄哈在推动一体化进程的同时应进一步加强合作,促进各领域合作实现实质性增长①。11月9日,普京与纳扎尔巴耶夫再次会晤,双方讨论了双边合作的关键问题,确定了进一步加强各领域合作的步骤。会后,两国元首发表声明强调:"俄哈两国在打击国际恐怖主义、极端主义、跨国有组织犯罪、非法贩运武器和毒品等问题上立场一致。双方将在遵循国际法、发挥联合国主导作用基础上加强国际反恐合作,防止打击恐怖主义和极端主义问题被用于干涉主权国家事务。"②

美国是哈萨克斯坦多元平衡外交的重要方向,是哈最大的外资来源国之一。截至2017年11月,哈美两国贸易额达12.9亿美元,同比小幅增长5%。自2005年至今,美对哈直接投资达270亿美元,占哈FDI的12%。目前在哈萨克斯坦活跃的美资企业近500家,主要分布在能源领域。在政治上,哈美双方在阿富汗重建、中亚地区安全、防止核武器扩散、打击跨国贩毒等问题上紧密配合。2017年5月,纳扎尔巴耶夫总统出席在沙特阿拉伯举行的"美国与伊斯兰世界"峰会时与特朗普总统短暂会晤,双方就经贸、人文和地区问题进行了讨论。12月,萨金塔耶夫总理会见了到访的美国负

---

① Визиты президента РФ Владимира Путина в Казахстан, http://tass.ru/info/4053698.
② 《俄罗斯与哈萨克斯坦将扩大各领域合作》, http://news.sina.com.cn/o/2017-11-10/doc-ifynsait6846885.shtml。

责南亚中亚事务的助理国务卿韦尔斯,双方就两国经贸合作展开了讨论。

除了大国元首外交,2017年哈萨克斯坦在国际舞台上积极发声,亮点颇多。2017年1月1日,哈萨克斯坦正式成为新一届(2017~2018年)联合国安理会非常任理事国,这也是中亚地区国家首次成为安理会成员国。纳扎尔巴耶夫对此表示:"哈萨克斯坦将通过安理会非常任理事国这一身份所提供的机会,致力于使未来的国际关系趋于稳定可期。"围绕叙利亚问题的多轮阿斯塔纳和谈也是哈萨克斯坦2017年外交的一大亮点。普京对此评价称,阿斯塔纳和谈帮助在叙建立了冲突降级区,从实质上开启了与叙反对派真正、深入的政治对话①。

四 中哈战略合作持续深化

中国是哈外交的优先方向之一。哈积极参与"一带一路"建设,中哈各领域合作发展顺利。

首先,政治互信不断加深。2017年5月,纳扎尔巴耶夫总统出席在北京举行的"一带一路"国际合作高峰论坛。他表示,哈坚定支持"一带一路"倡议,积极促使"一带一路"同"光明大道"发展战略对接,愿继续在此框架下深化两国经贸、农业、矿业、铁路、科技等领域务实合作。6月,习近平主席对哈进行了国事访问,并出席上海合作组织成员国元首理事会第十七次会议和阿斯塔纳专项世博会开幕式。据统计,这是习近平主席和纳扎尔巴耶夫总统在各种场合的第16次见面。两国元首就深化中哈全面战略伙伴关系达成重要共识,共同签署《中华人民共和国与哈萨克斯坦共和国联合声明》,为两国关系今后的发展指明了方向。

其次,人文合作如火如荼。2017年,中国新闻社与"今日哈萨克斯坦"通讯社在哈萨克斯坦最大城市阿拉木图签署合作备忘录,双方将共同建立新

---

① 《阿斯塔纳和谈决定设第4个冲突降级区,或加快叙危机结束进程》,http://news.163.com/17/0916/15/CUFEQ3AK000187VE.html。

闻产品互换机制和渠道，不断增进两国民众的相互了解。

再次，经贸合作顺利开展。据哈萨克斯坦国家统计委员会数据，2017年1~6月，哈萨克斯坦与中国双边货物进出口额为48.7亿美元，增加33%。其中，哈萨克斯坦对中国出口27.6亿美元，增加32.3%，占其出口总额的13.3%，下降0.6个百分点；哈萨克斯坦自中国进口21.1亿美元，增加34%，占其进口总额的26.4%，增加4.6个百分点。哈方贸易顺差为6.4亿美元，同比上升27.1%。截至2017年6月，中国是哈萨克斯坦第二大出口市场和第一大进口来源地。①

最后，金融合作有所突破。2017年，中哈在金融领域的合作可圈可点，主要有两件大事。第一件是中信银行收购了阿尔金银行的股份，前者成为中国首家在哈收购银行的股份制商业银行。第二件是上交所与阿斯塔纳国际金融中心（AIFC）的战略合作得到升级。今年5月，上交所与阿斯塔纳国际金融中心签署战略合作协议，共同投资建设阿斯塔纳国际交易所（AIX），上交所出资持有阿交所25.1%的股权。根据合作协议，上交所将在技术咨询、业务规划、市场推广等方面对阿交所的筹建给予全方位支持②。

五　安全形势趋于稳定

2016年哈国内发生多起恐怖袭击，安全形势一度紧张。但是2017年哈安全形势明显好转，暴恐势头得到全面遏制。据哈安全部门统计，2017年哈共制止了11起恐怖袭击图谋，逮捕了23名涉嫌传播恐怖主义和极端宗教主义思想以及与境外恐怖组织有关联的本国公民③。11月，哈内务部一次性逮捕6名恐怖分子，阻止了一起涉嫌制造恐怖袭击的极端主义阴谋。12月8

---

① 《2017年1~6月哈萨克斯坦货物贸易及中哈双边贸易概况》，https：//countryreport.mofcom.gov.cn/record/view110209.asp?news_id=55716。
② 《上交所服务"一带一路"建设再结硕果》，http：//www.sse.com.cn/aboutus/mediacenter/hotandd/c/c_20170608_4322852.shtml。
③ Спецслужбы Казахстана предотвратили 11 терактов за 2017 год, https：//regnum.ru/news/2356128.html。

日,哈萨克斯坦国家安全委员会表示,在日前的一次搜捕行动中逮捕了5名与中东地区恐怖组织有染的中亚籍恐怖分子。哈国安委称,这5人均来自中亚地区,但并未透露国籍,5人都有在哈萨克斯坦的合法居住权。

国际反恐形势的转变固然是哈安全形势好转的重要原因,但更重要的因素则是哈相关部门的尽职工作。

一是加强国际合作。2017年,哈萨克斯坦与沙特阿拉伯等中东国家建立了司法联系,可对宗教极端分子进行驱逐或引渡。此外,据哈国安委副主席比利斯别科夫透露,所有上了"黑名单"的境外哈萨克斯坦籍武装分子或公民都处于国际刑警组织的密切监控之下,他们随时都有可能被引渡回哈萨克斯坦[1]。

二是参与国际恐怖组织的哈公民将被取消国籍资格。4月,纳扎尔巴耶夫表示,加入"伊斯兰国"等极端和恐怖组织的哈萨克斯坦公民将自动丧失哈国籍。他说,这是哈萨克斯坦政府不得已采取的措施。目前约有500名哈萨克斯坦人加入"伊斯兰国",实际数字可能更多。哈政府曾试图对那些加入"伊斯兰国"并回到哈萨克斯坦的公民进行说服教育,但效果不佳。

三是立法限制未成年人进出宗教场所。12月,哈萨克斯坦对现行法律进行补充修改,限制儿童参与宗教活动和进出宗教场所。哈萨克斯坦宗教事务和社会组织管理部副部长别热克·阿仁表示,此举旨在保护未成年儿童免于受到伪装在宗教外衣下的非传统宗教思想影响。

四是规范宗教管理,弘扬正统伊斯兰教。12月,纳扎尔巴耶夫接见新任哈萨克斯坦总穆夫提塞利克拜·乌拉兹吾勒。总统强调,宗教界人士应与政府部门通力合作,向民众正确地、广泛地介绍和解释正在制定和推行的宗教领域管理法规。哈宗教管理部门和宗教场所有必要澄清传统哈乃菲学派的基本原理,并提高对个别激进宗教运动的认识。此外纳扎尔巴耶夫总统还强

---

[1] Спецслужбы Казахстана предотвратили 11 терактов за 2017 год, https://regnum.ru/news/2356128.html.

调，宗教团体除开展传统的社会福利事业外，也应在科研和提高公众意识等领域发挥自身的作用①。

六　展望

目前，哈正沿着纳扎尔巴耶夫总统设想的轨道，遵从《哈萨克斯坦-2050战略》，向着"世界30强"的目标大步前进。在未来很长一段时间内，哈萨克斯坦政局结构和多元外交的态势都不会发生改变。但是在经济增长和安全方面，哈萨克斯坦的稳定发展可能会受到一些挑战。

一是政治稳定取决于接班人问题。毋庸置疑，接班人问题将是短期内哈政局面临的最大挑战。但是从近几年的动向可以看出，纳扎尔巴耶夫总统正在有条不紊地解决这一难题。按照哈萨克斯坦的政治传统，有核心的集体领导未尝不是破解之道。

二是经济复苏可期，转型尚显乏力。11月，欧亚发展银行将2017年哈GDP增速预期由3.4%上调至3.7%，2018年、2019年GDP增速预期由原来的3.1%、3.1%分别调整为3.7%、3.7%，预测2020年GDP增速为3.2%②。由此可见，哈萨克斯坦的经济正在走出寒冬。但是3%~4%的增长显然满足不了哈的需求。若想达到《哈萨克斯坦-2050战略》的要求，需要保持5%以上的增幅。为此哈政府将经济结构转型作为可持续发展的最大"法宝"。8月，哈萨克斯坦政府通过了《2018~2022年国家投资战略》和《2018~2022年国家出口战略》，试图在非能源领域实现"引资-加工-出口"的外向型模式，进而带动经济结构的转型。2018年1月，纳扎尔巴耶夫总统发表题为《第四次工业革命背景下新的发展机遇》的国情咨文，再次强调发展非资源领域的重要意义。不过目前，哈萨克斯坦非能源产业的比较优势相对不足，国际资本又正从发展中国家市场逐渐流向发达国家市

---

① 《纳扎尔巴耶夫总统接见新任总穆夫提乌拉兹吾勒》，http://www.inform.kz/cn/article_a3097130。
② 《欧亚开发银行上调哈GDP增长预期》，http://www.inform.kz/cn/gdp_a3088886。

场,哈非能源领域的发展不会一帆风顺。

三是需要高度关注中东危机外溢影响。11月21日,伊朗总统鲁哈尼宣布,极端组织"伊斯兰国"已经被剿灭①。12月9日,伊拉克总理阿巴迪在伊拉克首都巴格达宣布,打击极端组织的战斗已经结束,伊拉克政府军已解放所有被极端组织占领的领土,并已完全控制伊拉克和叙利亚边境。同月11日,普京突访叙利亚,下令俄军从叙利亚撤离。虽然目前很难断言中东反恐战争是否真的彻底结束,但是从伊朗、伊拉克、俄罗斯三国官方的表态和行动中可以看出,中东危局正在"柳暗花明"。不过,"伊斯兰国"的覆灭不代表恐怖分子被全部剿灭,更不代表恐怖主义的消亡。呈"鸟兽散"状的中亚籍恐怖分子何去何从,将成为包括哈萨克斯坦在内的中亚地区国家最需要重视的问题。

---

① 《宣布剿灭"伊斯兰国"伊朗底气何在》,http://world.huanqiu.com/article/2017-11/11394403.html。

Y.20
乌兹别克斯坦

李自国*

摘　要： 2017年是米尔济约耶夫执政的元年，最大特点是启动了民众期盼已久的改革。政治上继续人事布局，确保政权平稳过渡，根据时代需要重设政府机构，加大对政府官员的监督，防止懒政。经济上坚定推行汇率改革，取消不合理限制，降低企业负担，营造良好的投资环境。外交上明确中亚是乌外交最优先方向，采取积极措施发展与邻国关系；大国平衡政策出现微调，向既是大国又是邻国的俄、中有所倾斜。

关键词： 乌兹别克斯坦　米尔济约耶夫　改革　邻国关系

2017年是乌兹别克斯坦总统米尔济约耶夫全面执政的元年，政权过渡稳定，总统威望提升，乌一个新时代的大幕拉开。2017年也是乌全面启动经济改革之年，政府推出了包括汇率政策改革等一系列重大举措，对外开放的步伐加快。外交以中亚为重心，全面改善和发展与周边邻国的关系。

一　政权平稳过渡，开启新时代

根据时代需要，米尔济约耶夫对政府构架进行了改革，裁撤和新设了不

---

* 李自国，中国国际问题研究院欧亚所代理所长，副研究员，研究方向为欧亚国家发展、上海合作组织、中国与中亚国家关系。

少政府部门。对强力部门等进行调整,现政局稳定。重视倾听民意,提出"为人民服务"的口号,新总统的威望日益提升。

(一)进行人事布局,政局平稳过渡

1. 对强力部门进行调整。

因历史渊源,独联体国家强力部门在社会和政权稳定上发挥着举足轻重的作用,乌兹别克斯坦也不例外。米尔济约耶夫执政后,对强力部门进行了调整。2017年初,更换了内务部部长、紧急状态部部长。2017年5月,又发布总统令,将乌内务部队从国家安全总局划归内务部,并在内务部建立快速反应部队,以应对反恐等安全需要。2017年7月,对国家安全总局进行人事调整,任命塔什布拉托夫为国家安全总局副局长兼塔什干州国家安全局局长。经过调整,总统对强力部门的掌控力大大增强。

2. 对地方重要岗位进行人事调动

2017年4月起,总统集中对首都塔什干各区的区长进行了更换。对各州行政长官的调整还在持续,2017年6月提拔塔什干州别卡巴特区的区长朱拉耶夫为撒马尔罕州代州长,后为州长。为推动金融改革,2017年6月,任命了努尔玛多夫为新的央行行长;解除了前第一副总理阿兹莫夫的职务,任命前财政部副部长库奇卡洛夫为第一副总理。加之2016年底新任命的财政部部长,乌经济金融领导层全部被更换,曾经的"竞争对手"阿兹莫夫彻底出局。在人事调整中,总统不拘一格用人才,如2017年7月,任命年仅23岁的赛杜拉耶夫为教育部副部长。

(二)对政府部门进行改革,裁减和新建了不少新机构

1. 对政府机构设置进行大调整

2017年6月,米尔济约耶夫签署总统令,改组政府的机构设置。将总理、副总理由原来的一正七副改为一正六副,对分工也进行了重新调配。撤销三个副总理岗位,分别是:主管宏观经济发展、结构改革和吸引外国投资事务的副总理,主管生态、保护环境、文化和体育事务的副总理,主管出

口、机械制造、汽车、电气、产品标准化事务并兼乌国家汽车工业公司董事长的副总理。增设了两个副总理岗位,分别是:主管经济发展、结构改革、投资、银行和金融系统改革、协调自由经济特区和小型工业特区事务的副总理;主管对外经济活动、出口、机械制造、汽车、电气、产品标准化事务并兼乌国家汽车工业公司董事长的副总理。

2. 增设了一些全新的部门

新增设的部门多是当前重点发展的行业或者关乎未来发展的领域。2018年1月,米尔济约耶夫签署总统令,改组乌国家旅游公司,在其基础上成立了旅游产业发展国家委员会,以推动旅游产业发展。2017年2月,在原公路建设和运营国家股份公司基础上成立了国家公路委员会。2017年3月,新成立了国家投资委员会,负责制订投资、引资政策,监督政策落实。2017年11月,设立了创新发展部,以促进高新技术发展和科研成果转化。另外,乌还新成立了学龄前教育部。

3. 将一些部门进行合并重组

2017年2月,撤销了文化和体育部,组建了文化部和国家体育运动委员会。2017年4月,改组国家私有化、反垄断和发展竞争委员会,成立国家推动企业私有化和发展竞争委员会;改组对外经济贸易部,在其基础上成立外贸部。2017年7月,调整乌国家税务委员会的职能和机构设置。

(三)重视倾听民意,强调执政为民

1. 开言路,听民意

在担任代总统时期,米尔济约耶夫就启动了"亲民"改革,设立了总统网站接待室。2017年,乌各级政府部门都按要求设立了人民接待处和网上接待室,倾听老百姓的呼声和要求。米尔济约耶夫表示,老百姓给官员的评价是考核官员的一种途径,可根据人民的反馈意见,解除那些不称职的官员。新举措受到百姓欢迎,一定程度上改善了懒政现象,有助于消除社会矛盾。截至2017年12月20日,已有146万多人在总统网站接待室反映情况,

其中95%得到回应①。

2. 提出政权为人民的口号

乌兹别克斯坦将2017年定为"与人民对话和人民利益年",旨在听取民众呼声,解决迫切的民生问题,保护公民权利。乌部分政府官网、官媒都设立了"与人民对话和人民利益"栏目,介绍活动情况。2017年9月,在第72届联大讲演时,米尔济约耶夫明确提出,"人民利益高于一切""不是人民服务国家机关,而是国家机关服务于人民"②等口号,宣示其执政为民的理念。2017年9月,乌总统批准了《乌兹别克斯坦行政改革(2017~2021)纲要》,提出要打造一个高效、为民的行政体系。

3. 取消居民流动限制,签署《反腐败法》

2017年1月,米尔济约耶夫签署总统令,批准了《反腐败法》,提出要不断提高公民法律意识,增加政府部门工作透明度,加强对公职人员的法律监督和大众监督。《反腐败法》引入工作绩效和评分系统,对政府工作进行量化评比。2017年1~9月,乌的腐败犯罪案件下降了33%。③ 同时,取消了一些限制措施,如取消"出国审批"政策,从2018年起公民出国不再需要获得"出国审批许可"。2017年8月,乌政府通过决议,允许非塔什干居民和外国人在首都购房。

4. 重视社会保障工作,保护弱势群体

为缓解青年失业的问题,2017年8月,乌政府拨款2270亿苏姆,在全国范围内建设青年就业中心。年龄在18~30岁的无业青年可在中心接受就业指导,免费获得就业技能培训。为保护弱势群体,2017年12月,乌政府通过决议,要求雇员超过20人的企业要为困难人士,如残障人士、单亲家庭等留出10%的就业岗位。

---

① 乌兹别克斯坦总统网上接待室,https://pm.gov.uz/ru。
② Президент РУ Шавкат Мирзиёев 19 сентября 2017 года выступил на 72 - й сессии Генеральной Ассамблеи ООН,乌兹别克斯坦总统网站,http://president.uz/ru/lists/view/1063。
③ "Послание Президента Республики Узбекистан Шавката Мирзиёева Олий Мажлису",乌兹别克斯坦总统网站,http://president.uz/ru/lists/view/1371。

二 全面启动经济改革、获得国际认可

2017年，乌兹别克斯坦启动了大规模的经济改革，取消了诸多制度性限制，乌的营商环境大幅改善。改革措施受到国际货币基金组织等机构的认可，乌的国际化步伐明显加快。

（一）经济运行平稳，通胀率较高

1. 经济保持了中高速增长

2017年1～9月，乌兹别克斯坦GDP为170074万亿苏姆，增长5.3%（去年同期为7.8%），增速有所下滑，但仍是不错成绩。其中，工业增长5.6%，建筑业增长5.3%，服务业增长3.5%。[①]

2. 通胀水平较高

由于汇率改革，2017年9月乌货币大幅贬值，进口商品价格大幅攀升。2017年1～10月，乌通胀率为9.3%。价格涨幅最大的是汽车、汽柴油等，其中汽车价格涨幅超过50%。2017年11月，政府对汽柴油价格进行调整，汽油价格平均上涨39%，柴油价格上涨超过70%。目前，汽柴油价格约合3～4元人民币/升（见图1）。

3. 营商环境大幅改善，外来投资增长迅速

据2017年11月世行发布的《营商环境2018：为确保就业而推进的改革》，乌的营商环境从2016年的第166位跃升至第74位，是营商环境改善最快的国家之一[②]。乌方表示，争取到2025年进入前20的行列。2017年12月，乌召开内阁扩大会议，全面审议了2017年税收政策，决定在2018年合并税种，进一步降低企业税负。由于营商环境的改善，2017年1～10月，乌吸引的外资

---

① "Рост ВВП за девять месяцев составил 5，3%"，乌兹别克斯坦报纸网，https：//www.gazeta.uz/ru/2017/10/27/gdp/。
② "Doing Business 2018"，世界银行网站，http：//www.doingbusiness.org/reports/global - reports/doing - business - 2018。

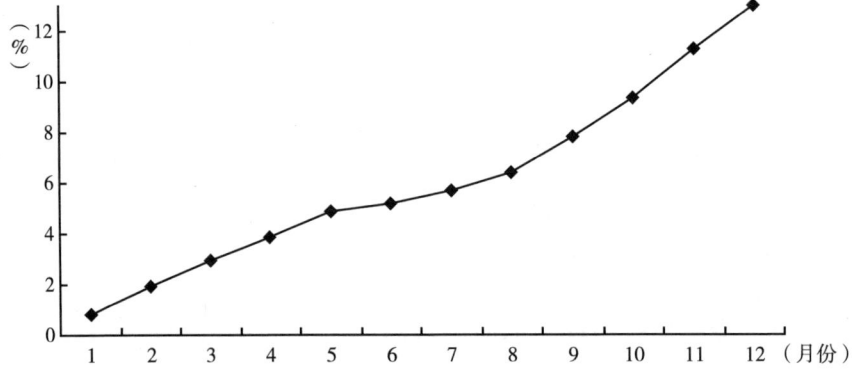

图 1　2017 年乌兹别克斯坦通货膨胀率月走势图（%，12 月为预计）：

数据来源：根据乌媒体报道的数据整理。

大幅增加，引资投资总额达 42 亿美元，其中 37 亿美元为直接投资。而 2011~2016 年吸引外资呈连续下降趋势，从约 33 亿美元/年降至 19 亿美元/年。①

4. 对外贸易温和上升

2017 年 1~9 月，乌对外贸易额为 199.5 亿美元，同比增长 16.7%。其中，出口 103.5 亿美元，增长 25.6%；进口 96 亿美元，增长 8.4%。乌主要贸易伙伴为俄罗斯、中国、哈萨克斯坦、土耳其、韩国。其中，俄罗斯占比 17.9%，中国紧随其后，为 17.5%②。主要出口商品为：服务，占比 25.4%；能源及石油制品，占比 14%；黑色和有色金属，占比 6.4%；化工产品，占比 6.3%；食品，占比 6.1%；棉花，占比 3.1%。棉花已不再是乌重要出口商品。主要进口商品是：汽车和机械设备，占比 38.4%；化工产品，占比 17.1%；有色和黑色金属，占比 10.1%；食品，占比 10%；能源及石油产品，占比 5.4%。③

---

① "Узбекистан с начала 2017 года привлек иностранные инвестиции на ＄4,2 млрд."，乌兹别克斯坦日报网，https：//www. uzdaily. uz/articles - id - 34897. htm。

② 《乌 2017 年 1~9 月外贸总额近 200 亿美元》，中国驻乌兹别克斯坦大使馆经商参处网站：http：//uz. mofcom. gov. cn/article/jmxw/201711/20171102670126. shtml。

③ "структура экспорта за январь - октябрь 2017 г."，乌兹别克斯坦贸易部网站，http：//mft. uz/ru/menu/tashqi - iqtisodiy - faoliyat - statistikasi。

5. 首次公布黄金外汇储备

乌黄金外汇储备曾被视为国家秘密，从不对外公布。米尔济约耶夫总统执政后，决定公布外汇储备、货币供应量等重要信息。2017年11月，乌央行第一副行长伊什梅多夫首次披露，截至2017年11月1日，乌黄金外汇储备为260亿美元。他同时表示，汇率由市场决定，乌央行很少参与外汇交易，不会为保汇率而耗费外汇储备。可喜的是，汇改后乌黄金外汇储备并未下降，反而增加了11亿美元[1]。

（二）全面启动经济改革，为经济发展松绑

1. 进行史无前例的货币改革

乌兹别克斯坦一直存在"三种汇率"，即官方汇率、交易所汇率和黑市，而且实行强制结汇制（出口收入的50%）。这种罕见的外汇管理制度严重影响了投资和出口，并导致腐败。2017年9月2日，经过数月的讨论和征求社会意见，乌总统签署了《关于货币自由化优先措施》总统令，宣布取消外汇交易限制，实行市场汇率。主要内容包括：汇率由市场决定；法人和自然人可自由买卖外汇；不论企业属性，全面取消出口外汇收入强行结汇政策；国内的交易，除领事收费外，一律用苏姆结算，不得再使用外币等。放开管制后，本币苏姆兑美元汇率从4210∶1贬值近50%，达到8100∶1。但乌专家一致认为，尽管汇改会给社会和物价造成一定冲击，但改革势在必行，对乌的积极作用将远大于消极影响。应该说，经过数月的运行，汇改高风险期已过，黑市的泡沫被挤掉，汇率不再像以往"跌跌不休"，反而保持了稳定，而物价升幅也在可控范围之内。

与汇改配套，乌还出台了其他"自由化"措施。如，2017年12月，央行取消对银行卡转账的限制，取消自动取款机每日、每月的取款额度限制等。自2018年1月1日起简化自然人出入境外汇现金申报手续，个人出入

---

[1] "Послание Президента Республики Узбекистан Шавката Мирзиёева Олий Мажлису"，乌兹别克斯坦总统网站，http://president.uz/ru/lists/view/1371。

境携带不超过 2000 美元的,无须提交书面申报。

2. 在促进对外贸易上下功夫

"乌 2017~2021 年五大优先方向"对外贸提出的要求是"简化出口手续,推动出口自由化、结构多元化、市场多元化"①,为此政府采取了一系列促进出口的措施,主要包括以下几点。一是解禁。2017 年 1 月,解除了粮食、肉类、奶制品、皮革、蚕丝等原料产品及其加工品的出口禁令。2017 年 11 月,乌总统签署了《进一步推动对外贸易自由化和支持经营主体措施》《整顿特种商品进出口许可证制度、出口合同登记注册和评估鉴定进口合同措施》两个总统令,对现行外贸管理制度进行修订,以简化行政审批手续,推动对外贸易自由化。二是制订统一品牌。2017 年 8 月,乌外贸部决定创立统一的民族产品出口品牌"乌兹别克斯坦最佳"(Best in Uzbekistan),中标者可免费使用,但须绝对确保产品品质。乌国家食品工业公司注册创立了 UzAgro 作为统一农产品出口品牌。三是发展电子商务。2017 年 3 月,独联体地区首家统一跨境电子商务平台——Qoovee.com 在乌运行。2017 年 10 月,乌与韩国联合创立了统一的乌对外贸易电子商务平台——TradeUzbekistan.com,拟将其打造成乌特色产品的交易平台。

3. 新建一批经济特区,以点带面促发展

之前,乌只有 3 个经济特区,分别为吉扎克、纳沃伊和安格连。2017 年接连成立了 12 个自由经济区和 45 个工业区。2017 年 1 月,根据总统令成立了 4 个经济特区,分别为乌尔古特(位于撒马尔罕州)、基日杜万(布哈拉州)、昆卡特(费尔干纳州)和哈扎拉斯普(花剌子模州)。上述 4 个经济特区重点发展农产品深加工、纺织、制鞋、制革、制药、生态化工、食品、电子、机械、汽车配件、建材等。2017 年 5 月,又成立了 7 个自由经济特区,分别为"努库斯 - 制药""佐明 - 制药""科松索伊 - 制药""锡尔达廖 - 制药""博伊孙 - 制药""布斯通利克 - 制药""巴尔肯特 - 制药",这 7 个自由经济特区

---

① "О Стратегии действий по дальнейшему развитию Республики Узбекистан",乌兹别克斯坦总统网站,http://www.press-service.uz/ru/lists/view/231。

都位于不同的州,重点都是发展药用植物种植和制药业。上述所有特区均实行特殊的海关、税收等优惠政策,30年不变,到期后可延期。

4. 将旅游业列为发展重点

2016年底,乌总统签署了《关于采取措施保障旅游业加速发展》的总统令,要求放宽签证政策,对旅游业进行全面改革。但受到国内反对力量的掣肘,政策实施推后。但米尔济约耶夫发展旅游业的决心非常坚定。2017年8月,他接连签署了《促进乌旅游产业加速发展措施实施纲要》《2017~2021年乌旅游产业发展规划》等文件,要求自2018年1月1日起,简化部分国家公民赴乌签证和在乌居留注册手续,做好旅游产品设计、宣介等工作。乌还向中亚国家发出倡议,希望与中亚国家签署政府间协议,共同开发旅游线路,提供有吸引力的旅游产品。另外,乌还成立了三个旅游区,分别是布哈拉、撒马尔罕旅游区和查瓦克休闲度假旅游区。未来还拟在塔什干、乌尔根奇和费尔干纳建立三个旅游区,在塔什干州博斯坦雷克地区建设山地综合旅游区。为说明旅游业的重要性,乌总统在考察撒马尔罕州时特意举例称,2017年游客在撒马尔罕消费4800亿苏姆,而棉花种植和采摘收入仅有520亿苏姆。

(三)加快经济国际化步伐,获得相应认可

1. 全面向国际标准靠拢

主要举措有以下几点。一是大规模引入ISO国际标准认证体系。2017年上半年,乌共引进264项ISO国际标准,涉及农产品、汽车、机械制造、油气、化工、建材、信息通信技术、卫生医疗、生态环保、食品生产等数十个领域。有4个产业实验室的35项检验认证通过ISO验收[①]。二是认真考虑加入世贸组织。2017年11月,在访问韩国期间,米尔济约耶夫表示乌正认真准备加入世贸组织的工作,以加快谈判进程。三是决定申请主权信用评

---

① 《2017年上半年乌引进264项ISO国际标准》,中国驻乌兹别克斯坦大使馆网站,http://uz.mofcom.gov.cn/article/jmxw/201707/20170702611478.shtml。

级。2017年10月，乌副总理库奇卡罗夫表示，政府已聘请国际金融机构的专家，帮助乌政府申请主权评级，这将有助于乌政府和企业在国际市场募集更多资金。另外，2017年初，乌正式提出加入国际消费者协会。以上都表明，在国际经济合作上，乌不再要"个性"，而是强调融入。

2. 改革举措获得国际机构的认可

乌在经济领域做出的重大改变得到国际社会的认可，不少中断多年的合作重启。2017年8月，国际货币基金组织代表团访乌并对乌经济改革给予充分肯定，认为改革举措有助于乌经济长期稳定增长。世界银行对乌的改革也给予高度认可，认为乌在改善营商环境方面成果突出，是全球营商环境改善最大的国家之一。2017年底，欧洲复兴开发银行批准了向乌提供贷款的议案，并在塔什干设立了代表处，时隔10年后重启了在乌兹别克斯坦的金融业务。

三 突出周边外交，微调大国平衡

2017年乌外交政策的最大变化是将中亚邻国列为外交的最优先方向，通过频繁的高层互动，改善和发展了与邻国的关系。"等距离"发展与大国关系的政策无大的变化，但做出微调，更重视与俄、中的合作。但对让渡主权的超国家多边机制，如集体安全条约组织、欧亚经济联盟仍保持距离。

（一）将中亚邻国视为外交最优先方向

1. 明确中亚是外交重心

2017年9月19日，在第72届联大会议上乌总统米尔济约耶夫全面阐述了乌对外政策，明确提出"乌兹别克斯坦外交政策最优先的方向是中亚地区"，"建设一个和平、繁荣的中亚，这是我们的目标和核心任务"①。乌总统还提出了实现上述目标的方法和建议。第一，与邻国开展对话，在互谅互

---

① "Президент РУ Шавкат Мирзиёев 19 сентября 2017 года выступил на 72 - й сессии Генеральной Ассамблеи ООН"，乌兹别克斯坦总统网站，http：//president.uz/ru/lists/view/1018。

让基础上通过协商解决各种问题,包括水资源分歧,联手应对咸海生态危机。第二,保持与中亚领导人的频繁接触,积极开展顶层设计。第三,影响中亚稳定有两个关键要素:一是阿富汗,其唯一解决办法是阿富汗中央政府与主要政治力量无条件直接对话;二是恐怖主义,目前措施是"治标不治本",需要改变认知,加强青年教育和宗教包容性教育。

2. 与中亚邻国频繁高层互动

2017年乌总统与中亚邻国领导人密集互访,一年内乌总统三次到访土库曼斯坦,两次访问哈萨克斯坦,与所有邻国元首都见了面。其一,三访土库曼斯坦。米尔济约耶夫就任总统后的首访为土库曼斯坦,表明了其外交优先方向。两国签署了《土乌联合声明》《土乌战略合作条约》《2018~2020年经济合作协定》《关于进一步发展铁路交通备忘录》等文件。2017年5月,乌总统再次到访土库曼斯坦,签署了有关电力过境运输、环境保护和可持续发展等多份文件。9月,乌总统应邀出席了土举办的亚洲室内与武道运动会,体现了对土的重视和支持。其二,与哈萨克斯坦关系升级。米尔济约耶夫的第二次出访仍是中亚国家。2017年3月,米尔济约耶夫总统访问了哈萨克斯坦,双方签署了《关于进一步深化两国战略合作伙伴关系及加强邻邦友好关系的联合宣言》《2017~2019年经济合作战略》等7份合作文件,以及总额达10亿美元的合作协议。4月底,米尔济约耶夫又访问了南哈萨克斯坦州,与纳扎尔巴耶夫举行了第二次会晤。2017年9月,哈总统纳扎尔巴耶夫回访乌兹别克斯坦,两国决定互办"国家年"。乌总统对乌哈关系的定位是:兄弟般国家、永恒的友谊。其三,与吉尔吉斯斯坦年内实现互访。2017年9月,米尔济约耶夫访吉。两国在边境问题上获得重大突破,签署了划界条约,而且封闭多年的"友谊"口岸开放。10月7日,吉总统访问乌兹别克斯坦,双方签署了《吉乌睦邻友好互信战略伙伴关系宣言》。

另外,乌总统非常重视细节,善于情感沟通。在访问土库曼斯坦后,乌总统向土发去热情洋溢的感谢信。在"哈萨克斯坦首任总统日"时致电纳扎尔巴耶夫表示祝贺。在短短1年间,米尔济约耶夫与邻国元首建立了良好的个人关系,在总统集权制政体为主的中亚地区,这对顶层设计国家关系很有帮助。

3. 敏感难题获得突破

中亚国家间最敏感、最难解决的问题有二：一是水资源问题；二是领土纠纷。2017年，乌在这两点上都有所突破，主要表现在以下几个方面。其一，在水资源问题上，过去乌坚决反对上游国家建设大型水电站，但现在态度缓和。2017年4月，乌外长卡米罗夫表示，联合国中亚地区预防外交中心提出的《阿姆河和锡尔河公约》草案，为解决跨境水资源争端提供了新的合理思路。乌总统也表示，希望在照顾各方关切的情况下互谅互让，找到妥协方案。对塔吉克斯坦修建罗贡水电站，乌没有再提出激烈批评。得益于乌方的新立场，上游的吉尔吉斯斯坦做出积极回应，表示愿与乌方一起建设水电站。其二，之前因水资源问题而关系紧张的乌塔关系回暖。2017年2月，两国达成直航协议，中断了25年的直航恢复。2017年11月，塔乌就恢复乌对塔天然气供应问题进行磋商，中断6年的供气有望恢复。乌在塔还举办了工业企业展等活动。得益于经济联系的恢复，2017年两国贸易额增长85%。其三，领土谈判和划界进度加快。2017年3月，在访问土库曼斯坦期间，乌土领导人就启动边界争议地区勘界划界谈判达成共识，双方成立了政府间联合勘界划界工作委员会。2017年9月，乌吉签署了《乌兹别克斯坦共和国与吉尔吉斯共和国划界条约》，划定了两国1170公里长的边界，约占两国边界总长的85%。

4. 非正式研讨"中亚共同体"构想

2017年8月，乌举办了"中亚-乌兹别克斯坦外交政策主要优先方向"研讨会。乌外长卡米洛夫在发言中表示："中亚一词不仅仅是指地理或地缘政治而言，而且表明这是一个相同文化-文明的地区。这一地区的各国人民有着共同的精神价值、共同的历史，以及相近的传统、习俗和社会心理。"[①]
2017年11月，乌又举办了"中亚：共同的历史和未来，合作推动稳定发展

[①] "Центральная Азия – главный приоритет внешней политики Узбекистана"，乌兹别克斯坦国家通讯社网站，http://www.uza.uz/ru/politics/tsentralnaya – aziya – glavnyy – prioritet – vneshney – politiki – uzbek – 11 – 08 – 2017。

与繁荣"研讨会，米尔济约耶夫到会发言。他表示，"中亚各国人民有千年的兄弟友情和邻居纽带，我们有共同的历史、宗教、文化和传统"①，各国应加强合作致力于建设一个繁荣昌盛的中亚。乌不断强调中亚国家的共性，表示出推动中亚地区一体化的意愿。

（二）重视与俄罗斯的关系，维持大国平衡

如果说卡里莫夫时代，在大国平衡上乌奉行的是等距离接触政策，那么现在则更强调经济"导向"，从发展经济、开拓出口市场为主要出发点发展与大国的关系。对等距离平衡政策有微调，向既是大国又是邻国还是主要经济伙伴的俄罗斯、中国有所倾斜。

1. 积极发展与俄罗斯、中国的关系

中亚邻国之后，乌总统接连访问了俄罗斯和中国。2017年4月，乌总统访俄，与普京举行了长时间的会谈。普京表示，愿共同推动俄乌关系顺利过渡并进入全新发展阶段。米尔济约耶夫表示："俄罗斯是乌的战略伙伴，我们是联盟关系。"② 双方签署了55份合作文件，包括劳动移民协议、俄罗斯向乌农产品提供"绿色通道"等乌关切领域的合作文件，以及总金额近160亿美元的合作协议。2017年5月，米尔济约耶夫访华并出席"一带一路"国际合作高峰论坛，与中国签署了《关于进一步深化全面战略伙伴关系的联合声明》及高达260亿美元的合作文件。

2. 安全合作"去西方化"，回摆独联体

在访俄前夕，乌兹别克斯坦关闭了北约驻乌的办事处。而在访俄期间，乌俄签署了《军事技术合作协议》。2017年10月，双方举行了自2005年以

---

① "Выступление Президента Республики Узбекистан Шавката Мирзиёева на международной конференции «Центральная Азия: одно прошлое и общее будущее, сотрудничество ради устойчивого развития и взаимного процветания» в Самарканде"，乌兹别克斯坦总统网站，http：//president.uz/ru/lists/view/1227

② "Визит Мирзиёева в РФ: третий по очереди—первый по важности"，俄罗斯卫星网，http：//ru.sputniknews-uz.com/politics/20170405/5132722/Mirzieev-Uzbekistan-vizit-Putin.html。

来的首场联合军事演习。2017年10月,在独联体国家首脑会议上,米尔济约耶夫表示,乌将积极参与独联体框架下的合作,加强与独联体国家军事技术领域合作。"独联体国家是乌天然的伙伴、邻居和朋友,乌决定将独联体国家协调员由副外长级提升至副总理级"①。上述一系列举动,意味着乌在安全合作上向独联体框架回摆。但乌历来有外交"三原则",包括不加入任何军事同盟,这一点并无改变,目前乌没有要加入集体安全条约组织或欧亚经济联盟的迹象。

3. 并未放弃大国平衡政策

乌发展与俄中的合作,包括安全合作,不意味着放弃多年来奉行的大国平衡政策。乌保持了与美国的合作关系,且领导人之间的会晤频次增加。2017年5月,乌总统出席了"伊斯兰国家-美国"峰会,并与特朗普举行了会谈。2017年9月,在联大会议期间乌美元首再次会晤,特朗普表示支持乌推行的改革举措。两国还举行了商业论坛,签署了约26亿美元的合作协议,涉及油气化工、电子、航空等多个领域。2017年底,米尔济约耶夫与特朗普通电话,表示要提升双边关系,加强在地区安全,特别是在阿富汗问题上的合作。特朗普还邀请米尔济约耶夫访美,以进一步推动双边关系的发展。大国平衡政策可助乌获得更大更灵活的外交空间,争取到西方国家在经济技术和融资方面的支持,因此,该政策会微调,但不会改变。

四 展望

1. 乌兹别克斯坦并未真正启动政治体制改革,威权体系会继续

当前的改变重在通过人事布局,确保政权稳定,并力求提高行政效率,减少懒政现象。尽管政府表示将加强政党作用,深化民主改革,但仍会坚持走"乌兹别克斯坦道路",而不是走西方"自由化"之路。"米尔济约耶夫

---

① "Выступление Президента Республики Узбекистан Шавката Мирзиёева на заседании Совета глав государств СНГ",乌兹别克斯坦总统网站,http://president.uz/ru/lists/view/1132.

仍是传统精英的代表和化身，没有足够的证据表明总统将对乌的政治基础进行改变。"①

2. 经济改革抓住了重点，有望进入快速增长期

米尔济约耶夫担任总理十多年，对乌的经济比较优势和劣势非常清楚。在中亚地区乌人口最多，有劳动力资源优势；富产棉花，有发展纺织业的条件，而从东亚国家发展经验看，纺织业是腾飞的起步产业；但不同于东亚国家，乌是"双内陆国"，因此乌总统开始狠抓对外联通这个薄弱点。如力促中吉乌国际公路运输项目落地，积极推动中吉乌铁路建设，落实与土库曼斯坦等国的交通合作。消除短板，发挥比较优势，乌经济出现类似中国经济起飞阶段的高速增长是可期的。

3. 乌兹别克斯坦经济改革尚在初期阶段

目前的重点是消除各种不合理障碍，包括取消一些不符合国际潮流的规定，如通过汇率改革，取消了过于严格的外汇管制。企业经营者和普通百姓对这些影响经济和生活的"桎梏"早有不满，因此汇改政策大快人心。但乌经济改革并未进入"深水区"，仍需平衡地区、部门利益。如国有企业改革未动；短期内推出一大批"特区"有"撒胡椒面"之嫌；旅游签证政策仍较保守且出现反复等。

4. 总统得到民众的高度认可，经济改革会持续

米尔济约耶夫总统推行的一系列改革和亲民举措得到老百姓的欢迎，其政治地位已经稳固。据 2017 年 12 月乌民意研究中心"对社会的思考"（Ижтимоий фикр）公布的调查结果，93.1% 的民众对总统表示信任；90.2% 的受访者认为，米尔济约耶夫推行的政策完全符合民众的期待；90.7% 的受访者认为乌外交政策是成功的②。如改革得以持续，米尔济约耶

---

① Визит Мирзиёева в Казахстан: подготовка к Москве и Пекину?, Александр Костин, Заместительгенерального директора Институтанациональной стратегии.

② "Рейниг доверия населения Узбекистана президенту страны вырос за первый год его деятельности"，乌民意研究中心网站，http://ijtimoiy-fikr.uz/ru/publikacii_v_smi/reyting_doveriya_naseleniya_uzbekistana_prezidentu_strani_viros_za_perviy_god_ego_deyatelnosti。

夫有望成为"乌兹别克斯坦的邓小平"。

5. 塔什干-阿斯塔纳轴心很难出现

乌兹别克斯坦一改往日与哈萨克斯坦竞争地区"老大"的做派，积极发展与中亚邻国的睦邻友好关系，其"不争而争"的政策反而有利于乌兹别克斯坦发挥"中亚中心"的影响力。乌兹别克斯坦中亚政策的改变使中亚地区一体化出现回归苗头，但形成以乌哈为核心的"中亚国家联盟"的内外部条件都还不成熟。

Y.21
吉尔吉斯斯坦

丁 超*

摘 要： 2017年吉尔吉斯斯坦通过修改宪法、打击竞争对手等方式，确保了总统大选的顺利进行，首次实现了政权的平稳交接。经济继续保持增长，财政赤字情况有所缓解，但债务问题依旧严重。对外贸易恢复发展部分消除了其国内各界对于"入盟"的疑虑。平衡大国外交，继续发展与俄罗斯和中国的关系，吉哈关系的短暂交恶助推了吉乌关系的进一步改善。

关键词： 吉尔吉斯斯坦 总统大选 经济增长 对外关系

一 政治形势

2017年，吉尔吉斯斯坦各政治力量围绕总统选举进行了激烈角逐，最终社会民主党候选人索伦拜·热恩别科夫获胜，成为吉新一任总统。此次选举受到各方关注，主要原因在于：一方面，与其他中亚国家的总统制不同，吉尔吉斯斯坦实行议会－总统制，选举过程相对透明，结果很难事先预料；另一方面，此次选举关系到吉是否能平稳、顺利地完成政权交接，而不是如以往那样通过非常手段。

（一）选举前期准备

阿坦巴耶夫强调要举办一次合法、公正和公平的选举，将权力平稳移交

---

* 丁超，中国社会科学院俄罗斯东欧中亚研究所博士后，经济学博士。

新当选总统。为此，吉政府可谓"软硬兼施"，首先通过修宪公投，弱化总统权力，强化政府总理职权。新宪法于2017年1月15日生效，其中关于重新分配政府机构职权的条款就有5条，于阿坦巴耶夫总统任期结束后的12月1日生效。

主要变更的部分有以下几点。第一，任一党派若想从议会执政联盟中退出，需要不少于2/3的党派代表同意，而不再遵从简单大多数原则。每个投退出票的代表，必须亲自签署相关文件。这有助于提高执政联盟的稳定性，因为议会多数派执政联盟负责提名总理并组建内阁，执政联盟解体意味着内阁解散。在过去的6年中，平均每9~10个月便更换一次内阁成员。第二，若被提名的总理或副总理被罢免，可重新恢复其作为议会代表的全权。若执政联盟瓦解，议长的职权应由议会多数票重新确认。第三，政府总理在通过国家预算方面的职权有所扩大。此前议会通过某项法律后一个月内由总统签署或驳回重审。新宪法规定，总理在制定国家经济政策时具有否定权。换句话说，共和国预算和税收法应强制性签署，总理驳回的情况除外。第四，在人事任免方面。总理可自行解雇其政府成员，不管总统是否反对。负责国防和国家安全的官员除外，仍根据总统决议任免。第五，若总统收到罢免某官员的提议后5日内未有回复，总理在与议会多数派协商后，有权罢免该官员职务。①

此外，2017年5月31日，吉议会通过了《关于吉尔吉斯斯坦总统和议会议员选举》的宪法修订案。6月5日，阿坦巴耶夫予以批准。修订案中的新规定如下：其一，将总统候选人的选举保证金由10万索姆提高到100万索姆；其二，引入"社会观察员"的概念，它指的是由吉非商业组织指定并按照法律规定的程序对选举筹备、投票过程、计票、确认选举结果进行监督的人员，吉尔吉斯斯坦公民不能作为国际观察员受到委派；其三，允许网络媒体报道选举情况和开展竞选宣传，在网络媒体有意参与宣传报道的情况

---

① В Киргизии вступают в силу поправки в конституцию, https://ria.ru/world/20171201/1509976582.html.

下,与纸质媒体的地位是一样的;其四,为进行投票和计票工作,并为选民创造最大的便利,投票站应根据当地和其他条件来设立,投票站由地方选举委员会在投票前至少 75 个自然日设立,通常每个投票站不超过 2500 名选民,选区范围的划分按中央选举委员会的规定实施;其五,为了保证选民名单的全面完整,选民名单依据完备程度的不同分为初步名单、核对名单和最终名单。此外,还延长了编制选民名单和熟悉名单的期限。根据已通过的修订案,总统选举将在 10 月(以前是 11 月)的第三个星期日举行。吉议会批准将总统选举日期从 11 月 9 日提前至 10 月 15 日,这也是各政治力量斗争的结果。

在修宪放权的同时,积极打击竞争对手。吉议会反对派"祖国党"领袖捷克巴耶夫,2 月 26 日在比什凯克玛纳斯机场被吉安全部门拘捕。俄罗斯企业家马耶夫斯基向吉国家安全委员会提出控告,称捷克巴耶夫 2010 年任吉临时政府副总理期间,曾接受其给的 100 万美元,并承诺提供便利,但并未履行,还对其进行人身威胁。吉总检察院以"腐败罪"和"诈骗罪"对捷克巴耶夫进行起诉。8 月 16 日,判处捷克巴耶夫 8 年监禁,没收其财产。吉最高法院同时也指出,可能通过特赦或减刑缩短其服刑期限。① 8 月 18 日,吉中央选举委员会宣布捷克巴耶夫的选举申请无效。② 此外,吉国家安全委员会 10 月 10 日宣布逮捕了"吉尔吉斯斯坦"党领导人、国家议员卡纳特别克·伊萨耶夫和"爱国党"成员阿斯佩科夫,指控他们涉嫌图谋"若巴巴诺夫在总统选举中失败将准备暴力夺取政权"③。

(二)选举结果和新政府构成

10 月 15 日,总统选举正式开始。本次选举在吉尔吉斯斯坦全国的 7 个

---

① Верховный суд Киргизии оставил в силе приговор лидеру оппозиции, https://ria.ru/world/20171121/1509255890.html.
② ЦИК Кыргызстана признал недействительными подписные листы от Текебаева, https://rus.azattyq.org/a/28683250.html.
③ 王郦久:《热恩别科夫:吉尔吉斯斯坦新总统》,《世界知识》2017 年第 21 期。

州2个市共设立2375个投票点,来自58个国家和46个国际组织的约800名观察员监督了本次总统选举。约290万选民在吉境内投票,其余选民分别在境外投票点和设在比什凯克的增补投票点投票。10月30日,吉中央选举委员会正式公布总统选举结果,索隆拜·热恩别科夫获得54.22%的选票,当选吉尔吉斯斯坦新一任总统。据统计,选举登记在册的选民有3014434人,只有1697868人进行了投票,占名单人数的56.34%。①

2017年8月,吉议会批准了新一届总理和政府内阁人员,总理为萨巴尔·伊萨科夫,第一副总理阿波德古洛夫·达尔库别克(主管经济,原吉国家银行行长),副总理杜伊申别克·吉拉利耶夫(主管能源矿产,原吉工业、能源与矿产资源委员会主席),副总理秋尔邦·苏尔丹别科娃(主管文化教育,留任);副总理杰米尔·朱玛卡吉洛夫(主管安全和强力部门,原吉安全委员会秘书)。政府办公厅主任由努尔汗别克·玛穆纳利耶夫(原国家干部局局长)担任,经济部部长——阿尔乔姆·诺维科夫(原总统办公厅财经分析和发展监控局局长),国家工业、能源与矿产资源委员会主席——乌兰别克·雷斯库洛夫(原任该委员会副主席),国家信息技术和通信委员会主席——努尔别克·阿巴斯康诺夫(原吉国家能源公司副董事长),其余政府部门领导均留任。

经过3个月的磨合,2017年11月新总理开始对其内阁人员进行业务职能调整,现阶段,第一副总理空缺,主管能矿领域的副总理空缺,副总理阿波德古洛夫·达尔库别克和秋尔邦·苏尔丹别科娃继续负责经济领域和文化教育领域,副总理杰米尔·朱玛卡吉洛夫在吉总统大选前因车祸去世,该职务现空缺。②

---

① ЦИК официально признала победу Жээнбекова на выборах президента,http://kabar.kg/news/tcik-ofitcial-no-priznal-pobedu-zheenbekova-na-vyborakh-prezidenta-v-kyrgyzstane/.
② 《吉尔吉斯斯坦内阁成员变动,上任仅3个月的第一副总理被降职》,http://kg.mofcom.gov.cn/article/ddgk/201711/20171102675560.shtml。

（三）2018年政治走向预测

热恩别科夫当选总统后，将继续全面推进阿坦巴耶夫倡导的政治经济改革，维护政权稳定，促进经济发展，平衡大国外交。总统大选后，吉专家对2018年吉国内政治走向进行了预测，主要观点包括以下几点。

第一，总统、议会和政府之间的互动关系，在很大程度上由热恩别科夫成为独立总统的速度决定。总理伊萨耶夫及其团队不会代表独立的政治力量，但其在公共政策制定中将发挥更大的作用。

第二，阿坦巴耶夫对议会和政府的影响将持续，但呈下降趋势。热恩别科夫和阿坦巴耶夫在谁是真正的"当家人"问题上，不会出现较大冲突。

第三，若阿坦巴耶夫与热恩别科夫之间因主要干部任命和经济形势管控等问题达成了某项协议，则有可能出现双重政府的情况。这将阻碍人事改革，因为新总统和政府无法进行果断的人员更新。

第四，短期内不会产生激进的反对派，但随着政治精英未在新体系中找到自身位置，一旦受到宗教支持，可能形成新的政权反对派。

第五，"塔扎库姆"计划可能成为国家机器效率低下和官员腐败的受害者。改革面临的主要困难是企图在国家机构中采用现代科技，但系统是陈旧的，效率低下。热恩别科夫在国内政治经济生活中采取相对中立的立场，重点放在外交政策上。但仍需要解决两个关键问题：一是如何进行实质性的改革，而不是单纯的模仿；二是是否值得进行实质性改革，因为这将与部分政治精英产生冲突，还是只是假装成功地打击腐败。[①]

二 经济形势

2017年吉尔吉斯斯坦经济形势较为稳定，GDP保持增长，但增速略微

[①] Каким будет 2018 год для Кыргызстана. Прогноз политологов, https：//24.kg/obschestvo/71754_ kakim_ budet_ 2018_ god_ dlya_ kyirgyizstana_ prognoz_ politologov/.

放缓；财政赤字率下降明显，但债务问题依然严峻；对外贸易恢复发展，入盟效果初现。在经济政策层面，制定了《2018～2040年可持续发展战略》，规定了吉中长期内经济发展的优先方向和战略任务。

（一）宏观经济形势趋于稳定

1. 国内生产总值保持增长，非独联体国家投资占比陡增

国际组织对2017年吉尔吉斯斯坦经济形势的预测较为乐观。世界银行预测，黄金开采量下降将使吉经济增速降至3.4%，其他经济领域将保持增长。欧亚发展银行预计，吉经济已度过危机阶段，未来3年将温和增长，增速分别为4.0%、4.2%和4.2%。对外贸易将保持相对稳定，其主要贸易伙伴国经济增长的恢复将通过侨汇的方式支持吉国内的购买力。因10月发生的吉哈边境运输问题，国际货币基金组织下调了年初对吉经济增速的预测，从3.5%将至3.2%。吉总理伊萨耶夫提出，2018～2020年吉实际GDP增长将维持在4.5%的平均水平，通胀率维持在5.1%。① 根据吉国家统计委员会数据，截至2017年11月，吉国内生产总值达4301亿索姆，比去年同期增长4.0%。若不计"库姆托尔金矿"产值，GDP为3883亿索姆，同比增长3.9%。工业、建筑业、服务业和对外贸易表现较为活跃，增幅分别达12.5%、7.2%、8.2%和8.6%，对GDP的贡献度分别为47.4%、26.6%、4.5%和1.2%。

2017年1～11月，吉固定资本投资为1162亿索姆，同比增长4.2%。从融资来源看，国内融资750亿索姆，占64.5%，上升了6个百分点。其中，各级预算投资占到7.5%（共和国预算为76亿索姆，地方预算为11亿索姆）；企业自筹346亿索姆，占比29.8%；外部融资412亿索姆，占35.5%，主要来源于外国贷款、外商直接投资、国际赠款和人道主义援助，分别占固定资本投资总额的24.0%、8.7%和2.8%。值得注意的是，吉外

---

① Премьер - министр Сапар Исаков: Реальный рост ВВП на 2018 - 2020 годы планируется на среднем уровне 4, 5 %, http://www.gov.kg/?p=107639&lang=ru.

商直接投资构成中，独联体国家所占份额仅为7.9%，而2016年同期这一比率为48.3%。2017年1~9月，独联体国家对吉的直接投资急剧下降，从上年同期的2.58亿索姆降至0.40亿索姆，还不及原来的1/6，主要是源自俄罗斯的直接投资显著减少（从2.36亿索姆降至0.12亿索姆）。与之相反，哈萨克斯坦在吉金融中介、资源开采和批发零售领域的投资均有所增加，增幅达16.2%，乌兹别克斯坦在吉的直接投资也增长了7倍。中国和加拿大是吉尔吉斯斯坦的主要外部投资来源国，占到总投资的70%以上，2017年1~9月对吉直接投资增长迅猛，分别为2.27亿索姆和1.30亿索姆，是2016年同期的8.5倍和50.9倍。

2. 居民实际生活水平提高，侨民问题有待关注

外汇市场全年保持了稳定，央行不时进行货币干预，以平息汇率波动。2017年1~11月，吉本币索姆对美元和欧元实现了不同程度的升值，涨幅分别为2%和6%；对俄罗斯卢布和哈萨克斯坦坚戈分别贬值12%和3.5%。在国内消费和外需复苏的背景下，2017年吉通胀率在3.3%~4.1%区间波动（12月15日为3.7%）。1~10月，吉人均月收入为14868索姆（约216.3美元），与去年同期相比增长了6.9%，若剔除通胀因素，工资水平实际增长了3.8%。根据世界银行预测，基于农业和建筑领域的稳定增长、侨汇收入的增加，以及私营部门工资的缓慢增长，2017~2018年吉贫困率将分别降至31.7%和30.2%。食品价格的走低也对提高居民购买力产生了积极影响。① 民调显示，75%的吉尔吉斯斯坦青年对其生活水平表示满意。②

侨汇收入再创新高。根据吉央行数据，1~10月，吉侨汇收入为20.84亿美元，与2016年同期的16.60亿美元相比，增长了26%。其中，来自俄罗斯的侨汇收入为20.44亿美元，同比增长32%，所占比重也相应提高了6

---

① В 2017 году уровень бедности в Кыргызстане сократится до 31,7% - Всемирный банк, http：//kabar.kg/news/v-2017-godu-uroven-bednosti-v-kyrgyzstane-sokratitsia-do-31-7-vsemirnyi-bank/.

② Молодежь КР удовлетворена своей жизнью на 75%—итоги исследования, http：//knews.kg/2017/11/molodezh-kr-udovletvorena-svoej-zhiznyu-na-75-itogi-issledovaniya/.

个百分点。① 劳务移民收入增长的同时，对生活环境和资金利用提出了更高的要求。有专家提出，长期在外工作的吉尔吉斯斯坦移民有意投资国内项目，但由于缺乏国家担保，大量闲散资金只能用于日常消费，这不利于社会再生产的扩大。② 从国家角度来看，总统候选人为获得更多的选票和民心，通常会承诺改善劳务移民的生存条件。普通劳务移民厌倦了无休止的移民生活，对总统选举抱有希望，但国内经济水平又往往无法满足他们的生活需求，他们希望新政府最终能够设法吸引投资，创造就业机会，促进商业发展，至少创造一些能让他们重返家园的前提条件。③

3. 赤字率有所下降，债务水平仍处高位

吉官方宣布未来3年将继续保持预算赤字。据预测，2018~2020年吉国家预算收入将达1351亿、1365亿和1391亿索姆，支出预计为1577亿、1567亿和1585亿索姆，据此，赤字将分别达226亿索姆（GDP的4.4%）、202亿索姆（GDP的3.4%）和194亿索姆（GDP的3%）。④ 根据吉统计委员会数据，2017年1~10月吉国家预算收入为1184亿索姆，较上年同期增长了15.1%，即155亿索姆。支出为1274索姆，同比增长了6.6%，即79亿索姆。赤字90亿索姆，占GDP的2.3%（2016年底赤字率为4.6%）。

税收收入是预算收入的主要来源。2017年前10个月吉税收收入达825亿索姆，占预算收入的近70%。与2016年同期的757亿索姆相比，增长了9%。吉国家税务局公布资料显示，截至2017年10月，吉纳税人欠税达28亿索姆；无法追回的欠税税款达8.92亿索姆，占总欠税款的24.8%。⑤ 1~

---

① http://www.nbkr.kg/index1.jsp?item=1785&lang=RUS.
② Мигранты готовы инвестировать в Кыргызстан? http://www.stanradar.com/news/full/27633-migranty-gotovy-investirovat-v-kyrgyzstan.html.
③ Бишкек вспоминает о мигрантах только перед выборами, http://www.ng.ru/dipkurer/2017-10-16/11_7095_kirgisia.html.
④ В ближайшие три года бюджет Кыргызстана останется дефицитным, https://24.kg/ekonomika/61759_vblijayshie_tri_goda_byudjet_kyirgyizstana_ostanetsya_defitsitnyim/.
⑤ Налоговая задолженность в Кыргызстане достигла почти 3 миллиарда сомов, https://24.kg/obschestvo/67572_nalogovaya_zadoljennost_vkyirgyizstane_dostigla_pochti_3milliarda_somov_/.

10 月预算支出的主要部分集中于社会文化（659 亿索姆）、国防和安全（267 亿索姆）、与经济活动相关的服务（48 亿索姆）、环境保护（5 亿索姆）。其中，教育、住房、公共服务、社会秩序和安全领域的支出实现了增长，增幅分别为 8.7%、6.0%、9.4%、3.0% 和 4.4%；而与经济活动、环境保护、休闲、文化与宗教相关的预算支出有所减少。

吉总理伊萨耶夫指出，至 2020 年，预算赤字将有所缩减。减少"影子经济"份额和改善税收管理（包括采用现代化的数字科技，提高医疗卫生、教育和社会保障等领域的支出效率）等手段，降低对外部援助和优惠贷款的过度依赖。与此同时，继续积极推进优惠投资项目，吸引外国金融机构的资金，包括北南高速公路建设、托克托古尔水电站修复、居民清洁用水保障等基础设施项目。未来 3 年税收收入的年均增长应保持在 7.4% 左右，争取将企业税负从 26.5% 减少到 22.3%。① 此外，吉政府还在酝酿对出口贵金属矿砂加征关税，为协调财政收入和企业投资积极性的关系，具体税率还在讨论之中。②

2011~2016 年吉外债增加了 9.86 亿美元。至 2017 年 10 月 31 日，吉国家债务总额为 43.58 亿美元，占国内生产总值的 60.6%。其中，外债为 39.58 亿美元，占 GDP 的 55.0%；双边优惠贷款 23.43 亿美元，主要来自中国进出口银行（16.29 亿美元）、日本协力机构（2.42 亿美元）、俄罗斯（2.4 亿美元）；多边优惠贷款 15.59 亿美元，其中，世界货币基金组织 1.81 亿美元、亚洲发展银行 5.97 亿美元、世界银行 6.50 亿美元。内债为 3.99 亿美元，主要为长期债券（3.45 亿美元）。③ 为继续借贷，吉政府不得不对法律做出变更：自 2017 年起，放弃了国家债务水平不能高于 GDP 60% 的规定，预算法中批准了债务允许值的新的计算公式。

---

① Премьер‐министр Сапар Исаков: Реальный рост ВВП на 2018‐2020 годы планируется на среднем уровне 4,5%, http: //www. gov. kg/? p = 107639&lang = ru.
② Вице‐премьер Д. Зилалиев считает, что пока рано вводить пошлины на вывоз золотосодержащей руды и концентратов, http: //www. tazabek. kg/news: 1406787? f = cp.
③ Структура госдолга КР по состоянию на 31 октября 2017 г. —Новости—Министерство финансов Кыргызской Республики, http: //www. minfin. kg/ru/novosti/novosti/struktura‐gosdolga‐kr‐po‐sostoyaniyu‐na‐31‐oktyabr. html.

4. 对外贸易恢复发展，"入盟"成果初现

独联体地区整体经济形势不佳和本币索姆升值，导致2016年吉对外贸易的大幅下跌，也使得"入盟"之举受到广泛质疑。2017年，吉对外贸易状况有极大改善，已逐步恢复到危机前水平。1~10月，吉对外贸易总额为49亿美元，与2016年同期相比，增长了8.6%。其中，出口占27.8%，达13.69亿美元，增长了12.1%，对独联体国家出口增长25.4%；进口占72.2%，为35.61亿美元，增长7.3%。与欧亚经济联盟国家间的相互贸易占吉对外贸易总额的38%，其中出口占35.5%，进口占38.9%。

吉"入盟"已两年有余，大部分过渡条款已经或即将到期，之后国内外市场商品生产和销售均须严格按照欧亚经济联盟的规定来执行，这对于尚未做好充分准备的吉企业来说，是一个不小的挑战①。虽然吉各界对"入盟"的评价不一，但吉领导层的态度并未出现不确定性或失望情绪，公众也没有表现出明显的不满②。从2017年8月12日起，吉正式适用欧亚经济联盟的18项技术标准，涉及的97项法律规范中，吉还须完成剩余5项法规（电梯安全和烟火制造安全领域）的修改。目前，吉尔吉斯斯坦有33个实验室，可以针对12项技术标准颁发技术合格证书，其中8项技术标准针对食品安全领域，针对包装安全、儿童用品安全、玩具安全和轻工业安全各1项。吉政府计划吸引26万美元用于购买检测设备。③

（二）宏观经济政策不断调整

根据吉尔吉斯斯坦《2018~2040年可持续发展战略》，2023年前（第一阶段）将实施89个项目，预计投资117.19亿美元。其中，投入最多的是交通运输领域，共计21个项目，达89亿美元，包括中吉乌铁路项目和北南

---

① Кыргызстан переходит на технические регламенты ЕАЭС，http：//www. easttime. ru/news/kyrgyzstan/kyrgyzstan – perekhodit – na – tekhnicheskie – reglamenty – eaes/13288.
② Пазилов Б. К. Киргизия в Евразийском Экономическом Союзе：предпосылки，первые результаты и перспективы. Политика в фокусе. 2016.
③ 《2017年8月12日起吉尔吉斯斯坦正式适用欧亚经济联盟的18项技术标准》，http：//kg. mofcom. gov. cn/article/jmxw/201708/20170802619810. shtml。

公路项目。其他领域的项目包括"纯洁社会"框架内14个项目（1.57亿美元）、创新领域项目6个（3.67亿美元）、灌溉项目19个（3.28亿美元）、能源领域项目8个（9.56亿美元）、工业领域项目8个（5.77亿美元）、生产及物流项目5个（2.07亿美元）、卫生领域项目5个（1.57亿美元）、环保项目3个（0.7亿美元）。[①]

首先，大力推动基础设施建设，带动相关产业发展，创造更多的就业岗位。2017~2018年吉计划实施4个大型公路建设项目（见表1）。[②]

表1 2017~2018年吉尔吉斯斯坦大型公路建设项目及其融资情况

项目	项目长度	项目造价	资金来源	完工周期
塔拉兹-塔拉斯-苏萨梅尔公路修复项目三期，75~105公里路段	30公里	2208万美元	伊斯兰开发银行1000万美元、沙特阿拉伯发展基金1000万美元、吉方配套资金208万美元	2017年8月~2018年8月
比什凯克-纳伦-吐尔尕特公路修复项目，272~365公里路段	93公里	7230万美元	亚洲协力机构6620万美元、吉方配套资金610万美元	2017年7月~2018年7月
奥什-巴特肯-伊斯法纳公路修复项目，75~108公里路段	33公里	2376万美元	伊斯兰开发银行2132万美元、吉方配套资金244万美元	待建项目，计划2020年前完工
北-南公路建设项目，159~183公里路段	24公里	3380万美元	伊斯兰开发银行1200万美元、沙特阿拉伯发展基金2000万美元、吉方配套资金180万美元	待建项目，计划2020年前完工

其次，推进市场化改革。吉存在大量亏损国企，主要原因是过于庞大的国企编制和低效的管理模式。为此，2017年3月吉成立专项工作组，对国

---

① К 2023 году в рамках программы Жаны доорго - кырк кадам будет реализовано 89 проектов, http：//kabar.kg/news/k-2023-godu-v-ramkakh-programmy-zhany-doorgo-kyrk-kadam-budet-realizovano-89-proektov/.
② 《吉交通运输部向媒体公布2017~2018年公路建设清单》，http：//kg.mofcom.gov.cn/article/jmxw/201711/20171102664303.shtml。

有资产进行大规模清查，并计划通过股份制改造、私有化、清算、事业单位改制等方式将国企数量缩减至26家。正在运行的国企中，有35家已经通过合并的方式实现了重组，86家改组为国家机关，4家已被清理。清查工作将于2017年12月1日前完成。之后，吉将建立国企数据库，用于预测国企的收入，加强社会对国企经营的监督。①

最后，积极讨论制定公私合作法案，吸引投资。目前吉仅签订了一份公私合作协议，德国公司"Fresenius Medical Care"在比什凯克、奥什、贾拉拉巴德三市提供血液透析服务，并建设新的血液透析中心，向患者提供先进的、高质量的药物。未来5~10年，吉将在地区层面不断推进公私合作项目，集中于道路交通和社会基础设施、住房公用事业、医疗卫生等领域，解决国家资金不足的问题。②为强化国家机关在吸引投资方面的作用，吉提高了经济部国家投资和出口促进署的地位，将其提升为"吉尔吉斯斯坦促进和保护投资局"。对投资项目进行全程支持，消除项目运行过程中可能产生的官僚主义障碍，同时也为投资者提供有效的反馈机制。③

三 对外关系

2017年，吉尔吉斯斯坦对外关系发展较为跌宕，主要表现为俄吉关系的恢复发展、中吉关系的不断升温、哈吉关系的短暂交恶和吉乌关系的一路向好。根据吉新宪法，总统负责国家外交政策的制定和实施。热恩别科夫就

---

① Из 966 нефункционирующих госпредприятий правительство ликвидирует 118—ФУГИ, http：//kabar. kg/news/iz - 966 - nefunktcioniruiushchikh - gospredpriiatii - pravitel - stvo - likvidiruet - 118 - fugi/.

② Активная реализация проектов ГЧП в Кыргызстане обеспечит развитие социальной инфраструктуры - директор АПЗИ, http：//kabar. kg/news/aktivnaia - realizatciia - proektov - gchp - v - kyrgyzstane - obespechit - razvitie - sotcial - noi - infrastruktury - direktor - apzi/.

③ Повышен статус Госагентства по продвижению инвестиций и экспорта при Министерстве экономики, http：//www. gov. kg/? p = 107274&lang = ru.

任国家元首后，其对外政策的优先方向依然是俄罗斯、欧亚经济联盟国家、中国和其他邻国。①

（一）俄吉关系恢复发展

2016年俄吉关系的发展经受了一定的挑战，包括吉废除《关于建设与运营上纳伦河梯级水电站和卡姆巴拉金1号水电站的协议》，以及吉政府内部关于俄军事技术援助和"入盟"等问题存在的分歧。但这只是双边关系中的一些小"插曲"，俄吉关系将维持一个稳定的发展态势。吉尔吉斯斯坦作为欧亚经济联盟及独联体集体安全条约组织成员，奉行亲俄政策是其外交政策的基石。吉总统热恩别科夫上任后，首次出访便选择了俄罗斯，表明了吉深化与俄罗斯同盟和战略合作伙伴关系的决心。

俄罗斯国际事务委员会专家亚历山大·古辛指出，俄在吉尔吉斯斯坦对外关系中的重要性主要体现在三个方面②。一是安全领域。吉尔吉斯斯坦是推动中亚地区和平与稳定的重要力量，2017年吉乌关系的缓和与改善也将有助于俄罗斯实现维护地区安全的目标。关于俄在吉尔吉斯斯坦的军事基地，吉政府并未要求其撤出吉领土，而是提出待按规定期满后，若任意一方没有表达不再续约的意愿，则可自动延期。吉目前尚没有足够的资金来实现武器装备的养护，今后还将继续借助俄罗斯的援助。吉将致力于加强自身军事实力，与俄在吉境内的武装力量一起，共同保障主权和国家安全，包括打击国际恐怖主义和极端主义势力的武装袭击。③

二是经济领域。普京总统指出，吉尔吉斯斯坦加入欧亚经济联盟更侧重

---

① Кыргызстан после президентских выборов: экономические перспективы, обеспечение безопасности и внешнеполитические приоритеты, http://knews.kg/2017/12/kyrgyzstan – posle – prezidentskih – vyborov – ekonomicheskie – perspektivy – obespechenie – bezopasnosti – i – vneshnepoliticheskie – prioritety/.

② Три причины, почему Москве важен Кыргызстан, http://www.stanradar.com/news/full/27663 – tri – prichiny – pochemu – moskve – vazhen – kyrgyzstan.html.

③ О визите В. Путина в кырызстан, http://easttime.ru/analytics/kyrgyzstan/o – vizite – vputina – v – kyrgyzstan/13256.

于地缘政治选择，而俄罗斯的目标在于使吉尔吉斯斯坦成为完全意义上的贸易伙伴。近11年来，俄免除吉债务总额达7.032亿美元。① 吉尔吉斯斯坦是独联体国家中获得俄罗斯免债最多的国家，远高于排名第二、第三位的塔吉克斯坦（1.013亿美元）和亚美尼亚（9470美元）。2017年6月20日，签署了关于调整吉对俄债务的备忘录，免除吉所欠的全部债务。② 为减轻吉金融体系的负担，俄罗斯还为其适应欧亚经济联盟要求提供多样化的支持方式：提供2亿美元用于海关基础设施现代化；俄石油天然气公司对吉天然气输送网络投资1000亿卢布，目标是使吉电气化指数从22%提高到60%。③ 截至2017年11月，俄吉基金共资助了781个项目，发放贷款2.58亿美元，其中已完成的项目占57%。④ 计划至2017年底核准项目总额达2.67亿美元。俄吉基金定位于扶持中小企业发展，通过"俄罗斯投资银行"吉尔吉斯斯坦分行，吉商业银行、乡镇银行、储蓄银行、资本银行等伙伴银行提供优惠贷款。2017年俄吉基金的合作银行数量增长至13个。自2017年8月15日起，吉中小企业项目本币贷款年均利率降至10%（此前为12%），而在伙伴银行的美元贷款利率将继续保持在5%的水平。⑤

三是人文领域。这主要涉及在俄境内吉尔吉斯斯坦劳务移民的生活状况。加入欧亚经济联盟后，劳务移民申请程序得以简化，使吉在俄罗斯的劳工权益得到了保障，如劳务移民的自由流动、不受配额限制、家

---

① 2012年，吉对俄债务总额是4.889亿美元。2013年，减免债务1.889亿美元，剩余分期偿还债务额度3亿美元。2016年、2017年又每年减免3000万美元，截至2017年3月底吉对俄债务额度为2.4亿美元。
② Россия списала 240 миллионов долларов долга Кыргызстана, http://easttime.ru/news/kyrgyzstan/rossiya-spisala-240-millionov-dollarov-dolga-kyrgyzstana/13453.
③ Россия продолжит оказывать Кыргызстану финансовую поддержку, http://easttime.ru/news/kyrgyzstan/rossiya-prodolzhit-okazyvat-kyrgyzstanu-finansovuyu-podderzhku/12874.
④ http://rkdf.org/ru/.
⑤ Итоги деятельности РКФР за 2016 год и промежуточные итоги восьми месяцев работы 2017 года, http://rkdf.org/ru/novosti/novosti_fonda/1631_itogi_deyatelnosti_rkfr_za_2016_god_i_promeghutochnie_itogi_vosmi_mesyacev_raboti_2017_goda.

属免签探亲期限延长、不再需要许可证件就可获得合法地位等。今后两国政府还将制定共同的教育和人道主义项目，改善劳务移民的居住和生活条件。

（二）中吉关系不断升温

吉尔吉斯斯坦将中国视为可靠的战略伙伴，是吉外交的优先方向。阿坦巴耶夫出席"一带一路"国际合作高峰论坛期间，与中国签署了多个文件，包括促进中小企业发展合作纲要、加强工业潜能和投资合作的谅解备忘录、关于吉尔吉斯斯坦向中国出口用禽类副产品加工家畜饲料的会谈纪要等。热恩别科夫上台后，继续秉承对华友好的态度，加强双边产能合作，落实大项目建设，推动两国睦邻友好合作关系迈上新高度。2017年12月1日，两国总理在参加上海合作组织成员国政府首脑理事会第十六次会议期间进行了会晤，就双边合作的热点问题进行了磋商，包括农产品贸易、中吉乌铁路建设、简化签证等问题。吉总理伊萨耶夫还提出，希望中方能够资助建设环伊赛克湖公路，并提议建立中吉投资基金，以促进双边经贸合作。① 中国已连续多年成为吉尔吉斯斯坦最大的债务来源国，年贷款利率为1.5%～2%，偿还期限为20～25年，优惠期为7～11年。②

中吉乌铁路建设取得重要进展。连接中国到中亚各国的铁路建设项目讨论已经持续了近20年。关于路线也存在多个方案，包括从中国途经吉尔吉斯斯坦至乌兹别克斯坦，再到土库曼斯坦、伊朗，最后到达土耳其海港。然而，因涉及一些原则性和操作性问题，如轨距、建设成本等，各方始终无法达成一致。乌总统米尔济约耶夫指出，中吉乌铁路建设的尽快启动可以为上

---

① Премьер‐министр Сапар Исаков обсудил с Премьером Государственного совета КНР Ли Кэцяном актуальные вопросы сотрудничества, http://www.gov.kg/? p = 107946&lang = ru.

② Бояться ли Киргизии Китая? http://www.ng.ru/dipkurer/2017 - 10 - 02/11 _ 7085 _ kirgisia. html.

合组织国家进入世界市场提供最短的路径。① 2016年，耗资17亿美元的安格连－帕普电气化铁路建设项目完工。这条长124公里的铁路不仅将费尔干纳盆地与乌兹别克斯坦其他地区连接起来，今后也将与吉尔吉斯斯坦和中国的铁路系统实现联通。

2017年10月，吉交通运输部与乌对外经贸部签署交通领域合作的备忘录，就加快推进中吉乌铁路项目达成一致："双方将积极利用塔什干－安集延－奥什－伊尔克什坦－喀什公路，并采取必要的措施以推动中吉乌铁路建设。"② 12月28日，中吉乌代表在塔什干举行了三边会谈，讨论并通过了关于落实铁路建设计划的决议，并明确了建设方案的时间表：2018年4月将举行下一轮会谈并正式提交最终设计方案；8月，明确铁路的技术经济基础，2018年底解决项目融资问题。乌兹别克斯坦"欧亚核心"项目负责人弗拉基米尔·帕拉莫诺夫认为，中吉乌铁路建设可能吸引俄罗斯和其他欧亚经济联盟成员国，成为"一带一盟"对接的有益补充。③ 目前，乌、吉两国专家正在制定方案，计划按照国际标准将塔什干－安集延－奥什－伊尔克什坦－喀什公路从双车道扩建为四车道。改建后的公路不仅可降低从中国经吉到乌的运输时间，降低成本，还可以增进三国之间的经贸交往，带动相关物流运输业的发展。④

（三）哈吉关系短暂交恶

2017年10月，哈萨克斯坦加强了包括移民、海关、动植物检验检疫

---

① Соглашение по ж/д Узбекистан - Кыргызстан - КНР могут подписать в 2018 году，http：//www. stanradar. com/news/full/27557 - soglashenie - po - zhd - uzbekistan - kyrgyzstan - knr - mogut - podpisat - v - 2018 - godu. html.

② Правительство одобрило документ с узбекской стороной об ускорении строительства ЖД Китай—Кыргызстан—Узбекистан，www. tazabek. kg/news：1409882? f = cp.

③ Бишкек ищет альтернативу ЕАЭС，http：//www. ng. ru/cis/2017 - 10 - 31/100_7107_kirgizja. html.

④ Узбекистан и Кыргызстан договорились снизить таможенные барьеры，https：//news. rambler. ru/other/38679673 - uzbekistan - i - kyrgyzstan - dogovorilis - snizit - tamozhennye - barery/? utm_medium = read_more&utm_content = rnews&utm_source = copylink&updated.

等方面的边境检查,主要针对从中国进口,经吉转运,再出口至哈萨克斯坦、俄罗斯及其他联盟国家的商品。吉尔吉斯斯坦与俄罗斯没有共同边界,过境哈萨克斯坦进入俄罗斯市场是其优先选择。过境需要几个小时,甚至几天,交通拥堵状况常常会绵延几公里,导致大量农产品腐烂。吉认为,哈方此举不符合两国之间的联盟关系和战略伙伴关系,也不符合欧亚经济联盟的目标。

10月30日,吉总理伊萨耶夫签署了总统令《关于受吉尔吉斯斯坦-哈萨克斯坦边界现状影响的企业的国家扶持措施》,规定在12月1日前确定受损失的企业名单,并通过延期缴税、减免债务利息等手段,予以扶持。① 同时,吉先后向世界贸易组织和欧亚经济委员会投诉。11月10日,吉经济部副部长阿尔玛兹·萨兹巴克夫在日内瓦世贸组织贸易理事会例会上,通报了吉哈边境冲突情况,以及哈萨克境内设置的仅针对吉尔吉斯斯坦的人为卡车障碍。认为这损害了WTO的基本原则,尤其是保障过境自由和非歧视原则,此举至少使吉损失了0.3%的GDP增长。②

专家们怀疑,吉哈之间的经济冲突与选举政治有关。③ 哈总统战略研究所萨纳特·库什姆巴耶夫则强调,吉哈边境冲突是一个现实问题,并没有政治色彩。吉加入欧亚经济联盟时,哈方便提出了改进植物检疫、海关管理等问题,并提供了相应的资金援助,但遭到吉方拒绝。④ 哈农业部发表的一份报告中指出,大量来自吉尔吉斯斯坦的农产品负量不符合欧亚经济联盟标准,

---

① Правительство одобрило меры по поддержке предпринимателей, пострадавших в результате ситуации на кыргызско-казахской границе, http://www.gov.kg/?p=106338&lang=ru.

② В штаб-квартире ВТО рассмотрели вопрос Кыргызской Республики относительно мер ограничения торговли, применяемых Казахстаном на границе КР-РК, http://www.gov.kg/?p=107045&lang=ru.

③ Евразийский союз загнивает изнутри, https://www.gazeta.ru/business/2017/10/27/10960994.shtml?updated.

④ Казахстанские политологи - о подписании дорожной карты с Кыргызстаном, http://www.stanradar.com/news/full/27526-kazahstanskie-politologi-o-podpisanii-dorozhnoj-karty-s-kyrgyzstanom.html.

缺乏植物检疫证书和产品标识，水果中甚至发现了东方蛾、果蝇等害虫。

吉哈边境问题产生了极为消极的影响，运输成本的增加使进口货物的成本至少要上涨1/3。吉当局宣称，企业和官员应考虑与中国和乌兹别克斯坦建立贸易联系。阿坦巴耶夫也指出，吉不该对欧亚经济联盟寄予过高的期望，应积极寻找可替代的运输通道，加快中吉乌铁路建设的启动。此外，要逐步降低对哈萨克斯坦的能源依赖，防止两国关系恶化可能导致的能源危机。但吉工商委员会库巴特·拉希莫夫认为，吉尔吉斯斯坦经济种类单一，无法在短期内以最小的成本将产品转移到其他销售市场。长期以来，吉尔吉斯斯坦都是中国转口贸易的过境国，而吉出口到中国的商品很少，每年只有约3000万美元的商品。乌总统米尔济约耶夫虽实行了对外开放的政策，但并不意味着吉货物可以立即出口到乌兹别克斯坦，况且两国的经济结构十分相似。①

12月2日，吉哈政府在阿斯塔纳签订协调两国边境问题的"路线图"协议。根据该协议，自3日零时起，两国边境恢复正常工作状态。哈吉边境不再执行高度加强的边境管控制度，而转为普通的边境防卫标准。"路线图"包含50项措施，其中系统性措施29项，技术性措施16项，临时措施5项，涉及边境、运输、动植物检验、海关和税务等问题。② 吉尔吉斯斯坦方面承诺将遵照欧亚经济联盟标准严格执行相关义务。哈首任总统基金会世界经济与政治研究所专家萨比托夫指出，吉尔吉斯斯坦在"路线图"中受益更大。吉经济结构与哈萨克斯坦20世纪90年代相似，存在大量"影子经济"，比重为20%~50%。"路线图"将有助于吉诸多经济部门走出"影子经济"，扩大国家税基，将GDP提高10%。③

---

① Бишкек ищет альтернативу ЕАЭС, http://www.ng.ru/cis/2017-10-31/100_7107_kirgizja.html.
② Состоялось подписание Соглашения о «дорожной карте» по двустороннему экономическому сотрудничеству с Казахстаном, http://www.gov.kg/?p=108086&lang=ru.
③ Казахстанские политологи - о подписании дорожной карты с Кыргызстаном, http://www.stanradar.com/news/full/27526-kazahstanskie-politologi-o-podpisanii-dorozhnoj-karty-s-kyrgyzstanom.html.

（四）吉乌关系一路向好

2016年12月24日，时任吉总统的阿坦巴耶夫和乌兹别克斯坦新总统米尔济约耶夫在撒马尔罕会晤，为双边关系的恢复掀开了崭新的一页。具有象征意义的是，20年前的同一天，两国缔结了永恒友谊的条约。2017年是吉乌关系从缓和到快速发展的一年，① 主要表现在以下几个方面。

其一，发展互信、睦邻友好的战略伙伴关系。总统互访以及高层之间的互动，为两国之间各领域合作的启动提供了坚实的政治保障。两国政府、政府总理和外交机构负责人也开始定期、频繁的会晤，长期以来首次举行了内务部和航空服务部门之间的磋商。② 两国互相支持彼此的国际倡议：吉代表团参加了在撒马尔罕举办的保障中亚地区稳定发展的国际会议，题为"中亚：一个过去和共同未来，可持续发展和共同繁荣的合作"；乌兹别克斯坦代表团参加"雪豹及其生态系统保护国际论坛"和比什凯克阿尔泰论坛。

其二，推动边界问题和水资源利用问题的解决。9月，乌总统米尔济约耶夫对吉尔吉斯斯坦进行国事访问，期间签订了边界协议，对85%的吉乌边界进行划定。其余15%（200公里）还在讨论之中。费尔干纳盆地是主要的争议地区，协议的签订为两国公民的自由迁徙开辟了边界通道。此外，对贾拉拉巴德州卡桑赛水库的归属问题达成了一致——水库归吉尔吉斯斯坦水利部门管辖，同时成立水资源利用双边委员会。水库容量的8%归吉尔吉

---

① 共签署了13项协议，包括：关于加强两国互信、睦邻友好的战略伙伴关系宣言；两国外交部在比什凯克签署的关于边界线的协议已获各自国内议会批准，双方互换协议文本；两国农业部签署的关于供应矿物质肥料的政府间协议；两国部队总参谋部签署的合作协议；两国内务部门签署关于共同打击毒品、精神药品、制毒原料等非法物品的协议；关于加强两国旅游业合作的协议；关于互换统计数据的协议；关于共同打击财经犯罪的协议；吉贾拉拉巴德州和乌纳曼干州关于经贸合作和人文交流的协议；吉巴特肯州和乌费尔干纳州关于经贸合作和人文交流的协议；两国宗教委员会的合作协议；吉交通运输部和乌对外贸易部关于加强交通领域合作的备忘录；吉卡巴尔国家通讯社和乌兹别克斯坦国家通讯社关于信息互换的合作备忘录。
② Кыргызстан и Узбекистан：один год равен десятилетию，http://www.stanradar.com/news/full/27623 - kyrgyzstan - i - uzbekistan - odin - god - raven - desjatiletiju.html.

斯斯坦利用，这些水量足以灌溉1500公顷土地，乌兹别克斯坦使用其余92%，每年支付1600万索姆（22.95亿美元）。

其三，充分挖掘经贸合作潜力。10月，阿坦巴耶夫访问乌兹别克斯坦，间断了8年的吉乌政府间双边合作委员会第八次会议举行。首次举办了商业论坛和商品展览会。签署了达2亿美元的协议，包括汽车组装、农机生产、电缆供货、建立贸易休闲中心等方面的协议，以及向乌出口轮胎、矿泉水、蜂蜜、植物油和石灰石等商品的合作备忘录。但事实上，吉出口至乌兹别克斯坦的商品非常有限，吉正日益成为乌兹别克斯坦商品的销售市场。索姆贬值后，乌商品在吉市场更受欢迎，尤其是Ravon牌汽车。此外，吉还从乌进口农业机械、矿物肥料、橡胶制品、瓷砖、亚麻等。[1] 吉开始向乌供应电力能源，使得前九个月的双边贸易额增长60%，大约为2.31亿美元，2016年同期仅为1.4亿美元。

---

[1] Кыргызстан и Узбекистан подписали контракт на поставку продукции на сумму более ﹩200 млн，http：//www.tazabek.kg/news：1409223？f＝cp.

Y.22 塔吉克斯坦

张真真*

摘　要： 2017年塔吉克斯坦的权力交接模式更加明朗化。政治经济转型与安全面临的双重压力，是对拉赫蒙政府执政能力的极大挑战。塔吉克斯坦政府制定和实施经济发展规划，推进经济平稳发展，落实战略目标，进一步改善民生。继续加强与俄罗斯、中国的战略合作，改善与乌兹别克斯坦的关系，保障区域安全稳定。

关键词： 塔吉克斯坦　政治　安全　经济　外交

一　国内政治形势总体稳定，安全领域堪忧

2017年，塔吉克斯坦政治形势总体稳定，政府制定并实施国家长期发展战略；拉赫蒙政权控局能力较强，但仍然存在潜在风险，这种趋势在未来一段时间不会改变；由于与阿富汗有漫长的边境线，加上固有的毒品流通问题，塔吉克斯坦的安全形势仍为各方关注；腐败率上升。

（一）制定《至2030年塔吉克斯坦国家发展战略》

2017年全球经济形势有所改善，世界主要经济体普遍呈现稳步复苏态势，制造业回暖。尽管世界政治经济形势出现新变化，安全形势面临新挑战，在这一年塔吉克斯坦为实现经济平稳发展、落实战略目标、改善民生迈

---

* 张真真，上海大学上海合作组织公共外交研究院助理研究员，研究方向为俄罗斯中亚国家政治、上海合作组织。

出了坚实的步伐。塔吉克斯坦政府高度重视经济发展规划的制定和实施。在独立25周年之际,塔吉克斯坦政府发布了《至2030年塔吉克斯坦国家发展战略》(以下简称战略),战略将分三个阶段:到2020年为第一阶段,到2025年为第二阶段,到2030年为第三阶段。战略主要聚焦本国居民的可持续发展,旨在彻底消除贫困,改变生产和消费的不合理结构,促进建立可持续的生产消费增长模式,保护和合理利用自然资源,促进经济社会进一步发展。这是实现可持续发展的重要目标和必要条件。国家关于可持续发展战略目标中阐明了2015年后国家的优先发展方向,战略围绕践行这些优先发展方向,规定了经济和社会领域的指导原则及综合举措,重点关注以下领域:教育、医疗保健、就业、平等、反腐败、保障粮食安全、国家和社会的有效治理、社会保障、预防潜在冲突、能源安全、生态及人口流动的有效管理。

战略提出,2030年前要将塔吉克斯坦GDP提高2倍以上,人均GDP提高1.5倍以上,将国家贫困率从31%降至15%,并彻底铲除"赤贫"。明确保障能源安全和高效使用电力能源、将塔吉克斯坦从交通死角转变为重要交通枢纽国家、保障粮食安全和为民众提供优质食品,以及扩大生产性就业为塔吉克斯坦四大战略发展目标。

(二)继续巩固政权,加快人事调整

2017年1月12日,拉赫蒙总统免去马赫马德萨义德·乌拜杜洛耶夫杜尚别市长一职,任命总统长子鲁斯塔姆·埃莫马利为杜尚别代市长。在此之前,64岁的马赫马德萨义德·乌拜杜洛耶夫已担任杜尚别市长20年之久。4月2日,鲁斯塔姆当选为杜尚别人民代表议会议员。4月4日,拉赫蒙签署总统令,任命鲁斯塔姆为杜尚别市长。根据塔吉克斯坦5月25日总统令,拉赫蒙的长女奥佐达担任总统国家法律顾问,该职务是塔吉克斯坦司法系统中最高级别的职务。9月27日,拉赫蒙总统对国家安全委员会进行结构性改组,同时更换领导层:在中央层面,任命阿利霍诺夫、米尔佐耶夫、米尔佐纳博托夫为国家安全委员会副主席,国家安全委员会原副主席阿莫诺夫因到退休年龄被解职,另两位副主席帕诺耶夫和沃希多夫也被解职;在地方层

面,对戈尔诺-巴达赫尚自治州、索格德州和杜尚别等州市的国家安全委员会也进行了人事调整。此外,宗教及国家传统事务委员会第一副主席吉约索夫被解职,别哥纳扎外罗夫代替其职务。①

2017年,塔吉克斯坦境外的反对派比较活跃。7月9日,塔吉克斯坦反对派代表论坛在德国多特蒙德举行,主题是"纪念《在塔吉克斯坦建立和平与民族和睦总协定》签署20周年"。塔吉克斯坦伊斯兰复兴党、"G24"运动、塔吉克斯坦建设力量联盟等近200名代表参会。② 这是塔吉克斯坦反对派伊斯兰复兴党于2015年被取缔后首次与境外反对派聚合,塔吉克斯坦伊斯兰复兴党主席卡比利认为,这是塔吉克斯坦反对派力量在建立欧洲统一联盟的进程中迈出的第一步。

(三)参与"伊斯兰国"恐怖活动的塔吉克斯坦武装分子回流威胁上升

随着"伊斯兰国"全线溃败,其国际雇佣兵开始加速返回自己的国家,塔吉克斯坦面临更大的安全挑战。美国战略安全情报咨询机构苏凡集团(Soufan Group)在《在哈里发之外:外国战士及其回归的威胁》分析报告中指出,"伊斯兰国"在叙利亚和伊拉克战事失利后,至少有来自33个国家的所谓"伊斯兰国"的5600名武装分子返乡,给本国执法机关带来巨大挑战。报告指出,从中亚地区前往叙利亚和伊拉克参战人数超过4200人,数百人已归国。数据显示,乌兹别克斯坦籍武装分子约1500人,位居首位。塔吉克斯坦籍次之,约1300名武装分子在叙利亚和伊拉克。哈萨克斯坦籍和吉尔吉斯斯坦籍武装分子均为500人,土库曼斯坦籍400人。与此同时,147名塔吉克斯坦和44名吉尔吉斯斯坦公民

---

① Эмомали Рахмон сменил руководство ГКНБ, https://news.tj/ru/news/tajikistan/power/20170927/emomali-rahmon-smenil-rukovodstvo-gknb.

② В Таджикистане обеспокоены действиями ПИВТ за рубежом: они несут угрозу, https://news.tj/ru/news/tajikistan/security/20170710/v-tadzhikistane-obespokoeni-deistviyami-pivt-za-rubezhom.

自愿返回家园。①

回流问题加大了塔吉克斯坦国内发生恐怖袭击事件的概率。虽然2017年塔吉克斯坦未发生恐怖袭击事件，但阿富汗北部恐怖主义形势的复杂化对塔吉克斯坦安全构成直接威胁。2016年，英国伦敦经济与世界研究所在每年发布的《全球恐怖指数》中指出，塔吉克斯坦是中亚地区最易受恐怖袭击的国家。研究认为，从恐怖袭击数量、受恐怖袭击伤亡人数及其袭击带来的经济影响来看，塔吉克斯坦在163个国家中排名第56位。吉尔吉斯斯坦第84位，哈萨克斯坦第94位，乌兹别克斯坦第117位，土库曼斯坦在中亚区域安全系数最高，排在第130位。

为应对日益上升的恐怖主义威胁，塔吉克斯坦政府采取多项防范措施，包括派遣工作组到叙利亚等中东国家鉴别被抓获的本国武装分子；处置在中东被遗弃的武装分子家属，尤其是儿童；出台政策"召唤"未参与"伊斯兰国"实际恐怖活动和军事行动的本国公民回国，规定免除对此类人的法律处罚；加强在边境地区的军事控制，同时加大力度打击毒品。

（四）腐败率上升

塔吉克斯坦教育、卫生领域及国家土地管理与测量委员会的腐败率上升，地方政府机构的腐败率上升25%。过去10年，土地领域腐败犯罪案件共登记1300起。② 2017年塔吉克斯坦议会批准通过的《塔吉克斯坦政府法》修正案规定，政府官员及其直系亲属必须每年填写收入申报表并将其提交税务机关。③

---

① На войну в Сирию и Ирак отправились 4,2 тысячи джихадистов из Центральной Азии, 26.10.2017, http://www.fergananews.com/news/27116.
② Эмомали Рахмон отметил рост коррупции в Таджикистане, 22.12.2017, http://avesta.tj/2017/12/22/emomali-rahmon-otmetil-rost-korruptsii-v-tadzhikistane/.
③ Эмомали Рахмон подписал закон, обязывающий членов правительства и их родственников декларировать свои доходы, https://news.tj/ru/news/tajikistan/power/20170719/emomali-rahmon-podpisal-zakon-obyazivayutshii-chlenov-pravitelstvo-i-ih-blizkih-rodstvennikov-deklarirovat-svoi-dohodi.

二 经济增长快，债务压力大

2017年塔吉克斯坦宏观经济指数有所增长，但存在的问题仍然不少。塔吉克斯坦市场经济发育缓慢，很难与国际市场真正接轨。世界银行发布《营商环境2018：为确保就业而推进的改革》对全球范围190个经济体进行了调研，塔吉克斯坦排在第123位。[①] 2017年塔吉克斯坦外汇储备不足以满足进口所需，非实体经济领域风险上升。塔吉克斯坦在非实体经济领域面临着汇率风险、银行信用危机、财政赤字等情况叠加的可能。从国内来看，塔吉克斯坦缺少重振经济的良方和工具，短时间内想要实现经济快速发展可能性较小。

（一）宏观经济形势

截至2017年11月，塔吉克斯坦经济增幅达到预期的7%，其中工业总量增长21.5%，农业增长7.2%，投融资增长6%，零售贸易增长6.6%，有偿服务增长1.8%。[②] 2017年塔吉克斯坦通货膨胀率达6.3%，此前亚洲开发银行和国际货币基金组织预测塔吉克斯坦通胀率为8.0%和7.3%。2017年，塔吉克斯坦人民生活水平得到提高，2017年前10个月塔吉克斯坦的人均月收入增长13.3%。[③] 从2017年1月14日起，政府保障所有民用住宅、社会机构和企业24小时用电，有效解决了能源限制问题。2018年，政府当局将更加关注国计民生，未来社会政策旨在最大限度地降低贫困率，进一步增进人民福祉，尤其是要对最为弱势的低收入群体提供有效帮助。

---

① Doing Business 2018, A World Bank Group Flagship Report, http://chinese.doingbusiness.org/~/media/WBG/DoingBusiness/Documents/Annual-Reports/English/DB2018-Full-Report.pdf.
② Полный текст Послания президента Эмомали Рахмона к парламенту, http://avesta.tj/2017/12/22/polnyj-tekst-poslaniya-prezidenta-emomali-rahmona-k-parlamentu/.
③ Главные достижения Таджикистана за 2017 год, http://www.stanradar.com/news/full/27737-glavnye-dostizhenija-tadzhikistana-za-2017-god-.html?page=51.

（二）索莫尼贬值，汇率浮动

塔吉克斯坦本国货币发行较晚，且因外贸收支失衡，外汇短缺，财政金融领域一直面临较大风险。作为经济上对外依赖严重的山地国家，塔吉克斯坦与国际市场的关系也不稳定，容易受到一些间接的影响和冲击，比如俄罗斯的经济危机和较大范围的金融危机，都会造成塔吉克斯坦货币贬值、民众收入下降。因此，塔吉克斯坦民众对本国货币索莫尼缺少信心，当局很难维持索莫尼的稳定。2017年以来，索莫尼贬值在外汇市场引发一定程度的波动，塔吉克斯坦一直外汇短缺，部分银行出现美元严重不足情况。①

2017年4月，索莫尼对美元的官方牌价从1美元兑换8.1索莫尼贬值为1美元兑换8.5索莫尼，索莫尼的贬值幅度高达5%。4月11日，部分商业银行买入美元价格为1美元兑9索莫尼。索莫尼对美元处于弱势，与中亚其他国家相比，塔吉克斯坦汇率市场反常。美元指数其实是弱市走向，哈萨克斯坦、吉尔吉斯斯坦、土库曼斯坦三国本币兑美元都是升值或者稳定，乌兹别克斯坦由于实行汇率改革，本币有序贬值。

国家外汇来源减少的主要原因是，作为塔吉克斯坦支柱产业的铝制品价格下跌，以及侨汇收入继续走低。塔吉克斯坦央行采取限制美元现金交易，即每人每次在一家银行凭身份证件换取金额不得超过200美元，以及建立专门工作组监督信贷机构的外汇交易情况等行政手段干预外汇市场。

（三）市场经济不稳定，银行出现信用危机

2016年12月21日，塔吉克斯坦议会确定银行救助特别法案。根据该方案，塔政府将在未来一年内向四家有财务问题的银行注入总额38.5亿索莫尼（约合4.9亿美元）。这四家银行分别是塔吉克斯坦出口银行22.5亿索莫尼（约合2.86亿美元），农业投资银行10.7亿索莫尼（约合1.36亿美

---

① Сомони продолжает падать, а Доллар расти, http://avesta.tj/2017/04/11/somoni - prodolzhaet - padat - a - dollar - rasti - 4/.

元），工业银行4.5亿索莫尼（约合5700万美元）和佛诺银行0.8亿索莫尼（约合1020万美元）。① 38.5亿索莫尼将通过发行低息短期国债的方式筹集，期限为5年，年利率为2%。2017年4月21日，塔吉克斯坦议会下院批准政府《关于发行有价证券向能源领域拨款和修改2016年12月12日政府令的建议》，将政府批准发行、原计划用于支持工业银行和佛诺银行两家问题银行的5.3亿索莫尼有价证券，投入罗贡水电站的建设，有效期5年，年利率2%。塔吉克斯坦财政部、罗贡水电站公司和塔吉克斯坦央行签署三方协议后，塔吉克斯坦财政部负责开始发行有价证券。塔吉克斯坦政府从工业银行和佛诺银行救助案中退出5.3亿索莫尼，直接导致这两家银行濒临倒闭。2017年4月24日，塔吉克斯坦央行新闻中心宣布取消塔吉克工业银行和佛诺银行的银行业务权限。

按照经济发展规律，金融领域出现的问题常常会影响到实体经济。塔吉克斯坦政府针对金融领域的问题出台相应政策，包括一次性将基准利率提高3.5个百分点。国际货币基金组织对塔吉克斯坦的货币政策进行了调研，认为塔吉克斯坦央行应该及早采取通胀指向性政策，将基准利率与CPI挂钩。但如果这样，塔吉克斯坦政府又很难解决投资效率低的困境。针对银行危机，塔吉克斯坦政府采取"保大放小"的策略，然而仍然不能从根本上解决银行系统所面临的问题。

（四）财政赤字严重，外债规模扩大

常年经济增长乏力，财政收入捉襟见肘，国家预算入不敷出，长期依靠对外借贷，导致塔吉克斯坦的国家债务增加。按照财政赤字水平衡量，塔吉克斯坦经常处于财政危机的边缘。2017年4月22日，塔吉克斯坦财政部召开扩大会议，总结塔吉克斯坦政府2017年第一季度财政状况。据初步计算，第一季度，塔吉克斯坦国家财政预算总计48.64亿索莫尼，较原计划额度减

---

① Часть средств, обещанных проблемным банкам, направят на строительство Рогуна, http：//avesta.tj/2017/04/21/chast - sredstv - obeshhannyh - problemnym - bankam - napravyat - na - stroitelstvo - roguna/.

少2.9%,缺口约1.45亿索莫尼。一般而言,第一季度就出现财政缺口是比较罕见的。

与财政相比,塔吉克斯坦的债务情况更加不容乐观。国际信用评级机构穆迪预测,2017~2018年塔吉克斯坦外债规模将持续增长,截至2018年底,塔吉克斯坦外债总额将占其GDP的55%。[1] 塔吉克斯坦外债主要来自中国进出口银行,债务总额超过12亿美元。此外,主要债权方还有世界银行、亚洲开发银行、伊斯兰发展银行以及世界货币基金组织,债务总额分别为3亿美元、2.25亿美元、1.1亿美元和1.07亿美元。截至2017年下半年初,塔吉克斯坦外债规模总计超过23亿美元,占其GDP的35%,接近塔吉克斯坦外债总额的"红线",即外债不能超过GDP的40%。塔吉克斯坦议会下议院于11月15日通过《2018~2020年国家借用外债计划》,该计划明确,塔吉克斯坦政府将在未来3年内吸引约8.5亿美元贷款,包括2018年借债1.965亿美元,2019年借债2.959亿美元,2020年借债3.547亿美元。[2] 塔吉克斯坦高企的债务掣肘政府财政功能的正常发挥。鉴于2016~2018年为塔吉克斯坦还贷高峰期,塔吉克斯坦的财政困难问题在2018年将进一步凸显。

三 大国关系稳定、周边关系有改善

塔吉克斯坦奉行大国平衡和对外开放政策,积极发展与邻邦的友好合作关系。2017年塔吉克斯坦继续加强与俄罗斯、中国的战略合作,有效改善与乌兹别克斯坦的关系,保障区域安全稳定。

---

[1] Рост объема внешних заимствований Таджикистана связывается с финансированием Рогуна, http://news.tj/ru/news/tajikistan/economic/20171025/moodys - predrekaet - znachitelnii - rost - vneshnego - dolga - tadzhikistana.

[2] Таджикистан планирует занять у внешних кредиторов 850 миллионов долларов, http://news.tj/ru/news/tajikistan/economic/20171115/tadzhikistan - planiruet - zanyat - u - vneshnih - kreditorov - 850 - millionov - dollarov.

（一）与俄罗斯关系更加紧密

塔吉克斯坦与俄罗斯两国关系总体保持良好，2017年两国在经济和安全领域的合作更加紧密。俄罗斯通过对劳动移民许可证的放宽，增加塔吉克斯坦公民在俄打工数量，对塔经济增长有重要作用。此外，在安全领域，塔吉克斯坦主要依赖俄罗斯在塔的201军事基地，将此作为本地区的战略保障。塔吉克斯坦是中亚国家中军事力量最为薄弱的，近年来，其邻国阿富汗境内的"伊斯兰国"等恐怖势力扩散，贩毒、跨国有组织犯罪快速增长。2017年2月27~28日，俄罗斯总统普京对塔吉克斯坦进行正式访问。双方就两国政治、经贸、军事、人文合作及阿富汗局势、反恐等问题深入交换意见，并达成共识：俄罗斯将协助塔吉克斯坦加强塔-阿边境管控。两国在环保、核能利用、移民、体育等领域签署6份合作协议。① 同时，普京授予拉赫蒙总统亚历山大·涅夫斯基勋章，以此表彰拉赫蒙在加强俄罗斯联邦和塔吉克斯坦共和国之间的战略伙伴关系，以及在中亚地区稳定性和安全方面所做出的贡献。

2017年3月27~30日，俄塔年度例行反恐演习在塔吉克斯坦山区举行。塔吉克斯坦派出摩托化步兵、空中突击部队及航空部队共5万名现役及预备役军人，俄罗斯派出中央军区201军事基地2000名官兵共同参演。俄塔联合军演地点安排在塔吉克斯坦哈尔布迈东（Харбмайдон）、莫米拉克（Момирак）及莫斯科夫基斯（Московский）3个靶场及俄罗斯驻塔吉克斯坦第201军事基地的利亚乌尔（Ляур）、萨姆布利（Самбули）2个靶场。

10月11日，在独联体元首峰会（索契）期间，拉赫蒙与普京举行会晤，讨论塔俄国家关系现状及前景，双方一致认为两国经贸合作领域前景广阔，同时就如何保障塔吉克斯坦优质农产品供应俄罗斯问题进行了协商。②

---

① Что ищет Путин в Центральной Азии? http://rus.azattyk.org/a/28337585.html.
② Президенты Таджикистана и России обсудили перспективы сотрудничества, https://news.tj/ru/news/tajikistan/politics/20171011/prezidenti-tadzhikistana-i-rossii-obsudili-perspektivi-sotrudnichestva.

（二）与乌兹别克斯坦关系进一步改善

2017年，塔吉克斯坦继续加强与中亚国家的合作，尤其是自乌兹别克斯坦新总统米尔济约耶夫上任后，两国关系走向缓解。2016年12月26日，乌兹别克斯坦副总理、塔乌政府间经贸合作委员会联合主席鲁斯塔姆·阿济莫夫访问塔吉克斯坦，双方经济合作进一步加强。双方同意重建两国铁路联系，降低货物过境税费，协调彼此间的电力进出口问题。双方将扩大在农业领域的合作，取消和简化签证制度，希望通过谈判解决边界争议问题。4月19日，在两国政府的推动下，为了配合在杜尚别举行的乌兹别克斯坦工业产品商品交易会，第一届乌兹别克斯坦－塔吉克斯坦商务论坛在塔首都杜尚别举行。主要议题是深化双边经贸合作。共计160家企业参加商品交易会，1500多种乌兹别克斯坦商品在会上展出。这有利于发展两国长期经贸合作，并吸引投资，建立合资企业。[①]

塔吉克斯坦与乌兹别克斯坦关系向好的重要标志是实现通航。自1992年塔吉克斯坦内战爆发后，塔乌两国航线中断近25年。2017年4月6日，塔吉克斯坦与乌兹别克斯坦政府代表团就两国通航问题在塔什干举行谈判。4月11日，两国实现通航。

此外，边界争议也是塔吉克斯坦和乌兹别克斯坦多年不睦的症结。双方边界线长1332.9公里，其中陆路边界线1228公里，界河105公里。两国边界线有60公里地段存争议。最大的争议点是锡尔河法尔哈水电站和水库。2017年6月，双方勘界划界工作组在杜尚别签署了关于划界的备忘录。[②] 塔乌两国关系的改善对整个中亚地区的稳定以及塔吉克斯坦国内发展有着重要作用。

（三）与中国开展多领域全覆盖的务实合作

中国是塔吉克斯坦重要投资来源国，也是其第一大贸易伙伴，双方互为

[①] В Душанбе впервые прошел бизнес－форум представителей деловых кругов Узбекистана и Таджикистана，http：//www.fergananews.com/news/26295.

[②] Таджикистан и Узбекистан подписали протокол о делимитации спорных участков общей госграницы，http：//www.fergananews.com/news/26470.

重要邻国。2017年，塔吉克斯坦与中国关系更为紧密，双方在经贸、基础设施等领域达成多项合作协议。8月30日，塔吉克斯坦总统拉赫蒙对中国进行为期四天的国事访问，双方决定建立全面战略伙伴关系。访问期间双方签署了24个协议。8月31日，中国商务部与塔吉克斯坦经济发展与贸易部在北京签署了《中华人民共和国商务部与塔吉克斯坦共和国经济发展与贸易部关于加强基础设施领域合作的协议》，协议规定：双方将本着"平等互利、优势互补、互相促进、共同发展、政府引导、商业运作"的原则，对铁路、公路、电力等领域的基础设施建设开展合作。为了解决塔吉克斯坦中央直属区及东北山区电力供应短缺问题，实现地区间电力系统的互联互通，保障塔国内电网运营安全与稳定，9月1日，中国进出口银行与塔吉克斯坦财政部签署了总额为7900万美元的优惠贷款协议，用于落实塔吉克斯坦中央直属区500千伏输变电修缮工程。① 计划新建2条长度各约100公里从首都杜尚别至奥比迦姆地区的500千伏单回路输电线路，同时扩建杜尚别500千伏变电站的2个出线间隔。9月，在厦门举行的金砖国家领导人峰会期间，首次举办了"金砖+"——新兴经济体与发展中国家对话，塔吉克斯坦作为亚洲发展中国家代表受邀出席。在金砖峰会框架下，中塔将在激励和使用平稳的生产和需求模式、推动经济创新、保护和合理利用自然资源等方面开展合作。

在"一带一路"倡议下，塔吉克斯坦与中国多个省市开展务实合作。继河南省与塔吉克斯坦合作共建"一带一路"国际区域经济合作新高地后，陕西省与哈特隆州缔结友好省州关系，建立了对接合作机制；山西省太原市与索格德州胡占德市缔结国际友好城市，签署了两市建立友好城市关系意向书；作为中国首个进境木材内陆直通口岸，赣州港也开通了至塔吉克斯坦的进口班列，实现了互联互通。

---

① Таджикистан и Китай подписали свыше 20 документов о сотрудничестве, http://avesta.tj/2017/09/03/tadzhikistan-i-kitaj-podpisali-svyshe-20-dokumentov-o-sotrudnichestve/.

Y.23 土库曼斯坦

文龙杰*

摘　要： 别尔德穆哈梅多夫2017年2月不出意料地赢得总统大选，权力获得巩固。在该背景下，政治领域延续了以往的改革，但未对现存政治结构和功能造成明显影响。在2017年世界经济出现复苏和增长的背景下，土经济保持了6.5%的中高速增长，不过对高福利政策实施的市场化改革引发了一些社会问题。安全形势基本稳定，未发生大的恐袭和其他安全事件，但潜在的威胁在上升。普京时隔5年之后再次访土，此外，土与乌兹别克斯坦、哈萨克斯坦、塔吉克斯坦三国关系也获得极大推进，在外交的其他方向，其活动主要围绕"能源合作""地区安全""经济务实合作"展开。

关键词： 土库曼斯坦　政治　经济　安全　外交

2017年的土库曼斯坦基本是在别尔德穆哈梅多夫的新任期内度过的。别尔德穆哈梅多夫在2017年2月的总统大选中高票胜出，获得连任，这可视作土库曼斯坦2017年最重要的政治事件。此次大选既是权力巩固的结果，也是巩固权力的手段。在2017年的人事变动中，被撤换职务的既有能源企业高管、政党领袖，也有最高检察院总检察长。设立了经济犯罪管理局以进

---

* 文龙杰，中国社会科学院研究生院国际政治博士，中国新闻社驻哈萨克斯坦首席记者，研究方向为大国关系、中亚国家政治发展。

行反腐,将财政部和经济发展部合并为财经部,旨在改革土财政经济与金融体系,完善其业务职能。这些改革并未对现存的政治结构和功能造成明显影响。

在2017年世界经济出现复苏和增长的背景下,土库曼斯坦经济保持了6.5%的中高速增长。尽管这一数据可让土在中亚国家乃至整个后苏联空间内拔得头筹,但仍与此前的两位数高速发展存在差距,在维持高速发展时期实行的高福利政策遇到困难,这引发了一些社会问题。一些福利被取消后,生活受到严重影响的民众开始上街游行示威。根据新闻报道的情况,影响较大的示威与幼儿园开始征收学费有关。

对取消某些福利,土官方解释是为了市场化改革。"市场化改革"是土2017年经济领域的关键词,其具体措施包括:继续推进私有化,改善税收体系,降低福利成本,向国际标准靠拢,建立自由经济区等。但以能源为主的经济结构、僵化的政治体制,以及人力资源的匮乏,令改革效果甚微。土2017年制定了《2018~2024年国家经济社会发展规划》,从其主要任务来看,市场化在未来仍然是土经济改革发展的主要方向。

土2017年安全形势基本稳定,未发生大的恐袭和其他安全事件。但土阿边境受武装冲突影响而紧张。"伊斯兰国"等国际恐怖组织的恐怖分子借道土库曼斯坦进入中亚、俄罗斯从事恐怖活动的情况引起了利益相关方的关注,土库曼斯坦重视对恐怖分子回流的防御问题,但力有不逮。正是因为在该问题上亟待展开合作,普京时隔5年之后访土成行。

除了与俄罗斯,土库曼斯坦与乌兹别克斯坦、哈萨克斯坦、塔吉克斯坦三国关系也获得极大推进,尤其是与哈、塔提升至战略伙伴关系,堪称其2017年外交中的可喜成绩。与中国关系保持稳定,双边交流活跃度增加。2017年的土美关系乏善可陈,美国国际开发署(USAID)停止向土提供援助计划,这与美国相对收缩的整体中亚政策有关。此外,因天然气合作,土还与里海国家、印度、阿富汗、巴基斯坦等国家保持密切交往。尽管"中立"仍是土2017年外交话语中的关键词,但实际上从"能源合作""地区安全""经济务实合作"这几个词语上更能把握和理解土库曼斯坦的外交行动。

中亚黄皮书

一 总统权力稳固,国家国际影响力有所提升,社会问题增多

(一)按预期成功举行总统大选

总统大选是土 2017 年最重要的政治事件。2 月 12 日举行了大选投票,包括别尔德穆哈梅多夫在内的 9 名候选人参加竞选。土中央选举委员会称,登记选民逾 320 万。此次大选共设立了 2587 个投票站,其中包括 39 个境外投票站。除本国 3223 名观察员外,还有来自中国、印度、美国、日本、韩国、伊朗、土耳其等国家及联合国、上海合作组织、独联体等国际和地区组织的 150 余名观察员观摩并监督选举。

这是土库曼斯坦首次有 3 个政党推出自己的候选人参加竞选。其中,现任总统别尔德穆哈梅多夫为民主党候选人,还有来自工业家和企业家党推选的候选人阿塔雷耶夫、农业党推选的候选人奥拉佐夫,另外 6 名候选人系由公民团体推出。此次大选的候选人超过了 2012 年大选的 8 个候选人、2007 年的 6 个候选人。

别尔德穆哈梅多夫在竞选纲领中承诺,当选后将重视电子工业发展,把土库曼斯坦发展成为工业发达国家,并将居民人均收入提高到发达国家水平。他还承诺,土库曼斯坦将同国际组织合作,联手打击恐怖主义、跨国犯罪以及毒品走私活动。

根据土库曼斯坦现行法律,大选是否有效与参选人数无关。土库曼斯坦法律对总统选举的投票率不设最低门槛,候选人得票数只要超过投票人数 50% 即可当选。最终,别尔德穆哈梅多夫以毫无悬念的 97.69% 的得票率再次胜选,开始第三任期。

别尔德穆哈梅多夫当选总统具有两重意义。一方面可以表明,自 2007 年任职以来,别尔德穆哈梅多夫总统的权力基础已经获得巩固,成功地通过了此次"大考"。另一方面,这也是其接掌土库曼斯坦以来巩固和加强自身权力的重要一步。2008年9月,土库曼斯坦通过第三部宪法,取消人民委员会,将其权力划归总统和议会。随后又于2016年9月通过修宪延长了总统任期并取消了候选人的年龄上限,规定每届总统任期由5年延长至7年,总统候选人年龄不得超过70周岁的限制被取消。总统候选人必须符合在土出生、年龄不小于40周岁、掌握土库曼语、过去15年主要在土生活和工作等条件。下一次总统选举将于2024年举行,别尔德穆哈梅多夫通过此次大选赢得了未来7年的任期。

(二)国民议会换届选举

土中央选举委员会11月27日透露,第6届国民议会(Меджлис Туркменистана)换届选举将于2018年3月25日举行,中央选举委员会正为议会选举做筹备工作,此次选举主要包括议会议员和省、区、市、镇的政府成员。土国将在每个省(州)及阿什哈巴德市各设立40个选区,共240个选区用于议员选举。设1260个选区用于地方政府成员选举:阿哈尔州180个选区,巴尔坎州260个选区,达沙古兹州220个选区,列巴普州220个选区,玛雷州260个选区,阿什哈巴德市120个选区,每个选区范围明确。有消息称,此次议员候选人由土国各政党、社会团体和公民倡议团提名,大部分提名者为经济学专家。此次选举的竞选活动于2017年12月4日开始。[①]

这将是土政党政治领域的重要活动,但土党派数量不多,虽然存在民主党、工业家和企业家党、农业党,但在议会中民主党一家独大。该党现有党员19万人,由苏联时期的土库曼共产党改组而成,2012年之前一直是土唯一政党。2012年8月在土官方支持下,成立了主要由民营企业家组成的工业家和企业家党,现有党员约300人,为第二个政党。2014年9月,土成立了第三个政党农业党。其现任主席委纽哲普·巴扎罗夫,他于2017年4

---

① Парламентские выборы в Туркмении назначены на 25 марта, https://ria.ru/world/20171127/1509649434.html.

月被解除内阁副总理职务。三个政党的力量完全不可同日而语，若无意外，2018年3月的第6届国民议会之后，土政党政治不会出现明显变化。

（三）举办第五届亚洲室内与武道运动会

2017年9月17日，土库曼斯坦在首都阿什哈巴德成功举办第五届亚洲室内与武道运动会。据媒体介绍，为了举办此次运动会，土政府斥巨资（超过50亿美元）在阿什哈巴德市内150多公顷的土地上建成了中亚地区最大的奥运城，建造了30个超一流的现代化国际标准比赛场馆及各类大型服务设施，修建了国际一流的阿什哈巴德新国际机场等。有来自亚洲与大洋洲64个国家的5000多名运动员、2500多名教练员、10000多名记者、10000多名志愿者参加本次大赛，来自不同国家的约20万名观众前来观战与助威。①

此举增加了土库曼斯坦的国际影响力，但也为土政府造成了一定的财务负担。此外，办会过程中的一些管制，也给当地民众带来了困扰。9月4日，人权观察组织和土库曼斯坦人权倡议组织发表题为"土库曼斯坦：赶走房主，拒绝赔偿"的联合报道，称土当局大规模侵犯居住权。该报告称，由于要在9月17～27日举办第五届亚洲室内与武道运动会，为营造城市统一的形象，一些建筑被系统性地拆除，土当局强行驱逐阿什哈巴德相关居民，并拒绝给予补偿。业主没有通过司法渠道上诉的可能。还有报道称，为筹办此次运动会，当局强行向企业摊派任务。此外，还出现了一些其他负面的新闻。

（四）削减福利

随着经济增长速度下滑，在应对过高福利方面，土财政收入略显不足，土当局开始逐步削减社会福利。土曾长期提供免费的公共服务，自1993年起

---

① 《纳扎尔巴耶夫总统会见土库曼斯坦总统别尔德穆哈梅多夫》，http：//www.inform.kz/cn/article_ a3065956。

公民可免费使用天然气、电力、水和盐。① 2006 年土首任总统尼亚佐夫去世后，别尔德穆哈梅多夫宣布在严格限制数量的前提下免费提供汽油。

今年 7 月，上述福利被大幅削减。别尔德穆哈梅多夫签署法令，调整天然气、电力、住房及公用设施、交通及通信服务价格，该法令自 2017 年 11 月 1 日起施行。其中，天然气、水、液化气等给予一定的免费限额，超出后付费。不从事经营活动的土公民，使用天然气免费限额：自建房屋为 50 立方米/月，楼房为 20 立方米/月，超出者按 20 马纳特/立方米计费。水的免费限额：每人每天 250 升，超出者按每月 50 马纳特/吨计费。总之，免费限额缩减，价格上涨，福利削减幅度较大。电、住宅、供暖、污水排放、城市客运公交服务、入户固定电话基本月租费等则无免费限额，均有偿使用。

土官方解释，这是为进一步发展土库曼斯坦市场经济。这是可信的，因为原先的高福利与土现阶段经济发展水平不符，只是得益于高价天然气收入。随着天然气价格下跌，土必须对其福利政策进行调整，由市场来确定价格，以适应其实际经济发展水平。这的确是发展市场经济的重要一步。同时还有一点不能忽略，即只有削减了福利，土才能有条件争取到国际社会的援助。正是因为土实行高福利政策，美国国际开发署表示，将在 2018 年停止向土库曼斯坦提供援助的计划。②

（五）民众抗议

土库曼斯坦政治社会一直以稳定著称，但 2017 年发生了民众上街抗议、集会示威，这应引起所有观察者的注意。引发的原因可能是一些企业和机构无法支付员工薪金，其中包括教师，影响了民众的正常生活。

其中比较典型的是，10 月 13 日，达沙古茨州一些学龄前儿童的家长在

---

① 实际上，这些福利当时虽然免费，但其供应量却受到条件限制：如在首都每个公民每月用电配额是 35 度；首都之外的很多地区，尽管水免费，但每天只能供应两个小时，在一些地区还不得不储备水，因为会经常断水；免费的天然气并不能充足供应，居民都备有电炉做饭。

② США прекращают финансировать отделения USAID в Казахстане и Туркменистане, http：//www.centrasia.ru/newsA.php? st = 1493237940.

教育局门口集会。此前，一名儿童每月在幼儿园的费用是 8 马纳特（按黑市汇率略高于 1 美元），随后提高到 80 马纳特（约合 11 美元，按官方汇率则接近 23 美元）涨幅 10 倍。后来事态扩大，集会者前往州政府抗议，在与副州长对话后仍未获得任何解决方案。另有消息称，在土库曼斯坦多地发生了类似的集会。

（六）官员任免

4 月，别尔德穆哈梅多夫以对能源领域监管不力为由，撤了亚什格里德·卡卡耶夫（Яшигельды Какаев）能源部副部长的职务，但因缺乏在该领域具有丰富管理经验的官员，12 月底又重新启用其为总统能源问题顾问。

从 5 月开始，别尔德穆哈梅多夫开始高调反腐，逮捕了一大批贪腐官员后，撤掉了总检察长阿曼梅拉特·哈雷耶夫（Аманмырат Халлыев）。6 月，在土国家安全委员会会议上别尔德穆哈梅多夫总统签署命令成立土打击经济犯罪管理局，旨在提高对《土库曼斯坦反腐败法》中相关违法行为的预防和侦查工作水平，马梅特罕·恰基耶夫（Мамметхан Чакыев）被任命为首任局长。

10 月 5 日，别尔德穆哈梅多夫在内阁扩大会议上，任命原财政部部长果奇梅拉特·梅拉多夫为主管经济、银行业务与国际金融机构的副总理。主管贸易的副总理奥拉兹梅拉特·古尔班纳扎罗夫不再代理上述职责。别尔德穆哈梅多夫还任命内亚兹雷·内亚兹雷耶夫为土国家化学康采恩主席。原临时代理主席沙梅拉特·梅列特利耶夫被免职。根据别尔德穆哈梅多夫签署的总统令，财政部和经济发展部合并为财政与经济部，旨在改革土财政经济与金融体系，完善其业务职能。原经济发展部部长巴特尔·巴扎罗夫被任命为土财政与经济部部长。

二 国内安全形势基本稳定，"伊斯兰国"成为潜在的威胁

来自阿富汗的恐怖主义威胁一直为土所担心，因为土阿边界线长达 744

公里，但土军事力量薄弱①，实际上没有足够的武装力量对入侵进行回击，保障边境安全。目前土陆军共有1.85万人，此外，属于边防部队的12个边防支队共有1.2万名官兵。② 为应对该问题，土一方面将主要的军事力量部署在其南部；另一方面采取灵活手段，希望将问题解决在阿富汗境内，例如，通过资助阿富汗西北部的土库曼族人抵御塔利班，同时也通过供电等手段与塔利班维持一种不太坏的关系。

现在面临的主要威胁是"伊斯兰国"武装分子。5月中旬，土耳其向阿什哈巴德提供了"伊斯兰国"可能对其发动恐袭的情报。此前已有4名土库曼斯坦公民因涉嫌参与"伊斯兰国"被引渡回国。土库曼斯坦安全部门对此高度重视，采取了一系列安全措施，加强对年轻人流动的控制，特别对计划前往中东地区人员加强控制。自5月底开始，土库曼斯坦禁止年轻人乘机前往伊斯坦布尔和迪拜；禁止有4~5名年轻人参加的聚会；阿什哈巴德飞往迪拜或伊斯坦布尔的航班上土籍乘客会被土安全部门问话。此外，对使用即时通信软件的用户也进行严格监控。

6月下旬，土军在阿富汗北部靠近土边境地区的乌族聚居区与"伊斯兰国"武装分子发生交火。该区距土边境50公里。据阿地方官员称，在阿富汗法里亚布省、朱兹詹省和萨尔普勒省有乌兹别克斯坦伊斯兰运动武装分子，他们参与了这次"伊斯兰国"武装分子的战斗。

7月，土库曼斯坦起诉40名参与"居伦运动"的本国公民。土方指控这40人参与土耳其反对派"居伦运动"。其中大部分是在土耳其工作或学习过的土库曼斯坦公民，这些人分别被判刑期12~20年。

总体而言，土库曼斯坦在2017年的安全形势基本稳定，未发生大的恐袭和其他安全事件。但土阿边境受武装冲突影响而紧张。"伊斯兰国"等国际恐怖组织的恐怖分子借道土库曼斯坦进入中亚、俄罗斯从事恐怖活动的情况引起利益相关方的关注，土库曼斯坦重视打击恐怖分子，但力有不逮，开

---

① 土军队存在人员少、缺乏作战经验、指挥人员素质不高等问题。
② 戴艳梅：《中亚地区恐怖活动与反恐形势分析》，《中亚研究》2016年第3期。

始在这个问题上与俄罗斯加强合作，还包括与土耳其进行情报交流等。土也是阿富汗海洛因流出的重要通道。因此，土阿边境的安全局势较为复杂。

三 经济增速快，改革决心大，结构性问题积重难返

市场化改革是土库曼斯坦2017年经济领域的关键词，继续推进私有化，改善税收体系，降低福利成本，向国际标准靠拢，建立自由经济区，均可视为在此前私有化的基础上进一步推进的市场化改革，是土既定经济改革政策的延续。2017年，土仍保持着近6.5%的经济增长速度。尽管土属于高收入国家，但仍处于转型的初期阶段。自土独立以来，改革的必要性一度被丰富天然气资源带来的经济增长所掩盖。别尔德穆哈梅多夫在2007年就任总统后，开始启动私有化、价格和贸易自由化、建立市场监管机构等改革。2014年，通过宪法确定了市场化改革的方向。①

但是，以能源为主的经济结构、僵化的政治体制，以及人力资源的匮乏，令改革效果甚微。强大的行政控制和公共部门在经济中的重要作用仍然是土库曼斯坦私营部门发展的主要障碍。国有部门和国家垄断继续主导经济和正规劳动力市场。外国直接投资（FDI）在油气行业之外依然有限。

土2017年制定《2018～2024年国家经济社会发展规划》②，其主要任务包括：提高投资效率；有效利用资金和资源推动经济稳定增长；促进地区经济可持续发展；扩大出口规模；提高进口替代产品生产水平；加快发展非国有经济。此外，还明确了引进先进技术和经验、鼓励发展科技创新等重点方向。③ 别尔德穆哈梅多夫总统就此提出，国家管理体系现代化、推动科技创

---

① 2014年，别尔德穆哈梅多夫提出宪法改革，新修改的土库曼斯坦宪法首次增加了经济和信贷体系篇章，表明了土库曼斯坦经济的市场关系原则，规范了土库曼斯坦金融信贷、预算和银行体系。
② 该规划自2017年7月开始制定，10月由土库曼斯坦长老会通过。
③ 《土库曼斯坦研究制定2018～2024年国家发展规划》，中国驻土库曼斯坦大使馆经商参处网站，http://tm.mofcom.gov.cn/article/jmxw/201707/20170702610151.shtml。

新、电力工业国有化等明确的目标和任务,并指出在向市场经济转型过程中必须充分利用现代信息技术。① 由此可以看出,市场化在未来仍然是土经济改革发展的主要方向。

(一)土库曼斯坦经济保持了中高速增长

据土库曼斯坦《中立报》报道,2017年1~11月土国内生产总值增长6.5%。② 根据这一增速估算,土库曼斯坦2017年国民生产总值约为553.8亿美元。土库曼斯坦2017年GDP增速与国际货币基金组织的预测③相符,在中亚国家乃至整个后苏联空间拔得头筹。虽然,这一数据优于2016年,但与过去两位数的高速增长相比,仍有差距。

其中,工业增长5.8%,建筑业增长1.4%,交通通信业增长10.9%,贸易增长9.6%,农业增长5.1%,服务业增长8.9%。④ 此外,在2017年前11个月,土实现投资472亿马纳特,其中48.7%投向生产项目建设,51.3%投向

---

① 别尔德穆哈梅多夫责成内阁副总理、议会、科学院共同研究国内网络和电子系统发展专项规划。土库曼斯坦通信系统现代化分为以下几步。一是发展移动通信。考虑到居民日益增长的需求,土国营运营商"金色世纪"将提供各类数据通信服务,包括3G、4G以及未来5G高速网络及其他服务,争取达到100%覆盖率。二是发展有线电话通信。建设可支持新一代网络标准的现代化数字电话站,实现每个电话端口可同时提供电话、IP电视和网络服务。三是国际、城市间电话站现代化建设。阿什哈巴德国际、城市间电话站由"土库曼电话局"运营,与其他国家和城市通信的线路转接集结在此,并进行现代化改造。四是发展电子服务。按以下层次研究建立本地高速电子通信网络:阿什哈巴德市州;阿什哈巴德-各州中心;各州中心-各区中心;各区中心-各村庄。五是扩大FM广播覆盖范围。目前FM广播未达到全国覆盖,只有90套FM广播转播设备,将配备217套不同功率的FM广播信号发射机。六是完善通信部属国家无线电使用监督局建设。购置固定和移动无线电测向仪,用于查找错误的无线电辐射源。实施上述项目旨在提高居民生活质量,提升国民经济效率,增强国家竞争力,加快国际市场一体化进程,提升外资吸引力。根据协议,伊斯兰开发银行将为邮电部"网络系统现代化"中的主要项目提供贷款,贷款期为20年。《土库曼斯坦开始实施电信领域重大项目》,中国驻土库曼斯坦大使馆经商参处网站,http://tm.mofcom.gov.cn/article/jmxw/201711/20171102678108.shtml。
② 《土库曼斯坦政府公布2017年1~11月主要经济数据》,中国驻土库曼斯坦大使馆经商参处网站,http://www.mofcom.gov.cn/article/i/dxfw/ae/201712/20171202685308.shtml。
③ 国际货币基金组织:《世界经济展望》,华盛顿,2017,第48页。
④ 《土库曼斯坦政府公布2017年1~11月主要经济数据》,中国驻土库曼斯坦大使馆经商参处网站,http://www.mofcom.gov.cn/article/i/dxfw/ae/201712/20171202685308.shtml。

社会文化领域。大中型企业员工月平均工资同比增长8.9%。土库曼斯坦官方自2009年起不再公布统计数据绝对值,从增长率指标来看,各项经济指标表现良好。

(二)通胀水平偏高

自2017年初开始,土库曼斯坦食品价格上涨18%,一些商品价格涨幅达到50%,通胀水平偏高。如糖从4.8马纳特/公斤涨到5.8马纳特/公斤,并且这些食品被限量供应。水果蔬菜涨幅比较大,鸡蛋等出现短缺。物价上涨的同时,马纳特开始下跌,黑市1美元兑换7.2~7.5马纳特,官价是1美元兑换3.5马纳特。从2月起国家对外汇管制更加严格,限制汇出的数量。目前土库曼斯坦的最低月工资为650马纳特(按黑市价为118美元,官方价为185美元)。[1]

(三)营商环境改善不大

土库曼斯坦政治稳定,油气资源储备丰富,经济发展速度较快,前景也较好。据国际货币基金组织预测,土2018年经济增速可达6.3%[2],仍是中亚乃至后苏联空间增速最快的国家。但其营商环境并不被看好,而且在2017年也无显著改善。土库曼斯坦未进入世界经济论坛于2017年9月发布的《2017~2018年全球竞争力报告》(The Global Competitiveness Report 2017-2018)排名。

(四)中国是土第一大贸易伙伴国

据土官方报道,2017年1~5月土出口总额同比增长1.3%,其中非油气资源出口总额为4.822亿美元,同比增长2.3%;土进口总额同比下降21.6%。土与97个国家有贸易往来,对俄罗斯出口增长93.8%,对美国增

---

[1] В Туркменистане с начала года цены на продукты выросли на 18-50 процентов, http://www.fergananews.com/news/26287.
[2] 国际货币基金组织:《世界经济展望》,华盛顿,2017,第48页。

长28.6%，对阿拉伯联合酋长国增长45.3%，对巴基斯坦增长137.3%，对格鲁吉亚增长77.2%，对意大利增长21%，自美国和日本进口商品总额也出现了显著增长。①

《中立的土库曼斯坦》8月16日刊登土总统档案馆高级研究员特拉别兹尼科夫文章《走向世界经济一体化》。文中指出，2014年至2017年上半年土对外贸易总额为925亿多美元。土十大贸易伙伴国依次为中国、土耳其、伊朗、俄罗斯、阿拉伯联合酋长国、意大利、阿富汗、英国、韩国和日本，土同上述十国贸易额约为740亿美元，占其外贸总额近80%，贸易顺差达28亿多美元。中国是土第一大贸易伙伴国，2014年至2017年上半年两国贸易额达230多亿美元，占土同期对外贸易总额24.9%。土对华出口主要是天然气、农产品和轻工产品，出口额超过190亿美元；中国对土出口主要是工业产品和技术设备。土对华贸易顺差155亿多美元。②

（五）继续发挥天然气优势

2017年土库曼斯坦天然气开采量同比增长3.4%，出口量同比增长3.7%。③ 为了扩大和加强自身在能源行业的影响力，土库曼斯坦于5月23～24日在阿瓦扎国家旅游区召开了第八届国际天然气大会（TGC-2017），有来自俄罗斯、美国、中国、比利时、英国、德国、法国、意大利、丹麦、印度、土耳其和伊朗等36个国家的逾300名代表参会，其中包括大型石油和天然气公司高层管理人员，各国家部委、国际组织、金融机构的代表和科研人员等。讨论了全球天然气市场的基本发展趋势和土库曼斯坦在全球能源市场中的重要作用。土库曼斯坦能源部门代表向潜在合作伙伴介绍了土能源战略的核心内容和天然气工业发展计划。与会嘉宾还讨论了安全

---

① 《土库曼斯坦2017年1～5月进出口贸易情况》，中国驻土库曼斯坦大使馆网站，http://tm.mofcom.gov.cn/article/jmxw/201707/20170702612236.shtml。
② 《土库曼斯坦媒体公布土对外贸易数据》，http://tm.china-embassy.org/chn/tgdt/t1485725.htm。
③ 《土库曼斯坦政府公布2017年1～11月主要经济数据》，中国驻土库曼斯坦大使馆经商参处网站，http://www.mofcom.gov.cn/article/i/dxfw/ae/201712/20171202685308.shtml。

可靠的能源开采和运输方式。

此外,土于5月底在阿什哈巴德举办了"推动能源运输多边框架协议进程"论坛,在能源安全方面与各国广泛开展国际交流。2016年11月25～26日,在东京召开的能源宪章会议上,土被选举为2017年度轮值主席国。本届能源宪章会议主要将关注以下问题:油气炼化及油品生产,可再生能源利用,能源运输安全,提高能源使用效率和节能技术,减少对环境的影响,刺激投资以适应日益增长的国际能源需求,优化能源宪章国家投资环境,吸引其他国家加入能源宪章组织等。①

但由于天然气债务纠纷,伊朗2017年停止从土库曼斯坦购气,目前,中国成为土天然气的唯一买家。2017年1月,土停止向伊供气,要求伊偿还18亿元美元的债务(另有统计称是20亿美元)。伊朗方面承认有这笔欠款,但要求重新审核这笔欠款的数额。双方争执不下,最终提交国际仲裁。别尔德穆哈梅多夫在2017年12月称,将会获得18亿美元的还款。但这更多是土一方的期望,要达成这一结果,还需要克服许多实际困难。②

(六)基础设施在逐渐改善,仍存较大发展空间

2017年1～10月,土交通领域增长了1.2%,通信领域增长了4.5%。建成5处社会文化中心,铺设了438.1公里网线,建成的住宅面积有92.21万平方米。目前,仍有64座建筑、30个水处理设施、38.22万平方米住房及其他各种基础设施在建。土政府为此共投资1.5154亿马纳特。③ 此外,

---

① 《土库曼斯坦主持2017年能源宪章会议关注的主要问题》,中国驻土库曼斯坦大使馆经商参处网站,2017.01.04, http://tm.mofcom.gov.cn/article/jmxw/201701/20170102495943.shtml。
② Туркменистан и Иран будут судиться в международном арбитраже, https://www.hronikatm.com/2017/12/turkmenistan-i-iran-budut-suditsya-v-mezhdunarodnom-arbitrazhe/.
③ На заседании Правительства Туркменистана проанализированы итоги 10 месяцев, http://www.cbt.tm/ru/news/2017/11_1a.html.

土 2017 年还建成了土库曼斯坦巴尔坎州卡拉博兹尿素厂①、马雷州发电厂项目②等重大工程。

但土总统对铁路运输、海运和河运领域未完成计划表示不满，签署命令对铁道部部长、河海航运部部长进行处分。土库曼斯坦目前在交通领域所面临的问题是：尚未形成完善的国民运输体系，不能满足当前的货运和客运需求，政府"应当提高运输安全和质量，改善投资条件，增强土库曼斯坦交通运输行业在国内和国外市场中的竞争力"③。

（七）保就业仍是土政府工作日程中的重要问题

土总统在 2017 年底的政府工作总结会上对工业发展的各项指标表示满意，认为各工业领域的发展有助于国家成为发达的工业国家。但同时指出仍存在很多不足，未来需要组建更多新企业，增加就业岗位。④ 土就业形势并不乐观。据土媒"Азатлык"电台称，根据调查公司对阿什哈巴德的劳动力市场调研得出，目前阿什哈巴德的失业率已达到 60%。居民更换工作非常频繁，很少有人在一个工作岗位上长期干下去，还有不少家庭是靠家人的退休金或儿童补助度日。⑤

（八）土库曼斯坦完善立法，加强自由经济区建设

10 月 10 日，土总统别尔德穆哈梅多夫签署《自由经济区法》。该法律规

---

① 该厂设计年产 115.5 万吨尿素，其中 2/3 用于出口，将创造 5500 多个就业岗位。《巴尔坎州卡拉博兹尿素厂开始分阶段调试》，中国驻土库曼斯坦大使馆网站，http://tm.chineseembassy.org/chn/tgdt/t1484095.htm。

② 该项目自 2015 年动工，在原马雷州国家发电厂基础上改建，旨在保障环保与安全，提高发电效率。马雷州国家发电厂建于 1969 年，是土最早的发电厂。新厂包括 4 个燃气轮机机组和 2 个蒸汽轮机机组，由美国通用电气公司和土耳其"Chalyerji"能源公司承建。《土库曼斯坦马雷州联合发电厂项目即将竣工》，中国驻土库曼斯坦大使馆经商参处网站，http://tm.mofcom.gov.cn/article/jmxw/201708/20170802632829.shtml。

③ На заседании Правительства Туркменистана проанализированы итоги 10，http://www.cbt.tm/ru/news/2017/11_1%D0%B0.html。

④ На заседании Правительства Туркменистана проанализированы итоги 10，http://www.cbt.tm/ru/news/2017/11_1%D0%B0.html。

⑤ Туркменистан：Итоги 2017 года，http://www.ca-portal.ru/article：39931。

范了在土库曼斯坦境内建立、运营和撤销自由经济区的各项措施,明确了"土库曼斯坦自由经济区"的基本内涵,即具有明确行政边界的特定区域;在区内就投资和经营行为实行特殊法律制度,包括在税收、外汇及海关监管方面提供优惠条件;为自然人入境、居留和出境,雇佣劳务和开展金融贷款业务等简化审批程序。此次,土专门针对经济特区制定了法律条款,是在总结以往经验教训①基础上的一大进步,旨在为土国民经济发展注入新动力,增加土投资吸引力,促进土加入世界经济一体化进程。

(九)向国际标准靠拢,就入世问题与相关机构展开会谈

在2017年底的政府会议上,土总统指出目前土库曼斯坦的建筑标准过于陈旧,应改用国际标准。应该发挥企业在经济中的主体作用,这样有助于国民经济朝市场经济方向发展。特别强调应扩大与国际市场的经济联系,并提出扩大土库曼斯坦货物出口的具体建议。

别尔德穆哈梅多夫总统在年终的政府工作报告中专门指出,2017年媒体就土库曼斯坦进行的重大改革的本质和意义做了大量解释工作,令国际社会了解了当代土库曼斯坦在各个领域取得的成就。

土总统别尔德穆哈梅多夫2018年1月签署总统令,自2019年1月1日起,土国所有企业、机关和组织(信贷机构除外)无论所有制形式如何,均要向国际会计和财务报告准则过渡。根据总统令,土国财政和经济部负责建立国际会计和财务报告准则过渡协调委员会,制订相关条例,会同司法部在

---

① 1992年,土库曼斯坦曾经颁布本国第一部规范外国投资的《外国投资法》,此部法律一直实施至2008年新《外国投资法》的颁布才被废止。此外,为细化对外贸经济活动的调控,土库曼斯坦还颁布了一系列法律法规,如调整外国投资行为的《对外经济活动法》《投资活动法》《总统关于保障外国投资和资本的决议》,调整对土库曼斯坦能源投资行为的《油气资源法》《石油法》等,保障投资者利益的《财产法》《外国人租赁法》等。关于自由经济区方面,土曾经出台《自由企业经济法》。这部法律与《自由经济区法》相比较为笼统。根据该法案和相关法规,土内阁在全国境内设置了7个经济特区,并赋予这些特区不同的使命。如阿什哈巴德-别兹梅因区优先发展建筑业、技术密集型和能源密集型产业;马雷-拜拉姆阿里区优先发展农产品加工业、农机制造业等。但是由于其他配套政策未能及时跟进,加之相关法律不完善,这7大经济特区并未能发挥实际功效。

一个月内起草有关报告并提交内阁审议。此举旨在按照国际标准引入会计和财务报告准则，将土国经济纳入全球经济体系之中。

这表明土库曼斯坦关注国际社会的看法，有意向国际标准靠拢。其间的种种举措也是为入世做准备。① 11月13日，土外交部高层与联合国贸易和发展会议秘书长基图伊举行会见。会后双方签署了《土库曼斯坦和联合国贸发会议合作备忘录》，明确指出未来工作的重点是促进对土投资，帮助土实现海关、交通、物流现代化，协助研究入世问题等。

（十）土库曼斯坦欲大力发展电器和电子产业

土媒报道称，土政府打算大规模发展电气和电子产业。按照规划，至2020年前工业部将同科学院、能源部等部门创建相关行业的小企业联盟，大力生产半导体、太阳能加工元件、光电设备、电子产品、自动装置、照明用具等。另外土政府正打算引入一家生产节能灯和照明设备的合资企业。

（十一）改革税收体系

日前，根据土库曼斯坦总统别尔德穆哈梅多夫签署的总统令，原土国家税务总局并入土财政部，更名为土库曼斯坦财政部税务局。今后，土财政部将是土与外国缔结和执行税务协议的唯一授权机构。此举是土税收体系改革迈出的重要一步，旨在增加政府财政收入，确保所有企业平等纳税，提高企业生产经营积极性。

四 务实外交有亮点

在2017年土库曼斯坦外交话语中，"中立"是要着重指出的关键词，围绕其举办了不少官方活动。但话语归话语，要理解土库曼斯坦的外交行动，还是要从"能源合作""地区安全""经济务实合作"等充满现实利益考量的

---

① 土库曼斯坦自2013年起开始着手开展申请入世相关工作，并为此成立了专门委员会。

议题切入。如土总统在2017年底政府会议上所指出的那样，土库曼斯坦外交部及其所奉行的外交方针应是：与其他国家发展符合双边和整个国际社会共同利益的建设性伙伴关系，以实现全球的和平与进步。①

土外交活动主要集中在政府层面。据土官方消息，2017年1月至10月，有386个外国代表团访问了土库曼斯坦；同时，土库曼斯坦在国内外举办了179次各类会议和其他活动。为了增进与其他国家的经贸、人文合作，土库曼斯坦与其他国家共举行了14次政府间委员会会议、3次商务论坛。8月，土与巴拉圭建交，巴成为与土建交的第145个国家。②

土库曼斯坦2017年的主场外交亮点是，通过办会增强了外界对土国的了解。其中最为重要的是，土作为能源宪章的轮值主席国主办了两场重要活动：一是2017年5月30～31日在土库曼斯坦首都召开了主题为"推动能源运输多边框架协议进程"论坛；二是在11月28～30日承办了能源宪章年度部长级会议和专题会议，中国作为高级观察员国参会。此外，9月，土举办了第五届亚洲室内与武道运动会。共有65支代表队参赛，其中包括来自大洋洲19个国家的代表队，这是大洋洲国家首次参加亚洲室内与武道运动会。③ 5月23～24日第八届国际天然气大会（TGC-2017）在阿瓦扎国家旅游区举行。5月24日，第16届"白色城市——阿什哈巴德"国际展览会在阿什哈巴德开幕。6月20日，"2017国际经济合作"综合展览会在土库曼斯坦首都阿什哈巴德开幕。④

在双边外交层面，土2017年外交工作主要集中在与俄罗斯、中国、里海

---

① На заседании Правительства Туркменистана проанализированы итоги 10 месяцев, http://www.cbt.tm/ru/news/2017/11_1a.html.
② На заседании Правительства Туркменистана проанализированы итоги 10 месяцев, http://www.cbt.tm/ru/news/2017/11_1a.html.
③ 周良：《中国队收获第五届亚洲室内与武道运动会首金》，http://news.xinhuanet.com/sports/2017-09/19/c_1121685003.htm.
④ 据土工商会统计，来自中国、美国、俄罗斯、法国、德国、伊朗、土耳其、乌兹别克斯坦、印度等国的82家企业参加了此次展会，其中外国企业56家，土本国企业26家。展品涵盖能源化工、医药书籍、纺织服装、家装建材、食品饮料、交通通信、家用电器等领域。《"2017国际经济合作"综合展在阿什哈巴德举行》，中国驻土库曼斯坦大使馆经商参处网站，http://tm.mofcom.gov.cn/article/jmxw/201706/20170602596344.shtml.

国家、中亚国家等方向。总体而言，土库曼斯坦2017年的外交成绩不少，其中与乌、哈、塔三国关系的改善堪称亮点，尤其是与哈、塔提升至战略伙伴关系水平。与中国关系保持稳定，双边交流活跃度增加。普京时隔5年再次访土，尽管公开的报道未对此多着笔墨，但按照惯例，普京作为国家元首专门访土是不可能没有成果的，这项成果很可能是关于两国安全领域的合作。土2017年还与里海国家密切往来，这在中亚国家中较为特殊。与里海国家的合作体现了比较明显的务实性质，最主要的议题还是天然气合作。2017年的土美关系乏善可陈，美国国际开发署停止向土提供援助的计划，这与美国相对收缩的整体中亚政策有关。土与印度、阿富汗、巴基斯坦2017年的外交互动主要是围绕天然气管道的建设展开，这是为实现土天然气出口多元化，即保障国家能源安全最核心战略服务的，但这项工作仍然面临诸多困难。

与俄罗斯关系，2017年10月初普京访土，距其2012年访土已有5年之久。因欧洲市场需求下降，俄天然气工业股份公司（GAZPROM）公司从2014年起开始减少从土购买天然气的数量，2014年购买土天然气约100亿立方米，2015年降至40亿立方米。①购买量下降的另一重要原因是双方存在价格分歧。2015年，俄GAZPROM公司甚至将与土国家天然气康采恩的价格争议提交给斯德哥尔摩商会仲裁院裁决。后双方达成在2018年底前暂时中止仲裁审查的决定。

普京访土之前，各方评论普遍猜测，此访的重头戏是恢复俄土天然气合作。但据事后的公开报道，双方会谈并未涉及恢复两国天然气合作，至少是最终没有达成双方均可接受的结果。有分析认为，岔子可能出在里海法律公约的签署问题上。土提出，希望能在2018年召开的里海五国元首会上签署关于里海法律地位的公约，进而通过修建跨里海管道使土天然气出口多元化。但俄一直以里海法律地位未定、影响生态为由反对土修建跨里海管道。莫斯科担心，一旦关于里海法律地位的公约完成签署，将很可能失去反对修

---

① 数据来自BP能源统计年鉴。2016年土俄贸易额6.872亿美元，同比2015年下降30%。土俄商品贸易额下降的主要原因是从2016年起俄天然气工业股份公司停止从土库曼斯坦购买天然气。Орденоносный Ашхабад：что обсуждали Путин и Бердымухамедов, 02.10.2017, https：//www.rbc.ru/politics/02/10/2017/59d2500b9a7947fc9b905eef.

建跨里海天然气管道的理由，那么土天然气出口到欧洲市场将与俄形成竞争。有俄罗斯专家指出，俄或许要求土恢复与俄的天然气合作，以换取同意土修建跨里海天然气管道。① 这一点尚有待观察。

实际上，除天然气合作外，安全合作也是土俄关系的重要内容。叙利亚的恐怖势力已被俄军打散，失去根据地的恐怖分子存在化整为零对俄进行报复的强烈主观愿望。也有不少证据显示，为数不少的曾在叙参战的中亚籍武装分子正在返回中亚，并利用身份之便借道中亚进入俄罗斯，伺机从事恐怖活动。对此，莫斯科不得不加强与土塔哈乌吉等国家的安全合作，以"扎紧中亚的篱笆"。这或许才是普京访问阿什哈巴德的主要目的。考虑到土库曼斯坦的中立国地位，以及反恐的"静悄悄"性质，这恰是不宜见诸报端的部分，否则无异于为恐怖分子造势。

与中国关系。中国是土库曼斯坦的重要战略伙伴，双方正在落实一系列的双边大型合作项目。其中，能源领域的合作尤为显著，土每年通过中国－中亚天然气管道向中国提供300亿立方米天然气。目前有20多家中国企业在土开展业务，涉及贸易、油气、纺织、交通、丝绸制造业、农产品加工等诸多领域。

2017年6月9日，中国国家主席习近平在上海合作组织阿斯塔纳峰会期间会见土总统别尔德穆哈梅多夫，双方领导人都表达了加强和深化两国合作的意愿。习近平指出，当前中土关系发展势头良好，中方高度重视中土关系，愿以两国建交25周年为契机，加大相互支持力度，深化互利合作，不断夯实中土战略伙伴关系内涵。习近平主席强调，新形势下中土双方应该密切高层及各层级交往，充分挖掘潜力，积极探索创新，共同规划好两国下阶段各领域务实合作；要密切人文交往，增进两国人民相互了解和友谊。别尔德穆哈梅多夫表示，土中建交25年来，两国关系发展良好，双方在彼此核心关切问题上和国际事务中相互支持，经贸合作富有成果；土方致力于深化土中两国战略性关系，愿同中方密切高层交往，在"一带一路"框架下拓

---

① Под вопросом：Ашхабад отказывает Москве в главном，https：//www.pravda.ru/authored/04－10－2017/1350105－turkmen－0/.

展天然气、清洁能源、产能、交通运输基础设施等领域合作；加强教育、文化等人文交流，希望土中关系快速发展。①

土中各部门间的交流合作日趋活跃。5月22~24日，全国人大常委会副委员长兼秘书长王晨应邀访土，与土议长努尔别尔德耶娃会谈，并会见了民主党主席巴巴耶夫。9月16~18日，中国政府代表、国家体育总局局长、中国奥委会主席苟仲文应邀率团出席阿什哈巴德第五届亚洲室内与武道运动会开幕式。7月4~6日，中国新疆维吾尔自治区政府与土国家工商会在阿什哈巴德共同主办"中国制造"综合商品展。10月11~12日，由中国科技部和土科学院共同主办的首届中土科学创新论坛在阿什哈巴德举行。中方17所高校、研究机构的32名代表与土科技界近500名代表围绕"新技术创新与生产实践"主题，进行广泛交流与务实对接。11月5~14日，土汉语师生团应邀赴北京、重庆参观访问。此外，中华全国青年联合会、中国马业协会、中国石油天然气集团公司、中国民营经济国际合作商会代表团也受邀访土。

土方的访华代表团相对要少。5月28日至6月3日，土文化部文物保护局副局长努尔巴多夫率土丝路古城代表团赴新疆乌鲁木齐和吐鲁番参观访问。7月24~26日，应全国妇联邀请，土国民议会副议长马梅多娃率土妇女代表团访华。

与中亚国家关系。与中亚地区国家维持良好关系，一直是土外交政策的传统优先方向。这首先表现为积极参与中亚国家多边对话机制。2017年1月10~11日，土副总理兼外长梅列多夫出席在乌兹别克斯坦撒马尔罕举行的联合国中亚地区安全与可持续发展国际会议，主题为"中亚：共话历史、同享未来、合作开创持续发展繁荣"，中亚五国、阿富汗、伊朗的外长以及来自联合国、欧盟、上海合作组织等国际组织代表出席。中亚五国外长签署了2018~2019年中亚五国外交部合作规划。土乌哈三国外长签署了关于三国国界交界点区域的条约。

---

① 《习近平会见土库曼斯坦总统别尔德穆哈梅多夫》，外交部网站，http://www.mfa.gov.cn/web/zyxw/t1469212.shtml。

其次,与中亚各国进行双边对话。2017年9月,乌、哈、塔、吉四国领导人均出席了在土举办的第五届亚洲室内与武道运动会开幕式,土总统与各国总统进行了会晤。7月24日,土吉两国总统通话,商讨了土吉合作的优先方向。① 当天,土乌两国总统通话,强调近年来两国关系被赋予新内涵,双方表示高度重视开展人文领域合作,愿在联合国等国际组织框架下加强建设性合作,并就国际和地区问题交换意见。②

值得注意的是,土与乌、哈、塔三国关系有所推进。乌总统米尔济约耶夫3月将土作为其就任后的首个出访国③,并在时隔两个月后再次访土④。如果是第一次访土的作用在于"定调子",那么第二次访土则是为了"抓落

---

① 双方强调,两国元首定期会晤和互访成效显著,有利于将双边政治、经贸、人文领域合作提升至新高度。两国互谅互信关系处于高水平,开展经贸等领域合作潜力巨大,愿加强科教、文化、体育、旅游领域合作。Бердымухамедов поблагодарил кыргызского коллегу за подарок к юбилею, https://www.hronikatm.com/2017/07/berdyimuhamedov - poblagodaril - kyirgyizskogo - kollegu - za - podarok - k - yubileyu/.

② Бердымухамедов поздравил Мирзиёева с 60 - летием, https://www.hronikatm.com/2017/07/berdyimuhamedov - pozdravil - mirziyoeva - s - 60 - letiem/.

③ 3月6日至7日,乌总统米尔济约耶夫应邀对土进行国事访问。期间,两国总统进行了"1对1"会谈,就双边关系发展现状和前景、地区和国际热点问题交换了意见。会谈中,米尔济约耶夫指出,乌土两国友好关系源远流长,本次访问和会晤是双边互利合作关系进一步发展的延续。别尔德穆哈梅多夫对米尔济约耶夫选择土作为首次出访国家表示感谢。他强调,两国在政治、经贸、人文及其他领域发展目标和方式相近,在地区和国际问题上相互支持,特别是都强调政治解决阿富汗问题,在打击恐怖主义、极端主义、贩毒和有组织犯罪、加强地区安全上曾多次交换意见。在"1对1"会谈结束后,双方举行大范围会谈,讨论了进一步发展经贸、石化、运输、农业、文化、旅游和其他领域合作,以及扩大进出口商品清单、提升贸易额等问题,并就发展新合作方向、扩大贸易规模、发展地区间直接合作等达成协议。大范围会谈结束后,两国元首签署了联合声明和乌土战略伙伴关系条约。两国相关部委负责人签署了2018~2020年经济合作协议、关于进一步发展铁路运输合作的备忘录、2017~2019年人文合作计划、2017~2018年外交部合作计划、乌兹别克斯坦向土库曼斯坦提供农业技术和化工产品合同等文件。此外,两国地州间亦签署了合作协议,包括乌兹别克斯坦花剌子模州与土库曼斯坦达沙古兹州、布哈拉州与列巴普州签署了经贸和人文领域合作协议。Мирзияев прибыл с первым зарубежным визитом в Туркменистан, https://rus.azattyq.org/a/28352735.html.

④ 5月19~20日,米尔济约耶夫对土进行工作访问。双方在土库曼巴希就双边政治、经贸、投资、交通运输、人文和其他领域合作,以及地区和国际热点问题深入交换意见。Мирзияев посетит Туркменистан с рабочим визитом, https://rus.ozodlik.org/a/28494142.html.

实",将出访地点选在土库曼巴希,且会谈议题十分务实,有力地推进了乌土关系的发展。

2017年初,土哈两国完成划界,成为中亚地区首先完成划界的两个国家。4月,土总统对哈进行访问,两国签署战略伙伴关系协议,将双边关系提升至新水平。① 9月,纳扎尔巴耶夫访土并出席第五届亚洲室内与武道运动会开幕式。会谈中,纳扎尔巴耶夫表示在土总统访问哈后,两国共同开展了多项合作,双边贸易正在不断发展。

土塔双边关系在2017年末提升为战略伙伴关系。11月初,土总统访塔,土塔两国元首表示愿进一步加强双方经贸合作,促进互联互通,推动土库曼斯坦-阿富汗-塔吉克斯坦跨境铁路建设,双方还就维护中亚地区安全稳定、推动阿富汗重建进程等问题交换意见。两国元首签署土塔战略伙伴条约,将双边关系提升为战略伙伴。双方还签署12项合作文件,涉及经贸、教育、农业、救灾、文化、地方合作等领域。

与美国关系。特朗普治下的美国目前尚未形成清晰和完整的中亚政策框架,因此,美土关系美在2017年并没有较大动作。要注意的是,美国国国际开发署4月宣布将于2018年停止向土提供援助,土为此失去了390.4万美元。② 由此可

---

① 4月18日,哈总统纳扎尔巴耶夫在阿斯塔纳同土总统别尔德穆哈梅多夫举行谈,土哈两国总统签署了划界协议,两国成为中亚国家中最先完成划界的国家。得益于两国边界问题的妥善解决,哈土两国当天签署了哈土战略伙伴关系协议,将双边关系提升至新水平。土库曼斯坦作为2017~2019拯救咸海国际基金会轮值主席国,别尔德穆哈梅多夫特别提到咸海问题,强调两国地理位置均位于河流下游,在该问题上持有相同立场。Встреча с Президентом Туркменистана Гурбангулы Бердымухамедовым, http://www.akorda.kz/ru/events/akorda_news/meetings_and_receptions/vstrecha-s-prezidentom-turkmenistana-gurbanguly-berdymuhamedovym-pribyvshim-v-kazahstan-s-gosudarstvennym-vizitom.

② 4月6日,美国国际开发署网站上发表15页报告,称将在2018年停止向哈萨克斯坦和土库曼斯坦提供援助,减少向吉尔吉斯斯坦、塔吉克斯坦的援助,但对乌兹别克斯坦援助增加4.4%。根据援助计划,2017年哈可得到618.6万美元,土得到390.4万美元的援助。向吉援助减少59.9%,即从4487万美元减少到1801万美元,塔减少46.6%,即从3303.8万美元减少到1730万美元。对乌的援助将从939.1万美元增加到980万美元。乌成为独联体国家获得美国援助增加的唯一国家。美国国际开发署计划在全球缩减援助52.19亿美元,幅度达30.8%。США прекращают финансировать отделения USAID в Казахстане и Туркменистане, 26.04.2017, http://www.centrasia.ru/newsA.php?st=1493237940

中亚黄皮书

大略看出,美国未来的对土政策或将趋于保守。这在经济合作上体现为"捂紧口袋""谨慎撒钱",在政治、安全等领域的合作也将更多地停留在双边合作层面,不指向第三方。

土库曼斯坦-美国商务会议7月、12月分别在华盛顿、阿什哈巴德召开,双方讨论了扩大两国经贸关系的问题。① 在未来,通过此类常设机制,甚至更高层次的互动来获取美国的经济援助,将是土库曼斯坦对美政策的重心。

与外高加索三国关系。格鲁吉亚、阿塞拜疆、亚美尼亚也是土库曼斯坦的传统外交方向。土加强与外高三国的联系主要是受其里海沿岸国家的地理位置影响。各方在开发利用里海、天然气管道建设等方面存在利益牵扯。

7月17~18日,土副总理兼外长梅列多夫分别访问了格鲁吉亚、阿塞拜疆。8月8~9日,总统别尔德穆哈梅多夫对阿塞拜疆进行正式访问,同阿塞拜疆总统阿利耶夫举行会谈。会谈结束后,两国元首签署宣言,并见证签署能源、交通、文化、环保、民防等领域13份合作文件。8月23~24日,别尔德穆哈梅多夫对亚美尼亚进行正式访问,同亚美尼亚总统萨尔基相举行会谈。会谈结束后,两国元首签署联合声明,并见证了科技、教育、旅游、体育等领域9份合作文件的签署。

鉴于阿塞拜疆与亚美尼亚两国之间的特殊关系,别尔德穆哈梅多夫在访阿之后又访亚,既有加强务实合作的需要,也有外交平衡的考虑。其重点在于阿塞拜疆,别尔德穆哈梅多夫访阿旨在将阿塞拜疆的巴库港和土库曼斯坦的土库曼巴希港打造成为"东-西"国际走廊的重要交通物流枢纽,建立联通中亚和黑海地区国家的陆路-海路、铁路-海陆联运通道,为土寻求新的经济增长点,这与土总统在2017年提出"土库曼斯坦是伟大丝绸之路的中心"的思想一脉相承。此外,还与阿塞拜疆协调关于里海法律地位公约谈判、里海底部划界和里海能源合作等问题的立场有关。

---

① Туркменистан и США обсудили перспективы делового партнерства, 12. 12. 2017, https://www.trend.az/casia/turkmenistan/2835737.html

8月29~30日,格鲁吉亚总理克维里卡什维利对土库曼斯坦进行正式访问,与别尔德穆哈梅多夫举行了会见。双方会谈的重点是能源和交通合作。其中特别提到了应充分挖掘里海和黑海区位潜力,建设过境运输走廊。①

与南亚国家关系。7月3日,阿富汗总统加尼访土。双方表示,土、阿两国是兄弟国家,两国友好关系由来已久。双方会谈的重点议题包括:其一,扩大在交通运输、电力、经贸等领域的务实合作;其二,共同打击国际恐怖主义、极端主义、走私贩毒及其他跨国犯罪行为;其三,TAPI天然气管线项目,土阿两国毗邻,两国在交通合作领域具有潜力②。此外,近年来,土加大了对通往阿富汗方向输电设施的投入,这一方面为阿富汗的正常用电提供了极大方便,另一方面也为土增加了收入。阿富汗一直有意继续扩大与土电力合作,并借此推动区域一体化。阿富汗还是土库曼斯坦实现天然气出口多元化的重要一方。11月14~15日,第七届阿富汗区域经济合作会议在阿什哈巴德举行,来自35个国家和36个国际组织的代表出席会议。会议主要议题之一就是实施阿富汗参与的能源和交通通信领域项目。

土一直注重与印、巴保持对话,特别是关于TAPI(土-阿-巴-印)天然气管道合作问题。8月13~15日,土副总理兼外长梅列多夫访问印度,与印外长斯瓦拉吉共同主持召开土印政府间贸易、经济、科学与技术合作委员会第六次会议,就经贸合作发展前景广泛交换意见。双方讨论了扩大农业、化工,以及能源、交通、通信合作事宜,强调在科学、文化、教育、卫生、旅游、体育和现代信息技术领域加强合作的重要性,并签署会议纪要。12月22~23日,别尔德穆哈梅多夫总统分别同印度总统考文德、阿富汗总统加尼、巴基斯坦总统侯赛因通电话,同三国总统就双边关系、国际协作等

---

① Премьер Грузии встретился с президентом Туркменистана и посетил ахалтекинский комплекс, 31.08.2017, https://www.hronikatm.com/2017/08/premer - gruzii - vstretilsya - s - prezidentom - turkmenistana - i - posetil - ahaltekinskiy - komplex/.

② 土-阿-塔铁路运输走廊境内路段于2016年11月底通车,土总统称"对整个中亚地区甚至是全球都具有重要意义"。

问题交换意见,并邀请考文德、加尼与侯赛因参加将于2018年2月下旬举行的TAPI(土-阿-巴-印)天然气管道阿富汗境内段、TAPI光纤线路和TAP输电线路建设奠基仪式,以及土阿跨境铁路谢尔赫塔巴特(土)-图尔衮德(阿)段开工仪式。三国总统均对土方举办上述活动表示支持。加尼和侯赛因表示愿出席上述活动,考文德表示可通过外交渠道就出席活动事宜保持沟通。①

---

① 《别尔德穆哈梅多夫总统分别同印度、阿富汗和巴基斯坦总统通电话》,中国驻土库曼斯坦大使馆网站,http://tm.china-embassy.org/chn/tgdt/t1522104.htm。

Abstract

This report is compiled by the Institute of Russian, Eastern European and Central Asian Studies, Chinese Academy of Social Sciences. The authors are experts and scholars from the principle institutions that focus on Central Asian issues in China. The opinions and theories in this report are highly authoritative and reliable for readers to understand and study the regional situation and international relations in Central Asia. The report consists of five sections: the general report, the regional situation, Central Asia and the world, China and Central Asia and situation of single countries. The situation analysis of the South Caucasus region is also included in this report beside from the five countries in Central Asia.

The characteristics of this report are as follows: 1) it emphasizes the fundamental issues. The authors of the report are experts who focus on Central Asian issues in a long term. They provide the general description, specific analysis, authoritative data in terms of the development situation in the region, and track the changes in the situation of single countries; 2) the study of major issues in this region is included. This report sums up the development rules of Central Asia in 2017, analyzes the economic, social and security situation and changes, and elaborates on relations between the great powers and Central Asia, including the development and cooperation between China and Central Asia under the framework of the "Belt and Road"; 3) it gives attention to the hot spot issues. The presidential election in Kyrgyzstan, the new changes in the relations among Central Asian countries and other hot spots in the region are comprehensively reviewed and analyzed; 4) it provides a wide coverage. The report covers the basic issues including politics, economy, security and culture, we well as the foreign relations; 5) it adopts a wealth of first-hand information. The authors make an extensive use of first-hand materials in Russian and English, thereby letting the readers know the news and events that are more studied by domestic scholars while less reported by media.

In 2017, the overall situation in Central Asia has been stable: the economies of

all of the five countries have continued to recover and grow; no big turmoil has occurred in the political sphere; the security situation has been relatively stable as well, except for that the turbulence in Afghanistan still poses external threats to regional security; with the improvement of the relations among Central Asian countries, the balance of power diplomacy has endowed the countries with new meanings. Regarding the political area, Turkmenistan and Kyrgyzstan have successfully held the presidential election, without political and social turmoil; Kyrgyzstan, in particular, has for the first time achieved a smooth handover of power since independence; Uzbekistan has introduced a series of new policies that have stabilized the foundation of the regime; Kazakhstan has continued to promote limited political reforms and the power structure has been improved; Tajikistan has continued to consolidate the foundation of its power and the presidential power has been further strengthened. With respect to the economic field, the Central Asian counties have also made rapid progress. While the policy of "making structure adjustments and ensuring steady growth" of each country has achieved initial results, the imbalanced development is still an acute problem. Referring to the security field, although no major issue occurred, there are also some noteworthy problems. In the meanwhile, the outside security environment is very challenging. In terms of the diplomatic field, the relations among the Central Asian countries have continued to improve. China and Central Asian Countries have been cooperating more closely in various fields. Russia has stepped up the economic and security cooperation with Central Asian countries. Although the attention of US to Central Asia has decreased, it will not withdraw from the region. Central Asian countries will continue to carry out the pragmatic and balanced diplomacy towards great powers.

Looking into the future, many challenges and difficulties in political stability, economic development and the security situation need to be tackled by Central Asian countries. Changes in the regional situation require that Central Asiancountries should attach greater importance to economic development, livelihood, happiness and stability and security. The series of internal and external initiatives of the five Central Asian countries in 2017 show a positive trend of seeking development and cooperation. The cooperative intention and action will play an important role in the development and stability in this region.

Contents

I General Report

Y. 1 The Overall Situation and Development Trend of Central
Asian Countries in 2017 *Sun Li* / 001

Abstract: In 2017, the Central Asian countries have been committed to maintaining stability and improving people's livelihood. While the problems accumulated over the years remain to be solved, the overall situation is still steady: the economies of these countries have recovered; no big turbulence takes place in the political sphere and the presidential election is successfully held in Kyrgyzstan; the security situation is relatively stable except for the major threat from the unrest in Afghanistan; with the improvement of mutual relations between Central Asian countries, new ideas arise in the balanced diplomacy towards great powers.

Keywords: Central Asia; Political Situation; Economic Situation

II Regional Situation

Y. 2 Good Prospect of the Economic Indices: the
Macro-economic Situation in Central Asian Countries
Zhang Wenzhong, Sun Yu / 026

Abstract: In 2017, the overall Central Asian economies are going forward. The competitiveness of these countries in the global economy has remained at a

reasonable level, the degree of economic liberalization has risen and the business environment has improved as well. Compared with 2016, the economies in all of the Central Asian countries continue to grow, of which the rate surpasses the world average. Foreign trade is still expanding. Regional communication and cooperation has reached a certain scale. Hence, the identity over the economic integration in Central Asia has increased. As to single countries, Kazakhstan remains the largest economy in Central Asia with a leading position in economic competitiveness, degree of liberalization, business environment and attraction foreign investment. Nevertheless, its economic growth is slower than the other four countries. With regard to Uzbekistan and Turkmenistan, their economic liberalization and business environment is not sufficiently good, but they have higher economic growth rate. Looking forward to 2018, the economic growth rate of Central Asian countries will stay above the world average. Meanwhile, many potential risks do exist.

Keywords: National Economic Competitiveness; Economic Liberalization; Business Environment; National Economic Outlook

Y.3 Stable but Challenging: Security Situation and Its Future Trend in Central Asia   *Su Chang* / 047

Abstract: The security situation in Central Asia in 2017 is generally stable, nevertheless, the complex features of the security threats continue to increase. Specifically, the risks caused by domestic development are on the rise. Simultaneously, the security in Central Asia is also more susceptible to the external factors. Hence, the security situation in various countries is increasingly varied and the security in Central Asia will become more severe in the future.

Keywords: Central Asia; Security; Terrorism; Extremism

Contents

Y.4　Orderly Development of the Politics and Economy：The Basic
　　　Situation in the South Caucasus　　　　　　　　*Deng Hao* / 060

　　Abstract：In 2017, the South Caucasus region has maintained a rare calm in the backdrop of international and regional complication. Political reforms in each country have been steadily and orderly promoted, showing a diversified development trend. Driven by the global economic recovery, a good prospect appears in the economy although the economic progress of each country still varies. All countries seize the favorable opportunity of the easing tensions, expand their space in all directions and strive to create a favorable external environment for their own economic development. Furthermore, significant progress has been made in strengthening cooperation between China and these countries under the framework of the "Belt and Road" Initiative.

　　Keywords：South Caucasus；Political Reform；Diversification；the Belt and Road Initiative

Y.5　Smooth and Orderly Power Transfer：Political Development
　　　under the Presidential Election in Kyrgyzstan　　*Wang Cong* / 072

　　Abstract：On October 15, 2017, Kyrgyzstan held the 7th presidential election since its independence. The candidate of Social Democratic Party of Kyrgyzstan, also the former Prime Minister Gennadyh Bakhov won the first round with 54.76% of the vote, meaning the first power transfer after the independence was made peacefully. The election proceeded smoothly, whereas the North – South differences and other inherent problems were exposed as well. Along with the dust settling down, the political transition in Kyrgyzstan government was basically completed, and a new "three wagon" headed by the president Jezepakov was formed. In the future, the new government will insist on the internal and external policies of "Atambayev" period, which focus on stability and minor reform. The main domestic policy is to improve people's livelihood and narrow the gap whereas the external priority is the relation with Russia, pragmatically balancing diplomacy and active participation in the "Belt and Road" construction.

Keywords: Kyrgyzstan; Presidential Election; Gennadyh Bakho; Domestic and Foreign Policies

Y.6 The Impact of the Situation in Afghanistan on the Security in Central Asia   *Wang Shida, Ding Xiaoxing* / 085

Abstract: In 2017, even though the Trump administration has introduced a new strategy for Afghanistan, the situation in Afghanistan has not fundamentally improved. The peace process has gone no further, and there is still an intense struggle between the Afghan government and the Taliban. Meanwhile, Afghanistan may become the focus of the future infiltration of IS after its defeat in the Middle East. In 2017, the security situation in Central Asia is stable. However, all countries are highly concerned about the impact of the situation in Afghanistan on Central Asia, especially about the threat that derived from the IS's infiltration in Afghanistan. At present, the parties have different opinions on the IS's infiltration activities in Afghanistan, nevertheless, on all accounts, the deteriorating situation in the northern region of Afghanistan has posed a threat to Central Asia. Faced with this situation, Central Asian countries have adopted various measures and have stepped up the crackdown on terrorist extremists while actively seeking external assistance. Ten years of anti-terrorism campaign of U.S. in Afghanistan shows that the Afghanistan problem cannot be resolved by force. Hence Central Asian countries have strengthened political interaction and economic cooperation with Afghanistan and they hope to solve the Afghan problem by helping Afghanistan's economic reconstruction.

Keywords: Afghanistan; Central Asia; Terrorism; Security Situation

Contents

Y.7　Central Asian Integration Expected to Resume

Zhao Changqing / 098

Abstract: The integration of Central Asian countries has been constantly mentioned since their independence. While some cooperative mechanisms have been established in previous years, the results are not quite effective. Entering the 21st century, the process of integration has been basically stagnant due to multiple elements. The new president of Uzbekistan has adjusted its foreign policy, thereby activating the relations between Central Asian countries. Hence, the integration of Central Asian countries is expected to restart. This article introduces the process of integration between these countries and forecasts its prospect. Although the international community has different views, China should welcome the integration of Central Asian countries.

Keywords: Central Asian Countries; Central Asian Integration; Foreign Policy of Uzbekistan

Ⅲ　Central Asia and World

Y.8　Full Recovery of the Relationship between Russia and
　　　Central Asian Countries　　　　　　　　*Ma Qiang* / 109

Abstract: In 2017, Russia and Central Asian countries have sustained to strengthen their cooperation in politics, economy, security and humanities and the mutual relations between them have been fully restored. In the space integration during the post – Soviet era, Russia has strengthened economic ties and trade exchanges with Central Asian countries via the Eurasian Economic Union. In the meantime, under the framework of the Collective Security Treaty Organization, Russia and Central Asian countries have engaged in security and military cooperation to tackle the escalating security threats. With regard to the Central Asian countries, on the one hand, they have deepened their cooperation with Russia in the

economic and security fields. On the other hand, they have been advocating a more independent and diversified diplomatic strategy and expecting to strengthen their relations with the countries and regional organizations aside from Russia.

Keywords: Russia; Central Asian Countries; Space Integration in the Post-Soviet Era

Y.9　Infighting in the Sluggish: the Diplomacy of Trump Administration towards Central Asia　　*Xiao Bin* / 124

Abstract: Compared with the Obama period, the Central Asia diplomacy of Trump administration is relatively sluggish in 2017. But driven by the decision-making table for Central and South Asia affairs, the Trump's government has still done a great deal of work. According to the "National Security Strategy" promulgated by Trump administration, in 2018, the US's diplomacy towards Central Asia will become more active. In particular, US will develop more cooperation with Central Asian countries in terms of security. However, subject to Russia's influence in Central Asia, the Central Asian diplomacy of Trump may remain infighting with Russia and also bring some negative impacts on the cooperation over the production capacity between China and Central Asian countries.

Keywords: Trump Administration; Central Asia Diplomacy; Decision-making Process

Y.10　The Evolving Relation between EU and Central Asia Countries
　　Ju Hao / 138

Abstract: Since the independence of Central Asian countries, the strategy of EU for Central Asia has changed a lot. But essentially, what EU adopts is still a normative foreign policy. In 2017, the relation between EU and Central Asia has steadily developed. However, EU's future influence in this region will be ranked in the second tier due to their dispute on transition and norms as well as the inner problem of EU.

Keywords: EU; Central Asia; Normative Foreign Policy; Politics and Security; Water Management

Y. 11   Relations between Japan and Central Asian Countries
        Further Consolidated   *Chen Dongjie, Sun Weichao* / 154

Abstract: This article analyzes the development Japan's diplomacy towards Central Asia since the collapse of the Soviet Union. The development process can be categorized into three stages, including "Eurasian Continental Diplomacy", "Eurasian Cross Channel"; "Overlooking the Globe". Among all of the diplomatic activities, the "Central Asia + Japan" talk since 2004 and the Tokyo forum since 2006 are two standing diplomatic activities between Japan and Central Asian countries. They mark the standardization and regularization of communication channels between the two sides. In 2017, the sixth "Central Asia + Japan" foreign ministers dialogue and the tenth Tokyo Forum have further consolidated the achievements made by Abe's visit to Central Asian countries in 2015. Furthermore, this article assesses the internal and external factors that impact the development of Japan's diplomacy towards Central Asia as well as its major developmental direction.

Keywords: Japan; Central Asia Policy; Development Trend

Y. 12   TheDevelopment of Pragmatic Cooperation between
        Turkey and Central Asian Countries   *Wang Mingchang* / 168

Abstract: Turkey is an important external factor for Central Asia. Because of

the historical origin and the similarity of language and culture, Central Asia has become the spirit homeland of Turkey nationalists. Pan－Turkism has gained unprecedented vitality because of the independence of Central Asian countries. The discovery of rich oil and gas resources in the Caspian Sea further confirms Turkey's confidence of becoming the transit passage between east and west. But the ups and downs of its bilateral relations with Central Asian countries in the past more than 20 years make Turkey realize that the history does not represent the future, and the ideal should accord with the reality. National strength and diplomatic orientation must be unified. In the future, the only choice for Turkey is to maintain practical cooperation with the Central Asian countries.

Keywords: Turkey; Central Asia; Pan－Turkism; Economy and Trade; Energy

Y.13 "New Players" in Regional Security: Relations between India and Central Asian Countries *Zhang Youguo* / 183

Abstract: Central Asia has always been regarded by India as an extended neighbour. The greatest significance of Central Asia for India results from security. India's security concerns in Central Asia can be viewed from three levels: geopolitical security, non-traditional security, energy and resource security. To guarantee India's security in Central Asia, India has taken its full advantage and tried maximize its security benefits. But due to the reality, there is a certain degree of gap between the expectation and the reality. Anyway, India's security concerns in Central Asia will bring a new path and prospect for India's relation with Central Asia.

Keywords: India; Central Asia; Geopolitics; Non-traditional Security; Energy Resource

IV China and Central Asia

Y.14 The Belt and Road Summit and Central Asia

Wu Hongwei / 201

Abstract: On May 14 −15, 2017, the Belt and Road Summit was held in Beijing. Heads of State or Government from 29 countries and many guests including Secretary − General of the United Nations, President of the World Bank, President of International Monetary Fund and Chairman of International Committee of the Red Cross attended the summit. The summit is an international event where the co-building nations could achieve shared growth through discussion and collaboration, as well as a significant platform for strengthening international cooperation and synergizing development strategies of each other. The leaders of Kazakhstan, Uzbekistan and Kyrgyzstan attended the summit, and Tajikistan also sent delegations. The summit achieved great success. The leaders of Central Asian countries spoke highly of this summit and put forward their own proposals. At the summit, many countries signed cooperative documents with China and achieved fruitful results. After the summit, the cooperation between China and Central Asian countries will enter a new phase under the framework of the Belt and Road.

Keywords: the Belt and Road Summit; Achievements; Strategic Synergy; Central Asian Countries

Y.15 Coexistence of cooperation and Challenges: Financial Cooperation between China and Central Asian Countries

Xun Zhijian, Liu Zunle / 217

Abstract: The geographical location of the five Central Asian countries is

important. Strengthening regional financial cooperation will promote the financing of the "Belt and Road". This article reviews the financial cooperation between China and the five Central Asian countries, and analyzes the challenges for further cooperation. It is argued that at present, China and Central Asia have witnessed rapid development of financial cooperation, however, there are also many challenges including the unstable political environment in Central Asia, the weak economic base, the unbalanced development of regional economy, frequent financial risks and so forth. Given the financial development characteristics of the five countries, China should start with the institutional construction, take full use of the market, actively control financial risks, and further deepen financial cooperation with this region.

Keywords: Central Asia; Financial Cooperation; Path Design; Suggestions

Y.16 Chugging Back on Economic and Trade cooperation: The Relation between on China and Central Asian Countries

Wang Haiyan / 231

Abstract: With the recovery of the world economy in 2017, the economic cooperation between China and Central Asian countries are Chugging back. In China and Central Asian countries economic cooperation, trade facilitation has been progressing steadily, E-commerce platforms have been increasingly favored, Agricultural cooperation, financial cooperation and transport cooperation has been developing well. Looking to the future, the prospects for building the B&R between China and Central Asian countries has great potential.

Keywords: China; Central Asian Countries; Economic and Trade Cooperation

Y.17　Cultural Exchanges and Cooperation under the Framework of "Silk Road Economic Belt" should be Strengthened

Xu Tao / 247

Abstract: Central Asia is an important region for promoting the construction of the "Silk Road Economic Belt" and it is also one of the regions in the world where ethnic distribution, cultural traditions and religious beliefs are the most diversified. The rich civilizations coexist and constitute a colorful and splendid historical culture in this region. At the same time, this region also displays obvious idiosyncrasy and closures in terms of the special geographical conditions. During its long history, multi-directional movements of the civilized centers have taken place both inside and outside the region, so it has created many times of interaction, convergent and integration of ethnic culture, either actively or passively. It has not only accelerated the formation and development of the basic cultural connotation of all ethnic groups, but has also brought about the progress and prosperity of the regional civilization. In today's world, the globalization has encountered a tortuous phase, the original order of the international community has been seriously affected, the normal relations among different ethnic groups have been disrupted and the regional and even global populism has arisen. Namely, the post-war geo-political and geo-cultural patterns have been broken. Therefore, constructing a cultural relationship that involves mutual exchanges, mutual understanding and mutual respect among regions, countries and peoples is not only the spiritual basis for building community of interests and community of destiny, but also an important approach to take the human society out of civilization conflicts and cultural barriers. Initiated and promoted by the Chinese leaders and government, the upsurge of building the "Silk Road Economic Belt" has already aroused intensive response and enthusiasm in Central Asia. Programs including the promotion of construction of transportation infrastructure, coordination of laws and regulations among all countries, establishment of the financing and financial service system etc. have achieved initial success in Central Asian countries and in Eurasia.

At this historical moment, the "pro-people" project for strengthening cultural links and cultural cooperation in the "Silk Road Economic Belt" has become more and more imperative for the relevant countries and ethnic groups.

Keywords: "Silk Road Economic Belt"; People-to-people Exchanges; Cultural Cooperation

Y.18 Prominent Achievements and Prospects: Sub-regional Cooperation between Xinjiang and Central Asian Countries

Shi Lan / 259

Abstract: In 2017, new achievements have been made in the sub-regional cooperation between Xinjiang and Central Asian countries. In terms of infrastructure, the acceleration of Xinjiang's infrastructure construction has provided new opportunities for bilateral cooperation. In the economy and trade sector, the two sides have overcome various disadvantages and achieved better cooperation results. In the financial sector, the regular project of RMB cross-border payment is growing steadily. With regard to the cultural exchanges, the cooperation between the two sides has been expanded with many bright spots. Under the cooperation achievements in 2017, it is possible for Xinjiang and Central Asian countries to develop new cooperation platforms and space. Looking forward to the brilliant future, we still find some difficulties ahead. The cooperation between the two sides needs to continue and deepen.

Keywords: Xinjiang China; Central Asia Countries; Cooperation Mechanism

V Country Review

Y.19 Kazakhstan *Sun Yingjie / 270*

Abstract: In 2017, Kazakhstan remains generally stable with various work carried out smoothly. In the political arena, President Nazarbayev has taken actions on the power structure, personnel arrangements and social awareness adjustment, which means the transfer of power seems to have been accelerated. But on the other hand, President Nazarbayev still has a strong control of the government. In terms of the economic field, various indicators such as industrial and agricultural production, investment and exchange rate in Kazakhstan have shown a sign of progress and recovery in 2017. As to the diplomacy, Kazakhstan has continued to maintain its balanced strategy upon great powers and has taken an active part in the "Belt and Road" construction. In the field of security, there was no terrorist incident within its territory in 2017, and the anti-terrorism has achieved remarkable results. In the future, Kazakhstan will make significant strides toward the goal of "Top 30 in the World" in accordance with the overall deployment of the "2050 Strategy". However, some challenges do exist in terms of economic development and security.

Keywords: Kazakhstan; Stable Situation; Multiple Diplomacy

Y. 20   Uzbekistan   *Li Ziguo* / 283

Abstract: The year 2017 is the first year of Mizziyev's rule, and its most prominent feature is the launch of the long-awaited reform. In the political field, the new government has continued its personnel arrangement to keep the transition stable. It has also reset the government agencies according to the requirement of the era and increased the supervision on government officials. With respect to the economy, Mizziyev has firmly implemented the exchange rate reform, removed unreasonable restrictions, reduced the burden on enterprises, and created a good investment environment. As to its diplomacy, it has made clear that Central Asia is the highest priority in its diplomacy and Uzbekistan should take active measures to develop its relations with the neighboring countries. There has been also a slight adjustment on the balanced diplomacy in the major powers and it has somewhat tilted toward Russia and China, which are big powers as well as neighboring countries.

Keywords: Uzbekistan; Mizziyev; Reform; Central Asia; Neighbourhood

中亚黄皮书

Y. 21　Kyrgyzstan　　　　　　　　　　　　　　　　　*Ding Chao* / 299

Abstract: In 2017, Kyrgyzstan ensured the smooth presidential election by amending the constitution and cracking down on competitors. For the first time, it has realized the smooth handover of the political power. In Kyrgyzstan, the economy has continued to grow with the fiscal deficit eased, but the debt problem has remained serious. The resumption of foreign trade has partially eliminated the suspicion of accession to Eurasian Economic Union from its domestic communities. It also has continued the balanced diplomacy over the great powers and developed the relations with Russia and China. Due to the conflict between Kyrgyzstan and Kazakhstan, the Kyiv − Uruguayan relation has improved a lot.

Keywords: Kyrgyzstan; Presidential Election; Economic Increasement; Foreign Relations

Y. 22　Tajikistan　　　　　　　　　　　　　　　*Zhang Zhenzhen* / 319

Abstract: The mode of power handover in Tajikistan has become clearer in 2017. The pressures of political and economic transformation, as well as the security threat, pose a great challenge to the capacity of the Emomali Rakhmon's government. The Tajik government has formulated and implemented economic development plans, promoted steady economic development, executed strategic targets and further improved people's livelihood. In the future, Tajikistan will continue to strengthen its strategic cooperation with Russia and China, improve its relations with Uzbekistan and ensure regional security and stability.

Keywords: Tajikistan; Politics; Security; Economy; Diplomacy

Y.23　Turkmenistan　　　　　　　　　　　　　　　　　　*Wen Longjie* / 330

Abstract: In early February 2017, Berdymukhamedov unexpectedly won the presidential election, which means his power was consolidated. Under this background, the political reform has continued, but it has not made an apparent impact on the existing political structures and functions. Moreover, in the context of the recovery of the world economy in 2017, the economy of the Turkmenistan has maintained a medium high growth rate of 6.5%. However, Turkmenistan is difficult to maintain high social welfare, and the further promote market-oriented reforms has triggered some problems in the social field. With respect to the security, although no major terrorist attacks and other security incidents have occurred, potential security threats are still on the rise. Given the cooperative opportunities in this area, Putin paid his first visit in the last five years. In addition, the relations between Turkmenistan and Uzbekistan, Kazakhstan and Tajikistan have also been greatly improved. In other fields of diplomacy, its activities have mainly focused on "energy cooperation", "regional security" and "pragmatic economic cooperation".

Keywords: Turkmenistan; Politics; Economy; Security; Diplomacy

社会科学文献出版社　皮书系列

✤ 皮书起源 ✤

"皮书"起源于十七、十八世纪的英国,主要指官方或社会组织正式发表的重要文件或报告,多以"白皮书"命名。在中国,"皮书"这一概念被社会广泛接受,并被成功运作、发展成为一种全新的出版形态,则源于中国社会科学院社会科学文献出版社。

✤ 皮书定义 ✤

皮书是对中国与世界发展状况和热点问题进行年度监测,以专业的角度、专家的视野和实证研究方法,针对某一领域或区域现状与发展态势展开分析和预测,具备原创性、实证性、专业性、连续性、前沿性、时效性等特点的公开出版物,由一系列权威研究报告组成。

✤ 皮书作者 ✤

皮书系列的作者以中国社会科学院、著名高校、地方社会科学院的研究人员为主,多为国内一流研究机构的权威专家学者,他们的看法和观点代表了学界对中国与世界的现实和未来最高水平的解读与分析。

✤ 皮书荣誉 ✤

皮书系列已成为社会科学文献出版社的著名图书品牌和中国社会科学院的知名学术品牌。2016年,皮书系列正式列入"十三五"国家重点出版规划项目;2013~2018年,重点皮书列入中国社会科学院承担的国家哲学社会科学创新工程项目;2018年,59种院外皮书使用"中国社会科学院创新工程学术出版项目"标识。

中国皮书网

（网址：www.pishu.cn）

发布皮书研创资讯，传播皮书精彩内容
引领皮书出版潮流，打造皮书服务平台

栏目设置

关于皮书：何谓皮书、皮书分类、皮书大事记、皮书荣誉、皮书出版第一人、皮书编辑部

最新资讯：通知公告、新闻动态、媒体聚焦、网站专题、视频直播、下载专区

皮书研创：皮书规范、皮书选题、皮书出版、皮书研究、研创团队

皮书评奖评价：指标体系、皮书评价、皮书评奖

互动专区：皮书说、社科数托邦、皮书微博、留言板

所获荣誉

2008年、2011年，中国皮书网均在全国新闻出版业网站荣誉评选中获得"最具商业价值网站"称号；

2012年，获得"出版业网站百强"称号。

网库合一

2014年，中国皮书网与皮书数据库端口合一，实现资源共享。

权威报告·一手数据·特色资源

皮书数据库
ANNUAL REPORT(YEARBOOK) DATABASE

当代中国经济与社会发展高端智库平台

所获荣誉

- 2016年，入选"'十三五'国家重点电子出版物出版规划骨干工程"
- 2015年，荣获"搜索中国正能量 点赞2015""创新中国科技创新奖"
- 2013年，荣获"中国出版政府奖·网络出版物奖"提名奖
- 连续多年荣获中国数字出版博览会"数字出版·优秀品牌"奖

成为会员

通过网址www.pishu.com.cn或使用手机扫描二维码进入皮书数据库网站，进行手机号码验证或邮箱验证即可成为皮书数据库会员（建议通过手机号码快速验证注册）。

会员福利

- 使用手机号码首次注册的会员，账号自动充值100元体验金，可直接购买和查看数据库内容（仅限使用手机号码快速注册）。
- 已注册用户购书后可免费获赠100元皮书数据库充值卡。刮开充值卡涂层获取充值密码，登录并进入"会员中心"—"在线充值"—"充值卡充值"，充值成功后即可购买和查看数据库内容。

卡号：513554155496

数据库服务热线：400-008-6695
数据库服务QQ：2475522410
数据库服务邮箱：database@ssap.cn
图书销售热线：010-59367070/7028
图书服务QQ：1265056568
图书服务邮箱：duzhe@ssap.cn

S 基本子库
SUB DATABASE

中国社会发展数据库（下设 12 个子库）

全面整合国内外中国社会发展研究成果，汇聚独家统计数据、深度分析报告，涉及社会、人口、政治、教育、法律等 12 个领域，为了解中国社会发展动态、跟踪社会核心热点、分析社会发展趋势提供一站式资源搜索和数据分析与挖掘服务。

中国经济发展数据库（下设 12 个子库）

基于"皮书系列"中涉及中国经济发展的研究资料构建，内容涵盖宏观经济、农业经济、工业经济、产业经济等 12 个重点经济领域，为实时掌控经济运行态势、把握经济发展规律、洞察经济形势、进行经济决策提供参考和依据。

中国行业发展数据库（下设 17 个子库）

以中国国民经济行业分类为依据，覆盖金融业、旅游、医疗卫生、交通运输、能源矿产等 100 多个行业，跟踪分析国民经济相关行业市场运行状况和政策导向，汇集行业发展前沿资讯，为投资、从业及各种经济决策提供理论基础和实践指导。

中国区域发展数据库（下设 6 个子库）

对中国特定区域内的经济、社会、文化等领域现状与发展情况进行深度分析和预测，研究层级至县及县以下行政区，涉及地区、区域经济体、城市、农村等不同维度。为地方经济社会宏观态势研究、发展经验研究、案例分析提供数据服务。

中国文化传媒数据库（下设 18 个子库）

汇聚文化传媒领域专家观点、热点资讯，梳理国内外中国文化发展相关学术研究成果、一手统计数据，涵盖文化产业、新闻传播、电影娱乐、文学艺术、群众文化等 18 个重点研究领域。为文化传媒研究提供相关数据、研究报告和综合分析服务。

世界经济与国际关系数据库（下设 6 个子库）

立足"皮书系列"世界经济、国际关系相关学术资源，整合世界经济、国际政治、世界文化与科技、全球性问题、国际组织与国际法、区域研究 6 大领域研究成果，为世界经济与国际关系研究提供全方位数据分析，为决策和形势研判提供参考。

法律声明

"皮书系列"(含蓝皮书、绿皮书、黄皮书)之品牌由社会科学文献出版社最早使用并持续至今,现已被中国图书市场所熟知。"皮书系列"的相关商标已在中华人民共和国国家工商行政管理总局商标局注册,如 LOGO(鉴)、皮书、Pishu、经济蓝皮书、社会蓝皮书等。"皮书系列"图书的注册商标专用权及封面设计、版式设计的著作权均为社会科学文献出版社所有。未经社会科学文献出版社书面授权许可,任何使用与"皮书系列"图书注册商标、封面设计、版式设计相同或者近似的文字、图形或其组合的行为均系侵权行为。

经作者授权,本书的专有出版权及信息网络传播权等为社会科学文献出版社享有。未经社会科学文献出版社书面授权许可,任何就本书内容的复制、发行或以数字形式进行网络传播的行为均系侵权行为。

社会科学文献出版社将通过法律途径追究上述侵权行为的法律责任,维护自身合法权益。

欢迎社会各界人士对侵犯社会科学文献出版社上述权利的侵权行为进行举报。电话:010-59367121,电子邮箱:fawubu@ssap.cn。

社会科学文献出版社